伊斯坦布尔的圣索菲亚大教堂里面的镶嵌画,呈现的是东正教圣像风格的耶稣形象。
随着奥斯曼土耳其帝国征服了拜占庭帝国,圣索菲亚教堂从一个基督教教堂转变成伊斯兰教清真寺。
但其基督教的底色并没有完全消除,而是和后来的文化融合在一起。
战争与融合,正是巴尔干地区千年历史的写照。

BALKAN
A
GHOSTS

JOURNEY

巴尔干两千年

THROUGH

〔美〕罗伯特·卡普兰 著　赵秀福 译

穿 越 历 史 的 幽 灵

HISTORY

Robert D. Kaplan

北京大学出版社
PEKING UNIVERSITY PRESS

巴尔干群山。这是从保加利亚境内的一段巴尔干山脉北麓远眺斯特拉平原。

"巴尔干"在土耳其语中的意思是"山岭",特指北自多瑙河、南到达达尼尔海峡,西自伊斯特里亚、东到伊斯坦布尔的这片狭小区域,包括匈牙利、罗马尼亚、南斯拉夫、阿尔巴尼亚、保加利亚、希腊等国和土耳其的一部分,尽管匈牙利人和希腊人都不喜欢被套上这个标签。这曾经是一个蕴含着勃勃生机的半岛,岛上的人们活泼热情,嗜好加了辣椒的食物,痛饮烈酒,偏爱艳丽的服装,敢爱敢恨,甚至一言不合就动粗杀人,具有非同寻常的战斗欲。想象力不那么丰富的西方人表面上看不起他们,私底下却对他们满是羡慕,对他们的忠诚嗤之以鼻,对他们的装模作样冷嘲热讽,却又对巴尔干那些足智多谋的恐怖分子充满畏惧。卡尔·马克思把他们称作"废物的民族"。我二十几岁的时候,向往无拘无束的生活,对他们崇拜得五体投地。

C.L. 苏兹伯格《烛光摇曳》

死而不僵的帝国尤其令人生厌,它会滋生出最肮脏丑恶的东西。

丽贝卡·韦斯特 《黑羊与灰隼》

目 录
Contents

致谢 i

绪言：必要的血与火 iii

序言：死在遥远之地 vi

序　曲　圣徒、恐怖分子、鲜血与圣水 1

第一部分　南斯拉夫：历史的前奏曲

第 1 章　克罗地亚："于是他们就可以去天堂" 13

第 2 章　旧塞尔维亚和阿尔巴尼亚：巴尔干"西岸" 45

第 3 章　马其顿：渴望摘星的手 70

第 4 章　白色的城市及其预言家 94

第二部分　罗马尼亚：拉丁人激情的释放

第 5 章　布加勒斯特雅典娜宫酒店 103

第 6 章　多瑙河的烦恼之角 131

第 7 章　摩尔达维亚：习惯于仇恨 149

第 8 章　德拉库拉的城堡那边的土地：布科维纳有

　　　　壁画的修道院 166

第9章	特兰西瓦尼亚的声音	182
第10章	特兰西瓦尼亚的故事：花衣吹笛人的孩子回到了哈默林	204
第11章	最后的一瞥：蒂米什瓦拉和布加勒斯特	215

第三部分　保加利亚：来自共产主义的拜占庭的故事

第12章	他人身体的温暖	225
第13章	友谊的代价	248
第14章	恶与善	253

第四部分　希腊：西方新娘，东方新郎

第15章	告别萨洛尼卡	265
第16章	"佐巴，教教我。教我跳舞吧！"	284
第17章	秘史	298

尾　声　通往阿德里安堡之路	319
作者报刊评论集萃	327
参考文献	340
索　引	347
译后记	367

该图显示了巴尔干地区在亚欧非之间的重要地缘位置。

该图显示了巴尔干地区的基本地理特征。在东北部，S形的喀尔巴阡山－巴尔干山脉，贯穿罗马尼亚和保加利亚。在西南部，一系列山脉从前南斯拉夫各国延伸到阿尔巴尼亚、希腊。

巴尔干地区诸国。

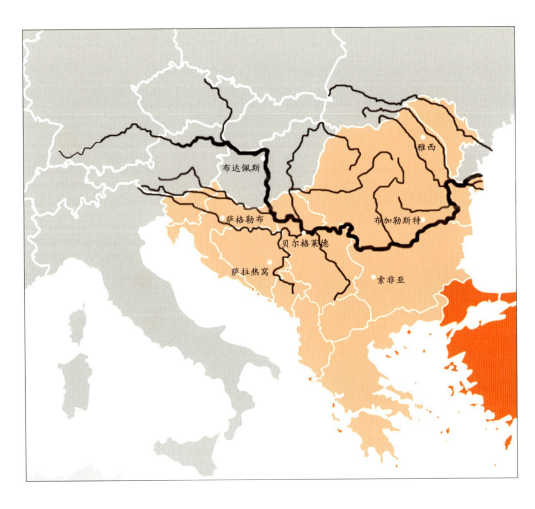

欧洲最长的河流多瑙河，流经巴尔干诸国，最后注入黑海，其巨大的水系，自古以来就深刻影响了沿岸各国的历史。

萨瓦河在贝尔格莱德汇入多瑙河。

贝尔格莱德的著名古迹,卡莱梅格丹要塞全景。地处多瑙河与萨瓦河交汇处的高地上,公元前3世纪时,凯尔特人在附近建立了第一个居住点,此后成为东西方交锋的前线,对18和19世纪的旅游者来说,这两条河上的这块高地直接就是西方和东方的分界线:哈布斯堡帝国到这里为止,土耳其帝国从这里开始。

尼科波利斯战役。这场战役发生于1396年9月25日,奥斯曼土耳其大败欧洲的十字军联军(包括匈牙利、克罗地亚、保加利亚、法国、英国、勃艮第、德国、瓦拉几亚、威尼斯等),从而巩固了他们在巴尔干地区的统治,并且进一步威胁中欧和西欧的基督教文明。

致 谢
Acknowledgements

与我之前报道埃塞俄比亚和阿富汗的书一样,本书得到了《大西洋月刊》的卡伦·墨菲和威廉·惠特沃斯的鼓励,他们主动在该杂志上发表了本书原稿的大部分内容。在南希·纽豪斯的帮助下,本书的节选本刊登在《纽约时报》"深游者"栏目上。其他提供过帮助的编辑包括《纽约时报》的南希·夏基、珍妮特·匹奥考、艾格尼丝·格林豪;《新共和》的多萝西·威肯登;《国家利益》的欧文·哈里斯;以及设在布鲁塞尔的《华尔街杂志》的塞斯·利普斯基、阿米蒂·什莱斯、皮特·克雷斯泰斯。我的经纪人卡尔·D.布兰特在情况极为艰难的时候仍努力鼓舞我保持信心。我的编辑戴维·索伯尔帮助我把粗糙的作品变得像模像样,为之增色不少。

麦迪逊教育事务中心安排的拨款使我获得了实现梦想所必需的经费,为此,我必须感谢皮特·弗拉姆金、查尔斯·霍纳、莱斯·伦考斯基、帕蒂·派奥特和汤姆·思科兰德尼。

我对于巴尔干的兴趣源自于20世纪80年代的几次报道之旅。我要感谢《亚特兰大杂志》"宪法"栏目的乔·格什威乐、"ABC电台新闻"的马克·瑞查兹和《多伦多环球邮报》的玛丽莲·道森,感谢他们纵容我对于巴尔干怀有的炽热情感。

厄内斯特·拉塞姆、基吉·芒什和菲利普·E.莱特是美国应当引以为豪的外交官,他们像学者一样知识渊博,通晓所出使的国家的事物。他们的热心令人动容,我对他们的慷慨相助怀有深切的感激之情。

外交关系委员会的尼古拉斯·X.里泽珀罗斯是一个非常严谨的评论家。理查德·卡朋特整理保存了有关希腊媒体和公共事件的珍贵档案材料。设在费城的外交政策研究所的艾伦·拉克森伯格和丹尼尔·派普斯为我安排了若干场演讲,这使我的想法变得更加清楚。《大西洋月刊》的艾莉诺·阿佩尔、艾米·米克和《纽约时报》的苏珊娜·麦克尼尔对部分原稿的事实进行了核对,使得本书更为完善。

本书还得到了其他很多人无私的帮助和睿智的建议,在此一并向他们表示诚挚的谢意。

绪言：必要的血与火
Forward

这本书背后的故事，至今想来，仍不免心有余悸。基本上说，这是一本为20世纪80年代、战争爆发之前而写的文化与历史行记，但90年代在波斯尼亚发生的持续数年的激烈冲突，让该书在国家战略方面呈现出某种意义，却是我始料未及的。

20世纪80年代，我作为自由撰稿人生活在希腊，报道发生在非洲、中东和阿富汗的战争。巴尔干各国逐渐引起了我的注意，因为这虽是一个看似没有新闻的地方，但你不难明白，经济的持续衰退，原来社会主义权力机构的不断式微，以及漫长的民族争斗的历史，迟早有一天会失控而导致激烈的冲突。因此，1989年7月，即柏林墙倒塌前数月和东德难民危机前夕（而后者无疑加速了前者的发生），我在《大西洋月刊》上警告说：

> 在二十世纪七八十年代，世人已经清楚地看到，在越南和阿富汗这样的地方，超级大国已经难以为所欲为，其影响是有限度的。九十年代，在欧洲自身的某个第三世界的区域内，超级大国影响的局限性也很可能变得显而易见。巴尔干各国有可能左右这一世纪末尾的世界大势，正如它们在世纪初所做的那样。

1989年11月30日，即柏林墙倒塌的同一个月，我在《华尔街日报（欧洲版）》上说：

> 有两个具有历史意义的概念，正在从东欧的灰烬中显露出来。其一是"中欧"，媒体正在对这个概念进行不遗余力的鞭挞；另外一个则是"巴尔干

各国"，媒体对此尚未发现……

我在该文中接着暗示说，南斯拉夫有可能走向民族分裂。在某种程度上说，本书即源自于这一洞见。

本书完成于 1990 年，其时南斯拉夫境内战争的第一枪尚未打响。本书在几家出版商那里都碰了钉子，他们认为巴尔干各国名不见经传，不会有足够大的销售量。这是一本充满个人偏好的游记，而最近一场巴尔干战争爆发的地点波斯尼亚，在我八十年代以及 1990 年穿越该地区的行程中，并未占有多大的分量，而且，在那个年代，能够在该地区出现的新闻记者并不多。那时候，在马其顿甚至找不到一个特约记者，而现在，该地区成了国际上的一个敏感地带，驻扎着美国士兵，因为人们害怕，在波斯尼亚发生的战事有可能向南方蔓延。

本书的精装本卖得不错，平装本也成为畅销书。1993 年，在克林顿总统考虑如何采取有力措施制止波斯尼亚战争的时候，据说他和夫人都读过本书。据报道，我详细描述的该地区的民族争斗，使得总统在思考该地区的形势时心情格外凝重，并且据说，他决定不采取公开的军事行动支持遭受塞尔维亚人围困的波斯尼亚的穆斯林，本书就是影响因素之一。

这一传闻令我感到不安，原因有两个。首先，本书中涉及波斯尼亚的内容极少。诸君会发现，本书虽然涉及整个巴尔干半岛，却是一本充满个人色彩的文化记行，而并非是一本可供决策参考的著作。十九章中只有四章专门描述前南斯拉夫。这四章有一章描述克罗地亚，一章描述塞尔维亚与科索沃，一章描述马其顿，还有一章则是描述已故的持不同政见者米罗万·德热拉斯。决策者，尤其是总统这个级别的决策者，竟然在做出重大的军事决策时依赖这样的一本著作，若传闻属实的话，的确让人感到不寒而栗。我的感觉是，在 1993 年那个时候，刚刚上任的克林顿心中几乎没有任何主见，于是便竭力寻找任何不采取军事行动的借口。

但是，这只能使得第二个原因变得更为突出，本书竟然被视为反对干预的传单，实在是让我感到无可奈何：我本人在这个问题上是属于鹰派。从 1993 年上半年开始，我就公开提倡采取军事行动支持波斯尼亚的穆斯林，甚至在 CNN、C-SPAN（有线卫星公众事务网络）、《华盛顿邮报（展望版）》以及其他场合探讨派出地面部队的可能性。在过去的几年中，在列温斯堡（Fort Leavenworth）和卡莱斯（Carlisle Barracks），我多次向美国军方陈述出兵干预的理由。

我坚持认为，一本着重描述民族争斗历史的游记，和美国用军事力量终止巴尔干半岛地区的流血事件这一观念之间，并不存在冲突。原因如下：

艰难的民族历史本身，并不必然导致大量民众遭受类似于纳粹大屠杀那样的灾难，额外的因素也发生了作用：西方的困惑与不作为，最终导致了权力的真空状态。如果没有这些额外的元素，20世纪90年代的恐怖事件可能就不会发生。

需要特别说明的是，围绕波斯尼亚人历史上是否是一个爱好和平的民族所展开的争论，其实是一个不能成立的命题。已有优秀的作家撰文雄辩地论证民族之间的良好关系的传统，尤其是在像萨拉热窝这样的城市。但是，这种种族之间的和谐往往只是刀锋之上的和谐。南斯拉夫诺贝尔文学奖得主伊沃·安德里奇（Ivo Andric）在短篇小说《来自1920年的一封信》中，描写了在波斯尼亚存在的一条无形的爱恨交织的边界，在"如此的柔情与蜜意"之下，"被约束的、压抑的仇恨的飓风，是如何地酝酿，等待爆发的机会"。另外，人们必须不仅要看到波斯尼亚历史上大部分时间都存在的和平的种族之间的传统，也要看到1992年（以及1941年和1945年）以来的冲突。杀死波斯尼亚穆斯林的既不是火星人，也不是克林顿总统，而是其他波斯尼亚人。

但后面又该怎么办呢？如果巴尔干各国变成了一口混乱不堪、冲突不断的种族问题热锅，那又该怎么办呢？巴尔干人可以到世界的大部分地方去，但这并不意味着你可以躲避在一种孤立主义的保护罩之下，也不意味着你可以无视当地人的性格，把军队派遣到迫在眉睫的道德考虑与战略的考虑纵横交错、难以割裂的地方。在波斯尼亚所发生的一切，将直接影响在科索沃、马其顿、阿尔巴尼亚、希腊和土耳其所发生的一切：在这些地方，要么政府濒临瓦解，要么与美国签订了防御协议，因而充斥着尖端武器。往远处说，在波斯尼亚发生的一切，还将极大地影响欧洲其他的地方与俄罗斯的未来政治；正如负责欧洲事务的美国前助理国务卿理查德·霍尔布鲁克所说，在波斯尼亚，我们是输不起的。

1996年4月

序言：死在遥远之地
Preface

眼下，卫星通讯越来越普及，在这样一个快速同质化的世界上，独特而不被人仿效的冒险经历越来越少。同时，信息的爆炸意味着各种事情被人忘记的速度越来越快。因此，冒险的经历就会使人情不自禁地以山川形势为载体来揭示过去和历史过程。

美国学者保罗·福赛尔（Paul Fussell）在《漂洋过海：两次世界大战期间英国人的文学行旅》中说，"写游记的秘诀"在于"使作者的妙悟与真实的材料相结合，看似漫不经心，实则是包含了深切的体验"。换言之，最好的情况是，游记的写作应当成为一种以最为活泼的方式来探讨历史、艺术和政治的技巧。玛丽·麦卡锡（Mary McCarthy）的《佛罗伦萨的石头》和丽贝卡·韦斯特女爵士（Dame Rebecca West）的《黑羊与灰隼》，都是我所知的典范。我虽然极为笨拙，仍然把这些作品视为指引我前进的明星。

《巴尔干两千年》的写作有些感性，会从最为具体的细节跳到最为抽象的内容：从克罗地亚的一个神职人员关于战争的愧疚（或无辜）的描述，跳到关于帝国的衰落的沉思。在罗马尼亚，我游历的地方相当多，接触了各种各样的人；而在保加利亚，我只与一个人保持着私谊，并通过他来体验这个国家；在希腊，与其说我在那里旅游，不如说我在那里生活，因为我在雅典待了七年。我希望本书不拘一格的文风能够反映我在巴尔干游历经验的丰富多变。

南斯拉夫的黑山和罗马尼亚西北部的马拉姆雷斯等地区本书没有涉及，波斯尼亚和阿尔巴尼亚显然也未曾得到足够的关注。尽管那里发生了针对穆斯林的残暴行为，把波斯尼亚的民族冲突解释为塞尔维亚和克罗地亚之间争端的延伸可能更为有效。因此，我在关于克罗地亚的那一章中探讨了波斯尼亚问题。我把关于阿尔巴尼亚的描述放在了"旧塞尔维亚"那一章中，因为我有意识地通过塞尔维亚人与信仰伊斯兰教的阿尔巴尼亚人的冲突来对他们进行解释。

尽管现在世人的注意力集中在南斯拉夫，我的困难重重的巴尔干之旅的核心却是罗马尼亚和希腊，本书也反映了这一点。巴尔干是一个半岛，波斯尼亚只是其中的一部分。也许今天的新闻头条可能是关于波斯尼亚的，但或许明天就成了巴尔干的另外一个地方，因为整个半岛已经进入了一个灾难频发的时期，而且短期内难以结束。尽管如此，我写下的任何文字，不论多么委婉，都不可以被当作对于塞尔维亚军队在波斯尼亚所做的事情的辩护，因为我发自内心地谴责他们的罪恶。

整个20世纪80年代，我都在尝试让媒体的编辑和普通大众来关注巴尔干以及在那里滋生的种种问题，尽管这通常没有产生什么效果。令人非常遗憾也十分讽刺的是，我极度恐惧的事情却成为了事实。那里发生的战斗的受害者之一是一个与我同名的记者，他是ABC新闻的戴维·卡普兰（我名字中间的缩写字母D也代表"戴维"）。我希望本书能够有助于人们了解这个地区，另外一个与我素不相识的卡普兰为了对它进行报道已经献出了自己的生命。

序曲　圣徒、恐怖分子、鲜血与圣水

我浑身颤抖，手脚也有些忙乱。我故意选择在这个令人毛骨悚然、黎明前的时刻造访"旧塞尔维亚"遗留下来的皮克修道院。在东正教里，精神指导要求人们进行辛勤的劳作，不过作为奖赏，会向他们晓谕有关地狱和救赎的信息，但这同样需要人们苦行力修方能得到。西方的入侵者如果不肯用他的整个存在来感知的话，他就不要指望自己能够理解这一切。

置身于公元 1250 年绘成的使徒教堂内，我的双眼一时不能适应，什么也看不见。不过短短几分钟，可感觉非常漫长，像是从未间断的几百年，让人充满了挫败感。我没带手电筒，也没带蜡烛。但是，当你什么都看不见的时候，你的意志却更加集中。

彼达·彼得洛维奇·尼格斯[1]在《高山花环》这部用塞尔维亚语写成的最伟大的诗篇中说："眼睛并不妨碍视而不见的人；他稳稳当当地……走在同一条路上，就像醉酒的人，始终扶着篱笆墙。"在这部著作中，对于改信伊斯兰教者的大规模屠杀，被当作是为了打赢土耳其穆斯林的必要手段。就在黑暗即将减退的时刻，我瞬间明白了挣扎、绝望和仇恨的真正原因是什么。

我的双眼在黑暗中的摸索教给了我国家生存的首要原则：哪怕是几乎没有任何光明，也可以创造出一个完整的世界。也就过了约莫一分钟的时间，各种面孔就从幽暗中浮现出来：那一张张来自早熟的塞尔维亚的过去的面孔，愁容遍布，饱经风霜，向人们展示出某种灵性和原始，西方人对此并不陌生，因为这在陀思妥耶夫斯基笔下的人物身上已经得到了很好的体现。我感觉自己仿佛走进了一颗头颅之内，

---

[1] 尼格斯是 19 世纪黑山的一个主教，黑山是邻近塞尔维亚的一个山区。他所描写的大屠杀发生在 17 世纪末。下文土耳其穆斯林指奥斯曼帝国。

看到一个民族的集体记忆在燃烧。

梦想似乎是可以触摸的了，如真如幻：穿着紫色袍子的圣尼古拉，在用他的黑色的、令人不敢直视的双眼看着我的脑后；塞尔维亚的主保圣人、我所在的教堂的创立者圣萨瓦，从水一样的真空中缓缓落下，慷慨地把仁慈和灵感送赠给我；升天的基督，虽是农夫出身的神，却摆脱了身体煎熬的最后阶段，已达到超凡脱俗的境界，比任何征服者或俗世的思想意识更令人畏惧。

使徒与圣徒和中世纪塞尔维亚的国王与主教混杂在一起。他们似乎都从信仰的变形镜中走了出来：身躯被拖长，长着令人恐怖的手脚和头，许多圣徒的眼睛已经被抠掉。根据某种农民的信仰，用来绘制圣徒眼睛的泥灰和染料，可以治好失明。

迷信，盲目崇拜？这是西方人的心灵在说话。用约瑟夫·康拉德的话来说，这样的心灵"并不拥有一种得自于上古的、亲身经历的知识，因而就无从知晓历史上的独裁政体如何压抑思想、紧握权力和维持其存在。因而，"康拉德在《在西方的目光下》中认为，对于一个西方公民来说，"他怎么也想不明白，遭受鞭挞竟然可以成为一种实际上的调查措施，或是一种惩罚。"

这所教堂提醒人们：黑暗越是深沉，反抗就越缺少理性，也就越令人恐怖。

根据艾瑞克·安布勒的《对戴尔彻甫的审判》，斯大林大清洗的受害者之一、遭受监禁的戴尔彻甫夫人遗憾地表示："在保加利亚和在希腊，在南斯拉夫，在所有曾受土耳其统治的欧洲国家，都是一模一样的。""因此，躲避在墙壁后面的我们，其实是生活在狭隘的虚幻的世界之中……他们用民族生活的画面来装点墙壁……既然我们又重新躲避到了墙壁后面，我们父辈的和我们童年时代的习惯也就回来了。"

在我的眼睛适应黑暗的时候，这些具有里程碑意义的形式需要穿越的距离几乎是无限的：奥斯曼帝国统治的数个世纪、最为邪恶的战争和冷战。在此处，一个充满教条、神秘气氛和野性之美的密室里，民族的生活又被重温了一遍。民族的生活也只有从这里才能逐渐显现出来。

"你不知道用锤子、钉子或是棍棒杀人是什么感觉，对吧？"

艾什梅尔的喊声盖过了音乐，在忽明忽暗、艳丽色彩的衬托下，他的脸变成了紫色。我仍然在皮克，在旧塞尔维亚，在一个阿尔巴尼亚的穆斯林光顾的迪斯科舞厅，离塞尔维亚的修道院不远。

"你知道我为什么不喝李子白兰地，而总是喝啤酒吗？因为游击队员们（二战时塞尔维亚的游击队员）通常在杀人后喝李子白兰地。你知道当着一个孩子母亲的面，把孩子扔到空中，再用刀尖去接这个孩子是什么感觉吗？被绑到燃烧的木棍上呢？屁股被人用斧子劈开，以至于你乞求塞尔维亚人开枪打你的头而他们却不肯？"

"而这之后他们竟然还到教堂去。他们竟然还去他妈的教堂。我实在是无话可说了……"

艾什梅尔浑身发抖，"有些事情比邪恶更可怕，简直是无法言说。"

艾什梅尔继续喊叫着。他只有 26 岁，对他所说的事件并无亲身经历。他告诉我，老鼠在他家出没。那是塞尔维亚人的错。

时间定格在了 1940 年 11 月 30 日上午 10:30 分。布加勒斯特开始下雪。在为纪念一位抗击土耳其人的罗马尼亚将军而于 17 世纪建造的伊利格甘尼教堂内，数百根点燃的蜡烛使得穹顶上穿红色长袍的基督的形象更加醒目。用带有纯金刺绣的绿色旗子覆盖着的棺材，排列在中殿的两旁。祭台助手们用托盘为死者端上了深色糖面包。天使长迈克军团——法西斯的"铁卫团"（Iron Guard）——的 14 个成员，包括其首领科内柳·泽拉·科德里亚努，即将下葬，主持葬礼、并将宣布逝者为圣徒的是罗马尼亚东正教的牧师，他们一直在为逝者唱圣歌，挥动香炉。

两年以前，国王卡罗尔二世下令勒死了这 14 个人，剥光了他们的遗体，扔在一个乱葬坑里，为了让这些遗体尽快腐烂，还在上面泼上了硫酸。但是到 1940 年底，卡罗尔国王逃走，罗马尼亚落入铁卫团的手中。受害者的遗体残留物不过是几个土堆而已，但仍被挖了出来，封装在 14 具棺材里面，重新安葬。在葬礼的结尾，吊唁者聆听了已故军团首领科德里亚努的一段录音，其声音极为尖利："你们一定要等到为烈士们报仇的那一天！"

数周之后，复仇开始了。1941 年 1 月 22 日，天使长迈克军团的士兵先是唱了东正教的赞美诗，在脖子周围挂上了盛着罗马尼亚泥土的袋子，相互喝了鲜血，又为自己撒了圣水,然后就入户劫持了 200 名男人、妇女和儿童。他们把受害者驱赶上卡车,并开到了该市的屠宰场,这是布加勒斯特南部靠近蒂姆堡维察河的几栋红砖楼房。受害者都是犹太人,他们驱使这些人在冰冷的黑暗中脱光衣服,趴在传送装置上。这些犹太人痛苦地吼叫着,却仍然被驱赶着走完了所有自动化的屠宰程序。鲜血从被割掉头颅和四肢的躯干中流淌出来,军团士兵把他们挂在钩子上,并贴上"适合人食用"的标签。他们还把一个五岁的小女孩的躯干倒挂起来,"上面满是鲜血……就像是一头被屠宰的小牛",一个第二天早上的目击者如是说。

1989 年 12 月 17 日晚上 10 点。在摩尔达维亚[2]的摩尔达维察修道院,因天色已晚,难以看清壁画的内容,但修道院院长塔图里奇·乔治塔·本尼迪克塔仍然能够想象出末日审判的场景:野兽把所有他们吃掉的人都吐了出来,在正义簿上的若干善行抵消了所有的恶迹;使用耀眼的硫磺色染料绘制的天使,正在盖住黄道十二宫的标记,等待宣布时间的终结。

像往常一样,本尼迪克塔院长祈祷了八个小时,但与在布加勒斯特不同的是,这里没有提示者,忏悔室里也没有话筒。在罗马尼亚北端的山毛榉树林里,掌权者——就像很久以前的那些土耳其人一样——也几乎没有"安插盯梢的人"。天气非常温暖。本尼迪克塔院长前天还看到了彩虹,尽管当时并没有下雨。在这一天,她听到了残害儿童的传言。她有生以来第一次整夜都待在教堂里祈祷。

之后三个晚上,其他修女也过来和她一起整夜祈祷。

> 于是上帝演示了一个奇迹。他把一种念头放在了德拉克(魔鬼)的头脑里,安排了一次遥感会面。由于不再害怕,人们羞辱了德拉克。因此,那个像希律(Herod)一样,就是那个像希律一样残杀巴勒斯坦的儿童一样杀害蒂米什瓦拉的儿童的人,就在我们的主诞生的那一天被处死了。

---

[2] 20 世纪 90 年代初,苏联解体之后,罗马尼亚-苏联边界两边的地区恢复了它的罗马尼亚文原名——摩尔多瓦。因为我所引用的游记作家,以及我在旅行过程中采访的人,一直都在使用"摩尔达维亚"这个词,所以,为保持叙述的一致性,我也保留了原来的用法。

"在罗马尼亚,《圣经》是鲜活的,"本尼迪克塔院长语气坚定地对我说,"圣诞的故事被重新演示。现在,人们有义务进行祈祷,并借助历史来审视自身的罪恶。"

18世纪末期,在土耳其占领的漫漫黑夜中最为黑暗的时刻,一位名叫拉菲尔的保加利亚僧侣,在里拉修道院内花费了十二年的时间,雕刻了一尊木质的耶稣受难像,上面刻着600个人物形象,每一个都不过大米粒那么大。

"这样的一个十字架的价值有多大?"博尼费修斯神父大声说。他是一个身材瘦小的驼背的人,留着铁灰色的长发和络腮胡子,皮肤像婴儿的一样柔软。他已在修道院里生活了27年。为了回答自己的问题,他又大声说:"人的一生的价值有多大?拉菲尔为了雕刻出这个十字架,双目失明啊!"

里拉修道院被土耳其人一次又一次地洗劫并夷为平地。但每一次,它都被照原样重建起来:有条纹的拱门、压花的木质阳台、钟楼和盛放壁画的建筑群,而且在山顶白雪的映衬下,壁画的颜色呈现出某种新的庄严气象。在土耳其占领期间,居住在里拉修道院的僧侣多达300人。在冷战时期,僧侣数量降低到12人。12个灵魂,为了守护整个民族的遗产,就生活在这个空旷的、老鼠肆虐的空间之中!有些房间的门被严实地封闭,几个世纪之中从未有人踏入过。

现在,这些封闭的门正在被开启。

我于1990年重返里拉修道院,距离我前一次的访问又过去了9年。博尼费修斯神父已经去世。一度阴暗冷清的教堂,再度挤满了来做礼拜的人,点燃的蜡烛几乎成林,噼啪作响。在教堂的一角挂着国王鲍里斯三世的照片,他于1943年被安葬在这里,1946年后政府挪动了他的墓地。鲍里斯的肖像周围摆满了蜡烛、野花和圣餐面饼。人们弯腰去亲吻他的肖像。"耶稣基督又回到了保加利亚,"我的向导语调平淡地对我说,"我们必须让政府的人告诉我们,鲍里斯到底被埋葬在哪里。在现在的保加利亚,有许多秘密有待解开。"

"北伊皮鲁斯将会血流遍地!"这句语气生硬的话,就涂写在希腊西北部与阿尔巴尼亚的边界的路边。北伊皮鲁斯——也就是南阿尔巴尼亚——历史上是希腊的一部分：是亚历山大大帝的母亲奥林皮娅和皮洛士国王的出生地。皮洛士国王在军事上的惨胜在"皮洛士式的胜利"一语中得到了纪念。

但是，由于1913年的一份"可耻的"协议，"北伊皮鲁斯"被划入了"现已不存在的卑鄙的阿尔巴尼亚"，希腊成了一个"被肢解"的国家[3]，这个边境地区的都主教赛万次亚诺解释说。在他的地图上，北伊皮鲁斯是接近50万希腊人的家乡，占据了阿尔巴尼亚领土的50%。赛万次亚诺被一些人称作"希腊的霍梅尼"，据传言曾设法让游击队员潜入南阿尔巴尼亚，图谋使该地区与希腊统一。

一踏入阿尔巴尼亚与他国接壤的地方，我乘坐的面包车就进入了迷宫似的、连绵不断的石灰岩峡谷，沿途怪石嶙峋，树木已被砍伐一光。剃着光头的士兵驱赶的牛车，堵住了坑洼不平的道路。成群结队身着宽松白色衣服、头戴方头巾的妇女，肩上扛着大镰刀或铁铲，步履蹒跚地从庄稼地和烟草地收工回家。在一些空荡荡的地方，立着用波纹状金属和弥缝不严实的砖建造的居民房，周围则是带刺的铁丝网和水泥碉堡。每一样人造品——肥皂块、水龙头、门把手——都像是刚刚发明出来的，流露出某种原始的特征。褐煤燃烧后含铅的烟雾在地面上经久不散，赋予该地某种老照片才具有的某种颗粒状的、泛黄的氛围。借着钠灯发出的光，我曾仔细查看过这些希腊裔的阿尔巴尼亚人的面孔。他们眼中的表情是那么的遥远。他们几乎就像是鬼影。在瑟兰德镇的一户人家，一家五口人围在一台破旧的俄式黑白电视机前，收看一个希腊频道播放的"王朝"和CNN。"这里的生活怎么样啊？"我问。"很好。我们需要的东西都齐全。"当父亲的回答我说。但孩子们却一直沉默不语。

这家人最大的男孩陪我到了宾馆。"我偷着接受了洗礼，"他在黑暗中悄悄对我说，"我是希腊人。我还能有什么办法？我信仰上帝……我们这里所有的人都是些可怜虫。"四天之后，在附近的一个村庄，有两个人在试图跨越边界逃到希腊的时候被击毙。他们的遗体被倒挂在广场上。

---

[3] 在第一次和第二次世界大战期间，希腊军队都占领过北伊皮鲁斯，最后一次撤出是在1944年。希腊与阿尔巴尼亚的官方的"战争状态"一直持续到1988年。

这个世界就像是一个秘密收藏物品的容器：就是一个光线暗淡的舞台，人们在这里抛头颅、洒热血，有过美好的憧憬和极度的喜悦。然而，他们的表情依然是僵硬的、遥远的，就像是被灰尘覆盖的雕像。"在这里，我们完全被我们自己的历史所淹没。"保加利亚前外交部长鲁本·格泽夫这样对我说。

于是，我养成了逛中世纪教堂和修道院的嗜好，喜欢上了搜寻古书和老照片。在路上遇到人的时候，我总是询问他们有关过去的问题。只有这样，现在才是可以理解的。

在这样的地方，你必须具有对于隐晦不明的事物的热爱。一连数月，我多次叨扰珍本书店和书商。我知道，那些能够最好地解释罗马尼亚1989年的十二月革命的书籍，已经绝版数十年，有些情况下，还可能是半个世纪或更久。

从1915年四月到十月，美国新闻记者和政治激进分子约翰·里德，在素描画家鲍德曼·罗宾逊的陪同之下，游历了塞尔维亚、马其顿、罗马尼亚、保加利亚、希腊和土耳其。里德出版了他对于他们两人行程的描述，冠名为《东欧的战争》，其时为1916年，即他访问俄罗斯并撰写《震撼世界的十天》的前一年。在里德所有的著作中，《东欧的战争》最少为人知，但为了得到首版的作者签名本，我却不得不付出399.11美元的高价。该书的蜡纸书页保存了几张铅笔画。

里德这样说："突然而至的入侵，仓促绝望的抵抗，一座又一座城市被围困、被消灭，置身于这样的环境下，人们似乎失去了其独有的个人的或种族的特色，因此，当消失在疯狂的人海，卷入你死我活的战斗中时，他们相互之间已经没有什么差别了。"里德喜欢在"他们安心把战争当作一种营生来做，开始调整自我，适应这种新的生活方式，并开始谈论和考虑其他事情"之后再对他们进行观察。

我也想做同样的事情：不是在革命或划时代的选举发生的过程当中，而是紧随事件发生之后，当各色人等**开始调整自我，适应新的生活方式**的时候，再对欧洲已被忘记的后门进行观察。

我看过的老照片里面，有一张是哈布斯堡的大公佛朗茨·费迪南，拍摄的是他1914年6月27日在萨拉热窝城外参加军事活动的情景，一天之后，他就被暗杀——而这一犯罪事件成为第一次世界大战的导火索。跑动的马蹄扬起了尘土，佛朗茨·费迪南笔直地骑在马上，正面的那只脚牢牢地套在马镫里，斜挎着马刀。他留有胡须的脸庞表露了某种坚毅，这种神情与更为天真的、少不更事的年纪更为吻合。他所生活的世界，仍可以模糊地归结为梅特涅操控的复辟时代，对现代战争在技术上的邪恶和极权主义都少有觉察（尽管几天或几周之后，一切都将改观）。

另一张照片则是佛朗茨·费迪南的暗杀者加夫里洛·普林西普，一个来自萨拉热窝附近的波斯尼亚的塞尔维亚人。普林西普还不到二十岁，貌似非常虚弱：一副瘦骨嶙峋、弱不禁风的样子。但他的双眼充满了野性的能量，与当今恐怖分子死气沉沉的眼神不一样。当今的恐怖分子使用自动步枪和空中陀螺仪引爆的炸弹从远处来进行暗杀。

世界历史上最令人惊心动魄的七十五年已经过去了，但由于这些照片被拍摄下来，这些岁月都得到了很好的聚焦。不过，如果以我在路上见到的人们和听到的声音为参照，那些照片似乎并没有那么古老。

贝尔格莱德、布加勒斯特、索非亚、雅典、阿德里安堡（即现在的埃迪尔内，在土耳其的色雷斯）。对于雄心勃勃的新闻记者来说，这些都曾经是可供选择的新闻电讯的电头——相当于稍后一些的西贡、贝鲁特和马那瓜。厄内斯特·海明威在1922年从阿德里安堡发回了他最为著名的新闻报道，描述希腊难民"失魂落魄地行走在雨里"的情况，他们的物品就堆放在旁边的牛车上。

巴尔干诸国就是最初的第三世界，这要比西方媒体发明这个词语早很多。在这个毗邻中东的多山半岛上，报社记者写出了20世纪最初的关于浑身沾满泥巴的难民的报道，也完成了事实与臆想参半的新闻和游记相结合的最早著作，而那时亚洲和非洲仍显得相当遥远。

在贝鲁特或别的什么地方，不论发生了什么，都首先在巴尔干发生过，而且是在很久以前。

巴尔干培育了20世纪的第一批恐怖分子，马其顿的革命组织（IMRO），由于有保加利亚的资助，致力于恢复被希腊和南斯拉夫在第二次巴尔干战争之后占领的马其顿的部分地区。像当今贝鲁特南部地区的什叶派教徒一样，这些拿着枪支对着东正教《圣经》宣誓效忠的IMRO杀手，来自斯科普里、贝尔格莱德和索非亚贫民窟的没有根基的、缺乏教养的无产者。扣留人质和大规模屠杀无辜者是常有的事情。甚至伊朗神职人员的疯狂行为都在巴尔干有先例。在1912年和1913年的巴尔干战争期间，在马其顿的一个希腊主教下令暗杀一名保加利亚政客，并且派人把割下来的首级送回教堂供人拍照。

20世纪的历史从巴尔干开始。在这里，人们由于贫穷和民族的对抗而被孤立起来，除了仇恨别无选择。在这里，政治被降低到近乎无政府的状态，因而在历史上经常泛滥失控，漫过多瑙河并冲击中欧。

例如，纳粹主义就可以说肇始于巴尔干。靠近南部斯拉夫世界的维也纳，是一个酝酿民族怨恨的温床，在这个城市的廉价旅馆里面，希特勒学会了如何以一种具有传染性的方式表达仇恨。

人们爆发残暴行为的土地到底是什么样子？果真存在某种邪恶的气息，风气，从而浸染了这个地方的人们？

我是从中欧，从纽伦堡和达濠（Dachau），开始我的行程的，但我什么也没有感觉到。这些地方到处都是博物馆；似乎已经没有日常生活的烟火气息。纳粹经常举办大规模集会的露天体育馆，只剩下了一堵墙，而这成为德国雅皮士聚会的场所。

在维也纳，我第一次捕捉到了某种轻微的迹象。在维也纳，莫扎特的地位只配得到一尊雕像、一条小巷和一个广场。卡尔·吕格博士得到了更大的纪念碑、更大的广场和林斯特拉斯区最威严的地方——卡尔·吕格博士之环：这里坐落着新古典主义的议会大厦、文艺复兴时期的大学建筑、巴洛克风格的群山剧院、哥特风格的市政厅和人民公园。

吕格在世纪之交曾担任市长，与同时期的另外一个奥地利政客、政治排犹主义之父G.V. 熊纳勒齐名。阿道夫·希特勒在《我的奋斗》中说："我把这个人看作是所有时代德国最伟大的市长……如果卡尔·吕格博士果真曾在德国生活的话，他肯定会成为我国人民中最为优秀的分子。"希特勒说，他自己的思想直接来自吕格。1895年5月29日，在获知吕格在维也纳市议会选举中获胜消息的当天晚上，西奥多·赫茨尔（Theodor Herzl）就连夜起草了犹太人离开欧洲的计划。

我仔细地查看了矗立在卡尔·吕格博士广场（不要把它错当作卡尔·吕格博士

之环）上的吕格纪念碑。一手放在胸前、衣着极其考究的、潇洒的卡尔，正专注地展望未来，目光中充满了决心；身强力壮的、裸着上身的工人，拿着铁铲和镐头，分布在底座的周围。

在当今的德国，这样的一个纪念碑肯定会引发丑闻。但在当时的奥地利，这并没有什么不妥。"卡尔·吕格是维也纳最伟大的市长，"奥地利当地的一个记者说，并同时耸了耸肩，"他并不真的是一个反犹主义者。他只是把反犹主义当作一种政治技巧。"

我继续游历。梅特涅说，巴尔干从伦韦格开始，这条路是维也纳在东部和南部的出口。

你越是靠近德语世界的东部或南部边缘，换言之，你越是靠近具有威胁性的、数量也更多的斯拉夫人，德意志民族主义就变得越不安全，因而也就越危险。在德语世界的东部边界，波美拉尼亚和西西里亚的德意志人都质疑波兰边界的合法性。在南边，在奥地利，在这个来自斯拉夫世界的血液果真在"德意志人的"血管里流淌的地方，对于这个基本事实的否认，采取了极为顽固的、泛日耳曼的偏执狂的形式。

我来到了克拉根福，这是处在奥地利最南端的卡林西亚州的州府所在地，是公认的"前纳粹的宝地"。相对于它的面积，来自卡林西亚的死亡集中营的卫兵的数量，超过了德国和奥地利的任何一个地方。20世纪80年代，在卡林西亚发生了一场赞成分别设立学校的运动：上帝禁止德国孩子与斯洛文尼亚人一起学习，因为斯洛文尼亚人是斯拉夫人。我参观了右翼的自由党的和"卡林西亚祖国服务局"的办公室，后者是一个类似民兵的组织，成立于第一次世界大战结束之后，五十年代重新活跃起来，并呈现出一种新纳粹主义的取向。我试着去刺激一位自由党的发言人，但没有成功。

"西蒙·维森塔尔告诉我说，在一个像奥地利这样的民主国家，任何在其名称中使用'自由'这个字眼的政党，也有可能是纳粹的。你对此怎么看？"我问。

回答："赫尔·维森塔尔是一个非常值得尊敬的人。他可以有他的看法，那是他的权利。但是，我可以讲讲我们为什么是不同的吗？……"

我被告知说，把奥地利包含在内的大德国观念早已消亡。奥地利右翼关心的只是在语言的边界地区保护德语的独立完整性。用来装饰自由党办公室墙壁的是枯燥乏味的现代艺术品，而不是横幅或严格控制的照片。接着我遭遇了更深的失望：在克拉根福的街头，我没有遭遇到令人厌恶的、褐衫党那样死心塌地拥护纳粹的狭隘排外；触入眼帘的却是托斯坦·凡勃伦所描述的有闲阶级。

衣着质地优良、样式考究的学龄少年，不时地骑着彩色的山地自行车从我身边快速掠过。我看到一名男子穿着紫色绒面上衣，带着乔治·阿玛尼眼镜，妇女们穿的则是全套的吉尔·桑德或娇兰，戴的是最为微妙的秋天色调的丝绸围巾。要不是由于办公室窗户的镀铬合金的颜色，这里的仿巴洛克的建筑物，就像是从黑森林牌樱桃蛋糕上精心切下来似的。玩具火车、新秀丽箱包、乐高空间站模型、蒂凡尼的珠宝，充斥在路边的展示橱窗。从母婴用品店再过去几个门面，有一家专卖来自巴黎的女性内衣的商店，其式样花里胡哨，价格也高得离奇。店中白肤金发碧眼的女孩使用的香水，散发出汗水和动物的气息。党卫军精锐部队的后代，已经蜕变为被精心调教的、会表演的老虎，并且，为了安全起见，这些老虎还被规规矩矩地关在舒适的中产阶级的笼房里。

这里的每个人都按照日常的轨道来生活。我看到的唯一的横幅是信用卡公司的横幅。在旅行社的展示窗里，以色列只不过是当地的太阳崇拜者冬天的度假地。自由党和祖国服务局的那些真正的信仰者，越来越被孤立，也不得不维持举止得体的外表。这里呈现出来的不再是排犹主义或其他的传统的过度行为，而是赤裸裸的消费主义。卡林西亚人变成了一个被驯服的物种。

从 1989 年开始，为了增加其在议会的席位，自由党越来越多地谈论起与斯洛文尼亚人的合作。年老的纳粹追逐者维森塔尔对我讲了这样的理由："如果没有经济危机，自由党别无选择，只能适应形势。"这位睿智而瘦削的长者镇定地告诫我说，邪恶的治愈，不需要痛苦的煎熬或悔恨，而只需要资产阶级民主和持续一个十年、又一个十年、再一个十年的富裕所提供的令人沉溺其中的镇静，因为人们一旦于浑然不觉中镇静下来，这一模式就变得根深蒂固，即便是经济灾难也无法撼动它。

这是 20 世纪的最后一个十年。我认真聆听的是维森塔尔的告诫，而不是梅特涅的话：巴尔干不再是从维也纳的门户开始，甚至也不再是从克拉根福开始。

在奥地利与曾是南斯拉夫的地方的南部边界，甚至火车一等包厢里的供暖系统也被停止使用。餐车也被隔离开来，取而代之的是一个镀锌的立式柜台，只供应啤酒、李子白兰地、不带过滤嘴的劣质烟卷儿。经过多次停靠站之后，指甲里藏污纳垢的男人们拥挤到柜台前喝酒抽烟。不大声说话或痛饮烈酒的时候，这些人则会静悄悄地、专注地翻看色情杂志。与他们在奥地利的同属劳动阶层的人们不同，他们没有留男女皆宜的发型，显然他们在冬天来临的时候也不指望去突尼斯或以色列度假。在这个地方，如果人们足够幸运，拥有最起码的本土文化保护上的一致性的话，那么，自由党和祖国服务局的人很可能就会抛弃他们的现代艺术，抛弃那种认怂的做法，敢于直面一个记者的提问。

雪花落在了窗户上。黑色的褐煤烟雾从砖和废金属搭成的烟囱里冒了出来。这片土地就像是一个元气耗尽、除了咳嗽就知道咒骂的妓女的脸，丑陋不堪而毫无生机。残暴行为给这片水土留下的痕迹不难辨认。

因此，我不可能久留此地。不久，不论是九十年代末期，还是以后的数十年，整个画面都将褪色，就像在克拉根福一样，一切都已改变。

ICON
南斯拉夫的影像

> 我来南斯拉夫,就是想看看用血肉写成的历史是什么样子。
>
> 丽贝卡·韦斯特,《黑羊和灰隼》

南斯拉夫解体后形成的国家以及阿尔巴尼亚。

克罗地亚的 Nikola Zrinski 被克罗地亚人和匈牙利人都奉为英雄，1566 年他在 Szigetvár 保卫战中血战土耳其大军，终因寡不敌众而失败。

红衣主教斯蒂匹纳茨躺在萨格勒布大教堂的水晶棺里。

9世纪的两位使徒、使斯拉夫人皈依基督教的西里尔和美多迪乌斯,在基督教分裂后,克罗地亚人在19世纪,把他们视为天主教与东正教统一性的象征。

塞尔维亚历史上最著名的统治者之一斯蒂凡·尼曼雅国王（右）和他的儿子著名的修道士圣萨瓦。斯蒂凡建立了第一个塞尔维亚人的国家，摆脱了君士坦丁堡的拜占庭统治者。

马其顿奥赫里德的 Saint Panteleimon 教堂,最初建于 10 世纪,建造者 Saint Clement 据说是西里尔和美多迪乌斯的学生,《圣经》有可能最初从这里翻译成斯拉夫文字。

塞尔维亚的葛兰察妮霞修道院,拉扎在此殉难。

马其顿 Gorno Nerezi 的 Saint Panteleimon 教堂。

马其顿 Gorno Nerezi 的 Saint Panteleimon 教堂里的壁画。

第一部分
南斯拉夫：历史的前奏曲

第 1 章
克罗地亚："于是他们就可以去天堂"

在萨格勒布（Zagreb），过去就在你的脚下：雨水打湿的落叶，像是一张绵软的地毯，我深一脚浅一脚地在上面走着，竟至于分不清哪里是过去，哪里是现在。离开火车站之后，我就穿行在被煤火染黄了的雾幕之中，而这熊熊的煤火，就仿佛是燃烧的记忆。雾飞快地移动着，但经常被洞穴撕碎，不时地，一片锻铁或是一个巴洛克的穹顶会极为清晰地出现。对了，那也是过去，我突然明白：雾幕上的洞，也是过去，因为你正好可以透过它去看。

前南斯拉夫的克罗地亚共和国的首府是一个铁路城市，在欧洲，要到这里来，游客绝对都会主动乘坐火车，因为建于 1925 年的海滨酒店，至今仍被认为是世界上最好的酒店之一，与火车站隔街相望。

1937 年春天，萨格勒布雨水连绵，而本世纪最优秀的游记就是从此时的萨格勒布火车站开始的。

丽贝卡·韦斯特女爵士的《黑羊与灰隼》于四年之后的 1941 年首次出版时，《纽约时报》的"书评"版称之为游记领域的巅峰之作。《纽约客》则说，只有 T.E. 劳伦斯的（T. E. Lawrence）《智慧的七个支柱》可以与之媲美。狭义地说，该书是对一次为期六周的南斯拉夫[1]之旅的描述。但稍微宽泛一点儿说，《黑羊与灰隼》就像是南斯拉夫一样，是一个敞开的、芜杂的世界：关于一个国家的长达两卷本、五十万字的百科全书式的清单；关于哈布斯堡和卡拉乔治维奇王朝的一个长篇故事；关于拜占庭考古学、异教徒民俗、基督教和伊斯兰教哲学的一篇论文。本书对

---

[1] 尽管如我们所知，南斯拉夫已经不存在，但作为一个地理和文化定义，这个术语仍然是有用的，因为它的意思"南部的斯拉夫"。在欧洲和亚洲的所有其他的斯拉夫人，都生活在再往北的地方。

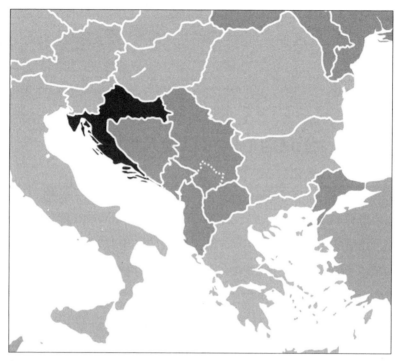

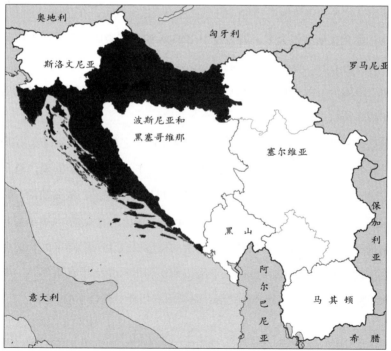

克罗地亚在巴尔干以及南斯拉夫诸国中的地理位置。

萨格勒布火车站。

于德意志人的心灵和法西斯主义与恐怖主义在19世纪的起源所进行的精神分析，达到了令人惊叹的程度。本书还警告世人提防极权主义在20世纪40年代及之后可能给欧洲带来的危险，其预见力与洞察力几乎达到了无懈可击的程度。像《塔木德》一样，该书可以多次阅读，从而在不同层面上理解其意义。

"如果丽贝卡·韦斯特是一个生在中世纪的女人，而且很富有的话，她很可能成为一个伟大的女修道院院长；如果她是一个生在17世纪的女人，而且贫穷的话，她很可能会被当作女巫烧死。"维多利亚·格伦迪宁（Victoria Glendining）在《丽贝卡·韦斯特的一生》中如是说。格伦迪宁把《黑羊与灰隼》看作是作家长寿的一生中的"核心著作"，而在她漫长的生涯中，作为其他二十多本非虚构性著作的作者，H.G.威尔斯（H. G. Wells）的年轻情人，不被社会接受的人，性反叛者，丽贝卡女爵士系统地阐述了"她关于宗教、伦理、艺术、神话和性别等问题的观点。"

该书的题目本身就是对基督教苦难与赎罪教义的抨击，根据这一教义，作为对耶稣在十字架上牺牲的回报，我们的罪恶被宽恕。

"黑羊"指的是丽贝卡女爵士在马其顿的一次穆斯林生育仪式上看到的被屠宰的一只动物。她说："我们西方思想，全都建立在这样一种十分令人讨厌的妄言上，即认为痛苦是我们为得到任何美好的东西而付出的应该的代价。""灰隼"代表的则是人性对于"黑羊"的牺牲所做出的悲剧性反应。在一首塞尔维亚语诗中,装扮成灰隼的预言家伊莱贾,要求一位塞尔维亚将军在尘世的和神圣的王国之间做出选择。将军选择了后者,于是他建造了一座教堂而没有派驻军队,结果土耳其人把他打败了。换言之,在重述反战主义者私底下的欲望时,作者仍然怒不可遏:"因为当牧师而牺牲羊羔是错误的,所以,我就去当羊羔,让牧师把我牺牲掉。"

善如何直面恶?牧师与听他讲道的会众的正当关系到底应该是个什么样子?这是一个非常复杂难以解决的问题,而这个问题仍然困扰着今天的萨格勒布。

在这个城市只待了几天,丽贝卡女爵士就意识到,悲惨的是,萨格勒布只是一场"幻影秀"。它的人民已被自身的分裂——即天主教的克罗地亚人与东正教的塞尔维亚人之间的对峙——弄得筋疲力尽,以至于在纳粹到达之前,就已成为了鬼魂。

纳粹的占领只是引爆了原有的矛盾。就其赤裸的残暴程度而言,在天主教的克罗地亚以及邻近的波斯尼亚-黑塞哥维那所发生的对于塞尔维亚人的大屠杀,丝毫也不亚于德国占领欧洲时期所发生的任何事件。在铁托(Tito)长达55年的统治下,贫困已经呈现体制化,因而对于伤口的愈合没有任何帮助。

我从克拉根福坐火车到达了萨格勒布。这个世纪的最后十年向我扑面而来。撞击我的耳膜的是那种充满怨恨的鬼魂一般的声音,于是我知道,这种声音即将再度爆发。

我在火车上遇到的一个塞族人对我说:"克罗地亚的法西斯主义分子在詹森诺瓦(Jesenovac)并没有建造毒气室。他们直接用刀、锤和棍棒对塞尔维亚人进行大规模屠杀。屠杀是混乱不堪的,竟然没有人肯费心去清点数目。于是,在这里我们就这样了,比波兰落后几十年。当年,犹太人和天主教徒为意义而战。在这里,克罗地亚人和塞尔维亚人却在为数目争吵不休。"

在萨格勒布,数字是唯一重要的东西。例如,如果你要说克罗地亚的乌斯塔沙(反叛分子)在詹森诺瓦(二战时期设在萨格勒布东南部65英里处的一个死亡集中营)屠杀了70万塞尔维亚人,那么,你就会被当作一个既蔑视克罗地亚人又蔑视阿尔

丽贝卡·韦斯特。

巴尼亚人的塞尔维亚民族主义者,一个把克罗地亚红衣主教、萨格勒布大主教安洛基捷·斯蒂匹纳茨(Alojzije Stepinac)判定为"纳粹战争罪犯"的人,一个支持塞尔维亚的领导人、民族主义者、乌合之众的煽动者斯洛博丹·米洛舍维奇(Slobodan Milosevic)的人。但是,如果你要说克罗地亚的法西斯恐怖分子只屠杀了60万塞尔维亚人,那么,你就会被视为一个克罗地亚民族主义者,一个把斯蒂匹纳茨红衣主教当作圣人,一个蔑视塞尔维亚人及其领导人米洛舍维奇的人。

斯蒂匹纳茨红衣主教是克罗地亚在二十世纪三十年代末和四十年代的重要人物,被当作打击九十年代塞尔维亚的风云人物米洛舍维奇的武器,反之亦然。在萨格勒布,因为历史没有远去,所以,三十年代末和四十年代似乎仍然与现在一样。在欧洲,如果要说在什么地方纳粹战争犯罪的遗留问题尚未得到实质性的解决,那就非萨格勒布莫属了。

萨格勒布具有一种体积与空间安排占据突出地位的城市景观,而颜色则是次要

帕甫里奇与斯蒂匹纳茨。

的。这个城市不需要阳光来突出其特点。有云彩更好,要是再有凉爽的毛毛雨,那就再好不过了。我在雨中走了一百码,就从火车站来到了海滨酒店:一栋巨大而雄伟的、海绿色的建筑物,可能很容易被误认为是政府重要部门所在地,散发着英国爱德华时代或维也纳世纪末特有的奢华的颓废——令人沉溺的阴郁——气息。宾馆的大厅带有波纹状图案、黑白大理石相间,大厅里装饰着带金框的镜子、拉起来的丝绒窗帘与短幔、紫色的地毯。大厅里的家具是透亮的黑色,灯罩则是金黄色。大厅和餐厅很像是让人目不暇接的艺术长廊,悬挂的画作令人想起弗洛伊德、居斯塔夫·克里姆特、奥斯卡·柯克西卡所创造的世界:其现代主义的艺术手法,昭示着社会的分崩离析以及暴力与性本能对于法治的胜利。

斯拉温卡·德拉丘丽兹是萨格勒布的一名记者,为当地杂志《今天》撰稿,也用英文为《新共和》与《国家》杂志写文章。她带着高档的黑色眼镜,鲜红的束发带与她的红色上衣及口红搭配得非常完美。她以及酒店小酒吧里的其他女性的着装,透出一种潇洒气质,与酒店的艺术所洋溢的大胆泼辣具有相得益彰的效果。所要表达的整体信息是再清楚不过的:尽管贫穷,居家潮湿,供暖严重不足,周围橱窗里的陈列也极为寒酸,但我们克罗地亚人也是天主教徒,萨格勒布也是西方世界塞尔维亚地图。

在东部的堡垒；你这个来访者，仍然处在奥匈帝国，处在维也纳的范围之内——所谓现代世界，其实就是在这里创造出来的——请你千万不要忘记这一点！

斯拉温卡挥舞着手指，像一个训练有素的素描画家一样，勾勒出了南斯拉夫所面临的困境："这个地方不是匈牙利、波兰，也不是罗马尼亚。与之相反，它是小型的苏联。例如，这个发生在立陶宛，但是那个则发生在塔吉克斯坦。这个发生在塞尔维亚，但那个却发生在克罗地亚或马其顿。每一种局势都是独特的。要进行简单的归纳，并不容易。由于铁托与斯大林的决裂，南斯拉夫的敌人总是在内部，而不是在外部。多少年来，我们所谓的自由都不过是幻觉，而我们却一直被这种幻觉愚弄着。"

我立刻明白，东欧的反革命也包括南斯拉夫在内。但是，由于不和谐的压力正在被横向释放,而且是以一个集团反对另外一个集团的形式,而不是纵向地反对贝尔格莱德的政府权力,所以,南斯拉夫的革命道路在最初也更为曲折,更具隐蔽性。这也是直到1991年战斗爆发之前,外界对此都没有觉察的原因。

然而,要看清楚即将发生什么并不需要洞察力。我的南斯拉夫之旅之所以有些诡异,恰恰是因为我与之打交道的每一个人,不论是当地人,还是外国来的外交官,都已经认定,巨大的暴力在前方等待着南斯拉夫。南斯拉夫的状况并不是突然恶化的,而是逐渐地、按部就班地、一步一步地恶化,在整个八十年代,它一年比一年贫穷,低俗,充满仇恨。这也是为什么我每一次与人交谈之后都感到难过的原因。我们都在向外部世界呐喊,预报即将到来的灾难,但没有人愿意倾听我们发现的可怕的秘密。没有人对此有兴趣。几乎没有什么人知道克罗地亚在什么地方。我在海滨酒店往外打电话,当我告诉人们我在巴尔干时,竟然有人以为我在波罗的海地区。

"你至少需要在萨格勒布待上几周的时间。你需要见的人实在太多了。人们众说纷纭,其观点都太微妙了,相互纠结在一起。……实在是太复杂了。"斯拉温卡的手指似乎也因为挫败而放弃了努力,落在了桌子上。其实,她暗含的意思是,共产主义与资本主义之间的战斗,只是那一场促使天主教对抗东正教、罗马对抗君士坦丁堡、奥匈帝国哈布斯堡的遗产对抗土耳其奥斯曼帝国遗产的斗争的一个侧面而已——换言之,西方与东方之间的较量,才是最终的历史的、文化的冲突。

在未来的几天里,萨格勒布和海滨酒店将收缩成为一个传声极远的回声室:精彩的独白接连不断,雨声又使这些声音变得悠长,在记忆中留存得更久,声波所及之处,城市景观和建筑物渐渐消失,抽象的观念粉墨登场。《黑羊与灰隼》开始于萨格勒布,聚焦于南斯拉夫,出自于一位女性之手,绝不是巧合:这样的一本书必须具有以上所有特征。丽贝卡是造诣颇深、极为讲究的厨师,也是心灵手巧的刺绣者,再加上在乡村生活练就的对人情世故的灵透感知和即将成为祖母的历练,毫无疑问,这些特质对于丽贝卡女爵士都极有裨益,使她能够运筹帷幄,把欧洲和亚洲的思想、激情和民族历史汇集起来,并将它们编织成一块浑然一体,而又突出其道德焦点的壁毯。

1934年10月9日,就在开始旅程之前的两年半,丽贝卡女爵士才第一次说"南斯拉夫"这个词。那一天,由于不久前接受了手术,她正在卧床休息,从广播里听到了克罗地亚恐怖分子在塞尔维亚皇室的首领——国王亚历山大一世卡拉乔治维奇——到达马赛进行国事访问的时候,将他谋杀的消息。几天之后,她看到了关于这次谋杀的一个新闻短片;但当镜头逐渐靠近这个即将死亡的、年近46岁的国王的脸部时,作家产生了充分了解此人国家的念头。她本能地明白,这张血统高贵的、行将消亡的面孔,是通向骇人听闻的灾难之路上的又一个路标,这场灾难甚至要比第一次世界大战更加严重,但她却对此一无所知,难以描述。于是她就到南斯拉夫去亲自搞清楚这场隐约出现的灾难的性质,而我来南斯拉夫的目的,也是为了弄清楚另外一场隐约出现的灾难的性质。在南斯拉夫,政治很好地反映了历史的进程,因而要比大多人所认为的更容易预测。

是《黑羊与灰隼》把我吸引到了南斯拉夫。直到20世纪90年代,到那里旅游,既不会招致危及生命的冒险,也不意味着到风光别致的地方体验逍遥自在的生活。相反,那意味着与20世纪最令人触目惊心的基本问题迎头相撞。南斯拉夫的民族问题错综复杂,微妙到了无以复加的程度,难以在新闻版面上进行压缩概括。作为一名曾在亚洲和非洲报道过战争的男人,我既感到兴奋陶醉,又感到力有不逮。我的向导丽贝卡爵士是一位已故的女性,但她鲜活的思想具有更多激情,需要更加认真的对待,是任何男性向导的文字难以企及的。我的那本《黑羊与灰隼》已被翻阅了无数次,写满了注释,我宁肯丢护照和金钱,也不愿意把它给弄丢了。我把这本书和约翰·里德(John Reed)的《东欧的战争》放在一起,在外出时从来不会把它留在旅馆的房间里。在南斯拉夫,我到任何地方都随身带着它。

"萨格勒布"的意思是"在山的后面",山通常是城市的上城所在地,上城则控制着地势较低的下城。在下城有火车站,海滨酒店,世纪之交的新文艺复兴大楼、新潮艺术大楼,以及直线风格的大楼和亭台,建筑物的间距空阔,绿树成荫。在山的高处,是俯瞰下城、坚固结实的萨格勒布大教堂。这是一座名副其实的小型克里姆林宫，在13世纪被祝圣，19世纪末得到整修。该教堂是巴尔干最大的罗马天主教建筑，并且是萨格勒布大主教管辖区所在地。1937年复活节前夕拜访它之后，丽贝卡爵士感叹说："心中涌起一种强烈的情感，这情感不仅冲击力很大，令人兴奋，而且极为高尚，因为它源自于真实的激情，源自于完整的信念。"

直到那一时刻，对于萨格勒布教堂之雄伟壮观的描述的确与人们的感受非常吻合。数百年来，由于奥匈帝国统治上的错误和不公，克罗地亚天主教的神学家越来越倾心于南部斯拉夫人所坚持的基督教的统一性。这些神学家超越了1054年罗马与君士坦丁堡之间的分裂，而从9世纪的两位使徒、使斯拉夫人皈依基督教的西里尔和美多迪乌斯（Cyril and Methodius）那里汲取教益。但在1054年的分裂之后，被西里尔和美多迪乌斯转化的大部分人都成为对立的东正教的成员，因此，在世界上的天主教徒中，克罗地亚人就在事实上成为唯有的对这两位使徒充满热情的群体。

在19世纪，西里尔和美多迪乌斯的画像开始在克罗地亚的教会中出现，成为标示天主教与东正教统一性的象征。一个多才多艺的人物约瑟普·施特劳斯梅耶（Josip Strossmayer）主教为这一目标的实现起到了推动的作用。他是克罗地亚的爱国者、慈善家、萨格勒布大学的创建者、造诣颇深的语言学家和园艺学家、利皮扎良马的繁育者、美酒鉴赏家，还是一个很会讲故事的人。作为一名克罗地亚天主教的知识分子，他毫无保留地接受了塞尔维亚东正教的平等地位与合法性。美多迪乌斯的千年诞辰来临之际，他写信给东正教的主教表示祝贺，但却遭到了奥匈帝国和梵蒂冈的天主教教友的斥责。哈布斯堡的皇帝弗朗茨·约瑟夫当面羞辱了他。作为回应，斯特劳斯梅耶警告哈布斯堡王朝的人说，如果在波斯尼亚—黑塞哥维那——克罗地亚东部和南部的省，许多克罗地亚人与塞尔维亚人还有当地的穆斯林共同生活在那里——的错误统治继续下去的话，他们的整个帝国将因此而倒塌，而结果与他的警告分毫不差。丽贝卡女爵士称赞斯特劳斯梅耶是"奥匈帝国专制统治的无畏抨击者。"她说，斯特劳斯梅耶既同排犹主义战斗，也同反塞尔维亚的种族主义战斗，因此，在19世纪，他遭到了梵蒂冈的仇视，因为在梵蒂冈的眼里，他"令人遗憾的是，缺少必要的偏执"。

然而，当丽贝卡女爵士在1937年春天访问萨格勒布的时候，一种与斯特劳斯梅耶所倡导的统一相当不同的、新的基督教斯拉夫统一性的精神，正在获得克罗地亚的天主教徒越来越有力的认同。这一变化得益于助理大主教 A. 斯蒂匹纳茨积极有力的影响，而在那年年底到来之前，他还将担任萨格勒布大主教的职位。

斯蒂匹纳茨于 1898 年出生在萨格勒布西部的一个富裕的农民家庭，是家中 8 个孩子中的第 5 个。参加第一次世界大战之后，他学习农艺学，并成为天主教学生联谊会的积极成员。1924 年，他解除了与一位当地女孩的婚约，成为神职人员，随后七年，他就读于设在罗马的、耶稣会会士管理的著名的格里高利大学，而他富有的父亲恰好也能负担得起他上学的费用。毕业时，斯蒂匹纳茨要求被派到一个小的教区。但是（毫无疑问，这应归功于他的学术资历），萨格勒布当时的大主教安顿·鲍尔安排这位 32 岁的天才到大教堂的档案室工作。

要想找出两个比斯特劳斯梅耶和斯蒂匹纳茨差异更大的信仰天主教的克罗地亚人，是非常困难的。斯特劳斯梅耶是一个反对奥地利人与梵蒂冈的南部斯拉夫的民族主义者，而斯蒂匹纳茨是一个纯粹的克罗地亚民族主义者，他完全接受梵蒂冈和奥地利人，而与他的同胞南部斯拉夫人——塞尔维亚人一直在斗争。从很年轻的时候开始，用鲍尔大主教的话说，斯蒂匹纳茨就是一个"极其虔敬的"人，这与斯特劳斯梅耶不同，因为后者是一个热爱美酒、骏马和华美生活的人。

年轻的斯蒂匹纳茨发现，他在天主教学生联谊会的伙伴远远不够虔诚。在他成为神职人员之前的订婚仪式上，斯蒂匹纳茨甚至拒绝亲吻他的心上人，并说："这不符合圣礼。"1934 年，刚一接任助理大主教的职位，他就让人给自己佩戴方济各会会士都佩戴的腰带和肩衣，其目的是向公众表示对于安贫理想的认同。他很快就组织了群众集会和游行反对肉体的罪恶。他对于沐日光浴和男女混合游泳的斥责，给他的领导能力增添了严厉的色彩。根据斯蒂匹纳茨自己的日记，他认为天主教关于纯洁性的理想也应当传播到东正教的塞尔维亚。他说："如果有更多的自由……塞尔维亚二十年之后将是信仰天主教的。"他的教条主义的思想使得他把东正教的教徒看作是叛教者。"最为理想的事情是，塞尔维亚人能够回归其先人的信仰；那就是，在基督的代表圣徒面前低下头来。那么，我们就终于可以在欧洲的这个地方呼吸生活了，这是因为拜占庭由于与土耳其的瓜葛，一直在扮演一个极坏的角色。"

萨格勒布大教堂。

当斯蒂匹纳茨"后来在第二次世界大战期间亲眼目睹实践这些观念所带来的结果时，他感到极为恐惧"，斯特拉·亚历山大（Stella Alexander）在《三重神话：安洛易捷·斯蒂匹纳茨大主教的一生》中这样说。该书对斯蒂匹纳茨的一生做出了详尽的、充满同情的描述。

我走进萨格勒布大教堂后就注意到了一系列教皇保罗二世的肖像张贴画。教皇的形象在克罗地亚一直具有特别的影响力，只是因为这样一个事实：尽管克罗地亚紧邻意大利和梵蒂冈，尽管它构成了东西方基督教世界的共同边界，教皇也一直在寻求双方的和解，但是，这位教皇尽管已经到过非洲和亚洲的最边远的地方，在他担任教皇后的第一个十二年中，却从未来过克罗地亚。这主要与红衣主教斯蒂匹纳茨的影响力有关。

在教堂中殿内,我的注意力被吸引到了一座刻画耶稣受难情状的青铜造像上,是克罗地亚雕塑家伊凡·奥立克的作品,名为"耶稣受难"。塑像于 1978 年安放在教堂门口右侧,通体透着力量与阳刚之气。一群穿白色衣服的修女跪在它面前,静静地祈祷。漆成蓝色的天花板上的若干金星的光芒照耀在她们身上。我顺着中殿往后走,来到祭台左侧,石头浮雕上的斯蒂匹纳茨正在跪着接受耶稣的祝福。这是斯蒂匹纳茨的坟墓。他于 1960 年被安葬在大教堂的墙壁中,就在我看到的这个地点。他的墓碑是由另外一个、也更为著名的克罗地亚雕塑家伊凡·迈斯特洛维奇制作的,费用则由克罗地亚裔的美国人支付。墓碑被特意制作成小小的样子,低调,粗朴,尽可能没有锋利的线条。人们走过时就会跪下来,就像他们在"耶稣受难"像前面对更庄严、更雄伟的耶稣塑像所做的那样。教皇约翰·保罗二世也曾表达了能在这座谦逊的墓碑前下跪的愿望。正是由于这个特别的原因,贝尔格莱德的联盟权威人士——主要是塞尔维亚人——拒绝他来访问萨格勒布。

1984 年我首次拜谒斯蒂匹纳茨的墓地时,一位年长的女人靠近并恳求说:"说他的好话吧。他是我们的英雄,不是战争罪犯。"但是,政府里的一位官员在贝尔格莱德告诉我说:"我们的判断是确定的:斯蒂匹纳茨是一个内奸屠夫——名义上是神父,一只手为人们洗礼,另一只手却用来杀戮。"这位官员接着告诉我,天主教的神父们如何在斯蒂匹纳茨的指挥下,在克罗地亚的恐怖分子要处决东正教的塞尔维亚人之前的几分钟,主持宗教仪式对他们进行强迫性的集体皈依,"于是他们就可以上天堂"。

我当时想自己遇到了一个很好的新闻故事。之后不久,我读了《纽约时报》的首席驻外记者和专栏作家 C.L. 苏兹伯格(Sulzberger)的回忆录《烛光摇曳》。结果发现,他在 34 年前,即 1950 年,就写下了一模一样的故事。苏兹伯格回忆说:"政治派别不同的东正教塞尔维亚人都涌过来,咆哮着说:'斯蒂匹纳茨应该被绞死!就是他纵容了对好几千东正教塞尔维亚人的大屠杀。'……当我回到萨格勒布,两个男人在街上急匆匆地靠近我,并问,'你就是那个美国记者吗?你见过了大主教(此时他正被关在监狱里)了吗?''他是个好人啊,一个圣徒。告诉美国人民,他是我们的英雄。'"

而当我五年之后,即 1989 年年底返回萨格勒布的时候,斯蒂匹纳茨的罪过或清白仍然是人们在讲述的故事。三年之前,在 1986 年,二战时期纳粹的傀儡国奥地利的前内务部长安德里贾·阿图科维奇(Andrija Artukovic)被驱逐出美国,接受在萨格勒布举行的战争罪审判。阿图科维奇在其本国的出现激起了有关往事的回忆,而政府的权威人士的应对方式颇为糟糕,草草了事地组织了一场斯大林主义风格的、走过场的审判,其结果不过是点燃了人们对与此相连的斯蒂匹纳茨问题的激情。已经年老多病的阿图科维奇被判有罪,并处以死刑,但他在关押期间就死去,判决因而无法执行。他墓地的地址没有被透露:贝尔格莱德的政府官员大多是塞尔维亚人,他们害怕克罗地亚人把它变成圣地。对待阿图科维奇的方式是一件不光彩的事情。

有心人不难发现,仇恨在逐年积攒。20 世纪 80 年代末期,由于年通货膨胀率增长数十倍,贫穷的压力逐渐加大,南斯拉夫联盟分裂的趋势日益明显,原本就有冲突的塞尔维亚人和克罗地亚人越发难以调和,到了剑拔弩张的程度,因此,人们就从越来越多的层面来解释斯蒂匹纳茨问题。"种族灭绝"成了一个被经常提到的词语。

我 1989 年末游历萨格勒布期间,又出现了一个新的因素:斯蒂匹纳茨的私人日记节选在周刊杂志《达纳斯》(Danas)上发表。日记是由当地的历史学家、克罗地亚人路博·鲍斑发现的,但是他拒绝说出发现日记的地方和途径。"这是一个秘密",他告诉我说。在他的萨格勒布大学的办公室里,他指出,1942 年,一个极为敏感的、长达 6 个月的时间段的日记"神秘地不见了"。他暗示是教会把这部分日记给藏了起来。所发表的日记的真实性没有遭到任何质疑,但对斯蒂匹纳茨的声誉并不有利。日记所显示出来的斯蒂匹纳茨,尽管是一个在罗马接受过大学教育的人,却深受农民迷信思想的影响,而且相当看重共济会的阴谋之类的观念。

我离开了大教堂,顺路走到了 D. 考克萨大人[2](Monsignor Duro Koksa)的家。他对我像五年前一样热情,尽管我并没有提前打电话预约见面。在八十年代和九十年代早期,考克萨是克罗地亚教会中极为重要的人物,其地位仅次于时任红衣主教

---

[2] 大人(Monsignor),是天主教对于高级神职人员的尊称。

的弗兰诺·库哈瑞奇（Franjo Kuharic）。因为考克萨曾在国外生活过很多年，并且可以讲数门外语，所以，他就觉得接待所有的来访者是他的义务，不管来访者有多大敌意，其目的就是为了向世人解释清楚克罗地亚教会关于一个痛苦的历史时期的看法和主张，他认为这个特殊历史时期实在是太过复杂，容不得感情用事或草率了事，只有克罗地亚教会的敌人才会那样去做。

"斯蒂匹纳茨是欧洲基督教的一个伟大人物；我们不允许他人诋毁他。我们将捍卫他的声誉。他痛恨共济会的会员；那时候基督徒都是这样的态度。你觉得还有别的什么选择？"

考克萨大人坐在一个耶稣受难像下面，通身穿着黑色的衣服，带着一个标志其神职身份的白色衣领。他的书房里铺着巴尔干特有的地毯和桌布。他已是一个白发苍苍的老人。他的眼睛看起来有些怪异，这既有无奈的成分，也有显而易见的疲惫。他前额上的皱纹就像是枪林弹雨的战争留下的伤疤。

"这是不公平的。这些日记表达了一个人私底下的想法。日记公布得太早了。"（在那种热烈的政治气候里，五十年的间隔的确不够长。）"只有教会，而不是那些掌权者，才有权力允许那些日记出版。"考克萨大人在暗示说，历史学家鲍斑是受了南斯拉夫（也就是塞尔维亚）官员的指使，而那些人是决意要削弱天主教和克罗地亚这个国家的。自从1946年斯蒂匹纳茨殉难于铁托之手后，在这里的天主教教会眼中，南斯拉夫作为一个国家就不再具有合法性。

"让那些掌权者而不是教会像勃兰特一样跪下吧！"考克萨大人在这里指的是著名的华沙之跪。该事件发生于1970年夏天，到访波兰的西德总理维利·勃兰特（Willy Brandt）出于悔罪而在华沙隔离区的死难者纪念碑前跪下。"无论如何，战争就具有部分的犯罪性质。为什么单挑斯蒂匹纳茨的过错？我们不能对所有的事情都予以否认。在詹森诺瓦发生的事情是悲惨的；也许是6万人被杀，或许略多一点，但肯定不是70万人。"

这位令人尊敬的长者接着说："克罗地亚是整个南斯拉夫的殉难者。我们的民族主义尚很稚嫩，甚至还没有化为现实。但这一切就已经太过复杂，恐怕你理解不了。这是一个心态问题。"考克萨大人整个身子也像他的额头那样，看起来由于无奈而有些僵硬；他明白，如果他以那种腔调讲个没玩，结果只能适得其反——我会把他当作是一个顽固守旧的、反对塞尔维亚人的种族主义者，对犹太人的灾难无动于衷。他眯着眼睛看了看我，似乎要大声呐喊："嘿，年轻人，你觉得我是他们心目中的敌人吗？我绝对不是。第二次世界大战这里是什么样子，你是永远也不会体会到的。你们美国那里什么坏的事情也没有发生过，所以，你们从那里过来对我们说三道四，这个并不难。但是，你们并不高人一等。在说的时候一定要多动动脑子！"

我动身告辞。考克萨大人告诉我说，他始终欢迎我来，而且，只要我愿意来，我随时可以来向他发问。我向他表示了感谢。我知道，即使是我写了什么关于他或斯蒂匹纳茨什么不好听的话，他也始终会愿意再次见到我。考克萨大人以不肯轻易放过论辩对手而著称。他曾在一次招待会上叫住了当地犹太社区的领袖之一斯拉乌克·葛德斯坦金。两人驱车去大教堂进行谈论，但争论太激烈，结果是两人一直都没有下车。他们把车停在大教堂的前面，一直待在车子里面，唇枪舌剑长达几个小时，山下的整个城市却已在酣睡之中。他们言辞激烈，你来我往，说出的数字相差很大。葛德斯坦金说，克罗地亚的恐怖分子在詹森诺瓦杀死了20000犹太人和30000吉普赛人。但是，如果葛德斯坦金所说的数字和教会给出的60000死难者的总数字都准确无误的话，那么，在那里只可能有10000塞尔维亚人被杀。但是双方都同意，从数字上说，东正教塞尔维亚人是克罗地亚恐怖分子的主要受害者，因此，考克萨大人认为葛德斯坦金所说的有关犹太人和吉普赛人的数字是错误的。但是，考克萨大人认为，不论真实的数字到底是多少，斯蒂匹纳茨都是清白的。"一定要再来看我啊"，白发苍苍的考克萨大人恳求葛德斯坦金说。"这是我的命啊。是上帝专门为我选择的。"考克萨大人也对我说了同样的话。

斯蒂匹纳茨的魂灵成为塞尔维亚—克罗地亚之争的重要的符号，而这个巴尔干地区最大的、最关键的、已分崩离析民族的所有民族仇恨都围绕塞尔维亚–克罗地亚之争展开。20世纪90年代在南斯拉夫内战中流血越多，讲述斯蒂匹纳茨的故事就越具有相关性。保加利亚出生的诺贝尔奖得主埃利亚斯·卡内蒂（Elias Canetti）所提出的关于民族的心理学理论，可以用来分析这一问题。该理论的立论基础是"群体符号"（Crowd Symbols）。

例如，卡内蒂认为，英国人的群体符号是"海洋……英国人的灾难是在海洋上被体验的。一个英国人在家里的生活与他在海上的生活是相互补充的；安全与单调是其最为基本的特征……"对德国人来说，其群体符号则是"绵延不断的森林"。对法国人来说，那便是 "他们的革命。"对犹太人来说，那便是"出埃及……众人年复一年穿越沙漠的意象[3]"。遗憾的是，卡内蒂没有探讨巴尔干人民的情况。塞尔维亚、克罗地亚等民族心理的封闭及其部落属性，使得他们容易适应犹太人的群体符号，因而比英国人和德国人更容易适应犹太人的其他符号。

由于克罗地亚人与塞尔维亚人从民族上是不可分离的——他们来自共同的斯拉夫族，说同一种语言，名字通常也是一样的——克罗地亚人的身份依赖于他们所信仰的罗马天主教。因此，克罗地亚人的群体符号可能是教会，或说得更具体一点，是被混淆的、难有定论的斯蒂匹纳茨大主教的遗产。

他在战争年代担任过大主教，与此相关的诸多事实远比其他任何单个的问题更具影响力，使得塞尔维亚人和克罗地亚人——因而也包括南斯拉夫人——在心理上产生分裂。由于这一原因，要对此人公平一些，若干事实值得我们注意。

1941 年 4 月 10 日，紧跟着德国和意大利的侵略之后，法西斯主义的乌斯塔沙（Ustashe）就宣告成立"独立的克罗地亚国"。斯蒂匹纳茨大主教的反应是"愉快的"，因为他觉得，在克罗地亚首次与罗马教会建立联系第 13 个百年之际创立一个"自由的"克罗地亚是上帝的恩宠。4 月 16 日，他正式拜访了乌斯塔沙领导人安特·帕甫里奇（Ante Pavelic）。4 月 28 日，在写给克罗地亚神职人员传阅的一封信中，他这样说：

> 世道多变，说话的不再是舌头，而是与我们的祖国有着神秘联系的血液，我们在这种神秘的联系中看到了上帝之光……我们有必要说我们血管里的血液流淌得更快，胸中那颗心跳动得也更猛烈吗？……任何诚实的人都不能对此有任何抱怨，因为对于我们的人民的爱，是上帝铭刻下的律令。有

---

[3] 在最近数十年，部分地由于耶路撒冷在中东政治中日渐突出的影响力，人们可能争辩说，哭墙（Wailing Wall）取代了《出埃及》，成为犹太人的群体符号。

乌斯塔沙领导人帕甫里奇。

谁可以指责我们,如果我们作为精神的牧师能够为我们人民的骄傲与欢乐做出自己的贡献?……不难看出,这里发生的一切,都有上帝之手在发挥作用。

斯蒂匹纳茨并非喜欢甚或相信德国人,他把纳粹的意识形态称作"异教的"思想。但是,随着时间的推移,他已经萌生了难以释怀的对于共产主义思想的恐惧;而且,和与他同时期的梵蒂冈的官员一样,他一想到那种意识形态,就想到了

1941年,帕甫里奇与希特勒会面。

俄国的东正教,并进一步联想到了塞尔维亚的东正教。受他在 1935 和 1936 年作为助理大主教职位的影响,克罗地亚教堂半官方的报纸《天主教要闻》言辞相当激烈地批判俄国的"犹太马克思主义者",说他们"凌驾于他们所统治的人民之上……"但是,到 1937 年,斯蒂匹纳茨已经明白了纳粹是如何把他从小所熟知的传统的排犹主义转化成一种更为极端的东西。因此,从那以后,排犹主义的材料就从《天主教要闻》的激烈言辞和论述中消失。

可悲的是,这样的模棱两可是这位大主教的典型风格。例如,当乌斯塔沙的掌权者在攫取权力一个月之后,下令所有的犹太人佩戴特殊的徽章时,斯蒂匹纳茨私下向内政部长安德里贾·阿图科维奇(后来在美国寻求庇护)建议说,也许犹太人应当花钱购买徽章,从而补偿国家的生产成本,但不必非佩戴不可。斯蒂匹纳茨接着要求所有针对犹太人和塞尔维亚人、尤其是儿童的措施,都应当以一种"人道的"方式执行。

在那一关键的节点上,斯蒂匹纳茨的幼稚麻痹了他的感觉,以至于他的意识处在近乎于盲目的状态。当他欢迎乌斯塔沙政权的时候,他说:"由于了解今日左右着克罗地亚人民命运的这些人……我们相信并期望,在我们获得重生的克罗地亚,教会能够在完全自由的状态下清楚地表明永恒的真理和正义这些无可争辩的原则。"

这位大主教显然没有意识到,乌斯塔沙控制下的克罗地亚不过是游走在纳粹德国和法西斯意大利之间的一个傀儡国家。斯特拉·亚历山大在《三重神话》中注意到:"有两件事情是非常清楚无误的。他对于共产主义的恐惧,甚于任何东西;他发现,很难踏实地相信克罗地亚边界之外的任何东西是真实的,当然这始终不包括教皇在内。"

当乌斯塔沙的法西斯小分队在邻近的波斯尼亚把塞尔维亚东正教的妇女和儿童扔下悬崖的时候,当阿道夫·希特勒的军队正在大举进攻莫斯科,建立集中营并犯下各种暴行的时候,斯蒂匹纳茨依然在颇为坚定地宣告:"整个文明世界,都在与共产主义进行战斗,因为它不仅威胁到了基督教,而且使整个人类的积极价值岌岌可危。"

亚历山大指出,直到 1942 年早期的记录都"是清楚的"。由于有关国家组织的针对东正教的塞尔维亚和犹太人的暴行的传闻越来越频繁，斯蒂匹纳茨免不了产生怀疑，但不论这些怀疑到底是什么，但乌斯塔沙独裁者帕甫里奇的其他行为——例如禁止在商店橱窗中摆放刺激性的妇女画像，给那些在公众面前咒骂或是在礼拜日仍在地里劳动的人处以短暂的刑期——都冲淡了他的疑虑。

然而，从那以后，如亚历山大在书中所论述的那样，大规模屠杀的报道逐渐让斯蒂匹纳茨感到痛苦不堪；结果，他慢慢地开始认清了真相并发出自己的声音。1942年3月，在对学生的一次讲话中，这位大主教声明说："如果对履行上帝的戒律缺少毫不含糊的尊重，自由就是一种空洞的假象。"在1942年4月的一个礼拜天，斯蒂匹纳茨手拿面包和盐在萨格勒布大教堂的台阶上迎候独裁者帕甫里奇。斯蒂匹纳茨盯着独裁者的眼睛看了一会儿，然后镇定而威严地说："第六诫说，你不应当杀戮！"不可一世的帕甫里奇暴怒不已，拒绝进入大教堂。[4]

1943年3月，当乌斯塔沙命令所有剩下的犹太人都去警察局登记时，斯蒂匹纳茨在一次面向公众的布道中宣称：

> 每一个人，不论他属于什么种族或民族……内心都携带着上帝的印记，因而拥有任何世俗的权力都不可剥夺的权利……在上周，我们在很多场合下看到受到威胁而毫无反击能力的妇女在哭泣，听到她们的叹息和哭喊……而这竟然只是因为她们的家庭生活不符合种族主义的理论。作为教会的代表，我们不可能也不敢再保持沉默了……

六个月之后，斯蒂匹纳茨说得更为直白：

> 天主教根本不知道有什么种族天生就是统治者，什么种族注定就要受奴役。天主教所知道的任何种族和民族都是上帝的创造物……在天主教看来，中部非洲的黑人和欧洲人一样，都同样是人……因为犯罪而枪杀成百上千人质的体制（乌斯塔沙就经常这样做），是一个根本没有任何信仰的体制，只

---

[4] 这个故事是斯蒂文·汉尼奇讲给我听的，他当时站在离斯蒂匹纳茨和帕甫里奇只有几英尺远的地方。

能带来邪恶。

终于，在大屠杀进行到中途的时候，这位大主教开始公开地与乌斯塔沙对峙。虽然遭到法西斯分子的不信任，斯蒂匹纳茨仍然拒绝了所有逃到罗马的机会，尽管他完全清楚，不论哪一方获得了暂时的胜利，他都会被当作现成的替罪羊。他也没有完全断绝与乌斯塔沙政权的联系，尽管他也知道，这样做会玷污他的名声。根据亚历山大的说法，斯蒂匹纳茨觉得，公开地与乌斯塔沙分道扬镳，会使他"无力帮助任何人；而最重要的事情是挽救任何可以被挽救的一切"。随着旷日持久的战争的拖延，斯蒂匹纳茨越来越得到了犹太人、塞尔维亚人和抵抗人士的信任，他们把他当作无望的地狱之中仅存的孤零零的同盟。

另一方面，直到战争的最后一天，斯蒂匹纳茨仍然在组织反对宣誓效忠的游行，并继续相信乌斯塔沙运动存在"诚实的"一面。一张照片显示，晚至1945年2月22日，斯蒂匹纳茨仍在与独裁者帕甫里奇握手言谈。他对待共产主义的态度是直接的、顽固的，丝毫也不顾及这样的态度给他自己或他人可能带来的危险；然而，他对待乌斯塔沙反人类罪行的态度，却充满了一再的妥协和矛盾的行为，因而让人难以捉摸。在战争期间，他把一个犹太教拉比及其家人藏在大教堂之中。他遇到了乌斯塔沙的前警察局长，并在不知情的情况下，帮忙掩护他躲避追捕。他身上始终带着一种令人疯狂的政治上的迟钝和视野上的狭隘；而这些是他与斯特劳斯梅耶最大的差距。斯蒂匹纳茨真诚地相信，"毫不夸张地说……在这场战争中，没有哪一个国家的人民像不幸的克罗地亚人民那样遭受过如此痛苦的煎熬。"在南斯拉夫其他地方（以及欧洲其他地方）的塞尔维亚人、犹太人、吉普赛人和其他人遭遇到了什么，却丝毫也没有引起他的关注。

对于这个是非难以评判的公众人物，作为非克罗地亚的研究专家，斯特拉·亚历山大给出了也许是最为善意的评价。她说："他生活在一个乱象纷纭、波诡云谲的时代，承担着他并没有主动要去承担的责任。……结果，人们就觉得他并不怎么胜任他所扮演的角色。考虑到他的局限性，可以说他已经表现得相当好了，显然要好过他的大部分同胞，而且，在漫长的忍受煎熬的过程中，他的精神地位越来越高。"

"天主教从未追寻其灵魂。当今年轻的神父没有得到很好的教育。只有当受过良好教育的年轻人被吸引到神职群体中的时候,才可能对教会产生自下而上的压力,迫使他们去认真审视自己的过去,认真审视斯蒂匹纳茨。"克罗地亚天主教、自由主义政治家扎考·普霍夫斯基,在海滨酒店的酒吧里边喝李子白兰地边解释说。

与萨格勒布的大部分地方一样,几十年来,天主教会一直是一个受伤严重的存在物。自1945年以来,教会存在的主要理由,也是它对于其会众的至高无上的责任,就是它作为实物的存活。但是,政府把天主教会逼到了绝境,把它视为克罗地亚这个国家最后的法外之地,它处处被限制、受压迫,只能够吸引未曾受到良好教育的穷人担任神职。相比较而言,东正教会已经适应了这种压迫。在奥斯曼土耳其人的统治下,他们已经学会了生存的技巧:如何与统治者打交道,即为了保存最为重要的东西,把统治者的恶意假定为像风或雨夹雪一样日常的、不可控制的自然力量来对待。但是,在天主教的哈布斯堡王朝统治下的克罗地亚教会却没有类似的经验,而且,由于有外在的保护者即罗马教廷壮胆,于是在有争议的土地上寸土必争,不肯让步,捍卫一些不需要不应当捍卫的东西。考克萨大人是正确的:他不是敌人,不是犹太人的,甚至也不是塞尔维亚人的敌人。他只是另外一个受害者。

在萨格勒布,我意识到,为了最基本的生存而进行的斗争,几乎不会给复兴或创造留下任何余地。乌克兰人和其他的民族都曾为他们在大屠杀时期的行为向犹太人道歉,但克罗地亚各方推三脱四,却只是否认。我被告知,在克罗地亚的大规模谋杀的数字被夸大了。难道塞尔维亚人在第二次世界大战中就没有犯下暴行吗?难道在克罗地亚剩下的犹太人就没有被很好地对待吗?毫无疑问,这些争辩都有某种真实性。然而,使我感到困惑不解的是克罗地亚掩藏在各种争辩之后的、显而易见的那份迫切,仿佛一个简单的、不加任何修饰语的道歉就会使它丧失作为一个国家的地位。克罗地亚的悲剧在于,它的民族主义的兴起碰巧赶上了法西斯主义在欧洲猖獗的时代,因而迫使其倡导者与纳粹主义产生瓜葛。对过去进行勇敢的、毫不含糊的评价,是解开这些纠葛的必要条件。

为什么乌克兰人以一种方式行动,而克罗地亚人却以另外一种方式行动呢?因为在1991和1992年,乌克兰人的城市没有遭到轰炸,其人民也没有在无端的侵略战争中遭受暴行。南斯拉夫的战争——为生存而进行的斗争——推迟了克罗地亚对其制造的大屠杀的自我审视。而这一自我审视迟早要发生。

铁托使斯蒂匹纳茨成为克罗地亚的殉难者。1945年，铁托佯装不知斯蒂匹纳茨早先对于乌斯塔沙的支持以及许多天主教的神职人员在詹森诺瓦集中营里与屠杀者的合作，两次与斯蒂匹纳茨会面。在这两次会面时，他试图胁迫大主教成立独立于梵蒂冈的"国家天主教教会"，从而能够像南斯拉夫的东正教教会一样，对政府俯首帖耳。尽管斯蒂匹纳茨很痛苦地意识到铁托掌握着他与乌斯塔沙有联系的证据，但他仍然拒绝铁托的敲诈。他不仅没有与梵蒂冈决裂，反而继续谴责政府。斯蒂匹纳茨的被捕和把他当作"战争罪犯"进行的装模作样的审判发生在1946年。

在波斯尼亚发生的强迫东正教教徒皈依天主教事件，激发了塞尔维亚人的嗜血欲望，也为政府毁灭大主教提供了手段。假如大主教没有撰文描述他想让分裂的塞尔维亚人回归真正信仰的欲望呢？假如（至少是名义上受斯蒂匹纳茨控制的）天主

1953年，罗斯福总统的遗孀安娜·埃莉诺·罗斯福夫人访问南斯拉夫，与铁托会面。

铁托在二战期间。

教神职人员没有那么热情地在那一群塞尔维亚人被全部屠杀前几分钟对他们执行皈依的程式呢?

事实上,在大部分暴行发生的波斯尼亚,斯蒂匹纳茨绝对没有办法约束那里的神职人员。从地图上看,波斯尼亚紧邻克罗地亚,而从远处看,特别是在南斯拉夫还是一个国家的那几十年里,这两个地区在一个外国人眼中则可能是很难区分的。但波斯尼亚始终与萨格勒布有着天壤之别。萨格勒布是平原上一个彬彬有礼的、民族单一的社群,而波斯尼亚是山区里一个处于困境的、民族杂居的、由村庄构成的区域。波斯尼亚地处相互隔绝封闭的乡村地区,充满了怀疑和仇恨,这里人们的生活状况是生活在萨格勒布的那些精致的克罗地亚人难以想象的。波斯尼亚代表着塞尔维亚-克罗地亚争端的深化与复杂化。克罗地亚人之所以对自身所属的西方天主教的感受比奥地利人和意大利人更加强烈,恰恰是因为他们离东正教的、伊斯兰教的世界太近,因而感到不自在;同理,由于和东正教的塞尔维亚人及穆斯林共享山区地带,波斯尼亚的克罗地亚人,比在克罗地亚地区的人对于克罗地亚的特有风俗有着更为强烈的感受，但生活在克罗地亚地区的人却享有一种心理上的奢侈，那就是左邻右舍都是自己同一民族的同胞。当然，这一说法也适用于生活在波斯尼亚的塞尔维亚人。在波斯尼亚，还有一个庞大的穆斯林社群的存在，使得各种问题更加复杂。这些人是斯拉夫人，不管他们原本是克罗地亚人还是塞尔维亚人，在中世纪后期被土耳其占领者皈依到伊斯兰教，因而他们的宗教信仰逐渐与他们的民族认同成为一体。然而，波斯尼亚的确拥有一个成熟的城市中心，即萨拉热窝（Sarajevo），在那里，克罗地亚人、塞尔维亚人、穆斯林和犹太人一直以来还算相当和谐地共同生活在一起。但是周边的乡村则充满了破坏力极大的仇恨，而贫穷和酗酒又使得仇恨进一步发酵。不论是在第二次世界大战期间，还是在20世纪90年代，最为恐怖的暴力都发生在波斯尼亚这个事实，并非是偶然的。1991年末，当克罗地亚战火烧得炽热，而波斯尼亚却令人奇怪地保持平静的时候，克罗地亚人和塞尔维亚人都对等待着他们的悲剧不存在任何幻想。当时流行的笑话是：为什么在波斯尼亚没有战斗？因为波斯尼亚直接到达决战阶段了。

斯蒂匹纳茨刚一感觉到在波斯尼亚的皈依不是自愿的，就立刻用秘密传阅信下命令，如果这样做能够有助于"挽救这些人的性命……"，那么就对他们进行迅速地皈依，"基督徒的职责和任务首先是挽救人的生命。当那些悲惨而野蛮的时代过去之后，"那些不是出于信仰而皈依的人们，"可以在危险过去之后再回归他们原有的信仰。"但是铁托的公诉人对这类细节并不感兴趣。他于1946年9月26日在一次演讲时解释说："我们逮捕了斯蒂匹纳茨，我们还将逮捕所有反抗现在事态局势的人，不管他喜欢还是不喜欢。"只有这时候的铁托才是诚实的。曾是铁托内部圈子成员的米罗万·德热拉斯在事后说，斯蒂匹纳茨"如果不是继续阻挠新政权的话，是不会因为他在战争中的行为以及他与克罗地亚法西斯领导人安特·帕甫里奇的合作而被审判的"。

他被判在以上问题上都有罪。他在孤独的监禁中过了五年，然后被流放到他的原籍卡拉西克村。

在他被审判后的几年中，数百个天主教的牧师被逮捕，有时候一些牧师还被拷问和谋杀。1950年，在离萨格勒布50英里远的莱普格拉瓦监狱与新闻记者C.L.苏兹伯格的一次谈话中，斯蒂匹纳茨仍然很不服气，"我愿意为天主教会受煎熬"。两年之后，由于认识到斯蒂匹纳茨对一个铁托压迫下的教会的价值，教皇庇护十二世任命他为红衣大主教。从那以后，所有来自梵蒂冈的迹象都表明，它始终把斯蒂匹纳茨当作对抗铁托政权的英雄。

这里面有多重的考虑。

随着东欧共产主义的消退，这片土地变得重新可以辨认，原本在整个20世纪80年代，也即战后时代最近十年中大多都可以理解的、也容易被宽恕的事情，却不再是那个样子了。只有在铁托冰冷的工业封建主义以及他的秘密警察的钢铁牙齿这个大背景的衬托之下，奥匈帝国哈布斯堡王朝和罗马天主教——进而包括教皇约翰·保罗二世——的遗产才会显得如此适宜。事实上，如果没有哈布斯堡王朝和梵蒂冈的积极煽动，克罗地亚民族主义思想中就不会认为自身在文化上比塞尔维亚人优越，而正是这一民族主义的传统激发了斯蒂匹纳茨的灵感，使得他产生了让那些塞尔维亚人皈依天主教的最初愿望。

在所有那些公元六七世纪定居于巴尔干半岛西部的斯拉夫部落中，克罗地亚人最早（公元924年）摆脱了拜占庭的统治，并建立起自己的王国。他们第一个独立的国王是托米斯拉夫，他的雕像矗立在萨格勒布火车站前面的广场上。这是一个骑马、挥舞着十字架的勇士的青铜塑像。

我仔细打量着这座塑像。马和骑手似乎融为一体，成为一块赤裸的肌肉，它说不清是人还是马，倒更像是一件锋利而没有内脏的、状似克罗地亚平原的武器，应对并化解取代了拜占庭人的奥斯曼土耳其帝国的威胁。在16、17世纪，土耳其人占领了克罗地亚。土耳其人从平原上溃败并撤退的时候，他们只是撤退到邻近的塞尔维亚和波斯尼亚-黑塞哥维那地区，因而苏丹的军队在那里又驻扎了两百年[5]。雕塑作者在这样刻画托米斯拉夫的时候可能有他的想法：一个西方的天主教的民族，若要在巴尔干这样一个先由东正教的基督徒后由穆斯林主宰的半岛上存活下来，它就必须使自己的内心足够坚硬，从而使自己的盔甲之内不留下任何柔软的地方。

---

[5] 波斯尼亚和黑塞哥维那是两个邻近的合并的地区。严格地说，萨拉热窝地处波斯尼亚，第二次世界大战期间以及我所提到的20世纪90年代所发生的大部分战斗，也都发生在波斯尼亚。

1089 年，从托米斯拉夫传承下来的最后一位国王克雷什米尔（Kresmir）去世，但他没有继承人，因而克罗地亚（以及濒临亚得里亚海的达尔马提亚地区）就落入了匈牙利国王拉迪斯拉斯一世的控制之下。由于受到了威尼斯的威胁，而威尼斯又与克罗地亚人忌恨的拜占庭是同盟，所以，克罗地亚和达尔马提亚实际上欢迎匈牙利的这种保护。他们也不在意来自梵蒂冈的干预，因为梵蒂冈是对抗拜占庭的堡垒，可以发挥屏障的作用。1278-1282 年哈布斯堡阿尔卑斯领地的建立，1526—1527 年哈布斯堡涵盖匈牙利和克罗地亚的扩张，都使得这一心理模式得到了进一步的强化。对于君士坦丁堡——不论是拜占庭的还是土耳其的——所彰显的东方的恐惧，使得克罗地亚人望风而逃，主动投入天主教教皇、匈牙利国王和奥地利哈布斯堡皇帝的怀抱之中。这些国王和皇帝像对待所有殖民地的被统治者一样盘剥克罗地亚人，也为克罗地亚人对于东正教的塞尔维亚人的敌意提供精神的支持，尽管也有像斯特劳斯梅耶这样的天主教神学家，在努力弥合双方的矛盾。

对欧洲的天主教势力和许多克罗地亚人来说，塞尔维亚人和克罗地亚人同属斯拉夫人这一点，是无关紧要的。塞尔维亚人是东方的东正教，因而，与信仰伊斯兰教的土耳其人一样，都是可恨的东方世界的一部分。

1915 年，英国专家内维尔·福布斯在一项关于巴尔干的经典研究中说："就种族与语言而言，塞尔维亚人和克罗地亚人原本是一个民族，这两个名字仅仅具有地理上的指称意义。"如果最初不是由于宗教的原因，塞尔维亚-克罗地亚的仇恨几乎就没有什么基础。

在这种情况下，宗教就是极为重要的事情。因为天主教兴起于西方，东正教兴起于东方，所以它们之间的差异，就大于天主教和新教之间的差异，甚至也大于天主教与犹太教（尽管有大流散，犹太教也是在西方兴起的）之间的差异。西方宗教强调思想与事迹，东方宗教则强调美与神奇。东方的宗教仪式几乎就是天堂在地上的真实再现。甚至西方宗教中最为绮靡的天主教，用东正教的标准来判断，也是严肃的、理智的。天主教的僧侣（方济各会士、耶稣会士，等等）的生活态度都很勤勉，从事教书、写作和社区服务等世俗的工作。相比较而言，东正教僧侣都有静修沉思的倾向，对他们来说，工作几乎就是旁骛，因为这妨碍了他们对天堂之美的膜拜。

几百年下来，这样的差异就导致了相互冲突的对待日常生活的态度。在萨格勒布大教堂街对面的一个咖啡馆里，一个天主教的朋友解释说："我加入南斯拉夫军队的时候，生平第一次遇到塞尔维亚人。他们告诉我说，传统的塞尔维亚婚礼要持续四天。四天都是祈祷和宴会。谁需要那个？一天就足够了。之后你就该安心去工作了。塞尔维亚人给我的感觉是奇怪的、非理性的，就像是吉普赛人。他们竟然喜欢军队的生活。怎么竟然有人会喜欢军队的生活！我就讨厌这种生活。对斯洛文尼亚人和克罗地亚人来说，这简直就是浪费时间。否则，我们就可以在外边赚钱。谁愿意去贝尔格莱德（Belgrade）？贝尔格莱德是第三世界。我觉得离维也纳更近。"

卡拉·昆紫－西泽尔基是约翰·斯坦贝克小说的克罗地亚语译者，带着一种小心翼翼的自豪告诉我："我感觉离维也纳而不是贝尔格莱德更近。萨格勒布仍然是欧洲。我记得，在上一次战争结束后，曾在贝尔格莱德的英国使馆工作的英国记者劳伦斯·德雷尔，每个周末都会开一辆吉普车跋涉几个小时来这里，一路上坑坑洼洼，尘土飞扬，仍消磨不掉他的兴奋之情，他说：'卡拉，感谢上帝，我又身在西方了。'"

不论哈布斯堡王朝的奥地利人如何盘剥，也不论克罗地亚人多么渴望从他们那里得到自由，在克罗地亚，维也纳所散发出的光芒，始终是西方和天主教的一种象征，而由于这一原因，克罗地亚人原谅了哈布斯堡王朝所有的罪恶。

对于现代克罗地亚人来说，哈布斯堡标志着中欧历史上纳粹主义和铁托政权这段可怕的弯路之前最后一个正常而稳定的时代。但是，克罗地亚人忘记的是，在纳粹主义和铁托政权之前，有头脑的人对哈布斯堡王朝没有半点好感可言。用丽贝卡女爵士的话说："这个家族，从1273年选帝侯团把哈布斯堡的平庸之辈鲁道夫推上罗马王这个不幸的日子开始，到1918年查尔斯二世退位为止，没有培养出任何天才，只有查尔斯五世和玛利亚·特里萨两位得力的统治者，其他无数的统治者不过是笨蛋，白痴和精神错乱者为数也不少。"

事实上，哈布斯堡家族在维也纳和布达佩斯的财富是堆积在他们的斯拉夫臣民被压弯的脊梁之上的。为应对周期性的反叛，哈布斯堡王朝可谓无所不用其极，用大规模处决的方式抑制骚动，甚至为了煽动克罗地亚人对塞尔维亚人的仇恨，奸诈地给予生活在克罗地亚的塞族人某些特权。尽管现代的克罗地亚人可能不以为然，但是他们的祖先却曾憧憬建立一个独立于奥匈帝国的、与塞尔维亚人联合的"南部斯拉夫"联盟。1878 年，这一情感再度变得强烈起来，因为在柏林会议上，哈布斯堡王朝攫取了波斯尼亚－黑塞哥维那（刚刚摆脱了土耳其人的统治）的领土，并很快暴露出其与土耳其人并无二致的残暴本质。1908 年，哈布斯堡王朝正式吞并了波斯尼亚，后者的人民包括信仰伊斯兰教的斯拉夫人、克罗地亚人和塞尔维亚人。

刺杀哈布斯堡皇储弗朗茨·费迪南大公（Franz Ferdinand）的加夫里洛·普林西普（Gavrilo Princip），就是波斯尼亚的塞尔维亚人。信奉天主教的哈布斯堡王朝应对费迪南死讯的方式是，捕捉了数百个对刺杀毫不知情的东正教的塞尔维亚农民，并把他们集体处决。哈布斯堡接着对塞尔维亚宣战，结果引发了第一次世界大战。约瑟夫·罗斯（Joseph Roth）在《拉德斯基进行曲》这部关于哈布斯堡帝国衰亡的回忆录中回忆说，"对奥地利军队来说，战争是从一系列的军事法庭开始的。

1690 年塞尔维亚大主教 Arsenije III，带领塞尔维亚人逃出了奥斯曼土耳其占领的故土，迁居到哈布斯堡帝国境内。

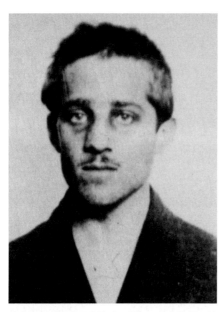

哈布斯堡帝国的暴虐统治,激起了塞尔维亚人的反抗。普林西普刺杀了费迪南大公。

接连很多天,真的或被怀疑的背叛者,被吊挂在村教堂院子里的树上,为的是恐吓活着的人。"哈布斯堡帝国的灭亡,与遭人痛恨的土耳其帝国的灭亡如出一辙:残暴成性,对众多为争取独立而起来进行斗争的弱小民族大开杀戒。

然而,到 20 世纪 30 年代,克罗地亚人已经把这一切忘得干干净净。哈布斯堡长达数个世纪的统治也有助于让克罗地亚人相信,他们在文化上要比塞尔维亚人优越。于是,在第一次世界大战后新成立的南斯拉夫国,当塞尔维亚的卡拉乔治维奇王朝被授予管辖克罗地亚人的权力时,在克罗地亚出乎意料地激起了强烈的同仇敌忾的情绪。1934 年丽贝卡女爵士首次关注到南斯拉夫的罪行:克罗地亚的乌斯塔沙刺杀塞尔维亚国王亚历山大·卡拉乔治维奇(Alexander Karageogevitch)。在 20 世纪 80 年代和 90 年代早期,一种流行的修正主义理论认为,哈布斯堡具有为民族宽容缔造和平气候之功,但在克罗地亚,宽容却显然不是哈布斯堡遗产的一部分。

梵蒂冈也负有难以推卸的罪责。在克罗地亚,反塞尔维亚情绪的最大的怂恿总是来自于罗马天主教会,因为它特别希望信仰天主教的克罗地亚人能够由同是天主教徒的奥地利人和匈牙利人来统治,而不是在一个由信仰东正教的塞尔维亚人控制的国家内处于数量上的劣势,因为由于历史-宗教的原因,塞尔维亚人在心理上与布尔什维主义的俄罗斯人是结盟关系。即使在二战之前,南斯拉夫还不是一个共产主义的国家的时候,梵蒂冈就对它极为不满意。教皇约翰·保罗二世希望能够公开在斯蒂匹纳茨的墓碑前祈祷,否则他就拒绝踏上南斯拉夫的领土,而作为克罗地亚人虔诚的一个象征,斯蒂匹纳茨是一个有争议的、(在很多人看来)受到质疑的人物,教皇此举表明,他在整个八十年代都对信东正教的克罗地亚人以及犹太人和吉施特劳斯梅耶主教。他是克罗地亚的萨格勒布大学的创建者，一位多才多艺的人。作为一名克罗地亚天主教知识分子，他毫无保留地接受了塞尔维亚东正教的平等地位与合法性。他也反对排犹主义、塞尔维亚的种族主义。

普赛人的集体记忆漠不关心，而对犹太人和吉普赛人，斯蒂匹纳茨则做得太少，行动太迟缓。数十年来，人们通常仅仅依据其反对共产主义的态度来评价和褒扬梵蒂冈，因而推迟了关于它在这个地方所发挥的作用及其态度的讨论。然而，情况已经发生了改变。

我在雨中走过托米斯拉夫的雕像和新古典主义的艺术展览馆，展览馆的正面是均匀的黄色，具有达盖尔银版法摄影的风格。展览馆后面的公园落叶满地，斯特劳斯梅耶的雕像就矗立在这里。

雕塑家用头上的角来刻画斯特劳斯梅耶，就像米开朗基罗用角来刻画摩西一样。作品高大、结实，体现着一种内在的光和力量，使我情不自禁地走上前去欣赏，青铜的材质仿佛就是真实的、有着体温的肌肉。丽贝卡女爵士在回忆她造访这一地点的体验时说，"雕像非常可爱，在大雨中依然微笑着，让人依依不舍"。

完成斯特劳斯梅耶雕像这一作品的雕塑家名叫伊凡·米斯托洛维奇，与许多年以后，即在 1960 年雕刻另外一个当地爱国者安洛易捷·斯蒂匹纳茨墓碑的艺术家是同一个人。这并不矛盾。米斯托洛维奇亲眼目睹了斯蒂匹纳茨性格中高尚的那一面。1943 年，斯蒂匹纳茨到罗马访问期间，米斯托洛维奇恳求他不要返回克罗地亚，因为他在克罗地亚的生活越来越危险。斯蒂匹纳茨回答说，他已经接受了自己的命运：即便乌斯塔沙不杀他，铁托主义者也会杀死他。由于最初政治上完全的盲目性，斯蒂匹纳茨已别无选择，只能明知危险却义无反顾地对自己运用"黑羊"与"灰隼"的正确教训：他自愿去做献祭的羔羊，并不是出于鲁莽的自以为是，而是为了他人去战斗。

在这个灰蒙蒙的、牵一发而动全身的城市，历史的确是可以有许多种解释。教皇约翰·保罗二世似乎准备好了要给出自己的解释[6]。如果教皇果真到了这个离梵蒂冈既很近又很遥远的前哨，他就不得不为了南斯拉夫而与梵蒂冈的传统决裂，并发挥疗伤与调和的作用。凄冷的雨中，我心怀敬意地肃立在西里尔和美多迪乌斯的崇拜者斯特劳斯梅耶主教的雕像前，并意识到，比起大教堂里的那座纪念碑，教皇更应当在这座纪念碑前深深地鞠躬致敬。

---

[6] 直到 1992 年，仍然没有教皇访问萨格勒布的正式计划。但是，考虑到这个天主教的城市在地理上与梵蒂冈的近便程度，再考虑到克罗地亚人在内战中所忍受的煎熬，教皇在这个十年内的某个时刻访问萨格勒布，应当是非常可能的。

第 2 章
旧塞尔维亚和阿尔巴尼亚：巴尔干"西岸"

修道院院长塔西娜从黑暗中伸出手来遮挡住了一束阳光，我的眼睛也因此稍稍避开了光束的照射。"看那儿，"她说，"那又是塞尔维亚人民遗产的一个证据。"

施洗者约翰透着谴责的双眼被铭刻在北边小教堂的墙上。我看到约翰正从犹太沙漠走出来。他的头发和胡子打成乱糟糟的、蛇形的结，身体因为饥饿而产生艾尔·格列柯或威廉·布雷克笔下的变形。没有哪个西方的艺术家，没有哪个意大利文艺复兴时期的产儿，能够接近这位不知名的 14 世纪的塞尔维亚 – 拜占庭艺术家理解和表现这位施洗者的能力。[1] "约翰穿着骆驼毛的衣服，腰间系着皮带；吃的是蝗虫和野蜜。"约翰的脸上一副欲言又止的样子，就像是在半圆形小室里燃烧的火苗，飘忽不定：这根本不是一个人，而是虽具人形的、却又摆脱了身体羁绊的以火为生的精灵。

因为约翰完全沉浸在他的思想中，没有注意到他遭受的现实的煎熬，他也就没有痛苦。这一东方特有的力量为理解为什么塞尔维亚人在本世纪有如此这般的行为提供了一个起始点。

塔西娜院长领着我走在一望无际的众多圆筒型穹顶和拱门下面，路很陡峭，渐次上升。我感觉脚下的地面在离我而去。

"这是我们的根部，也是我们的颅顶"。她说。这话可以从字面上理解，也可以从其隐喻意义上理解。中心的圆屋顶是由四根五十英尺高的柱子支撑着，由于太过紧密，这些柱子看起来很高，让人觉得眩晕，透不过气来。我透过密密麻麻的香往上看了看，这些香汇成了成百上千的闪耀的火苗，每一团火都像约翰那么明亮，

---

[1] 画家要么是迈克·阿斯川珀斯，或是一个姓尤提乔司的人，但不论叫什么，都是萨洛尼卡人。

14世纪斯蒂凡·尼曼雅开创的帝国疆域达到巅峰，疆域包括后来南斯拉夫大部分、阿尔巴尼亚和希腊北部。

第 2 章　旧塞尔维亚和阿尔巴尼亚：巴尔干"西岸" | 47

尼曼雅王朝的王室谱系。

香火的下部是桑葚和石榴色混合而成的颜色，顶端则是即将凋零的树叶所呈现出的令人怜惜的金黄色。不妨设想一下，古典希腊雕塑的简朴、极度的庄严，叠映在一块奢华的东方地毯上，该是一幅什么样的景象。如果说天国曾经倒映在任何地方的话，那它就是在这里，就在塞尔维亚的葛兰察妮霞修道院（Grachanitsa）。

"这样的富足，我们根本无法估量，"半个多世纪以前曾拜访过这个小教堂的丽贝卡女爵士感叹说，"我们的杯子从来没有空过，但也从来没有像在这个世界里——在这个亚洲与欧洲交会的地方——这样充盈。"

穿过这个看起来巨大的教堂内部黑黢黢的通道，我从前廊走了出来，迎面而来的是另外一种沉默，草坪上羊铃的响声和一只在叩啄薄砖之间灰浆的麻雀，使得这种沉默越发强烈。从外面看，这个教堂非常渺小。四个粉蓝色的圆顶屋，紧紧围绕着另外一个狭窄而竖起的圆顶屋的颈部依次排开，形成了完美的配合，给人一种高耸入云的垂直感，也造成了这一最有吸引力的建筑上的错觉：从外边看，娇小玲珑；从里面看，气势恢宏。

葛兰察妮霞、皮克以及大约三十个塞尔维亚修道院使得南斯拉夫南部的景观别具特色。我直接从北部的萨格勒布来到这里。就像我试图通过克罗地亚的大教堂获得关于其民族问题的感知能力一样，我尝试通过塞尔维亚的修道院做同样的事情。

塞尔维亚的修道院是尼曼雅王朝的遗产。尼曼雅王朝是由12世纪末的一个部落酋长斯蒂凡·尼曼雅（Stefan Nemanja）建立的，他创建了塞尔维亚第一个独立的国家，摆脱了君士坦丁堡的拜占庭统治者。从其创始之日起，塞尔维亚就是欧洲最为文明的国家之一。当斯蒂凡已经能签名的时候，德国的神圣罗马皇帝腓特烈一世巴巴罗萨（Barbarossa）只能用拇指按手印。

斯蒂凡·尼曼雅的儿子，即以圣萨瓦之名而为人所知的行游僧，创建并掌管塞尔维亚东正教会。斯蒂凡·尼曼雅的后裔米卢丁国王在14世纪初，把塞尔维亚扩张成为一个庞大的东正教帝国，甚至比当时的拜占庭帝国还要富有。

镶金的衣袖似乎也掩饰不住米卢丁旺盛的性冲动。像都铎国王亨利八世一样，他对妇女充满欲望，随意娶妻并抛弃她们，完全听任其性的癖好和无限膨胀的帝王的野心。每一种无法满足的欲望都会勾起另外的欲望，因为他不断地向南部和东部攫取领土，也不断地拉拢主教们为他举行离婚和再婚仪式。他强烈的性欲，只有他对于建筑物以及富有艺术气息的装饰的欲望才可以与之相提并论,而他觉得这一切会像他所生的孩子一样让他得到永生。他出钱在君士坦丁堡、萨洛尼卡和整个塞尔维亚境内建立教堂和宫殿。他把黄金、珠宝和圣像授给远在耶路撒冷和希腊东北部圣阿索斯山的宗教机构。在葛兰察妮霞教堂的一堵墙上铭刻着米卢丁的一段话:"我看到了葛兰察妮霞贞女教堂的遗迹……于是就在原址重建,并从内到外进行了油漆和装饰。"

米卢丁修建葛兰察妮霞修道院的时候,已经与他的第四任妻子西蒙妮德结婚,西蒙妮德是拜占庭皇帝安德罗尼卡二世帕里奥洛加斯的女儿。为了不让米卢丁的军队进入君士坦丁堡,安德罗尼卡二世把他仅有六岁的女儿许配给了米卢丁。米卢丁并没有等待小女孩长大,而是立刻与之同房成婚。尽管如此,这位塞尔维亚的王者在若干方面还是要比英国都铎王朝的国王文明一些:他只是抛弃他的前妻们,从未谋杀她们。

在葛兰察妮霞稍矮一些的墙上有关皇室的肖像画中,米卢丁已经是一个衰弱的老年男人,而西蒙妮德则是一个成年妇女。他们的面部都呈现出一种死气沉沉的苍白,而且米卢丁的一只眼睛还被磨蹭掉了。他们远不如他们的王冠、镶嵌珠宝的礼服以及国王拿在手里的葛兰察妮霞教堂的模型更为真实。这位塞尔维亚-拜占庭的艺术家似乎在告诉我们,人这个存在物只是短暂的,而用物质材料进行的关于人的创造,则是不可摧毁的。

葛兰察妮霞教堂、壁画及所有一切都于1321年完工,而在亚得里亚海对面,佛罗伦萨的文艺复兴刚刚露出第一道曙光。在葛兰察妮霞教堂的墙壁上,我清楚地看到了某种对于解剖的认知和用身体所表现出来的性意识(这是拜占庭图像艺术的其他流派中所没有的,在那里,身体只能严格地是一个符号,象征非物质的精神),这一切很快就在米开朗基罗和莱奥纳多·达芬奇的作品中达到了登峰造极的地步。但是,文艺复兴的任何艺术家都未能模仿中世纪的塞尔维亚人所成就的超自然的和精神的高度。因此,塔西娜的这句话并非在旁敲侧击,而不过是实话实说:"要不是土耳其人的干扰,我们很可能要比意大利人还伟大。"

在整个巴尔干,你都能听到这种克制的话,当年丽贝卡女爵士访问的时候是这样,此时此刻也是这样。丽贝卡女爵士说:"土耳其人毁灭了巴尔干,他们所造成的毁灭是如此巨大,以至于到今天仍然还没有被修复……但由于土耳其人被赶走,巴尔干各国群情激昂,人们的激情失去了正当的宣泄通道。"

如果你像俄裔诺贝尔奖得主约瑟夫·布罗茨基一样,把苏联看作是奥斯曼土耳其帝国在20世纪的对等物,腐朽的东方专制统治的历史轨迹也从伊斯坦布尔(以前的君士坦丁堡)一路向北迁移到了莫斯科,从苏丹托普卡匹的王宫迁到了克里姆林宫,那么,丽贝卡女爵士已经为20世纪90年代勾勒了塞尔维亚以至南斯拉夫、甚至巴尔干各国的形势。由于共产主义溃败,苏联人被赶走,巴尔干各国群情激昂,人们的激情失去了正当的宣泄通道。

数十年来,屈服于铁托的统治,塔西娜院长有其他的忧虑,需要进行其他的战斗。但是,由于那一灾难的结束,她又回头与土耳其人作战,尽管她现在用其他的名字来称呼这一问题。

因为塞尔维亚人零散地分布在难以征服的森林和多山地带,而且从地理位置上说,塞尔维亚比保加利亚和希腊离土耳其更远,所以,奥斯曼帝国的桎梏从未像在那些国家那样严实。流动的抵抗小分队始终存在,特别是在邻近的黑山那些黑色的花岗岩堡垒之内。但是,塞尔维亚仍然还不够远。

在塞尔维亚传说中,尼曼雅王国为了在天堂获得一个新的王国,把自身当作祭品献给了蜂拥而至的土耳其人;与此同时,在俗世,尼曼雅的牺牲使得意大利和中欧存活下来并能够继续发展。

"意大利和欧洲其他民族的伟大,是建立在我们的骨头之上的。"塔西娜院长痛苦地说。"来吧,"她招呼我说,"我给你讲一讲我们所遭受的痛苦。"

我走进了一座典型的土耳其建筑物,铺着茜草和瓦片的屋顶,黄色石头砌成的墙,点缀着花草的悬空木质阳台。塔西娜院长称之为"典型的塞尔维亚风格的"建筑物。在保加利亚,这样的房屋被称作"典型的保加利亚复兴主义的"建筑物;在希腊,则是"典型的希腊"建筑物。客厅有些阴暗。我坐在那里,双脚放在一块土

科索沃地区、马其顿与阿尔巴尼亚地图。

耳其风格的地毯上,穿着外套仍然觉得冰冷。塔西娜院长的黑色修女服的轮廓映照在白色的窗帘上。另外一个修女拿着圆筒状的金属大口杯,倒出来的是浓浓的、加了许多糖的土耳其咖啡。接着,修女又往玻璃杯里倒上了修道院自制的、清澈的李子白兰地。塔西娜院长猛地把一杯白兰地拿到自己面前。接着她那双农民才有的大手又一次从黑暗中伸了出来:

"我不是先知撒母耳,但与其耻辱地活着,不如坦坦荡荡地死去……"

"我是一个善良的基督徒,但是,如果某个阿尔巴尼亚人把一个塞尔维亚同胞的眼珠子剜出来,强奸了一个小姑娘,或是阉割了一个12岁的塞尔维亚男孩,我是不会把另外一半脸送上去的。"她用手掌做刀,猛劈了一下大腿上方的空气,"你知道这件事,对吗?"

我并不知道,但还是点了一下头。

塔西娜院长把胳膊肘放在了桌子上,向着我倾斜了一下身体。我的双眼适应了屋子里的黑暗,也第一次好好地打量了一下她的脸。她有着强壮的、精力充沛的外表，高颧骨，充满激情的、母性的眼睛。她是一个美丽的老年女人，年轻的时候肯定非常有魅力。她的眼睛尽管充满激情，眼神却很奇怪地有些不够集中，就像是教堂里圣徒的眼睛一样，被迷信弄得模糊不清。她白白的指尖随着话语的节奏舞动着。我想起了约翰·里德1915年穿越塞尔维亚时说的话："塞尔维亚语速度快，婉转流利，在我们听来，就像是潇潇洒洒落下的清水。"

"你知道吗，"塔西娜院长说，"这些年轻的阿尔巴尼亚人竟然在其他修女面前脱掉短裤？"

我又一次点了点头。

"塞尔维亚的血液就是被这些人给放干了。说他们贫穷，没有工作，这纯粹是撒谎。因为他们把生命垂危的祖父算作是没有工作的人。他们都是偷渡者，藏了很多外汇。他们只是穿着寒酸、肮脏，因为这是他们的习惯。"

"你知道，阿尔巴尼亚人想通过生养更多的孩子的方法征服世界。你知道吗，一个家庭如果连五个孩子也没有，任何一个阿尔巴尼亚的伊斯兰教牧师都不会来？还有，阿甄·乌拉斯（阿尔巴尼亚的一位领导人）就是一个好色之徒，经常和当地妓女胡搞。"

"你是什么人？"她突然问我。

"我是美国人，"我回答说。

"我知道，但所有美国人都有些不一样。你是什么人？你肤色有些深。你不像美国人应该是的样子。"

"我是犹太人。"

"哈哈，我喜欢犹太人，可是我仍然愿意为你施洗。"她笑了起来，脸上留出一种保护性的善意。"我羡慕那些拿枪的以色列妇女。要是我只有四十岁，我也会持枪的。在南斯拉夫，人们已经没有信仰了。只有在这里，在塞尔维亚，还有真正的信仰……我知道，我是一个坚强的塞尔维亚民族主义者。我们和阿尔巴尼亚人之间的事情会变得更为糟糕——你就等着瞧吧，没有调和的可能。"

塔西娜院长双手紧紧抓住了我的一只手，使劲握了一握，似乎要对我表示祝福。

"我在这些墙内生活了三十五年了。我们有两公顷（五英亩）的土地，我们通过养猪和养羊补贴我们的生活。1539年，这里还有一个印刷作坊，就在外面那儿，"说着她举手指了指，"可现在已经肮脏不堪，没有人理睬了。"

"外面那儿"就是内维尔·福布斯、约翰·里德在1915年、丽贝卡女爵士在1937年和塔西娜院长此刻所说的"旧塞尔维亚"：就是塞尔维亚民族意识中的"犹大和撒马利亚"，是一切奇迹发生的地方，是伟大的尼曼雅王国诞生、走向辉煌和被毁灭的地方。然而，在最近几十年中，这块神圣的土地从人口数量上说已被他人占领，占领者不是土耳其人，而是他们历史上的附属者——信仰伊斯兰教的阿尔巴尼亚人。于是，这个地方不再被称为旧塞尔维亚，而是"科索沃"。

但是，塔西娜院长真心痛恨的却仍然是土耳其人。如果没有土耳其人长达半个千年的统治所造成的文化与经济上的动荡不安，二战后可能就是另一种制度，阿尔巴尼亚人可能永远也不会被皈依伊斯兰教，人口也不会像他们旧塞尔维亚这样增加到如此大的数量。

因此，用埃利亚斯·卡内蒂的话来说，塞尔维亚人也有他们的"群体符号"。事实上，塞尔维亚人有两个这样的符号——两个表征其民族性格和历史困境的、让他们义愤填膺的纪念碑。这两个符号都是尼曼雅王朝留下的遗产。

第一个（也稍微矮一点的）纪念碑是中世纪的修道院，这是艺术与神奇事物的孵化室，其最强力的象征则是葛兰察妮霞教堂，这主要是因为它靠近另外一个（高一点的）纪念碑：科索沃黑岩盆地（Kossovo Polje），即"黑鸟出没之地"，在这里，1389年6月28日，土耳其人最终打败了塞尔维亚人，并任由食腐鸟吞噬死者的遗体。

1989年在其他民族的心目中被当作冷战结束、东欧体系崩溃的年份，但在塔西娜院长和855万塞尔维亚人看来，1989年标志着某种完全不同的东西：这是他们战败的600周年。

米卢丁国王死于1321年，他的御用画师刚刚完成了葛兰察妮霞教堂的壁画。他的儿子斯蒂凡·尤洛斯国王接替了他；十年之后，米卢丁的孙子都珊登上了塞尔维亚的王位。在塞尔维亚语中，都珊（Dushan）是"都莎"（Dusha，灵魂）一词的变体，是一个表示亲切的昵称——人们认为这个名字适合于一个国王，并期望塞尔维亚在这样一位国王的率领下能够达到其荣耀的顶点。都珊允许宗教自由，并且批准外国使馆附属于他的王宫。他确立了一种税收制度和法治，颁布了以陪审团判决为主要特色的都珊法典。都珊帝国的疆域北至克罗地亚的边界，西至亚得里亚海，南至爱琴海，东至君士坦丁堡的门户。它包括波斯尼亚-黑塞哥维那、黑山、阿尔巴尼亚、马其顿、北部希腊和保加利亚。如果不是由于信仰天主教的匈牙利人入侵的干扰，他不得不重新在西北部部署兵力的话，他很可能乘胜围攻萨洛尼卡，并攻打君士坦丁堡。

1354年，都珊又有了征服拜占庭帝国的机会。绝望之下，在君士坦丁堡的统治者让土耳其军队在东部集结，穿越小亚细亚进入欧洲，并在加利波利建立了一个桥头堡，目的是抵挡都珊的塞尔维亚军队。这一军事调遣行动被证明是不必要的——都珊发起行动的第二年，即1354年就突然死亡，却有着不期而然的后果：土耳其人一直留在这里，一个世纪之后，1453年，在洗劫君士坦丁堡和拜占庭帝国之前，他们还利用这个据点入侵了保加利亚和希腊。

都珊的儿子尤洛斯是最后一个尼曼雅国王。在他的虚弱的统治下，塞尔维亚的封建诸侯势力大增，宫廷的力量则被削弱。为应对尤洛斯死后来自土耳其人的威胁，塞尔维亚的诸侯们推选了一个王子拉扎（Lazer）担任其民族的首领。随后若干年里，尽管土耳其人在巴尔干征服了越来越多的领土，塞尔维亚人也构成了欧洲主要的基督教阵营的抵抗力量，正面应对穆斯林的进攻，但是，拉扎几乎没有从中欧和西欧各民族那里得到任何支持。最终，在1389年，爆发了那场决定了塞尔维亚和整个巴尔干半岛500多年——直到第一次巴尔干战争发生的1912年——命运的战争。

我乘车从葛兰察妮霞教堂往北走，车子起起伏伏穿越了众多苹果绿色的、穹顶状的小山。司机播放的磁带上是塞尔维亚民俗音乐，让人感觉轻松惬意，音乐散发出田园生活的气息，类似于斯蒂芬·福斯特音乐的旋律。远方出现了一个平坦的、也平淡无奇的平原：科索沃黑岩盆地，即黑鸟出没之地。

塞尔维亚勇士在炎热六月中的一天行军到这里，队伍辎重齐备，官兵的盔甲镶金带银，漂亮的羽毛装饰在他们的头盔上。轻装上阵的土耳其人骑着蒙古矮马突然出现，就像现代的游击队战士切割正规部队那样，把塞尔维亚人打散。为了挽回阵势，塞尔维亚人采取了孤注一掷的手段。一个名叫米洛什·奥比利奇的塞尔维亚贵族离开队伍，向着土耳其人走去；被带到苏丹穆拉德面前时，奥比利奇掏出藏好的短剑，杀死了这位土耳其的指挥官。然而，这样做并没有达到军事的效果。指挥权立刻就传到了穆拉德的继承人巴耶齐特（Bayezit，"霹雳"）手中。巴耶齐特打败了塞尔维亚人，活捉并处决了他们的领导人拉扎。（几年之后，巴耶齐特又用大规模处决的方式袭击了另外一个信仰东正教和基督教的民族——保加利亚人。）

但是，一首塞尔维亚诗歌里记载的传说，却讲述了一个不同的故事：

  天上飞来一只鸟，它是一只灰隼
  来自圣地耶路撒冷，
  它叼着一只小燕子

  那根本不是灰隼，也根本不是鸟
  那是圣徒以利亚
  他拿着的不是小燕子
  而是上帝之母的一本书
  他来到了科索沃的首领（拉扎王子）面前
  把书放在他的膝下（并问他）……
  你要什么样的王国？
  你要天堂般的王国？
  还是要俗世的王国？……

  首领选择要天堂般的王国，
  而不是俗世的王国，
  他在科索沃建了一座教堂……

> 然后就给他的士兵发了圣餐面饼……
> 然后土耳其人袭击了拉扎……
> 他的军队也和他一起被毁灭,
> 罹难的共有七十七万士兵。
>
> 一切都很神圣,一切都值得钦佩
> 上帝的善也得以完成。

人们很快品尝到了奥斯曼土耳其统治所带来的生不如死的滋味,赤裸裸的暴行、经济上的压榨和精神生活的贫瘠,使得塞尔维亚人彻底改变了对这种高贵的牺牲神话的看法。他们的内心充满了无处发泄的悲伤和沮丧;流风所及,这种情感所产生的效果,与伊朗什叶派教徒心中几个世纪以来所涌动的情绪,有着不可思议的相似性。

斯蒂凡·尼曼雅、米卢丁、斯蒂凡·都珊等国王,甚至圣徒萨瓦,都没有像拉扎王子那样激发出塞尔维亚人如此强烈的情感:他只是一个影子似的人物,而且还不是尼曼雅家族的人,只打了一次仗(而且失败了),因而,如丽贝卡女爵士所说,他"并没有能够保护他的人民,而且成了一具黑乎乎的木乃伊,在扶卢什卡格拉山(贝尔格莱德西北的一个山区)周围被四处掩藏。"

1988年6月28日,距离拉扎王子在科索沃黑岩盆地殉难六百周年一整年倒计时开始,他的灵柩开始了在塞尔维亚的每一个镇和村庄巡游的活动,其最后地点则是拉瓦尼查修道院(Ravanica),这是他的遗体被四处掩藏前的第一个停放处。他的灵柩所到之处,都有很多痛苦不已的人穿着黑色的衣服前去悼念。

拉扎的战败和殉难吸引了塞尔维亚人。在他的棺材周围痛哭流涕的人群,很像是伊玛目侯赛因棺材周围的悼念者。侯赛因是另外一个影子似的战败者(但在什叶派教徒眼中,他是神圣的),公元680年被亚兹德的逊尼派教徒残杀在美索不达米亚的一个战场上。像什叶派教徒一样,如塔西娜院长这样不知变通的塞尔维亚人不承认其临时的统治者具有任何合法性,不论他们是奥斯曼时代的土耳其人,还是南斯拉夫政府。如此一来,他们就忽略了真实的世界。他们认为,很快就有那么一天,在天堂里的拉扎王子就会来要回原本属于他的地上的东西。"每一个塞尔维亚的农民士兵都知道他在为什么而战,"身在第一次世界大战前线的约翰·里德注意到,"他还是个小孩子的时候,他的母亲就这样跟他打招呼:'嗨,为科索沃复仇的小家伙!'"

在塔西娜院长和许多其他塞尔维亚人看来,铁托的南斯拉夫——像以前的土耳其帝国一样——不过是反对塞尔维亚人的有意阴谋而已。这是因为,铁托(他本人就是半克罗地亚人、半斯洛文尼亚人的血统)所界定的南斯拉夫民族主义,不过意味着削弱在数量上占主导地位的塞尔维亚人,以便安慰其他族群,特别是克罗地亚人和阿尔巴尼亚人。

塞尔维亚建筑师完全复制的 14 世纪的拉扎教堂。

铁托认为,通过把科索沃这个省放在南斯拉夫的塞尔维亚共和国之内,并允许科索沃的阿尔巴尼亚人自治,他已经调和平息了阿尔巴尼亚人和塞尔维亚人双方的渴望。塞尔维亚人却不这样认为。这些信仰伊斯兰教的异邦人,三百年前才来到旧塞尔维亚,这是我们民族具有历史意义的核心地带,凭什么他们在那里享有自治?永远也别想。

铁托又往这个伤口上泼上了盐酸。他发布命令说,塞尔维亚人必须以铁托掌权之前过去的一切为耻辱;像米卢丁、都珊和拉扎这样的名人,都是帝国主义者;和拉扎一起在科索沃黑岩盆地被杀的塞尔维亚人,都犯了"反动的民族主义"[2]的罪。

战争前夕,拉扎王子警告说:

> 不论是谁,只要他是塞尔维亚人,是塞尔维亚人所生,
> 而且,假如他不来科索沃黑岩盆地,
> 参加打击土耳其人的战斗,
> 那就让他既生不出男孩
> 也生不出女孩后裔,
> 让他的庄稼颗粒不生……

我看到这些话写在一块阴沉的、血色的石头上,石头大约100英尺高,很严实地埋在一个迎风的、俯视着科索沃盆地的山上。纪念碑安放在一个底座上,四周环绕着子弹状的水泥塔,碑上还刻了一把剑和"1389—1989"等数字。每一座水泥塔顶部都有一个桂冠。

1987年,一个野心勃勃的塞尔维亚领导人斯洛博丹·米洛舍维奇,在拉扎战败周年纪念日6月28日来到了这里。他在远处用手指着——指着塔西娜院长所说的"外面那儿"——并像现在的传言所说的那样宣誓:"他们再也不可能对你做到这一点了。永远也不会有任何人能够再打败你了!"

就在那一时刻,伴随着人群的呼喊声,塞尔维亚人对于南斯拉夫联盟的反叛开始了;反叛活动很快横向波及其他共和国。塞尔维亚人渐渐聚集起了勇气,把铁托那可怕的画像从家庭和商店里面清除出去,并换上了米洛舍维奇那丰满的、孩子气的画像。米洛舍维奇是20世纪80年代末期欧洲唯一能够使其自身和政党免于溃败

---

[2] 见理查德·韦斯特,《南斯拉夫的阿金库尔战役》,载《旁观者杂志》,12月号,19/26,1987年。

的东欧领导人，他采用的办法就是直接诉诸于种族仇恨。

米洛舍维奇本人下令建造了山顶上那座阴郁的纪念碑。旧塞尔维亚散发着来自附近工厂的废气，密密麻麻的电线交错地悬挂在空中，当米洛舍维奇第一次用手指着旧塞尔维亚那些脏乱不堪、被弄得遍体鳞伤的群山，并承诺说"永远也不会有任何人能够再打败你了！"的时候，他对自己话语的力量是极为清楚的。[3]

丽贝卡爵士 1937 年春天来到这同一片山区的时候——米洛舍维奇那时候还只是一个孩子——，她已经发现"失败是如何笼罩一切的"，

塞尔维亚领导人米洛舍维奇。

> 在米卢丁时代还布满了村庄的山，现已破败不堪，空不见人……而且这些山也似乎消失了，留下的空间相当大，因为来访的人需要穿行很多英里，才能够看到人烟，才不觉得荒凉，并且那里人们的饭菜足够，也还讲究……在建造葛兰察妮霞教堂的时候，人们吃的是猎物和金银买来的精致的、育肥了的肉……但是，由于基督徒输掉了科索沃战役，这种日子就全部消失了……什么……也没有剩下……遗留下来的家底，薄得可怜，就像是太阳被云彩遮住时投下的影子那么薄。

四十年过去了，"失败"绝不仅仅是作家的一个历史性的隐喻。它是一个令

---

[3] 事实上，米洛舍维奇的原话是："没有什么人，不论是现在还是在未来，有攻击你的权力！"但是，传言对他的话进行了演绎，创造出了多种说法。

人难以抗拒的现实，写在柏油地面、碎煤渣制成的砖、波纹状的金属片上，从俯瞰那场著名战役的山上很容易看清楚。失败甚至还有一个名字：普里什蒂纳（Prishtina），即铁托建造的、阿尔巴尼亚人控制的、贫民窟一般的"自治的"科索沃的首都，而且，似乎是作为一种故意的侮辱，它正好处在葛兰察妮霞和科索沃黑岩盆地这两个群体符号的中间。要从一个到另外一个去，你必须经过普里什蒂纳。

普里什蒂纳是尼曼雅宫廷的几个首都之一。丽贝卡爵士把它描述为一个"枯燥乏味的、尘土飞扬的小村子"，里面住着的"男人穿的西装极其怪异，超出了任何农民服装可能的样子，这是因为他们以及他们的裁缝，在成为成年男人之前，从没有见过一套真正的西装"。今天，虽然普里什蒂纳的人口已经膨胀到了15万，如果不算立体主义的建筑和破产的购物中心，它仍然是那同一个"尘土飞扬的小村子"，充斥着仍然是一些仿佛直到昨天还从来没有见过一套西装的男人。

一直等亲自到了普里什蒂纳，我才完全体会到铁托以及上溯到穆拉德的其他苏丹们所犯下的罪恶到底有多么严重。

作者下榻的普里什蒂纳大酒店。普里什蒂纳是科索沃的重要城市。

在我离开萨格勒布南行乘坐的面包车上,我旁边拥挤在后排的男人们眼里长满了沙眼。他们穿着破烂的短裤,该用拉锁的地方只用了几个别针。他们是穆斯林,但他们呼出难闻的酒气;即使在公开承认的最为世俗的伊斯兰国家内,这都是极为罕见的。像在南斯拉夫各地那样,色情杂志到处都是,同时还有廉价的收音机里播放的嘈杂的西方摇滚乐。还有人为了争座位打起了架。两个男人开始叫喊起来,我对这个已经适应了。他们两个开始推搡,要不是有人干预,他们很可能已经挥拳相向了。这是我在穆斯林世界中比较少见的,因为在那里几乎所有暴力都具有政治性。突然,我觉得有些不安全。我以前处在穆斯林中间时从没有这样过,除非是在战争地带。

第一个提醒我快到普里什蒂纳的是一片杂乱无章的木质货架,货摊用钠灯照明,货架拼凑在一起,靠在预制的单元房子上,而这些建在采石后的山坡上的房屋给人摇摇欲坠的感觉,就像是步履蹒跚的醉汉。煤灰夹杂着垃圾和搅拌的水泥的味道,直往鼻孔里钻。我想到了动物肝脏颜色的安卡拉和伊斯坦布尔的郊区,由于污染而到处灰蒙蒙的。普里什蒂纳不仅像是土耳其的过去的拙劣再现,也像是其现在的拙劣再现。就在汽车急速上坡拐弯,一个啤酒瓶从旁边的那个男人那里甩了过来,顶在我的后背时,另外一个建筑工程进入了我的视野:红色的砖、平板玻璃、卫生间的瓷瓦,拼成了一个乱七八糟的图案,被用作建筑物的外立面。

普里什蒂纳大酒店是这个城市最高的摩天大楼,顶部立着五颗巨大的星星。电梯让我想起了一个被胡乱涂抹的厕所。我房间的门锁已经坏掉。进去之后,房间散发着前一个客人留下的气味——没有滤嘴的香烟和洗发水。深绿色的地毯上有数不清的污点。尽管有按键电话机,酒店里所有的呼叫都要经过中心接线员之手,其任务就是把话线插到木质的盒子里。

南斯拉夫政府为这个酒店配备了三个餐厅。每一个餐厅都有一个管弦乐队,都可以容纳数百人就餐,差不多一样的菜单。所有餐厅通常都是空的。服务人员、所有三个乐队的成员坐在沙发椅上,抽着烟,每当顾客进来时,他们都会表现不悦的神色。酒店里为数不多的顾客都相当聪明,选择到别的地方吃午饭和晚饭。当我思考西方在20世纪70年代对南斯拉夫以及东欧的其他地方的银行贷款都用到什么地方去了的时候,我总是会想起普里什蒂纳大酒店。

问题在于：在20世纪60年代末和70年代，铁托和以色列人思路一致。铁托是在一个更大的、也更为鲁莽的规模上思考问题。他们都假定，如果你为人民建造**实物**，人民就会停止仇恨你。在西岸，以色列人建造水、电和医保体系。这提高了生活的质量，但也引发了大规模的不满，而人口的压力和人们更高的预期使得这种不满更加炽热。当然，我这样说难免过于简单化了。巴勒斯坦人和阿尔巴尼亚人的暴动显然有着很多不同；但是，相似性也是存在的，对于一方的了解，有助于获得了解另外一方的抓手。由于已经有过在大酒店的经验，在普里什蒂纳的第一天，我就注意到处转一转，观察铁托和他的继承人为了不让阿尔巴尼亚人仇恨塞尔维亚人所建造的**其他实物**。

从大酒店往山上去的路旁是普里什蒂纳大学图书馆，是用各种颜色的大理石块建造的。它令你想起沙漠和太空时代，你若是在某次世界博览会上或是美国西南部的大学校园里见到这类大胆的建筑，你可能会觉得更为合适。图书馆立在一块泥土地上，地上点缀着玻璃碎片、垃圾，几只山羊和几个吉普赛孩子都在觅食。当我穿过棕色的泥土地，从几个乞讨的吉普赛人身边走过时，我突然意识到，绿色是你在普里什蒂纳从没有看到的颜色。

就在大酒店后边，耸立着足球馆和体育馆的像是大教堂一样的屋顶。在体育馆的对面，则是一座预制的单元居民楼，仿佛是一个怪异的皮肤增生物。楼上拴着很多中间下沉的晾衣绳，绳子上则缠绕着稀奇古怪的晾衣架。足球场的几个出口都通过购物场所，到处都是成堆的废弃物，破碎的、被掀翻了的石凳。我和一拨南斯拉夫新闻记者以及一个小队的联盟自卫队士兵在那里等待。士兵主要是从塞尔维亚调来的，他们穿着蓝灰色制服，头盔的塑料帽檐上带有报警装置，手里拿着自动突击步枪。一辆带有装甲的士兵运输车在缓慢地行驶着，一门移动高压水炮被安装在街上的要害位置。足球比赛刚刚结束。我们都在等待成群的阿尔巴尼亚年轻男子从足球场出来。

事实上，我们都在等待近几年来在普里什蒂纳一直在发生的那种骚乱。如果世人能够更认真地对待20世纪80年代在科索沃发生的这种漫无目的的骚乱，那么，塞尔维亚人——由于与阿尔巴尼亚人打交道时感到的愤怒、绝望——后来发泄到无助的克罗地亚人和波斯尼亚人身上的更大的暴力，就不会那么让世人感到震惊。

爱德华·吉本 18 世纪末在英国把阿尔巴尼亚描述为这样一片土地，说它"在意大利就可以用眼睛看得到，却不如对美国的内部了解得多"。即便是假定美国的内部仍然未被探索，直到 20 世纪 90 年代，吉本关于阿尔巴尼亚的评论可能仍然是很有道理的。

亚得里亚海周围，群山连绵，地势险要，阿尔巴尼亚就坐落在这里，靠近科索沃。直到 20 世纪最后一个十年的初期，在这里生活的 340 万阿尔巴尼亚人，仍然像当地生长的黑鹰——实际上，此地的人和土地都得名于这种鸟，Shqiperia，意为"黑鹰的土地"——那样，让人感觉神秘莫测：受一个斯大林主义政权的暴虐统治，而与阿尔巴尼亚孤独的过去一脉相承的是，该政权敢于和整个世界为敌。

阿尔巴尼亚人源自于古老的伊利里亚部落，根据若干的描述，他们在希腊人之前来到了巴尔干半岛，因而比斯拉夫人要早一千多年就来到这里。阿尔巴尼亚的语言（shqip）也源自于伊利里亚部落的语言，与其他任何已知语言都没有相似性。第二次世界大战游击队首领恩维尔·霍查（Enver Hoxha）所执掌的斯大林主义的政权对外部世界——尤其是对南斯拉夫——所表现出来的残暴与仇视，并非没有历史的逻辑。

尽管塞尔维亚人对此宁愿避而不谈，但是，阿尔巴尼亚人的民族发展也受到过土耳其人的干扰。在他们黑暗而漫长的屈辱之夜中唯一的闪光点，是乔治·斯坎德贝格奋斗的一生。斯坎德贝格是 15 世纪奥斯曼军队的阿尔巴尼亚军官，但他抛弃了这个职位，并在他的祖国成功发动了一次起义。他在二十五年之后，即 1468 年去世，这导致了奥斯曼帝国又一轮的攻势，但他树立的榜样鼓舞了许多勇敢的（尽管是没有希望的）阿尔巴尼亚人针对土耳其的苏丹统治而发起反抗，亨利·沃兹沃斯·朗费罗为他写了一首诗，安东尼奥·维瓦尔第则为他创作了一部歌剧。

1912 年第一次巴尔干战争期间，土耳其在阿尔巴尼亚的统治终于开始坍塌时，阿尔巴尼亚人却再次发现要孤立地面对更大的敌人：塞尔维亚人、希腊人、保加利亚人都入侵了阿尔巴尼亚，并声称要来解放它，但其真正的目的则是把它拆得七零八落，成为他们各种各样的势力范围。1913 年，大国干预的结果是独立的阿尔巴尼亚国成立，但不包括已被塞尔维亚人抢走的科索沃省。

一年之后，即在 1914 年，塞尔维亚军队再次入侵阿尔巴尼亚本土；因此，当哈布斯堡王朝的奥匈帝国部队因追逐塞尔维亚人而涌入阿尔巴尼亚时，阿尔巴尼亚人竟然表示欢迎。"由于完全孤立无援，选择其保护人的奢侈，他们是不可能享受的；为得到……救援，他们（阿尔巴尼亚人）恨不得去求魔鬼本人。"阿尔巴尼亚作家安顿·劳格瑞慈（Anon Logoreci）在《阿尔巴尼亚人：被遗忘的欧洲幸存者》中这样说。

第一次世界大战后期奥匈帝国战败和解体，在巴尔干所有别的地方，人们都因此而充满喜悦之情；但对于阿尔巴尼亚人来说，这意味着失去他们唯一的朋友，而只能听任饕餮强邻的摆布了。

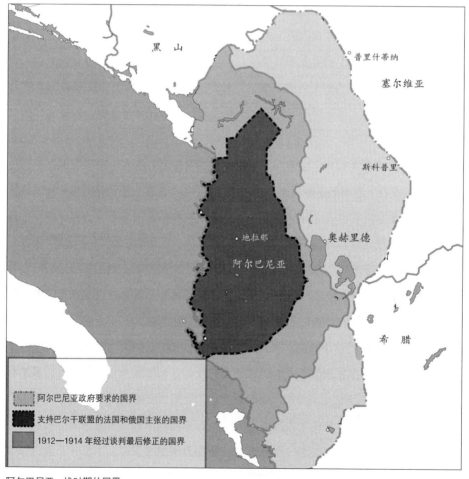

阿尔巴尼亚一战时期的国界。

对阿尔巴尼亚人来说，第二次世界大战并没有什么两样。1939年4月，意大利对阿尔巴尼亚的法西斯主义的入侵，用劳格瑞慈的话说，"在绥靖的深水中，甚至连一个涟漪也没有激起来……"当墨索里尼接着于1940年10月入侵希腊时，希腊总理乔治·迈塔克萨斯宣布说，他的军队将奋起战斗，不仅要夺回希腊的领土，还将征服阿尔巴尼亚。于是，阿尔巴尼亚人不但要抗击意大利的占领，还要害怕希腊的"解放"。

1943年夏天，墨索里尼政权垮台，意大利驻扎在阿尔巴尼亚的军队被德国纳粹取代。一个三十刚出头的阿尔巴尼亚人恩维尔·霍查，担负起了反抗斗争的重任。霍查曾留学法国，期间接受了共产主义的信仰。他率领军队不仅打败了纳粹，而且打败了其他阿尔巴尼亚武装力量。二战结束时，7.3%的阿尔巴尼亚人死亡或伤残，其他人则处在即将被饿死的边缘。每一座桥梁和工厂都被炸毁。但西方对阿尔巴尼亚的关注极少，因而也懒得费神去了解霍查如何使用武器。1944年十月，在莫斯科举行的约瑟夫·斯大林和温斯顿·丘吉尔的见面会上，两位领导人逐一把巴尔干诸国划分开来，但阿尔巴尼亚却根本没有被提及。1945年2月的雅尔塔会议上，阿

霍查，1941年。

游击战争期间的霍查（右一）。

尔巴尼亚又是唯一的被排除在会议议程之外的欧洲受难国。

与此同时，铁托把邻近的科索沃省划入南斯拉夫的塞尔维亚共和国的管辖范围内。铁托的塞尔维亚游击队员则在大量地屠杀科索沃的阿尔巴尼亚族群，并给他们安上与墨索里尼的意大利军队勾结的罪名。这些血腥的屠杀，让之前与铁托合作的共产主义者也对铁托不再抱有幻想。随后数十年中，科索沃一百万信仰伊斯兰教的阿尔巴尼亚人的骚动一直在持续高涨。铁托的回应是用玻璃和水泥建造一个"新的普里什蒂纳"，其中包括一所大学。1981年3月，在这个城市建成后不久，这所新成立的大学的学生发动了抗议活动。该校学生的书籍与上学的费用当时都由南斯拉夫的共产党政府支付。这个事件发生在一个骚动已成为日常生活的时代。六年之后，米洛舍维奇登上了塞尔维亚的权力顶点，承诺将进行镇压。当他试图剥夺科索沃的自治地位时，暴力开始不断加剧。

到那个时候，在阿尔巴尼亚本国之内，闹钟才刚刚发出滴答声。都拉斯（Durres）是一个港口城市，曾是亚得里亚海东岸的最大城市。1990年末在这个城市，我想办法从严密监控的观光团溜出来几个小时。我发现了一个公元2世纪遗留下来的罗马时代的圆形剧场，它周围有很多垃圾堆，其中一堵墙被当作了公厕，我还发现了其他的衰败迹象。唯有裁缝和鞋匠的店铺数量比较多。阿尔巴尼亚的经济是原始的服务经济：进口的东西很少，也没有工厂大批量生产衣服和鞋子。一个瞎了一只眼睛的、半裸的、剃着光头的吉普赛年轻人向我乞要口香糖。即便是在最为贫穷的第三世界国家，孩子们还在卖口香糖；但在这里，没有可以卖的口香糖。我看到一群人围在一个亭子外面，他们是在看亭子里展示的安全剃刀，样子像是20世纪50年代我还是小孩子时看到我父亲使用的那种。他们的眼睛里充满了期望与惊羡。

在圆形剧场的下面，我看到一个10世纪的拜占庭教堂的一个半圆形小室，黑、白、黄色的镶嵌瓷砖拼出一个天使的图案。我仔细地打量着建造这所砖房时所体现出来的爱心与细致。这一浸透着历史内容的建筑遗迹只有几英尺宽，两边使用的任何东西建筑标准都不高：为了节省水和水泥，这些阿尔巴尼亚式的房子所使用的墙砖之间的灰泥，往往是布满了洞孔。

在都拉斯的那个晚上，我沿着海滩散步，路过一排20世纪60年代为了防御"英美帝国主义"和"俄罗斯－保加利亚修正主义"的武装入侵而修建的有圆顶的水泥碉堡时，我听到嘈杂的深紫乐队的乐声从迷雾中传来，其源头可能是离岸大约有几百英尺的某个地方。我突然发现一条通往海边的步行小道，就顺着它走到了一座破旧的楼里面，发现一群小伙子东倒西歪地坐在椅子里，喝着烈酒，抽着烟。立体声扬声器离他们的耳朵只有几英尺。原来，他们当中有一个人是个工程师，而且会说英语。为了听清楚对方说话，我们都扯着嗓子喊叫。我们两个人都没有想降低音量；我突然意识到，嘈杂的音乐也是一种抗议。

"你从哪个国家来？"

"美国。"

"你听说过作家杰克·伦敦吗？"

"是的，"我回答说，"他写过这个世纪初期美国西北部生活的故事。"

"是的，我们也知道。我们听说他的一些书很快就到这儿的图书馆来了。"

接着是一阵沉默，当然嘈杂的音乐在继续播放着。海岸已经几乎消失在迷雾之中。

"我们的心脏在怦怦地跳。我们知道在罗马尼亚和东欧的其他地方发生的一切。阿尔巴尼亚仍然是孤独的，我们一点儿也高兴不起来……南斯拉夫这个榜样鼓舞了我们。我们需要自由，这样我们就能够与我们在科索沃的兄弟们一起战斗。"

我突然意识到，在阿尔巴尼亚南部，你只能听到人们谈论希腊，因为许多希腊裔的阿尔巴尼亚人在那里都有亲人。但在阿尔巴尼亚中部，最为重要的事实则是科索沃以及那里对抗塞尔维亚人的战役。数十年来，这片小小的土地一直能够躲藏在它的石灰岩的碉堡后面。现在，那些连绵不断的山似乎都在迅速地倒塌。希腊和塞尔维亚再一次威胁到了阿尔巴尼亚。而可能对他们有所帮助的西方，人们则是完全不了解——对他们来说，西方的不可知，就像尘封的、遥远的杰克·伦敦那样遥不可及。

"他们来了，"我旁边的一个记者提醒我说，他是一个来自贝尔格莱德的塞尔维亚人，"蓝科维奇是对的，他知道如何操控这些人。"

一簇一簇的凶巴巴的男青年从普里什蒂纳体育馆里冲着我们走来，他们的脸上长着粉刺，手攥着啤酒瓶的中间部位。他们穿着有许多拉锁的仿真皮夹克。有一些人没有穿袜子，而且光脚套上了格子呢的室内便鞋。我在普里什蒂纳到处都能见到这样的人。星期六的时候，他们和脸部几乎被深色的方头巾完全遮住的妻子一起散

20 世纪 60 年代为了防御"英美帝国主义"和"俄罗斯 – 保加利亚修正主义"的武装入侵，阿尔巴尼亚修建了 17000 多个碉堡。

步。星期天时，他们就去看足球比赛。一周的其他时间，他们去做一些工资很低、没有什么前途的工作或无事可做。

我旁边的自卫队士兵面部表情僵硬，一个士兵甚至还眯上了眼睛。这样的状态已经持续了接近十年，比巴勒斯坦人暴动还要长六年。

"阿——甄·乌拉——斯，阿——甄·乌拉——斯，"这些年轻人开始喊唱，就像火车启动时发出"突突"的声音。阿甄·乌拉斯（Azen Vlasi）是当地的阿尔巴尼亚人领袖——用塔西娜院长的话说，是一个"好色之徒"，刚刚被送上审判庭，米洛舍维奇的塞尔维亚当局以叛国罪对他进行指控。

"嗯—哦，嗯—哦。"新的喊唱声指的是恩维尔·霍查，阿尔巴尼亚已故的斯大林主义的暴虐统治者。"那些可怜的家伙们，"那个记者说道，"霍查是他们唯一的英雄。"

一个年轻人冲着我们这个方向抛了一个啤酒瓶子。士兵们发射高压水炮，并追着示威者们上了山。在远处，另外一簇阿尔巴尼亚男青年开始点燃山一样高的一大

阿尔巴尼亚首都地拉那全景。

堆轮胎。人们从阳台上斜着身子往外看。当主要是塞尔维亚人的士兵们慌忙拿出棍棒的时候,人们则大声喊,"法西斯分子!"接着,真正的暴力开始了。在我的下方,伸展开来的则是"新的普里什蒂纳"的轮廓线:铁托为了消弭对峙性的、"反动的"过去而建造的网格球形的水泥建筑群,像极了一堆呕吐物。作为反应,不甘心消失的过去在普里什蒂纳重又浮现出来,让这些建筑物显得那么渺小。

黄昏来临。普里什蒂纳主街两边光秃秃的金合欢树上落下了成群的黑色大乌鸦,其聒噪声不绝于耳。这让我想起了吞噬拉扎军队的尸体的那些黑鸟。我回到了大酒店,打开了英国广播公司的世界报道。

时间是1989年11月8日。南斯拉夫在世人的意识中尚不存在。东德当局刚刚宣布,它即将于子夜时分在柏林墙上凿洞,并宣告柏林是一个自由的城市。冷战和欧洲的错误分裂已经结束。可我在想,一个不同的、历史恩怨更深的分裂即将在欧洲露出水面。以前是民主的欧洲与专制的欧洲的对峙,现在则将是欧洲与巴尔干的对峙。但是,又有谁在乎呢?我显然没有处在故事发生的地方。让我感到震惊的是,不论就时间还是空间来说,巴尔干都距离故事发生的地方那么遥远。

第 3 章
马其顿：渴望摘星的手

这里的山川形势需要你用心去想象，而不只是瞪着眼去看。我闭上眼睛，根据每一个民族或语言的诉求以及对于历史的不同解释去重新想象那粗糙的、烟熏的画面。印刷的文字很小，句子又长，有些混乱。

我的方向是往南走，从旧塞尔维亚进入马其顿。倾斜的屋顶上融雪留下的痕迹，与积雪未化的斜坡相映成趣，积雪的颜色不是白的，而是浅黑色的。我看到了冷杉林和高耸入云的杨树。不时地看见有些地方一点儿雪也没有。紫褐色、土黄色的格状毛绒绒的披肩，覆盖着一道又一道山坡，山坡平缓而下，其尽处则是柳树点缀的小河。当煤灰扑面袭来时，我就闭上眼睛。当不再是一种现实，而只是一种失去的理想时，这片土地难得的美就越发增大了：我明白了为什么赞美它的诗人说话都是那么痛苦，那么偏爱夸张。

在马其顿的首都斯科普里（Skopje），土耳其风格的宣礼塔远远高过银色的圆屋顶和凌乱铺开的集市摊位，这越发突出了峡谷的孤独和漫长，而且峡谷没有任何屏障可以阻挡来袭的风：风在这里指的是亚洲的混乱。

在斯科普里，土耳其人留下的痕迹还是相当明显的。戴着白色无檐便帽的男人在下十五子棋，喝着用很小的、沙漏样的容器泡出来的野蔷薇果茶。我脱掉了沾满泥巴的鞋子，在 15 世纪建成的穆斯塔法帕夏（Mustapha Pasha）清真寺里重叠的地毯里暖和了一下双脚。我的眼睛则被壁纸复杂的阿拉伯花饰图案所吸引。图案的样式连绵不断，以线性的方式展开，但难以辨认。像沙漠的轮廓一样，伊斯兰教是一个抽象的世界，讲求数学般的精确，对最为神秘的东部基督徒来说，它是非常可怕的、格格不入的。

在这些征战中，东正教以令人同情的神奇捍卫着自身。在附近的圣迪米特里欧

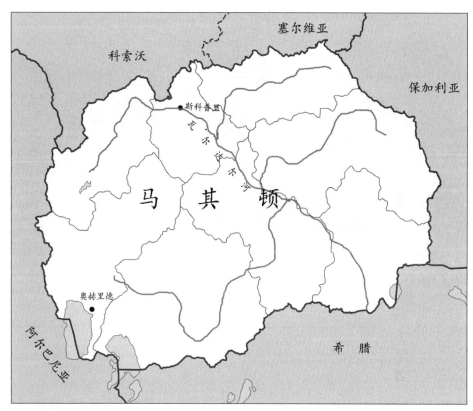

马其顿地图。

教堂，我看到放在玻璃罩里的圣像，玻璃罩折射的光线使得圣像的脸部看起来是有生命的，始终在动。他们的身体被掩藏在大块儿的廉价银板后面，上面描绘着病弱者寻求摆脱的种种疾苦。我闻到了噼啪作响的众多香炉散发出来的蜂蜡的香味。墙壁已被蜡烛烟完全熏黑，蜡烛烟则像是爱国者发出的气息那样温热。这是一个深受神秘的前世（prebirth）之阴暗启发的世界，一个土耳其人尚未离去的世界。

我穿过瓦尔达尔河（Vardar）上的石板桥，罗马时代就奠立的桥墩已经经受住了公元518、1535和1963年的大地震（1963年的那次地震使十万人无家可归）。风拉扯着与我擦肩而过的人们土黄色的脸，这使我觉得他们的脸被放大。他们可能是希腊人、土耳其人、塞尔维亚人或保加利亚人，这要取决于我所听的民俗歌曲或是最近在看的书。在桥上，一个吉普赛男孩在一个纸盒里摆放了一些手表。手表下面

斯科普里，建于古罗马时期的瓦尔达尔河石桥是这个城市的标志。

压着一小堆面值为 100 第纳尔的纸币，怕它们被风吹走。即便是用这个吉普赛人的可怜的标准来衡量，通货膨胀已经使得这些纸币几乎失去了价值。

摆在我面前的是"新的"斯科普里，有些挑衅地从 1963 年地震废墟中耸立起来：水泥浇筑而成的巨大的三角形和圆球，像在普里什蒂纳一样，已经因为潮湿而有了裂缝或变脏。涂鸦到处都是，但不是用斯拉夫语，而是用自学的、没有特色的英文。

> Hors hav hardons … bad end … no futur, mucky pup
> 马已勃起……下场悲惨……没有未来，污秽遍地

甘恩·托多洛夫斯基（Gane Todorovski）是生活在这个城市的诗人，对此有着很好的理解：

> 瓦尔达尔河沉默无语。它水涨水落，
>
> 裹挟着某种东西昼夜流淌已有几个世纪，
>
> 推动着污秽、幻觉、名望，
>
> 那些逝去的、未亡的、无根的
>
> 躯干、树墩、命运、帝国和辉煌，
>
> 裹挟着一切，摧毁一切，推动着一切，
>
> 一切都是那么狂躁、卑鄙，毫无顾忌。[1]

只有那座土耳其清真寺，就是那座被烟熏黑的教堂，以及罗马古桥上的石头似乎才有稳固的基础。马其顿——亚历山大大帝征服已知世界的出发点，也是斯巴达克斯发动奴隶起义的地方——是一个历史的和地理的反应炉。在这里，奥斯曼帝国衰落过程中释放出来的民族仇恨首先爆发，构成了20世纪欧洲和中东冲突的预演。诗人托多洛夫斯基告诉我说，马其顿就像是时间开始之初的混沌，从中"可以创造最微弱的光，也可以毁灭最微弱的光"。

"除了魔鬼本人，有谁还能造出这么一个温馨的藏骸所？"英国学者莫西雅·麦克德莫特（Mercia MacDermott）在《自由还是死亡：戈泽·戴尔彻甫的一生》中感叹说。戴尔彻甫（Gotse Delchev）是马其顿反抗土耳其人的游击战争的领导者。根据麦克德莫特的描述，戴尔彻甫是一个保加利亚人，因而马其顿就是西方的马其顿。希望认领马其顿血统与土地的要求数量很大。非洲、亚洲和欧洲构造板块在这里碰撞与重叠，既综合了地球上极其不同的地貌景观，也引发了最为遥远的岩浆漂移。例如，东阿富汗的奥弗雷迪部落人就炫耀说拥有得自于亚历山大士兵的马其顿血统，那些士兵曾经向东远征到印度。

我合上了眼睛，试图把南斯拉夫铁托政权在过去45年中造成的可见的环境影响抹去。在那一时刻，我看到了北部希腊的景观：爱琴海之光的光洁；像是模糊的镜面的湖泊，强化了最为宁静的沉思；秋天时节植物的叶子虽不如在北美那么艳丽，其灰色和棕红色的色调之变化，也是无与伦比的。而且我也看到——当我

---

[1] 《斯科普里的古桥畔》，甘恩·托多洛夫斯基作。

美国著名作家、记者约翰·里德。

忽略来自中亚怒号的大风时——某种东方式的对称和神奇,已被西方驯化为某种完全有益的东西:神话故事的背景。丽贝卡爵士说:"从童年时代开始,当我厌倦了我所在的地方,我希望它变成一个像亚泽或……百拓基或奥赫里德那样的小镇时,马其顿是一个我在睡眠和清醒之间始终能够看到的地方。"

20世纪开始于这样的小镇,有可能也结束于这样的小镇。我从背包里拿出约翰·里德的《东欧的战争》一书,他在1916年这样写道:

过去五十年中,马其顿问题是欧洲每一次重大战争的起因,而且,如果马其顿问题不能够解决,巴尔干以及巴尔干周边地区都不可能拥有和平。马其顿是人们可以想象到的最糟糕的种族混杂之地。土耳其人、阿尔巴尼亚人、塞尔维亚人、罗马尼亚人、希腊人、保加利亚人相互挨着却没有任何融合,从使徒保罗以来他们就这样生活着。

就里德的这个话题,用金罗斯勋爵的话说,马其顿就是整个奥斯曼帝国迷你版。它不偏不倚正好处在南巴尔干的中心:这个地区在20世纪初被称为欧洲的土耳其,土耳其人自己则称之为罗么里(Rumeli),这是拜占庭的希腊人用来称呼他们的用词,意思是"罗马人的土地"。

在19世纪早期,"欧洲的土耳其"开始麻烦不断,其时正值希腊人、塞尔维亚人、黑山人纷纷通过浴血斗争摆脱奥斯曼帝国而赢得自治的权利。然而,俄国沙皇亚历山大二世于1877年4月发动的把保加利亚从土耳其人的占领中解放出来的战争,却为现代的大国冲突埋下了第一粒可以辨认的种子。

沙皇的军队，再加上罗马尼亚的军队以及集结在俄罗斯南部边境附近的保加利亚游击增援部队，一路所向披靡，占领了保加利亚中部的石浦卡关。1877年夏天在这里，面对着对方甚至超过4∶1的兵力优势，他们打败了土耳其军队。12月，俄罗斯军队占领了保加利亚首都索非亚。到1878年3月份，俄罗斯军队到达阿德里安堡（Adrianople，离伊斯坦布尔只有一天的机动行军路程），俄罗斯驻苏丹阿卜杜尔·哈米德二世宫廷的大使伊格纳蒂耶夫驱车赶到了色雷斯一个尘土飞扬的小城，向土耳其人口授了《圣斯特法诺条约》（Treaty of San Stefano）：这是"巴尔干火药桶"的第一个导火索。[2]

保加利亚公国依据《圣斯特法诺条约》而诞生，它虽然仍在土耳其宗主国的领导之下，却是中世纪的保加利亚王国勇敢独立的再生。它不仅包括今天的保加利亚，还包括地理意义上的马其顿全部，也就是说，它将包括南斯拉夫的保加利亚人分布地区、西部的阿尔巴尼亚部分领土、萨洛尼卡周围的一大块希腊的土地，这为保加利亚提供了一个在爱琴海的出口。

说起来有些怪异，但俄罗斯助产的这个"大保加利亚"，与威尔逊设想的民族自决的标准相当吻合，但这比威尔逊开始思考欧洲的局势要早数十年。例如，被划给保加利亚的希腊属的马其顿那一大片土地，当时主要是由保加利亚人居住，尽管也包含相当一部分的希腊人、土耳其人和犹太人等少数民族。在马其顿的其他地方，保加利亚人的民族主义要比希腊人和塞尔维亚人的民族主义的程度高很多，尽管现在那里几乎所有人都对此坚决否认。约翰·里德观察这一问题的时间要比我近得多，他指出："马其顿人口的绝大部分是保加利亚人。……当马其顿还是土耳其的一个省时，保加利亚人是第一个在那里建立民族学校的民族，而且，当保加利亚教会反对希腊宗主教的时候，土耳其人允许他们建立主教管辖区，因为显而易见的是，马其顿是保加利亚人占多数的马其顿。"里德接着解释说，塞尔维亚人和希腊人在马其顿建立学校（并安插游击队员）主要是作为应对逐渐兴起的保加利亚人的民族主义的手段。

尽管从民族的角度看这是可以容忍的，但是，马其顿与保加利亚的联合，在

---
[2] 圣斯特法诺，是马尔马拉海边的一个镇，位于伊斯坦布尔的西郊，现名为耶西尔柯伊。

巴尔干创造了一个新的、极为强大的亲俄罗斯国家，而这是英国、德国、（特别是德国的同盟国）奥匈帝国——奥匈帝国需要保护其附庸国——不能接受的。《圣斯特法诺条约》必须加以修订。受这一局势的刺激，德国总理俾斯麦于1878年6月召集会议解决这一问题及列强所面临的其他问题；这次会议在历史上被称为柏林会议。

俾斯麦是一个有先见之明的悲观论者，准确地知道巴尔干会把欧洲带向什么地方。他警告说，"整个巴尔干都值不上一个波美拉尼亚的火枪手健康的骨骼"。

德国总理说这句话的目的是想进行双重警告：首先是对英国的警告，意思是英国应当再进一步遏制俄国在巴尔干的势力，因为德国至少在他担任总理期间，无意卷入巴尔干；其次则是对德国的主要同盟奥匈帝国，意思是哈布斯堡王朝如果愚蠢到在像保加利亚这样乏味的地方与俄国人开战的话，是得不到德国的支持的。事实很快证明，俾斯麦关于保加利亚的观点是错误的。塞尔维亚的一场危机引发了世界大战，但这一危机的根源归根结底与保加利亚索要马其顿有关。

俾斯麦的天才及其巨大的错误，都与19世纪德语世界另外一个著名的政客克莱蒙斯·梅特涅公爵（Clemens Metternich）一致。两人都很奸诈，能够用过去留下的残垣断壁建造出一个风雨飘摇的现在，从而推迟未来的脚步。梅特涅1814年召集的维也纳会议，其目的是恢复前拿破仑时代的秩序，就是这一计谋的典型例子。俾斯麦1878年的柏林会议也是如此。

俾斯麦得到了英国与会代表本杰明·狄斯雷利的帮助。狄斯雷利向俄国人明确表示，建造一个大保加利亚就意味着与英国开战。俾斯麦主导的会议于是在大保加利亚出现之前就使它解体。保加利亚的北半部，即多瑙河与巴尔干山脉之间的地区，的确如《圣斯特法诺条约》所承诺的那样，获得了自由。[3] 但是，保加利亚的南半部，即巴尔干山脉与希腊边界的地区，成为土耳其的一个省，其自治由保加利亚东正教的总督负责实施。马其顿则被抛弃，归由土耳其统治，仿佛俄国军队之前从未横扫过保加利亚，《圣斯特法诺条约》也从未签订过。

然而，俄国人离开柏林的时候也不是满肚子怨言。作为损失马其顿的补偿，

---

[3] 但其东北部靠近黑海的一个区域，叫作多布罗加的地方，仍被划给罗马尼亚。

俾斯麦把从罗马尼亚人那里得到的比萨拉比亚和从土耳其人那里得到的安纳托利亚东北部的若干土地给了俄国人。另外，柏林会议还允许俄国的同盟塞尔维亚完全独立。为补偿对哈布斯堡奥匈帝国的新的刺激，俾斯麦安排邻近塞尔维亚的省份、其塞尔维亚人口也要求独立的波斯尼亚，从奥斯曼帝国的统治转归哈布斯堡的统治，而这成为第一次世界大战的直接原因。英国则从土耳其人手里得到了塞浦路斯。

俾斯麦的柏林会议不但没有摆平马其顿问题，反而搬弄出了这个问题：最终在1914年变得不可收拾的"东方问题"，大致是对"马其顿问题"的初期表述，而直到20世纪90年代，这一问题仍然困扰着土耳其以前在欧洲所控制的版图，事实上，只有仇恨才有如此大的侵蚀性。

在马其顿内部，柏林会议当即点燃了肆无忌惮的暴力行为。苏丹的军队不但不必按照《圣斯特法诺条约》的规定撤离该地区，反而可以恣意妄为。在奥赫里德，土耳其士兵奸污年轻的女孩之后，还用滚烫的油和烧红的烙铁折磨她们。他们偷盗耕牛，劫掠商店，还把无力缴纳过高税负的人们埋在猪圈的烂泥中。在斯科普里南部的斯卡森次，他们剜出了一个名叫皮拓尔·拉佐夫的人的双眼，割掉了他的耳朵和鼻子，让他在痛苦中煎熬了好几天，最后又割掉了他的头颅。

另外，俄罗斯军队开拔到新近解放的保加利亚北部地区，迫使那里愤怒的土耳其少数民族逃散。这些土耳其人和波斯尼亚的躲避哈布斯堡军队的穆斯林一道，也涌入了马其顿，并且与土耳其士兵一起，对信仰东正教的人群进行恐吓。

当地的东正教牧师在奥赫里德的主教纳塔内尔的领导下，立刻进行了反击。他们在马其顿建立了一个搜集手枪和刀具的网络，为巡回各地的游击组织提供装备，而游击队也于1878年10月组织了抗击土耳其占领军的起义。在随后的半个世纪里，马其顿游击队的运动经历了一系列重大的变动。马其顿后来不仅成为现代战争和政治冲突的发源地，还成为现代恐怖主义和宗教狂热的发源地。

如人们已经知道的那样，马其顿1881年的第一次起义在百拓基监狱禁闭室中土耳其人的皮鞭和枪托的淫威之下失败了。但是，尽管土耳其人足够强大，能够粉碎公开的起义，但他们却无法阻止新的起义者和宣传者渗透到该地区。

就在同一年，塞尔维亚很不满意地意识到，三年前的《柏林条约》已经批准了奥匈帝国对于波斯尼亚的占领。作为回报，塞尔维亚得到了哈布斯堡宫廷的好处，即派兵和装备进入马其顿，从而防备奥斯曼土耳其人和亲俄罗斯的保加利亚人。1885年，俄罗斯对于土耳其不断施加的压力导致了保加利亚的南半部和已经独立的北半部的统一。由于担心保加利亚也有可能实现他们的大保加利亚的目标，土耳其人发现，他们可以通过支持塞尔维亚人反对马其顿的保加利亚人而获利。

1897年，这一局势瓦解了各种极为复杂的约束。克里特岛上的一次暴动在希腊和奥斯曼土耳其之间点燃了一次战争。为防止保加利亚与希腊的军队联合，土耳其的苏丹阿卜杜尔·哈米德突然彻底转变了他在马其顿的政策。他不再为了遏制保加利亚人而继续支持塞尔维亚人，而是直接给予保加利亚的费迪南国王以自由处理权，从而让保加利亚帮助塞尔维亚人遏制希腊人。

与此同时，在斯科普里西南部的石提浦镇，六个共谋者，包括21岁的中学教师戈泽·戴尔彻甫，在最初的游击队暴动的基础上成立了"马其顿革命组织"。为了表示这一土生土长的运动与另外一个在保加利亚首都索非亚建立的地下团体的区别，"马其顿革命组织"很快就变成了"国际马其顿革命组织"（IMRO）。IMRO在19世纪90年代很快蔓延开来，通过抢银行和绑架索要赎金来筹集金钱。

到1900年时，马其顿成了一个各派武装力量相持不下的权力真空。由于缺少一种切实可行的治理手段或是一种明确的国家观念，各种外在的势力就能够以一种雄伟的、多山的大地为背景，相互残杀。在马其顿，基督教民兵组织攻打穆斯林民兵组织，各组织之间也经常交火；像戈泽·戴尔彻甫那样留有络腮胡子、斜挂子弹带的恐怖分子，在咖啡馆或露天剧院安放炸弹；小团伙谋杀敌对的团伙，设立秘密法庭，处决被指控与"敌人"合作的公民，关押人质，如美国清教传教士艾伦·斯通。"山里有254股武装力量。塞尔维亚和保加利亚的非正规军士兵、希腊的游击武装人员、阿尔巴尼亚人和瓦拉几亚人……都在发动恐怖主义的战争。"利昂·夏基在《再见，萨洛尼卡：时代的画像》中这样写道。在20世纪开始的时候，马其顿是一个充满了残暴事件和难民营的地方，西方世界的人们对此已经厌倦并感到悲观的地方；它代表的是一种永远无法解决、报纸记者给予太多关注的局势。

"国际马其顿革命组织"的领导人戴尔彻甫。　　戴尔彻甫（右）。

但是到 1990 年，除了留存在斯科普里和其他镇博物馆为数不多、镶嵌在布满灰尘的镜框里的黑白照片，这一切在西方早已成为过往云烟，无人记起。

马其顿为法语"混合色拉"（macedoine）一词提供了灵感，它凸显了巴尔干主要的疾病：与已经逝去的帝国荣耀相伴而生的、相互冲突的梦想。每一个国家都要求，其版图应当恢复到其帝国在遥远的中世纪扩张达到顶点时的状况，不能有任何差异。因为马其顿王国（Macedon）的菲利普和他的儿子亚历山大大帝在公元前 4 世纪建立了一个伟大的帝国，所以希腊人就认为马其顿属于他们。因为保加利亚人公元 10 世纪时在萨缪尔国王的领导下、13 世纪又在国王伊凡·安森的领导下，将其边疆一直向西扩充到亚得里亚海，所以保加利亚人就坚信马其顿属于他们。因为斯蒂凡·都珊国王在马其顿所向无敌，用丽贝卡爵士的话说，使斯科普里成为"一个伟大的城市，而且在那里被加冕为复活节皇帝，塞尔维亚和拜占庭、保加利亚人和阿尔巴尼亚人至高无上的统治者"，因此塞尔维亚人坚信马其顿属于他们。在巴尔干，历史并不像在西方那样，被认为是沿着纪年的顺序前行。相反，历史转着圈儿跳跃，以圆圈的形式运动；在历史被以这样的方式认知的地方，神话就很容易滋生。希腊研究马其顿的著名学者伊万杰罗斯·科沃斯指出，这些"历史的遗产……为各民族提供了极大的维系力量，推动他们奋力向上，追求国家的缔造、民族的统一甚至是消亡已久的帝国的再生"。

"你们怎么划分过去？"诗人托多洛夫斯基问我。时间是斯科普里的早上九点，他同时递给我一杯李子白兰地和一杯土耳其——对不起，应是"马其顿"——咖啡。

"你为难我了，你要的答案在死人头脑里啊。"我回答他说。

就以戈泽·戴尔彻甫为例。他那厚厚的、酷似门把手的长髭、旺盛的黑亮的头发和深邃黝黑的眼睛，在保加利亚和前南斯拉夫的博物馆和政府办公室里到处都是。他于1872年2月4日出生在奥斯曼帝国萨洛尼卡北部的一个镇上；居住在这里的保加利亚人称之为库库什。1913年7月3日，在第二次巴尔干战争期间，镇上的人们在来犯的希腊军队到来之前就已逃离，相信等保加利亚军队把这些希腊人驱赶"到海里"之后不久他们就可以返回库库什。但是希腊人把库库什烧了个精光，于是镇上的保加利亚人就再也没有回来。从灰烬上建立起来的名为基尔吉斯的希腊小镇，现在则是快餐店的天下。1985年在雅典，一个红色面孔的保加利亚外交官告诉我，"不要跟我提及基尔吉斯"。那个时候，专家们都对保加利亚不屑一顾，把它看作是克里姆林宫的卫星国家。"你是美国人，对这些事情毫无所知。你要知道的是，根本没有基尔吉斯，只有库库什。终有一天，等北约和华约都没有了，库库什就会再度出现。"

戴尔彻甫在萨洛尼卡（现在完全是一个希腊城市）的一所高级中学接受了中学教育。之后，他就读于保加利亚首都索非亚的一所军事学院。在他短暂一生的其余时间，他先是当了中学教师，后来在"马其顿"充当游击队员－恐怖分子，那个时候的马其顿，其范围包括今天的中北希腊的部分地区、保加利亚的西南部、南斯拉夫的马其顿的东南部。1903年5月4日，他死于土耳其人疯狂的炮火之中。当时在他近旁的一个战友米哈依·察科夫说："他的披风盖在他的左肩上，用一块发蓝的围巾裹着的白圆帽被拉了下来，他的枪斜着扔在他的左胳膊上。" 交火发生在保加利亚的巴尼察村——现在则是希腊的卡里村。对保加利亚人来说，这改变不了什么：“这片土地铭记着每一个人，甚至包括尚未出生就被谋杀的胎儿，尽管他们还没有名字。”麦克德莫特感慨说。麦克德莫特具有亲近保加利亚的情结，把戴尔彻甫当作圣徒并为他写了一部传记。

　　在他死亡之后，戈泽·戴尔彻甫到底是谁的故事变得更加复杂。1923年，希腊官方同意把戴尔彻甫的遗体从希腊转移到保加利亚。1947年，为了尽力安抚铁托（南斯拉夫与苏联交恶之前），斯大林给保加利亚共产党施压，让他们放弃戴尔彻甫的遗骨。今天，戴尔彻甫的墓地安放在斯科普里市建于18世纪的丝薇蒂斯帕斯教堂（Sveti Spas）院子里的一棵冷杉树下，墓地上堆放着石块，上面摆放了花圈。想当然地认为保加利亚人宽恕了斯大林或俄罗斯人的这一举动，就是根本不了解左右着巴尔干的那些强烈的情感。

　　"不要跟我谈什么马其顿，"在雅典的保加利亚外交官愤怒地说，"根本没有什么马其顿。那是西保加利亚。语言80%是保加利亚语。但是，你不会明白的；你根本无从理解我们所面临的问题。……戈泽·戴尔彻甫是保加利亚人。他是在索非亚接受的教育。保加利亚为他的游击活动提供资金。他讲的是西保加利亚的一种方言。他怎么可能是某种不存在的东西？"外交官递给了我一本麦克德莫特写的传记——另外一个保加利亚官员也给过我一本——和一本厚厚的、带蓝色封套的书，该书用小字印刷，将近一千页，书名为《马其顿：文件与材料》，由保加利亚科学院出版。我打开书看到：

> 这是一本关于马其顿的文件的书，通览书中所探讨的重要问题就会有一个令人信服的发现，这一地区的斯拉夫人群是保加利亚人。……这是一个历史的事实，众多的文件都能充分显示这一点。

　　"保加利亚人是全世界出了名的善于篡改文件的人。你能指望鞑靼人干什么？"

南斯拉夫－马其顿国家历史学家奥德·伊万诺夫斯基这样解释说，我在与诗人托多洛夫斯基喝完白兰地之后立刻就采访了这位历史学家。我突然觉得，因为世界媒体界已经忽略巴尔干太久（直到1992年，各电讯社甚至都不在马其顿派驻特约记者），这里的人们从未像以色列人和阿拉伯人那样学习用暗号交谈，以便避免用他们的种族仇恨冒犯西方人的感情。在巴尔干，人们说话比在中东的人们更为诚实，因而也更为粗鲁。

伊万诺夫斯基接着说："你知道，保加利亚人有专业化的团队来编造关于戈泽·戴尔彻甫的书。他们用现金贿赂外国作者，给予他们教授头衔，为的就是把这些人的名字印在这些书的封面上。我知道保加利亚人正在从印度购买广告版面，目的是宣传马其顿和戈泽·戴尔彻甫。"

"戈泽·戴尔彻甫怎么可能是保加利亚人？他出生在马其顿。他讲马其顿语，不讲保加利亚语。他怎么可能是保加利亚人。他是一个世界公民。他憧憬的是一个民主的国家共同体，就是今日中欧正在出现的那样。……"

"沙文主义正在毒害人类的灵魂。我们马其顿人不仇恨任何人，也没有自命不凡。我们在黑暗中寻找朋友。" 伊万诺夫斯基博士用力抓住我的小臂，并把南斯拉夫共和国出版的一本戴尔彻甫的传记递给我。"请一定帮助我们。"他恳求我说。

如果戴尔彻甫能够从坟墓里站起来，他会称呼自己什么呢：一个马其顿人还是一个保加利亚人？

专家们一致认为，他讲的斯拉夫语——以及这里目前的语言——更像是保加利亚语，而不那么像是塞尔维亚语。但考虑到铁托与斯大林的决裂，在塞尔维亚人的鼓动之下，南斯拉夫政府刻意为马其顿确立独特的民族与语言身份，目的是切断当地人群与紧邻着的保加利亚的人群之间任何情感的维系，因为保加利亚政府对莫斯科俯首帖耳，惟命是从。戴尔彻甫活着的时候，没有人推动这样一种身份的确立。

只有一件事情双方意见是一致的：尽管有些事实无可抵赖，戴尔彻甫绝对不是恐怖分子。"他是一个使徒。" 伊万诺夫斯基博士说。

戴尔彻甫死亡三个月之后，即1903年8月2日，马其顿陷入混乱。IMRO在圣以利亚节那天发动起义。在保加利亚东正教传统里，以利亚（Elijah）是掌管雷电和暴风雨的异教之神佩龙（Perum）的变体，基督教的斯拉夫人用公牛和人来祭祀他。在西马其顿海拔4000英尺的山区克鲁守沃镇（Krushovo），IMRO宣布成立"克鲁守沃共和国"。它仅仅维持了十天，2000名土耳其官兵就在炮火的掩护下，打败了克鲁守沃的1200名游击队员；有40名游击队员坚决不投降，他们在相互道别之后，把枪伸到自己的口中开枪自杀。据报道，土耳其人奸污了150名克鲁守沃的成年妇女和女孩。野狗和野猪吞噬了赤裸的尸体。

整个马其顿都是这样一幅惨象。两个月的起义使4694个平民和994个IMRO游击队员付出了生命的代价。据估计，被土耳其人强奸的妇女和女孩的总数超过了3000名[4]。在马其顿西北部，五十名土耳其士兵强奸了一个小女孩，然后又把她杀死。土耳其士兵还砍掉了另外一个女孩的手，仅仅是为了取走她的手镯。伦敦《每日新闻》在现场的记者A.G.黑尔斯在1903年10月21日的报纸上写道："我将尽量冷静地、镇定地、压抑着心中的怒火来讲这个故事。……读者也必须克服其恐惧，因为就其赤裸裸的骇人程度而言，这些恐怖行为是无法形之于文字的。"随后在整个英国和西方爆发了针对土耳其苏丹统治的公众抗议活动。来自英国首相亚瑟·詹姆斯·鲍尔弗、俄罗斯沙皇尼古拉二世和哈布斯堡皇帝弗朗茨·约瑟夫的压力的最终结果是，国际维持和平部队于1904年进驻马其顿。

绝非偶然的是，推翻土耳其苏丹统治的"青年土耳其"革命也是从马其顿的萨洛尼卡港开始的，在这里，一个年轻的土耳其少校恩维尔（很快就成为恩维尔·帕夏）于1908年6月23日站在奥林匹亚皇宫酒店的阳台上，向参加多民族集会的群众招手示意，集会群众呼喊的口号是"自由、平等、博爱、正义"。

"土耳其之父"[5]穆斯塔法·凯末尔（Mustapha Kemal），即未来的现代土耳其之父，也于1881年出生在萨洛尼卡。在具有历史意义的那一天，凯末尔也在阳台上，就站在恩维尔·帕夏的背后，但他很快就真切感受到了对于革命的怀疑。除了迫使苏丹阿卜杜尔·哈米德接受一部自由的宪法，恩维尔·帕夏所率领的"青年土耳其人"军官并没有严格周密的计划。像苏联的米哈伊尔·戈尔巴乔夫及其改革同

---

[4]　这些数据是根据保加利亚和马其顿当时的资料计算出来的，并由在现场的英国救济基金会核实过。

[5]　Ataturk在土耳其语中即"土耳其之父"的意思。

盟者一样，恩维尔·帕夏和他的青年土耳其人决心保护帝国——尽管是以一种更为宽松的、自由的方式，而且，在他们看来，帝国的主要威胁来自于反动的苏丹统治。但是，如凯末尔所怀疑的那样，恩维尔·帕夏及其青年土耳其人低估了巴尔干被长久压抑的各民族的力量。这些信仰东正教的人们所要的不仅仅是在一个穆斯林主导的联盟之内的宪法的保障。凯末尔的传记作家金罗斯勋爵认为："革命不仅远没有像青年土耳其人希望的那样阻止帝国的解体，反而加速了它在中东和巴尔干的崩溃。"

1908年10月，保加利亚国王费迪南宣布他的国家完全独立，其实很久以来保加利亚已在事实上独立，只是没有在法律上获得独立而已。就在同一周内，克里特岛（仍是土耳其的一部分）投票表决与希腊统一，奥地利哈布斯堡则兼并了土耳其的波斯尼亚－黑塞哥维那省，其实从柏林会议结束以来，哈布斯堡就一直在操控这个地区。

马其顿的由保加利亚资助的游击队员，在驻扎在那里的土耳其年轻军官中间策动了一场革命，这次革命波及整个奥斯曼帝国；革命的蔓延又反过来鼓励奥匈帝国兼并波斯尼亚，奥匈帝国对于波斯尼亚的塞尔维亚人所实施的暴政如此之凶猛，导致波斯尼亚的一个塞尔维亚人后来刺杀了哈布斯堡的大公，从而点燃了第一次世界大战的导火索。

奥斯曼帝国的解体刺激了土耳其本土的原教旨主义的穆斯林。1909年4月，军队开始暴动；由于得到了呼喊着"我们要伊斯兰教教法"的神学院学生和围头巾的教士的支持，军队要求恢复苏丹的绝对权力。"青年土耳其人"极端残暴地粉碎了这次暴动，迫使苏丹阿卜杜尔·哈米德被流放到萨洛尼卡。当苏丹得知自己即将被送往那个马其顿城市，也就是针对自己的革命发源地时，他一下子昏厥过去，栽倒在一个太监的怀里。

青年土耳其政权越来越明显的专制本性，最终在1915年对150万亚美尼亚人的大屠杀中达到了登峰造极的地步，这是20世纪的第一次大屠杀。这一政府统一部署的种族灭绝之所以持续不断，是因为亚美尼亚人与他们在巴尔干半岛的东正教基督徒同胞不同，从人口上威胁到了信仰伊斯兰教的土耳其人的历史核心地带安纳托利亚。年轻的、具有怀疑精神的凯末尔明智地预见到，这样的一个帝国——任何帝国——在这个新的时代是根本没有前途的。

"青年土耳其人"逐渐演变为比苏丹更凶残的、更歹毒的杀手，再加上其他大国不愿意进行干预，促使保加利亚、塞尔维亚和希腊做成了一件几乎不可能的事情：克制各自的不同意见，结成同盟。

从1909到1912年间，所有三个国家都建立了自己的军队。1912年，他们向奥斯曼帝国宣战。人员和驮着炮火的战马在大雨的掩护下踏着脚踝深的烂泥前行。同盟军的主要目标是解放马其顿。

第一次巴尔干战争于1912年12月结束，以土耳其在欧洲的消亡而告终。在马其顿，塞尔维亚军队占领了斯科普里，即斯蒂凡·都珊很久以前选定的首都；希腊军队则占领了萨洛尼卡。与此同时，尽管保加利亚军队操控着伊斯坦布尔的门户以外的土耳其的色雷斯，并且在爱琴海获得了一个立足之地，保加利亚却发现自己事实上被排挤在它数十年来梦寐以求的地区之外——保加利亚一直试图通过外交官、游击队恐怖分子和语言影响力加以控制的地区，而保加利亚似乎经常握有兼并该地区的历史机遇。

约翰·里德描述了在第一次巴尔干战争之后，塞尔维亚人和希腊人如何试图消除保加利亚人的影响：

> 一千名希腊和塞尔维亚的公关人员开始不厌其烦地向世人喊叫，声称其所属的区域的希腊本质或塞尔维亚本质。塞尔维亚人给了心情糟糕的马其顿人24小时的时间，让他们宣布放弃其国籍并宣告自己是塞尔维亚人，希腊人也提出了同样的要求。拒绝则意味着被杀或驱逐。希腊和塞尔维亚殖民者大批涌入被占领的国家。……保加利亚的中小学老师被枪杀。……牧师得到的选择是死亡或改变信仰。……希腊报纸开始谈论一个主要由希腊人居住的马其顿——他们通过把那些人叫作"说保加利亚语的"希腊人来解释没有人讲希腊语这个事实。……希腊军队进入了没有人说希腊语的村子。"你们竟然说保加利亚语，什么意思？"希腊军官喊叫。

与此同时，在保加利亚，政府和人民都感到非常郁闷。1913年6月30日凌晨

1点，没有经过任何预警或宣战，保加利亚军队就跨过了瓦尔达尔河的支流之一布莱格尼察河，向驻扎在河对岸的塞尔维亚军队发起攻击。第二次巴尔干战争打响。

战斗持续了数天。塞尔维亚人夺回有利地形，并很快得到了希腊人的增援。接着罗马尼亚人加入了塞尔维亚－希腊同盟，并从北部入侵保加利亚，但在战斗中死于霍乱的人明显多于因负伤而死的人。8月在罗马尼亚首都布加勒斯特举行的和谈会议上，保加利亚输掉了一切：它失去了在爱琴海的出口，输掉了在第一次巴尔干战争中夺取的色雷斯，马其顿也被输得寸土不剩。

这将对世界历史产生极为严重的后果。

约翰·里德1915年夏天访问索非亚的时候，这个城市已经预先露出了某种征兆，贝鲁特、大马士革和安曼[6]总有一天也会是这个样子。"索非亚人口的一半由马其顿的难民组成，在该市的外围，你很容易就能碰到一个难民营，多达一万六千名的难民住在帐篷里，费用则由政府负担，政府也对此不胜其烦。……每天媒体上都充斥着难民带来的离奇故事，以及他们所表达的对于塞尔维亚人的仇恨。"

1915年秋天，保加利亚作为轴心国（德国和奥匈帝国）的同盟参加了第一次世界大战，目的是为了赢回被塞尔维亚抢走的马其顿的领土，而塞尔维亚则与三国协约（the Triple Entente，俄国、英国和法国）结成同盟。在哈布斯堡军队从北部穿越塞尔维亚的时候，保加利亚军队则从东部侧翼卷击马其顿。塞尔维亚军队坚持不投降，而是发起了冬季撤退，进入了阿尔巴尼亚山区大雪皑皑的蛮荒之地，后面还跟着一个庞大的平民人群。由于没有车辆，甚至也没有骡马，塞尔维亚士兵得不到额外的补给，还得用担架抬伤病员。这是历史上最令人恐怖的冬季撤退之一，可以与之相提并论的可能只有一个世纪之前拿破仑的士兵从俄国的撤退，以及公元前401年色诺芬率领的希腊军队从美索不达米亚向安纳托利亚的撤退。

法国和意大利船只在阿尔巴尼亚的亚得里亚海海边等待着多达12万5千人的塞尔维亚军队，并把他们运送到了希腊的科孚岛，他们在那里得到了休整和装备补充。从1916年直到1918年的休战期间，阵地战在马其顿遍地开花、纵横交错，厮杀的双方一方是法国人、希腊人、重新组织的塞尔维亚军队、从加利波利撤退下来

---

[6] 三个城市分别是黎巴嫩、叙利亚、约旦的首都。——译者注

的英国军队，另外一方则是哈布斯堡（奥匈）和保加利亚军队。对保加利亚人来说，第一次世界大战和第二次巴尔干战争的结果完全一样：把马其顿输得一干二净，完全被塞尔维亚人和希腊人抢走。

马其顿充满了历史的教训，但愿人们能够更好地学习和铭记历史。正如戈尔巴乔夫统治下的苏联帝国在20世纪最后十年的崩溃反映了在恩维尔·帕夏统治下的奥斯曼帝国在20世纪最初十年的溃败一样，阿拉伯世界在20世纪后半叶的悲剧也反映了保加利亚在前半叶的悲剧。

在发动并输掉了两次针对马其顿的战争之后，保加利亚的国王于1919年退位。在后面的二十年中，直到第二次世界大战爆发，他的儿子国王鲍里斯三世（Boris Ⅲ）执掌索非亚的政治体系，但这个体系由于政变企图和其他血腥的阴谋而变得支离破碎，而这一切都与保加利亚人视之为故国的丧失有关。由于1913年和1918年的失败，IMRO变得越来越激进化，成为一个恐怖主义的国中之国，再加上其骷髅与交叉的股骨图形构成的徽章所起的推波助澜的作用，它已在外部世界中成为仇恨和虚无主义的同义词。鸦片贸易的利润成为IMRO购买武器的资金。IMRO一次刺杀活动的标准费用是二十美元，因此，保加利亚的政客出行时总是要有成队成列的保镖护驾。美国《纽约时报》记者C.L.苏兹伯格见状忍不住说："由于某种原因，保加利亚人是欧洲最优秀的谋杀者。"

来自索非亚贫民窟的马其顿难民人群的恐怖分子得到了东正教神职人员的支持。到20世纪30年代，马其顿恐怖分子就把自己兜售给遍布欧洲的激进团体——特别是克罗地亚的乌斯塔沙，而乌斯塔沙的主要资助者则是意大利的法西斯独裁者贝尼托·墨索里尼。一个绰号"司机乌拉多"的保加利亚的马其顿人暗杀了南斯拉夫的国王卡拉乔治维奇——这一罪行却点燃了丽贝卡爵士了解该国的激情。

第二次世界大战是第一次世界大战和第二次巴尔干战争的令人毛骨悚然的重演。像在第一次世界大战中一样，保加利亚为了重新获得马其顿，再次加入了德国主导的同盟，抗击塞尔维亚主导的南斯拉夫。再一次，当说德语的军队从北部占领塞尔维亚的时候，保加利亚军队从东部入侵并占领马其顿。再一次，在英国的支持下，塞尔维亚和希腊的抵抗武装把保加利亚人驱赶到了1913年第二次巴尔干战争结束时确定的、招人痛恨的边界。战后，共产主义政府使得历史停滞下来，直到这一世纪的最后十年。这一切尚未得到任何改变。

在第二次世界大战中，保加利亚在马其顿的占领军与纳粹狼狈为奸。对人群强制推行的"保加利亚化"只是重复了1913年塞尔维亚和希腊占领军的野蛮行径而已。尽管国王鲍里斯的政权帮助拯救生活在保加利亚本土的犹太人，但在马其顿的保加利亚人却与纳粹合作，把犹太人驱赶到死亡集中营去。这样的行为抹去了生活在马其顿的非塞尔维亚人和非希腊人对保加利亚的同情心。这就推动了一种新的民族统一主义。现在，在保加利亚、希腊和塞尔维亚对于马其顿的索要之外，又出现了一种新的、本土的"马其顿主义"，对保加利亚和希腊提出了领土要求。

"马其顿三分之二仍处在外国占领之下，等待解放。"另外一个当地诗人安特·波波夫斯基解释说，我与他在那个喝了不少白兰地的上午相遇。他一支接一支地抽着烟，不时地在笔记本上记着东西。他的脸像是一个攥紧的拳头。"欧洲的其他地方在1989年都得到了他们的民族权利，但是在希腊和保加利亚的马其顿人却一无所获，他们仍处在被占领的状态。"

"我们的民族有相当一部分还没有享受到任何人权——这是被帝国主义所谓和平条约瓜分的结果"，历史学家伊万诺夫斯基博士解释说，他指的是第二次巴尔干战争和两次世界大战签订的"令人极不满意"的条约。根据他的见解，应当从保加利亚割让更多的土地，北部希腊也应当转交给马其顿共和国。

人们不断地把地图摊在我面前，上面显示的是一块树叶状的区域，比今日的马其顿共和国大很多。在这个马其顿人的理想的国家深黑色的边界线里面，囊括了希腊陆地的三分之一；希腊的萨索斯岛，被称为"爱琴海马其顿"；保加利亚西南部的一大部分，根据那里的皮林山脉而被称为"皮林马其顿"；一小片阿尔巴尼亚的"马其顿人的"土地；前南斯拉夫的马其顿共和国，这是该国唯一"被解放的"部分，依照流经斯科普里的瓦尔达尔河，被称为"瓦尔达尔"马其顿。

一种重新被发现的"马其顿"语正在被推广，所使用的教材收入了大量诗歌和历史的著作。伊斯坦布尔甚至可能也被声称是马其顿的一部分，以及关于山川形势的幻觉式的描述，在像鲍戈米尔·古泽尔的《沉默》之类的诗中，就像太阳风暴一样爆发了：

> 当黄昏慢慢染黑了飘飘洒洒的雪
> 鸟兽也逐渐沉默，在巨大的冷杉树中藏歇
> 虚空匿迹，唯余穹窿
> 一只黑豹出人意料地一跃
> 明天，等太阳露面，带着
> 它那愤怒的晕轮，俯视化冻的、污水流淌的大地
> 被山嘴刺破了的空气，将发出尖叫
> 多么像霹雳一样的祈祷，多么像煎熬，多么像醉吼

在斯科普里的希腊领事馆附近的墙上，我看到涂写着这样一句话："索伦是我们的！"

"索伦"是马其顿语中用来指称希腊第二大城市萨洛尼卡的词。这样的民族统一主义情绪的表露，将会在希腊引爆波涛汹涌的敌意——这种敌意的波涛可能非常巨大，即便是宣布从南斯拉夫独立出来的新马其顿国正式宣布放弃对希腊的所有领土要求，希腊人仍然会觉得远远不够，因为希腊人害怕这些斯拉夫人嘴上念念不忘的"马其顿"这个词本身，就是未来针对希腊的民族统一主义的一个符号。当希腊要求马其顿改变其国名才能够获得希腊的承认时，全世界都笑了。然而，希腊论争

罗马尼亚 1951 年用西里尔字母写的祝祷词。

的核心观点在学者柯弗斯的文章中得到了很好的解释，好过希腊政府通过媒体所做的一切。柯弗斯认为，马其顿主义是铁托为了打击保加利亚而发明出来的一个文化支柱，而保加利亚则一直对该地区怀有觊觎之心。根据柯弗斯的观点，前南斯拉夫的这一地区事实上是南塞尔维亚。也许这是对的；但不论是对的还是错的，这些斯拉夫人现在把自己看作是马其顿人而非塞尔维亚人，因此，希腊人和塞尔维亚人都必须学着接受这个事实。

这一团乱麻的最后结果是，在20世纪90年代，巴尔干又回到了1913年第二次巴尔干战争爆发时同样的结盟格局：希腊、塞尔维亚和罗马尼亚对阵保加利亚和马其顿的斯拉夫人。[7]

"我出生在土耳其奴役时期的石提浦。我父亲是戈泽·戴尔彻甫的追随者。我是一个真正的马其顿人。我知道我是谁。我是一只麻雀，不是保加利亚人，不是塞尔维亚的一只鹰隼。"

米哈伊尔都主教以一种全能者（"全能的基督"）的方式伸出了他的手，他严厉的画像装饰着许多东正教教徒的穹顶。几缕烫过的白发披散在他的脖子周围。他开口对我讲话的时候，似乎有怒气喷薄而出。

"没错，我们的血液里流淌着亚历山大的血液。我们就像耶稣一样，被钉在了巴尔干政治这个十字架上。……你喝的是马其顿咖啡，不是土耳其咖啡，也不是希腊咖啡。……

"马其顿而非塞尔维亚才是文艺复兴的诞生地。和奥赫里德相比，葛兰察妮霞算什么？乔托怎么能跟我们的艺术家相提并论？你告诉我，乔托怎么能拿来比？"

米哈伊尔都主教接着告诉我他的教堂的事情。"你必须有点耐心，年轻人，这可就说来话长了。"

我只能把他的话加以压缩。9世纪的两个把基督教带给斯拉夫人的使徒西里尔和美多迪乌斯都出生在萨洛尼卡。这使得他们成为希腊人、保加利亚人和马其顿

---

[7] 不论是由谁掌权，罗马尼亚因为与塞尔维亚共享水资源和西部重要的边界，都承担不起招惹贝尔格莱德（南斯拉夫首都）的代价。

人,当然这取决于你的视角。米哈伊尔都主教对于他们是什么没有疑问。另外,他们的两个追随者圣克里曼特和圣内厄姆在马其顿西南的奥赫里德教书,非常有可能的是,西里尔字母表——他们在把希腊语《圣经》翻译成斯拉夫语时发明的——正是在这里得到了完善,并首次被应用到日常生活中去。

奥赫里德也是 10 世纪末马其顿人在萨缪尔国王(Samuel)领导下建立东正教牧首辖区的地方。当 14 世纪塞尔维亚的首领斯蒂凡·都珊征服了马其顿时,他准许了这个牧首辖区的独立地位。"但在 1767 年,土耳其人废除了我们的这个牧首辖区,因为我们在组织反对苏丹的起义。只有到 1967 年,一个独立的马其顿东正教教会才重新建立起来。为什么塞尔维亚人、希腊人和保加利亚人不承认我们的教会?马其顿是斯拉夫基督教诞生的地方。我们是比他们更好的基督徒。告诉我,我们为什么不友好?"

米哈伊尔都主教很不愿意放我走。他非要告诉我萨缪尔国王的事情不可。萨缪尔是"一个马其顿的有领地的君王",在公元 976 年离开了自己在奥赫里德的大本营,建立了西起亚得里亚海、东到伊斯坦布尔的帝国。

"但是,萨缪尔也以保加利亚的名义进行统治,"我反驳说。迈克·普塞路斯曾担任好几个拜占庭皇帝的顾问,他的《编年记事》是这一时期主要的参考资料,他称萨缪尔为"保加利亚人。"另外,拜占庭皇帝巴瑟尔二世(Basil Ⅱ)由于在 1014 年彻底打败了萨缪尔,在历史上被称作"保加利亚的屠夫"。

"不,不,年轻人,"米哈伊尔都主教吼了起来。他的双眼朝苍天看了看。"你不明白真相。材料太多了,太过庞大了,你需要学习好多年才能明白我们的问题。"

在我离开他在斯科普里的办公室之前,他给了我很多书,其中包括布兰哲·科尼斯基的一本诗集。诗人把马其顿对于身份和爱的追寻描述为"挥舞着一双渴望摘星之手"。

兹拉特克·布雷杰是斯科普里最大的报纸《晚报》的总编辑,是二战前该市总计为 3795 人的犹太人群体幸存下来的 27 个犹太人之一。他坐在斯科普里一家饭店的镜子前面,我傍晚和他碰面,之前开了一整天的会,喝了很多咖啡和烈酒。他说

马其顿的湖畔之城奥赫里德。

奥赫里德的克莱门特教堂著名的壁画。

话的时候,我打量着他在镜子中的倒影。他的声音像是被屏蔽的证人的声音,有些虚幻。他是我在斯科普里遇到唯一没有给我历史书或诗集的人。

"这里是巴尔干最反复无常的地区。我们是一个经不起折腾的新国家,周围宿敌林立。在本世纪初,好几个民族都可能走向战争,实际上也的确这样发生了。数十年来,南斯拉夫联盟保护着我们。随着南斯拉夫的解体,马其顿又成了一个权力的真空地带。

"不要忘记,我们是一个'静待的科索沃':马其顿人口的23%是阿尔巴尼亚人,而且他们的生育率要比我们高很多。我们面临的问题和塞尔维亚人在他们的传统领土上所面临的问题是一样的。"

"20世纪行将结束的时候,我们试图解开难以解开的纠结,把这个同那个区分得清清楚楚,因为这个可能是马其顿的,那个可能是保加利亚的。……在这里,男人们就像克里特岛上的老年人那样端坐在那里,谈论民族主义和仇恨,而妇女们则在那里做所有的事情。"

仇恨越是模糊和不可测量,涉及的民族群体越小,故事似乎就变得越长而且越复杂。我情不自禁地想,从现在开始数100年,黎巴嫩会给学习历史的学生提供些什么呢?

第 4 章
白色的城市及其预言家

我从斯科普里乘坐面包车到达贝尔格莱德，入住莫斯科瓦酒店（Hotel Moskva）。第二天早晨，我履行了在贝尔格莱德的正常仪式，设计这些仪式的目的就是让我明白我在历史和地理上所处的位置。这始终是必要的，因为考虑到内陆城市发展的一个意外事件，外国记者在二战后的冰封的数十年中可能对自己在贝尔格莱德所处的位置没有任何头绪。

尽管莫斯科瓦酒店地处市中心，建于1906年，大酒店该具有的令人感觉亲切的特征——殷勤的侍者、厚厚的地毯、轰鸣的中央空调系统——也都落实到位，但是，直到第二次世界大战蔓延到南斯拉夫之前，贝尔格莱德首屈一指的酒店是塞尔维亚国王酒店（Srbski Kralj），而不是莫斯科瓦酒店。丽贝卡爵士和她的丈夫就住在塞尔维亚国王酒店。《纽约时报》记者C.L.苏兹伯格、作家和报纸记者罗伯特·圣·约翰（Robert St. John）以及其他来记录战前岁月的人都住在这里。

从苏兹伯格的《烛光摇曳》的描述来看，塞尔维亚国王酒店与莫斯科瓦的差别极为有限。它"是座庞大而式样陈旧的"建筑物，"用美食与和蔼可亲的服务弥补了式样陈旧、不够舒适的缺憾"。但是，使塞尔维亚国王酒店对作家们产生重要影响的是它的位置：街对面就是耸立着卡莱梅格丹要塞（Kalimegdan）的巨大公园，而地处多瑙河与萨瓦河交汇处的树木参天的高地上，公元前3世纪时，凯尔特人在附近建立了第一个居住点，从而决定了贝尔格莱德和大部分塞尔维亚的历史书写的走向。丽贝卡发现，从她的梳妆台往外看，多瑙河与萨瓦河冲积平原的景色美不胜收。

附近的卡莱梅格丹要塞是先后由罗马人、拜占庭人、中世纪的塞尔维亚人、奥斯曼土耳其人、哈布斯堡奥地利人（在短暂占领期间）、又是奥斯曼土耳其人累

贝尔格莱德的莫斯科瓦酒店。

积建成的。要塞的挡土墙外边就是白奥格拉德（Beograd），即"白色的城市"，贝尔格莱德就是从此引伸而来。对18和19世纪的旅游者来说，这两条河上的这块高地直接就是西方和东方的分界线：哈布斯堡帝国到这里为止，土耳其帝国从这里开始。事实上，踏在长长的、平坦的、直抵两条河边的绿地上，我始终有一种兴奋的、步入边疆地带的感受，仿佛处在某种东西的锋线上。

1915年春天，当约翰·里德造访贝尔格莱德的时候，卡莱梅格丹构成了塞尔维亚军队防御的前线，奥匈帝国的军队和炮火就安扎在多瑙河与萨瓦河的对面。这些军队曾在前一年的12月占领贝尔格莱德两个星期，然后被赶到了河对面；他们于1915年12月又返回这里，驻扎了三年，直到最后战败。里德的造访处在奥匈帝国的两次占领之间，正赶上该市遭受斑疹伤寒重创的时刻：

塞尔维亚国家议会。

塞尔维亚的贝尔格莱德,名字本意是"白色的城市",曾经的南斯拉夫首都。

我们参观了古老的土耳其要塞，要塞雄踞在陡然立起的河边高地上，而高地则俯视着多瑙河与萨瓦河的交汇之处。这里充斥着塞尔维亚人的枪支，也是奥地利人炮火袭击最为密集的地方；几乎所有的建筑物都直接被打得粉碎。路上和空地上布满了巨大的炮弹弹坑……我们匍匐前进，爬到了河边陡峭的悬崖边上。

"不要暴露自己，"负责我们安全的中卫警告说，"那些斯瓦比亚佬每次只要发现这里有什么东西在活动，就会往这里发射一枚炮弹。"

从悬崖边上看，浑浊的多瑙河……以及匈牙利平原的景色都很壮观。

塞尔维亚国王酒店躲过了那次战争，但却没有躲过下一次。酒店的房间住满了记者，1941年4月6日棕榈主日黎明时分，234架纳粹轰炸机突然对贝尔格莱德进行了空中打击。酒店是被毁坏的700座建筑物之一。"我一直在想，那些飞机可能不仅仅是在瞄准酒店的顶部，而是针对我个人开炮。……至少有十架飞机朝着塞尔维亚国王酒店俯冲下来。"罗伯特·圣·约翰回忆说。

于是我沿着帕里斯佳街漫步到了卡莱梅格丹公园，靠近了塞尔维亚国王酒店的遗址。站在公园里，我逐一凝视拜占庭的城墙、剩下的为数不多的土耳其建筑物、东正教的大教堂和重建的新巴洛克风格的纪念碑。从这里——即是说，从塞尔维亚国王酒店——看出去，这个城市不仅是美丽的，而且还是可以尽收眼底的。从莫斯科瓦望出去则没有这种效果。

"我们走过了一个与所有公园都相通的地方，"丽贝卡说，"孩子们在丁香花丛、小池塘和往昔的伟大人物的半身塑像之间嬉闹着。接着发现了一个布局讲究的花园，里面立着一尊非同凡响的、极为漂亮的雕像，纪念在大战中死于南斯拉夫的法国人，雕像作者是迈斯特洛维奇，雕像刻画的是一个人毫无惧色地沐浴在海洋之中。很多人都希望雕像被搬走，换上一尊更为柔和的大理石雕像。"

伊凡·迈斯特洛维奇创作的雕像仍然立在卡莱梅格丹公园的入口处。它经受住了棕榈主日的轰炸和第二次世界大战的考验。它也从没有被搬走，换上"更为柔和的大理石雕像"。"布局讲究的"花园仍然在那里，贝尔格莱德市的孩子还是经常来到丁香树下玩耍。站在雕塑前，我感到时间是如此地紧密相连，像是卡在嗓子里的中世纪的绘画。可见贝尔格莱德的要塞、下城、上城、王宫等。

一个硬结,仿佛漫长而僵化的铁托统治的那数十年可以被忘掉一样。

但是,我知道,那数十年是不可能被忘记的。于是,我朝着莫斯科瓦的方向往回走,试图弄明白以后在南斯拉夫会发生什么。

在整个20世纪80年代,我都作为新闻记者来南斯拉夫。这是一项孤独的任务,因为没有多少人对这里在发生的事情感兴趣,也不在乎事态将向什么方向发展。每一次去贝尔格莱德时,我都去米罗万·德热拉斯(Milovan Djilas)家拜访。经过最初几次拜访之后,我们的谈话就成了很怪异的事情,因为我意识到德热拉斯总是对的。他能够预测未来。对一个东欧人来说,他的技巧看起来是简单的,但对一个美国人来说却是复杂难懂的:他似乎忽略每天的报纸,纯粹地从历史的角度思考问题。对他来说,现在只不过是过去的一个阶段,正在快速运动到未来。在循规蹈矩的分析家看来是不可思议的事情,在他眼里则不过是自然的结果而已。

1981年我第一次和他见面时德热拉斯已经70岁。在抗击纳粹的游击斗争中,他曾是铁托的战时高级代理官员之一。后来,他成为第二次世界大战之后的南斯拉夫的副总统,并且被认为是铁托的当然继承人。事实上,德热拉斯与斯大林进行了艰难的、一对一的谈判,为南斯拉夫1949年与苏联的决裂准备了条件。德热拉斯关于那些泡在伏特加中的夜半会议的回忆《与斯大林的谈话》,为探视这个独裁者的内心,提供了一个极具个人色彩的视角。在五十年代早期,德热拉斯就开始产生了对于铁托主义的怀疑。德热拉斯要求对体制进行民主化——即改革(perestroika),这比它的实施早了三十年,也使得他被开除出南斯拉夫共产党,并入狱九年。在监狱的牢房中,他撰写了《新的阶级》和其他对于铁托的有力批评的著作,都成为了持不同政见者的经典;他还撰写了两部长篇小说、两部自传和数卷短篇小说。从他在六十年代出狱的那一刻起,德热拉斯就一直生活在隐姓埋名的状态,失去了在官方的影响力。德热拉斯是东欧历史上最伟大的持不同政见的知识分子:在人们听说莱赫·瓦文萨之前,他是年高德劭的持不同政见者。下午的夕照射进了他那昏暗的、满是书籍的书房,他的布满皱纹的脸庞也逐渐隐匿在阳光的投影里,但过去却始终变得那么清晰,未来大势的轮廓也逐渐显现出来。

1981年,阿尔巴尼亚在科索沃发动暴动之后,外部世界没有任何人表示出丝毫的兴趣,但德热拉斯却告诉我说:"我们的体制之所以建立起来,只是为了便于铁托进行控制。既然铁托已经不在了,我们的经济形势又变得至关重要,那么,就自然会出现权力更加集中的趋势。但是,这种集中却不会成功,因为它与各共和国的民族—政治的权力基础相冲突。这不是传统的民族主义,而是建立在经济私利基础上的更为危险的、官僚主义的民族主义。南斯拉夫的体制就将以这种方式开始崩溃。"

到1982年,这一切就开始应验,但外界还是没有什么人在乎。那一年的11月,世界的注意力被吸引到了苏联新任领导人尤里·安德罗波夫身上。据说安德罗波夫收集现代匈牙利家具——不论是什么,他都照单全收——因而有可能成为一个改革者。德热拉斯对此持怀疑态度:"安德罗波夫已经68岁了,和戴高乐重新返回权力中心时一样的年龄。但是,你会发现,安德罗波夫根本不是戴高乐:他没有新思想。只是作为一个过渡人物,他才是有希望的,只能为真正的改革者随后出现铺路。"

到1985年,改革者出现了:戈尔巴乔夫。但是,到那个时候,德热拉斯对这类事情已经不再有兴趣了。"你会发现,戈尔巴乔夫也只是一个过渡人物。他会做

1456年奥斯曼土耳其与匈牙利在贝尔格莱德激战。

土耳其细密画中表现的攻克贝尔格莱德。

出重要的改革，引进某种程度的市场经济，然后，体制中的真正危机就会变得显而易见，东欧的异化就会变得更加糟糕。"

"南斯拉夫会变得怎么样呢？"我问道。他"邪恶"地笑了笑，"像黎巴嫩一样。且等着看吧。"

1989年初，尽管美国仍然没有表现出多少兴趣，欧洲最终开始担忧南斯拉夫，特别是塞尔维亚的新强硬派斯洛博丹·米洛舍维奇。但是这种担忧却是微不足道的。此时距离东德难民在西进的路上涌入匈牙利，并最终点燃一连串的导致整个东欧体系坍塌的事件还有几个月的时间。其时东欧正在享受它在世界媒体中默默无闻状态的最后几个月。

此时是1980年代的最后一个月。从我与德热拉斯最后一次见面到现在已经过去了11个月：世界在这11个月中发生了巨变。1989年12月，斯洛文尼亚和克罗地亚正处在向民主治理的和平转折过程之中，即便是在塞尔维亚——如此地具有拜占庭、东正教和东方的色彩的地方——这里，自由化气息的荡漾也是毋庸置疑的。德热拉斯的所有著作已在他的祖国被禁止了数十年，却正在这里被以他的母语塞尔维亚－克罗地亚语首次出版。甚至已经有人猜测，米洛舍维奇是一个"过气的明星"，很快就会失去权力。德热拉斯并没有如此乐观。他又那样邪恶地笑了笑，告诉我说："米洛舍维奇仍然有希望。……你看到的自由化的起因是很坏的。它是塞尔维亚和其他共和国之间民族主义竞争的后果。最终，南斯拉夫会像英联邦那样，是一个相互有贸易关系的松散的国家之间联盟。但恐怕先会有民族战争和叛乱。这里的仇恨实在是太强烈了。"

罗马尼亚境内的喀尔巴阡山脉。

第二部分
罗马尼亚：拉丁人激情的释放

第 5 章
布加勒斯特雅典娜宫酒店

布加勒斯特的雅典娜宫酒店（Athenee Palace Hotel）的夜班值班员是一个干净清秀的年轻人，有着灿烂的笑容和令人愉快的神情。他把我的钱按照五倍于法定的汇率兑换给了我，并在柜台上就把好几摞罗马尼亚列伊递给了我。他接着给我推荐了一个女人。当我说不时，他一脸困惑不解的样子，并说不管我想要什么，他都可以很容易地搞到。

在柜台那边，是一排大理石柱子构成的一个柱廊，柱子上有镀金的柯林斯风格的大写字母，整个柱廊就像是大教堂的内部。在一根柱子后面的长沙发上坐着一个漂亮而苗条的女人，她深色的皮肤有着瓷器的光泽，黑色的头发剪得像男孩子的一样短，橄榄核似的眼睛上带着与她的超短裙搭配的紫色假睫毛。

"你要买我拿的这瓶香槟吗？"她坐在沙发里喊道，同时举起了酒瓶。

"不，谢谢。"我回答说。

"到这边来。"她从沙发上站起来，朝我这边走来。"带我到你的房间里去，我们一起把这瓶酒全部喝完。"

"不，谢谢。"

"你怎么竟然说不？我拿的香槟，就卖和标价一样的钱。"

后来，在酒店的迪斯科舞厅，另外一个女人又靠近我——一个金发碧眼的女人，脸上有些斑点。她俯身到我的桌子上，丢下一个皱巴巴的小纸条。我打开看了看，上面写着："我叫克劳迪娅·卡迪纳尔。我的电话号码是 708254。"

我摇头表示"不"。她捡起纸条，又走向了另外一个男人。

我买了两瓶矿泉水，准备回自己的房间。我要进电梯的时候，拿香槟的深色头发的女人挡住了我的去路，"嗨，带我到你的房间去吧。"

1978年齐奥塞斯库访问美国，卡特总统迎访。

"请让开，我和我太太在一起，"我突然灵机一动，说，"你看，我买了两瓶水，一瓶我喝，一瓶给她。"

"我才不相信呢，"她一副蛮有把握的神情，"我今晚上看见你登记入住来着。你是一个人。我想你可能是不喜欢女人。"

在其冰冷的意识形态和革命的外表下面，罗马尼亚还是在挣扎着活着，不可摧毁，也没有改变。

约翰·里德1915年也在雅典娜宫酒店住过，那时酒店才刚刚建成一年。他指出："一万名为公众服务的女人上街游行，其目的是为了满足所谓真正的布加勒斯特人的自豪感，说按照比例，该城市养活的妓女比世界上任何四个城市加起来都要多。"

"这些都是西方女人，"R.G.沃尔德克伯爵夫人在1941年写道，"但她们身上却透着一股女仆的味道。"

ICON
罗马尼亚的影像

……在罗马尼亚的魔鬼过着费力的却不知疲倦的生活。

E.O. 霍庇（E. O. Hoppe），《吉普赛帐篷与王宫》

罗马尼亚地图。

罗马尼亚布加勒斯特著名的雅典娜宫酒店。

1980年代齐奥塞斯库夫妇在国内倡导个人崇拜。

1936年，罗马尼亚的王后玛丽。她是爱丁堡的玛丽公主，是维多利亚女王的孙女，嫁给了罗马尼亚国王费迪南德。

摩尔达维亚地区的修道院壁画。斯蒂凡、皮特鲁·拉瑞斯的妻子玛利亚、亚历山德鲁和波格丹。

罗马尼亚著名的文化遗产苏彻维察修道院。

蒲特娜修道院。

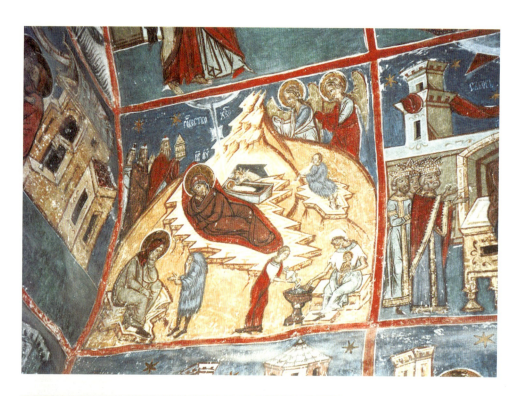

休莫修道院里的壁画。

第 5 章　布加勒斯特雅典娜宫酒店

布加勒斯特的雅典娜宫酒店。

雅典娜宫酒店。

《纽约时报》记者C.L.苏兹伯格在第二次世界大战开始前发现:"布加勒斯特沉溺在一种放荡堕落的气氛之中。……数量庞大的妓女的机会小得可怜,因为她们面临着公主以下的来自所有阶层的业余爱好者的热情竞争。"

"赃款是巨大的发酵物,"他接着说,"我遇到的第一个官员竟然就拉开他桌子上的一个抽屉,亮出好几袋子外国货币,并试图贿赂我。"并保证他给的黑市价要比"雅典娜宫酒店服务生给的兑换价"高出"百分之十至十五"。

罗马尼亚王后玛丽的传记作家汉娜·帕库拉援引古老的贵族阶层一个成员的话说,在罗马尼亚语中不存在表示自我控制的词语:"对于罗马尼亚人的心灵来说,这个术语和观念都是不可翻译的,极为陌生的。"

俄国最后一个沙皇尼古拉二世,也是玛丽王后的表亲,曾对罗马尼亚不屑一顾:"罗马尼亚:它不是一个国家,而是一个职业。"

卖淫、黑市交易、告发自己的邻居或朋友,在罗马尼亚都有如此深远的传统,以至于呈现出某种吸引人的自然与单纯。开始时你会感到震惊,但在罗马尼亚过上

雅典娜宫酒店内部。

几个星期之后，你会向环境屈服。你本性中任性的一面会允许你情不自禁地爱上这个国家和人民。你甚至会想，也许罗马尼亚人拥有某种独特的、世界上其他民族都不具备的关于生活与存亡的智慧。于是，你就开始明白了。……

这样的一个国家对作家和外国记者有着很大的吸引力。第二次世界大战的最初几年，根据联合通讯社驻布加勒斯特负责人罗伯特·圣·约翰的看法，"任何时候，住在雅典娜宫酒店的记者很少少于 50 名"。雅典娜宫酒店在受战争影响的欧洲是一个独一无二的酒店，只有在这里，纳粹和盟军的军官才可以在同一个屋檐下睡觉，美国和英国的记者才可以和穿制服的党卫军军官喝酒。但是，是罗马尼亚人本身提供了主要的魅力，而且他们在热情地接受新的法西斯主义秩序的同时，还用一种缓和其效果的方式使这一秩序彻底腐败变质。沃尔德克伯爵夫人说，纳粹士兵"被宏伟的房子里长着水灵灵眼睛的姑娘们迷得神魂颠倒，在他们有机会审问她们的雅利安祖母之前，已被姑娘们哄上了床"。

沃尔德克伯爵夫人是一个归化的美国人，出生在柏林一个富有的犹太人家庭。这位自我感觉良好、不乏吸引力的记者，用笔名 R.G. 沃尔德克写了一部关于酒店内部性丑闻的回忆录，书中不乏闲言碎语，书名叫《布加勒斯特的雅典娜宫》。罗伯特·圣·约翰在描述布加勒斯特的道德堕落的著作《外国记者》一书中说，"德国人抢占雅典娜宫酒店的餐厅之后，出现的最为离奇的画面之一，就是看到沃尔德克伯爵夫人被纳粹高级军官邀至午宴或晚宴——其中一些军官是会被当作战争罪犯处决的。"

沃尔德克伯爵夫人的书已经绝版近五十年，提供了一部特别详细的罗马尼亚人生活方式的特写。英国对外文化协会的一位讲师的年轻妻子奥莉薇雅·曼宁（Olivia Manning），在雅典娜宫酒店度过了大部分时间，她在《巴尔干三部曲》中对那些生活方式进行了更为广泛的描述，该书的平装本成为畅销书，并被拍成电视连续短片。当然还有其他人的作品。罗马尼亚在 1939—1941 年之间堕落到纳粹主义的历史，催生了一个全新的小说和记者回忆录的体裁，这些作品借用雅典娜宫酒店的大堂和房间的视角，为审视罗马尼亚在 20 世纪七八十年代转变到某种不同的法西斯主义的过程，提供了一个丰富的历史背景。在九十年代，由于历史过程再度启动，这些著作具有了更大的相关性，能够更好地解释那些在外人看来无法解释的事物。

雅典娜宫酒店与一个巨大的广场的宽度相等，同时构成了这个广场的一边；广场的另外一边则是一个巴黎歌剧院风格的音乐厅，音乐厅附近有绿草如茵的草坪，种植着剑兰。里德来参观的时候，酒店"有着耀眼的、新的法国式的正立面"，并且装饰有角楼和女像柱。1938年，在沃尔德克伯爵夫人和曼宁来之前，角楼和女像柱已被搬走，取而代之的是一种现代主义的铬合金与白石构成的正立面。当我于1990年春天来到这里时，白色的正立面已经伤痕累累，布满了前一年12月革命留下的子弹孔。

酒店内部有更多的变化。在柯林斯式的柱子构成的柱廊那边，20世纪50年代以一种阴沉的蛇形楼梯和紫色的壁毯开启了序幕。罗马尼亚情报部门——国家安全部在克格勃的帮助下，把雅典娜宫酒店变成了一个搜集情报的工厂。安全部监听电话，在饭店和酒吧桌子下面和所有房间安装了窃听器。酒店经理是安全部的上校，所有300名员工是安全部的雇员，包括最低等的清洁女工，她们会把客人房间的每一张纸片拍照。

作为得到房间租金和更多食物券的回报，酒店妓女会向上汇报她们从客人那里听到的一切。但是，在八十年代，甚至妓女们也感到了绝望。我上一次，即在1983年来雅典娜宫酒店时，大约是在半夜时分我听到了敲门声。我打开了门：一个女人站在黑暗的走廊里，松开了上衣的一根带子。她说她愿意拿咖啡来，但要付钱。

那时候咖啡在布加勒斯特比较罕见。其时是冬天，而且，尽管我支付了每晚75美元的房间费，房间里却没有暖气、热水，只有两个25瓦的灯泡。像在非洲一样，我带了一只手电筒并自带厕纸。当地的一个笑话说："如果再稍多一点儿食物，就像是回到了战争年代。"

1988—1989年冬天的某个时候——没有人确切知道什么时间——吉普赛的卖花人从雅典娜宫酒店附近的街上消失。在这个城市的景观上，吉普赛人是个人情感生活上最后的一丝残留，让人想起冷战时代之前的某种存在、某种历史。

当1989年12月鲜血造成的裂缝最终使坚冰破裂之后，用奥莉薇雅·曼宁的话说，"就像栖息的热带鸟雀"，吉普赛女人是最先返回的一批人，她们兜售粉红色的玫瑰和堆得小山似的黄色与红色的郁金香，悼念被屠杀的革命者的人就在人行道上祭奠时焚烧这些花朵。蜂蜡散发出的幽香一时间充斥整个城市。由于公开的宗教

齐奥塞斯库的墓地。

被禁止了四十多年,整个罗马尼亚首都变成了一个露天的教堂。

涂写的话语是:"安息吧,我们的逝者。"

这一场景说起来真的有些怪诞。在 1989 年的革命之年,没有一个国家像罗马尼亚这样让西方感到困惑不解。那些用罗马尼亚电视这样陈旧的国产设备播放出来的粗糙的画面,显示的是一个第二次世界大战刚结束时的世界,画面上穿着大衣、佩戴扇形钢盔的士兵让人想起斯大林格勒的俄国人。整个氛围是冬天的样子,属于斯拉夫风格。然而,画面上的人却是深颜色的,几乎是南美人的样子;语言属于拉丁语系,在某些方面比现代意大利语或西班牙语更接近古代罗马语;暴力以及围绕埋葬暴力的牺牲品所举行的宗教仪式,呈现出某种戏剧性和残忍性,这一切表明这个民族受制于一种冲动:在一个镜子面前一遍又一遍地宣泄自己的激情。

想想看：就在大街上，赤裸的、严重腐烂的尸体旁边，点燃的蜂蜡蜡烛。一个统治者让人给他拍下了这样一幅照片：手持权杖，脚踏着一头野猪的尸体；他建造了一座法西斯主义建筑物构成的禁城，环绕着一个婚礼蛋糕状的、比五角大楼还大的建筑物；谄媚他的人高呼他是"喀尔巴阡山的天才"，他的臣民则称他是"吸血鬼"或"敌基督者"；他在圣诞节那天被处决的画面在当地电视台播放了数个星期；然后据传说，他的尸体消失或被藏匿起来。

在这里，人们津津乐道的不仅仅是他的暴政的垮台。斯大林可能提供了暴政的基础，但其余的还是从当地的土壤中慢慢长出来的。

在布加勒斯特杂乱的根恰公墓，我被夹在两座大半被灌木掩盖的坟墓之间，盯着一个狭长的土堆上方的一个木制的十字架看。在十字架上，用白色的油漆写着这样几个字：（预备役）上校鲍培·丹，1920—1989。

尼古拉·齐奥塞斯库（Nicolae Ceausescu）就是这样被埋葬的，他统治罗马尼亚长达四分之一世纪，直到该国军队把他和妻子艾莉娜处死为止。

五十英尺之外，挤在另外两座坟墓之间，我又看到了另外一个木制十字架，上面刻着：（预备役）上校恩纳斯库·瓦塞尔，1921—1989。艾莉娜·齐奥塞斯库就是这样被埋葬的。

按照官方的"指点"，几个欧洲记者和我找到了这两座坟墓。在公墓的平民区的众多大理石和石头墓碑中，标着两位预备役上校的木制十字架的确显得有些怪异和显眼。几天之后，在1990年5月，就在蓄意破坏公物者亵渎罗马尼亚的犹太人公墓的同一天晚上，那两个木制十字架消失了，而且再也没有被发现。但是，齐奥塞斯库夫妇并不是第一对在本世纪统治罗马尼亚而其安身之地却不明不白、未被标示出来的夫妻。

去里斯本吧。阿尔法玛是罗马人定居的第一个地点，沿着它曲折而多岔路的胡同穿行，直到你到达墙外圣文森特教堂。顺着教堂的过道走，但在到达圣坛之前，从你右手的门出来。现在，你就可以看到一些隐秘的通道，墙上装饰着用蓝色和白色的瓷砖拼成的画，描述的是拉封丹的寓言故事。现在，再往左边走，走过一个长廊，进入一个有大理石地下墓室的房间，这里是 17 世纪中期以来葡萄牙王室的墓穴。门口是两具棺材，放在廉价的毛毡垫子上，似乎随时都在等待搬运工到来。用罗马尼亚金、蓝、红三色旗帜裹着的是安放国王卡罗尔二世霍恩佐伦（Hohenzollen）遗体的棺材，他在 1930—1940 年间统治罗马尼亚。另外一具棺材用粗糙的单子裹着，还放了白色的十字架，里面安放的是卡罗尔犹太裔情妇艾莉娜（玛格达）·路派斯库（Elena Lupescu）的遗体，她也像艾莉娜·齐奥塞斯库一样，曾是躲在罗马尼亚王冠后面权倾一时的人物。

卡罗尔从小被母亲玛丽王后宠坏，跟随一位"坏脾气的、同性恋的"瑞士家庭教师学习，后来又被遣送到他父亲的普鲁士军队完成他的教育。这位未来的国王虽然拥有英国和德国的血统，却以最坏的方式回归了他本国的祖先。第一次世界大战期间，德国军队已占领了布加勒斯特，王室的军队被围困在省会城市雅西（Jassy），当地人民谴责其外国出生的统治者是惨败的罪魁祸首，卡罗尔仍然抛弃了他所在的军队（此罪可以被判处死刑）并与当地的一位贵族珍妮"吉吉"·兰伯瑞诺私奔。因为罗马尼亚霍恩佐伦的君王不可以接纳当地配偶（以免任何一派罗马尼亚贵族获得政治优势），卡罗尔被迫放弃王位。很短一段时间之后，卡罗尔离开了吉吉，回到了罗马尼亚。1921 年，他与希腊的海伦公主结婚。然而，两年之后，他又抛弃了海伦而选择了路派斯库，后者成为他的同居情人。卡罗尔没有听从众人的要求回到他的合法妻子与他的孩子的母亲身边，而是选择于 1926 年 1 月再次放弃王位。

1930 年，在他的父亲去世之后，卡罗尔再次回到罗马尼亚接受王位，但条件是他离开路派斯库回到海伦的身边。卡罗尔没有信守诺言，因而路派斯库很快就到了王宫里面。

但是，即便是路派斯库对于卡罗尔来说也是不够的。根据流行的、荒诞的罗马尼亚传言，卡罗尔患有"阴茎异常勃起的痼疾"，迫使他在床上耗费很多时间，不时地进行性活动，1990 年我在布加勒斯特还听到一个历史学家重复这个荒诞不经的说法。"他把吉吉·兰伯瑞诺扔在了……巴黎……现在他又在胜利大街找妓女，或者让人把歌女送到他的王宫里去。"《浪子》的作者皮特鲁·杜米丘这样写道。《浪子》是一本绝版很久的历史小说，描写了 1941 年法西斯主义控制之前，富裕的罗马尼亚人是如何出卖自己的祖国并相互出卖的行径。

据传闻，卡罗尔在床上的功夫十分令人惊叹，并被普遍认为是唯一的、曾经让20世纪30年代布加勒斯特的一个著名妓女"乌鸦"得到满足的男人。乌鸦长得又高又瘦，她穿得像个女巫，因为吸食可卡因，眼睛瞪得老大，黑色的头发剪得像上中学的男孩子那样短（像我在雅典娜宫大厅发现的那样，至今仍然很流行）。"这个黑乎乎的妓女必须被抬出卡罗尔的卧室，口吐白沫，几乎不省人事。"一名克鲁日大学的教授1990年信誓旦旦地对我说。真相可能是另外一种情况。在《浪子》中，杜米丘重新描绘了下面这一场景：

> 她（乌鸦）又出来了，在街上溜达了一圈儿……相当长时间内，运气都不怎么样。但是，突然，一个沙哑的声音喊道：
> "嗨，你—过来！"
> 她转过头来，看到了一辆长长的黑色轿车，散热器闪闪发光。车门打开，司机向她招手，示意她过去。原来是国王。她以前和他有过交易。她顺从地进了车，知道自己仍然运气不佳，因为国王大人小气得很。

卡罗尔对金钱和对性的需求都很难满足。布加勒斯特的每一个赌场和夜总会都得按月向他交纳被勒索的费用。卡罗尔在黑市上把列伊兑换成美元。竟有一次，他授意人们散布一个故事，说罗马尼亚市面上流通的百元美钞是假币。这使得这一面值的纸币价格狂跌，而他正好趁此机会买进。卡罗尔从各州签订的每一份合同上都要拿回扣，并在所有主要公司中都占有股份。当斯大林兼并比萨拉比亚的时候，卡罗尔要求从他自己的部长那里得到了100万美元作为他财产损失的补偿，尽管他的其他国民中有很多人损失了所有的一切，甚至都不被允许提出此类要求。得知保加利亚人即将对多布罗加南部宣布主权之后，卡罗尔把已故玛丽王后在那里的度夏之家——他母亲的心脏还装在一个纯金的盒子里埋葬在那里——卖给了该州。得到了25万美元的房款之后，他主持谈判，把该州的这一区域转交给了保加利亚。在1930—1940年间，据说他在国外的存款多达4000—5000万美元，这在当时是一笔巨款。

1938年，卡罗尔解散了所有的政党，宣布王室独裁。在资助法西斯主义的天使

罗马尼亚国王卡罗尔二世，1918 年。　　　卡罗尔二世，1938 年。

长迈克军团数年之后，这个反犹主义的组织以他与路派斯库通奸为由调转枪头，与他为敌。于是卡罗尔下令谋杀了军团的头领。这让希特勒很愤怒，而卡罗尔有一段时间并没有把希特勒放在眼里。但在纳粹征服了法国之后，卡罗尔也成立了自己的法西斯主义的政党，通过了一系列的反犹主义的法律，迫使罗马尼亚的 80 万犹太人过着近乎于暗无天日的生活。1941 年夏天，当斯大林要求他割让比萨拉比亚的时候，卡罗尔恳求希特勒的帮助。作为回应，希特勒逼迫他把特兰西瓦尼亚北部地区转让给匈牙利的亲纳粹的政权。

领土的丧失让全体罗马尼亚国人感觉像是遭到了重锤痛击。要求卡罗尔"退位"的怒吼从聚集在雅典娜宫酒店广场上的人群中传来。在和希特勒与斯大林打交道的时候，卡罗尔"过于聪明了，"曼宁在《巴尔干三部曲》中写道，"他想要两面派，结果输了。"

在 1940 年底的一个深夜，卡罗尔和路派斯库乘坐一辆有九节车厢、装满这个国家的黄金与艺术品的火车离开了罗马尼亚。反犹主义军团听到了他们离开的风

卡罗尔二世与路派斯库。

卡罗尔二世的母亲王后玛丽、妻子海伦、儿子迈克,1927年。

声，试图让火车停下来，但没有成功。一个饥饿的农民在游览完路派斯库的豪华别墅之后，情不自禁地想，"把她（路派斯库）装在笼子里游街，脱光衣服让所有人都看一看，会不会是一件挺美的事情？"半个世纪之后，另外一个饥饿的农民在游览艾莉娜·齐奥塞斯库的别墅之后，也说："他们应当让她裸体游街，往她身上扔石头。"

纳粹主义和齐奥塞斯库同流而污，使罗马尼亚的政治文化的悲剧性错误被放大，达到了荒谬的程度。于是，艾莉娜·齐奥塞斯库就成了一个怪物。尽管她出现在我们的电视屏幕上，但她仍然是一个难以想象的人物。但从另外一方面说，尽管路派斯库早就消失得了无踪影，却比较容易想象。

路派斯库于 1895 年出生于摩尔达维亚（罗马尼亚北部的一个地区，与摩尔多瓦国相接壤）的省会城市雅西，对于一个犹太人来说，这是在欧洲最为糟糕的出生之地。在罗马尼亚，如果人们排除了生活在特兰西瓦尼亚和临近的巴纳特德意志少数民族社群，那么，犹太人就是这里的资产阶级。他们实际上是通过自身而构成了这个国家的中产阶级，处在拥有土地的贵族阶层和广大的农民之间，而且其比例要超过欧洲任何其他的国家。这使得犹太人成为罗马尼亚社会哪怕是最为开明的、自由的群体极端仇恨的对象。罗马尼亚最伟大的诗人和知识分子，如米哈依·艾米内斯库、尼古拉·伊奥加，用沃尔德克伯爵夫人的话说，是"最早的、最坚定的反犹主义者"。因为摩尔达维亚是传统的罗马尼亚民族主义的中心，在地理上又是这个国家最易受攻击的地区，所以这里的反犹主义要比罗马尼亚的其他地方更为激进。因为在 20 世纪 20 年代早期——法西斯主义的天使长迈克军团就在雅西诞生——反犹主义的焦点从宗教转向了种族，路派斯库的父母已经皈依基督教这个事实可能对她并没有多大帮助。一个犹太人可能会一千次地重申自己的皈依，但在罗马尼亚农民看来，犹太人始终是犹太人。

路派斯库最初嫁给了一名炮兵中尉，先是与丈夫所在部队的士兵发生关系，最终又抛弃了他。她个子高挑，有"火红色"的头发，绿色的眼睛，"白里透红"的皮肤，"一摇一摆的"臀部，决心充分利用自己的固有资产。凭借狡黠的、煞费苦心考虑出来的计划，她在两个场合抛头露面，卡罗尔想不注意她都难。在玛丽王后的传记作家汉娜·帕库拉看来,"很可能是路派斯库自信心十足的粗野迷住了卡罗尔"。傍上了卡罗尔之后,路派斯库开始在公开场合穿黑色的香奈儿连衣裙,沃尔德克伯爵夫人说,这"衬托出了她皮肤的白皙和头发的火红"。

卡罗尔国王的罗马尼亚是一个与犹太教普林节相反的故事。因为战前罗马尼亚的种族气氛比《旧约》中的波斯更为险恶,即便是路派斯库尝试过这样做,她也不能够像《圣经》中的以斯帖那样,动用她在王室卧房中的才华来拯救她的同胞。恰恰相反,因为国王抛弃了自己的妻子而选择了一个犹太人,罗马尼亚人感到受到了羞辱。

于是,当法西斯主义的军团头领开始在布加勒斯特屠杀犹太人时,路派斯库和流亡的卡罗尔一起在从东到西穿越欧洲,其目的地则是莫斯科。在那里等到战争结束后,两人又到了巴西,在那里,卡罗尔与路派斯库结婚,并授予她王室贵妇人的头衔。之后他们又到了葡萄牙。1953 年卡罗尔在葡萄牙死了之后,路派斯库和卡罗尔的前首相厄内斯托·额达瑞诺同居。她和额达瑞诺在葡萄牙的海边度假胜地埃斯托里尔过着奢侈的日子,靠的是她和国王劫掠来的、装满九节车厢的黄金与贵重物品。她到 1977 年才去世,是一个欲望得到了彻底满足的女人。

路派斯库从皮特鲁·杜米丘的小说中跃然纸上:贪婪、残忍、世故。《浪子》甚至专门写了一个人物,爱尔薇拉·沃沃瑞诺,本姓拉斯坎芮。此人有着"大大的绿眼睛",一路睡到了王室卧室,却根本没有办法满足国王。意识到自己将以一个籍籍无名的可怜虫的身份而死掉之时,爱尔薇拉猛地扑倒在地上,"捶打和撕咬着握紧的拳头,发出莫名其妙的、动物般的低吼"。不难想象,如果这是路派斯库的命运的话,她会那样做的。

出生在一个到处是敌人的世界,又被极其残忍的种族仇恨包围着,而且没有任何显而易见的保护措施,路派斯库只是做了自己不得不做的事情而已:她把自己的肉体——这是她唯一可以出售的东西——拍卖给每一个可能出价的人,用一个来压榨另外一个,一路走到了国王那里。其实在巴尔干始终是这个样子:赤裸裸的存亡竞争,为道德选择留下的余地极为有限,形同于无。

路派斯库的故事就是罗马尼亚的故事。杜米丘是罗马尼亚最有才华的现代小说家,一定是意识到了这一点,因为他作品中最为生动的人物都是路派斯库的变体。

罗马尼亚也总是孤独的，始终被敌人包围着，而所有的敌人都想得到她的躯体的一部分。

罗马尼亚人把自己看作是一个拉丁种族，说的是一种近似拉丁语的语言，被抛弃在一个凶险的斯拉夫人的海洋之中，而被拉丁世界的其余部分所遗忘。

对罗马尼亚人来说，历史开始于公元101年。在那一年，图拉真皇帝率领的古罗马军团征服了欧洲东南的一个叫达西亚的地方。根据罗马尼亚历史学家的说法，在长达150年的时间内，古罗马士兵与当地女人通婚，产生了一个直到今天仍极为纯粹的拉丁种族。事实上，罗马人只是许多肆虐这片土地、并与当地人混杂的入侵者中的第一拨人而已。用匈牙利出生的美国历史学家约翰·卢卡科斯有些尖刻却很到位的判断来说："官方的罗马尼亚宣传和官方的罗马尼亚史学著作声称，罗马尼亚人是图拉真的嫡系后裔，这就好比是罗纳德·里根说自己是波卡洪塔斯（印第安酋长的女儿）的后代一样。然而，罗马尼亚人身上的确有某种貌似拉丁人的东西；诡异的是，他们令人想起阿根廷人身上貌似欧洲人的特征。"

尽管如此，不能否认的是，罗马尼亚人在相貌上比包围着他们的斯拉夫人和匈牙利人更像其他拉丁人。他们的语言尽管颇多斯拉夫语、土耳其语和希腊语的元素，却是一种类似于拉丁语的语言。罗马尼亚人民在其政治上、个人事务上，甚至在其嘴部和双手的动作上，都呈现出一种性感的戏剧性，让人想起意大利人——这种行为举止的风格，一个旅游者在东欧的其他地方肯定是不会遇见的。

罗马尼亚历史和民族学专家、雅西库扎大学亚德里安·普拉修科指出："一百五十年只是时间长河中短暂的一瞬。罗马人在不列颠的时间远远超过他们在罗马尼亚的时间。然而，他们在英国人身上留下了什么样的种族和语言痕迹呢？几乎一点儿也没有。但是仔细看看我们自己。这是我认为除了罗马人之外，我们的种族一定拥有某种我们仍然不知道的拉丁元素的原因。"

我们不能排除在罗马军团撤走之后混乱的几个世纪中有其他拉丁人涌入的可能性。在欧洲各国当中，罗马尼亚的地理形势最不值得羡慕。它具有历史意义的多瑙河心脏地带摩尔达维亚和瓦拉几亚处在喀尔巴阡山的东部和东南部，使得这些地带门户大开，极易遭受来自俄罗斯和乌克兰从东部的入侵，以及土耳其从南部的入侵。甚至连波兰也没它如此容易遭受袭击。拜占庭人、西哥特人、阿提拉率领的匈奴人、阿瓦尔人、格庇德人、斯拉夫人、保加利亚人、匈牙利人、鞑靼人、土耳其人都曾入侵过这里。公元9世纪时刚刚皈依基督教的保加利亚人占领这里，这个事件使得罗马尼亚人放弃了他们西方的、拉丁式的基督教崇拜，改习东方的、斯拉夫式仪式；这一事件切断了它与其他拉丁世界的重要的心理纽带。

从14世纪开始，土耳其人一直让罗马尼亚农民处在不断的恐惧和焦虑状态之中。当地的农民头领只是偶尔才足够强硬，敢于同土耳其入侵者讨价还价，土耳其人也给予他们某种程度的自治。1391年，老莫西亚（Mircea the Old）安排送给土耳其人一大笔贡金，换取他们来制止一场持续很久的暴动。65年之后，"穿刺者"瓦拉德（Vlad the Impaler 或历史上所称的"吸血鬼"）和斯蒂凡大公不惜让很多人流血，与土耳其人、匈牙利人和其他民族做了很多奸诈的交易，才在摩尔达维亚和瓦拉几亚建立了薄弱的侯国，但在他们死后，这些侯国很快就消亡。

瓦拉德的残暴是巴尔干15世纪的象征。他处决人的方式就是用尖桩刺穿（他的绰号就来源于此）：用一根削尖了的木桩刺进受刑者的直肠，穿过整个腹腔。士兵接着把受刑者举起来，把木桩的另外一端插在地里，然后等待受刑者死去，这通常会持续几个小时。瓦拉德用这种方法杀死了成千上万的土耳其人，也杀死了不少他的同胞。

1600年，"勇敢者"迈克短暂地把摩尔达维亚和瓦拉几亚统一起来，这是该地首次归属本地人领导，但新的王国第二年随即崩溃。即便是在独立的时候，农民仍然过着痛苦不堪的生活——他们自己的首领收税和迫害的手段几乎和土耳其人一样严酷。17世纪30年代，土耳其人把摩尔达维亚和瓦拉几亚的管理交付给希腊的法纳尔人：这是居住在君士坦丁堡富裕的法纳（"灯塔"）区的希腊人，这些人穿戴着毛皮衣服、丝绒斗篷、镶嵌着钻石的头巾，并且和土耳其人一样用敲骨吸髓的方法对待农民。与此同时，在特兰西瓦尼亚，在喀尔巴阡山另外一侧属于中欧范围内的地方，辛苦劳动的罗马尼亚农民处在一种中世纪的种族隔离制度的低端，遭受匈牙利人和德意志民族的压迫。

当地一个谚语说，"罗马尼亚农民就像是玉米粥，你尽管加热，他们不会爆炸"。但是，一旦他们果真爆发，就像在1437年和1514年的特兰西瓦尼亚的农民

1821年土耳其军队在布加勒斯特屠杀希腊反抗力量。

暴动、1784年在摩尔达维亚和瓦拉几亚的暴动一样，其结果则是相当恐怖的：尸体被用钳子撕裂，煮熟，强制喂食给其他受害者。如1989年反齐奥塞斯库的暴动所显示的那样，罗马尼亚历史的模式一直没有改变：长时间的卑躬屈膝，穿插着短暂却骇人听闻的疯狂爆发。

土耳其人和匈牙利人不是唯一骚扰当地农民的掠夺者。在18和19世纪，沙皇俄国入侵罗马尼亚六七次。1878年，在罗马尼亚军队帮助俄国把保加利亚从土耳其的桎梏下解放出来之后，俾斯麦控制的柏林会议向他们表示感谢，并坚持把比萨拉比亚割让给沙皇。[1] 住在巴黎的专栏作家威廉·匹法甫写道："在罗马尼亚，人们对背叛都非常熟悉，普遍认为失败是理所当然的事情。"

凭借法国的外交支持，瓦拉几亚与摩尔达维亚最终统一在亚历山德鲁·伊万·库扎上校一个人的领导之下，于1861年12月23日成立独立的罗马尼亚国。但是，库扎当局无能透顶，而且腐败行为极其猖獗。很快当地的贵族和农民都希望

---

[1] 比萨拉比亚构成了摩尔达维亚的东部，处在普鲁特河与德涅斯特河之间。

他下台。1866年，当罗马尼亚军官冲进他在雅西的房子要求他退位时，却发现他和塞尔维亚国王的儿媳妇躺在床上。曼宁在《巴尔干三部曲》中说："罗马尼亚就像是一个继承了巨额财富的愚蠢的人。……它沉溺于粗俗的、无聊的活动中，大肆挥霍。"

罗马尼亚人以为在一位外国人的领导下可能会好一点，于是邀请凯撒·威廉一世的普鲁士表亲、霍恩佐伦·西格玛林根的卡尔王子担任他们的国王。卡尔从此以后就以他的罗马尼亚名字卡罗尔一世（卡罗尔二世的叔祖）而为人所知。

1866年春天，由于害怕在奥地利被人认出来（奥地利与俄罗斯、奥斯曼土耳其一样，也想瓜分新成立的罗马尼亚国），27岁的卡罗尔一世隐姓埋名赶往布加勒斯特。他乘坐二等车厢，戴着粉色的护目镜抵挡飞扬的尘土，背着一个装满现金的皮包。

这对于一个君主体制来说，是一个颇不吉利的开端，但在库扎留下的乱摊子上，卡罗尔一世还是打造出了一个能够独立生存的、版图得到极大扩充的罗马尼亚，不过其结果仍不免是让卡罗尔二世挥霍得一干二净。

尽管约翰·里德看不起卡罗尔一世，认为他是一个"无足轻重的、渺小的来自德国的国王……住在狭小的王宫里"。但他却恰好是这个国家所需要的：一个刻板的、醉心于工作的普鲁士人，偏爱斯巴达式的简朴陈设，不爱奢华；喜欢伏案工作，不爱肉体的享乐。尽管他非常依恋他的祖国普鲁士，但他去世前的最后一个决定却是拒绝与他的表亲凯撒一道参战——这是一个影响深远的决策，最终使罗马尼亚与大不列颠和美国站在同一阵营，并在一战后和平方案中获得领土。

然而，并非他的所有决策都是明智的。他对农民的忽略导致了1907年全国性的暴力狂欢，其结果是仅仅建立了徒有其名的土地改革制度。他的另外一个错误则是娶了维德的伊丽莎白公主。这是一个想法极其古怪的诗人，其笔名卡门·西尔维娅名声更大，经常在王宫举办艺术沙龙，但不允许对活动进行任何批评。她发令要求每一个在王宫的人都穿民族服装。她毫无疑问为罗马尼亚（至少是一代人）做出了极大的贡献，那就是她没有生出王位的继承人。这使得卡罗尔一世不得不指定他的侄子霍恩佐伦-西格玛林根的费迪南德王子做他的继承人。

费迪南德缺少自信心，终其一生，他都在下定决心方面有困难。对罗马尼亚来

1893年，罗马尼亚的王储费迪南德和他的妻子玛丽。

说很幸运的是，他的婚姻选择非常好。他的妻子出生时就是爱丁堡的玛丽公主，是维多利亚女王的孙女，因此，罗马尼亚的玛丽·温莎·霍恩佐伦简直就是一位直接从传奇小说中走出来的王后。

玛丽美丽、可爱，不可救药地浪漫。由于是一名很有造诣的骑手，她指挥着一支属于她自己的罗马尼亚骑兵部队。她学会了流利地使用罗马尼亚语，并选择了当地一名优秀的帅气的贵族巴伯·斯特备做自己的情人。第二次巴尔干战争期间，她亲自到远在保加利亚的、深受霍乱困扰的军队，费力地对付着"马靴中的污秽……鼓励士兵，分发物资"。她的传记作家汉娜·帕库拉这样写道。第一次世界大战期间，当罗马尼亚王室从布加勒斯特撤退，并被驻扎在雅西的德国的士兵包围之时，王后与其他护士不同，在斑疹伤寒病区也拒绝戴橡胶手套，而是直接用双手抚按即将死亡的士兵的嘴唇。显然是她为了鼓舞军队的士气而甘愿涉险靠近战场的勇气，为她赢得了"勇士王后"的称号。

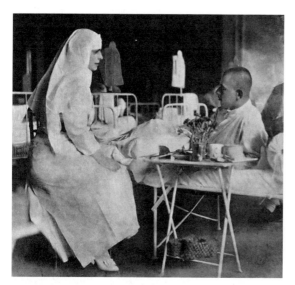 

玛丽慰问一个军队医院,1917 年。　　　　孩童时期的玛丽,1882 年。

　　晚年时,玛丽王后经常为法西斯主义的兴起而担忧,也担忧她的儿子卡罗尔二世所制造的政治乱局会把罗马尼亚带到什么地方。幸运的是,她死于 1938 年,没有亲眼看到她最为恐惧的事情变成现实。[2]

　　卡罗尔二世和路派斯库于 1940 年九月逃到国外之后,罗马尼亚人以为他们的国家总算把恶魔赶走了。事实上,由于先后受到了希特勒和斯大林的影响,罗马尼亚历史上的恶魔即将出笼。

　　罗马尼亚人的生活方式始终是一种不幸的、危险的繁复,而这恰好是吸引作家和记者的地方。在其拉丁式的对情节剧的爱好之上,是一种拜占庭式的对于阴谋和神秘的偏好,这主要继承自东正教和数个世纪的拜占庭政治和文化影响。这一神秘的性格特征又被喀尔巴阡山的景观进一步强化,因为这座山冷杉茂密,遮云蔽日,狼和熊出没其间,由此诞生了诸多神灵和迷信的观念,也诞生了欧洲最为丰富的民俗文化。《德拉库拉》(*Dracula*)一书的作者、都柏林出生的作家布拉姆·斯托克

---

[2]　细节请见汉娜·帕库拉《最后一个浪漫的人》的"尾声"。

(Bram Stoker)把小说的背景放在这里,绝不是偶然的。

科内柳·泽列亚·科德里亚努(Corneliu Zelea Codreanu)就是在这样的一个世界中成长起来的。1927年,28岁的科德里亚努从天使长迈克的圣像中听到了上帝的声音,因为罗马尼亚农民把天使长迈克看作是与穆斯林土耳其人斗争相关的战神。科德里亚努是一个接受过教育的农民,受到了雅西的大学教授们反犹主义思想的影响,仔细聆听了这一声音,组建了天使长迈克军团(Archangel Michael),其中的军事派系后来以"铁卫团"之名著称。在科德里亚努看来,军团是一种"宗教体制",目的是把所有的罗马尼亚人团结起来"致力于英勇的生存":那些仍然活着的,那些尚未出生的,那些已经去世的。他以"帮"(nests)为单位组织军团,每一个"帮"都有13人。首次加入"帮"的人必须吮吸"帮"中其他每个成员在自己的胳膊上割开的伤口中流出来的血,并用自己的血写下誓言,保证不论什么时候接到命令,都敢去进行谋杀活动。每次进行杀戮活动之前,每个人都必须让自己的

国王卡罗尔一世与王储费迪南德,以及费迪南德的儿子卡罗尔(卡罗尔二世)。

一盎司鲜血流淌到共同的器皿中，然后所有的人都喝下一部分，这样就把整个帮的人员团结起来，同生共死。成员们还必须佩戴十字架，并在脖子周围戴上一小袋罗马尼亚的泥土。罗马尼亚的法西斯主义与战后罗马尼亚的政府一样，随意性都很大，毫无规范可言。

科德里亚努身材魁梧高大，非常帅气，有着罗马雕塑一般的鲜明轮廓。他的追随者称他是"首领"。他喜欢穿纯白色的衣服，骑着一匹白马在喀尔巴阡山的村庄里穿行。在那里，他被当作农民的神灵——天使长迈克在地球上的特使——而被崇拜。科德里亚努结婚的时候，9万人出席婚礼，组成了婚礼游行队伍。

卡罗尔二世把科德里亚努当作是危险的对手，特别是1938年在贝希特斯加登与希特勒会面时希特勒当面告诉他说，他更喜欢科德里亚努担任"罗马尼亚的独裁者"之后。或许是受其过于自负的傲慢心理的驱使，卡罗尔也绝非是胆小怕事之人。他回应希特勒的方式是1938年11月下令绞死科德里亚努以及其他13名军团官兵，并散布谣言说科德里亚努"已把灵魂出卖给了犹太人"（这与科德里亚努以他与路派斯库私通而对他进行的指控一模一样）。

但是，罗马尼亚人永远也不会相信他们的"首领"会把灵魂出卖给犹太人。对于广大农民来说，科德里亚努的形象仍然栩栩如生："一个受民众爱戴、永远活在他们心目中的领袖，是罗马尼亚人民的烈士和先知。"沃尔德克（Waldeck）伯爵夫人这样写道。许多农民声称，在传言科德里亚努被处决后的数周、甚至数月，他们仍然看到他骑着他的那匹白马在森林中穿行。后来，罗马尼亚东正教会宣布他是"民族的圣徒"。

科德里亚努的鬼魂让卡罗尔寝食难安、不胜其扰。1940年夏末，众多的示威者拥挤在雅典娜宫酒店巨大的广场上呐喊要求卡罗尔"退位"，他们坚信，比萨拉比亚被割让给苏联，多布罗加被割让给保加利亚，北特兰西瓦尼亚被割让给匈牙利，这一切都是上帝对于他们纵容一位与犹太人私通、并谋害他们的"首领"的国王的严厉惩罚。卡罗尔与路派斯库逃离之后，布加勒斯特到处都是带有科德里亚努照片的海报，上面还写着"科内柳·泽列亚·科德里亚努——依然在我们心中"：换言之，科德里亚努的灵魂还在。

1940年那场推翻卡罗尔国王的革命，使得他18个月大的儿子迈克成为有名无实的国王。真正的权力却落在了一个受纳粹支持的军人集团手中，为首的是一个高大魁梧的、红头发的参加过第一次世界大战的骑兵军官伊昂·安东内斯库（Ion Antonescu）。梅毒引起的发烧不时地折磨着他，他的绰号"红狗"广为人知。作为实际上的国家首脑，他的第一个动作是任命几位军团成员充实他的内阁，并下令所有的罗马尼亚人到教堂去"辱骂"前国王。

但是，天使长军团成员并未被安抚，1940年11月初在布加勒斯特发生了一场毁坏了上万所房屋的地震，似乎为他们的观点额外增加了力量。沃尔德克伯爵夫人在《布加勒斯特的雅典娜宫》中写道："也许，没有这场地震，后来的长刀之夜可能就不会发生。对一个像罗马尼亚人这样极为虔诚而又极为迷信的民族来说，这场地震似乎通过神圣的惩罚其错误的方式，为他们的烈士报了仇。"

天使长迈克军团的领袖科德里亚努。

科德里亚努与安东内斯库，1935年。

1938年科德里亚努的葬礼。

军团成员的确开始了为他们的烈士复仇的行为。首先，他们杀死了卡罗尔旧政权中的64位官员和追随者；接着，用联合通讯社布加勒斯特记者罗伯特·圣·约翰的话说，他们横扫了布加勒斯特的犹太人居住区，"杀戮、劫掠、放火，无恶不作"。其次，他们谋杀了罗马尼亚20世纪最为著名的知识分子尼古莱·伊奥加（Nicholae Iorga）。他们一根一根地拔掉了他长长的白胡须，把一张自由主义的报纸塞进了他的喉咙，一直把他折磨到咽下最后一口气。(尽

1937年科德里亚努与铁卫团。

1941年两个独裁者安东内斯库与希特勒见面。

管他是一个公开宣示的反犹主义者，但根据罗马尼亚人的，尤其是军团的标准，他也是一个自由主义的知识分子。）最后，军团成员命令举行公开的葬礼，重新安葬两年前被卡罗尔杀害的科德里亚努和其他13位军团成员。[3] 罗伯特·约翰这样描写参加葬礼的庞大的人群："他们似乎是一个已经疯狂的民族。……这种记忆将永远留在我的心头，因为在那一天，我看到了当宗教的狂热失去控制的时候，它是如何地令人恐怖。……这是一群多达15万5千人的、施用私刑的暴民。"

罗伯特·约翰的担心结果变为事实。数周之后，1941年1月21日，军团成员举行了一场杀人狂欢，试图从安东内斯库手中夺取权力，因为他们认为他法西斯主

---

[3] 细节详见"序曲"。

义的成色还不够。他们烧毁了七座犹太人的教堂，一家挨一家地劫掠犹太人社区，当着犹太妇女的丈夫和孩子的面对她们进行奸污，直至将她们折磨到死。他们把一群犹太人劫持到布加勒斯特北面的班尼萨森林，在雪地里剥光他们的衣服，然后向他们开枪。第二天早上，吉普赛人来撬走他们牙齿上的黄金。当天夜里，军团成员又把另外 200 名犹太人驱赶到该市屠宰场，剥光了他们的衣服，把他们驱赶到传送带上，走完了屠宰动物的所有程序。

"有关……宗教迫害期间军团成员所犯下的残暴行为的描述，除非我们亲眼目睹其中一些，我们清点尸体的数量，我们看到他们的无情摧残……，否则，任何人都不会相信的。《统一犹太人百科全书》称之为'历史上最为野蛮的宗教迫害之一'。这一说法是很有说服力的，因为这一陈述是在第二次世界大战结束之后写下来的。"罗伯特·约翰这样解释说。

在 1941 年 1 月末布加勒斯特残雪未尽的街道上，军团成员从屋顶上向路人以及"红狗"安东内斯库的坦克和正规军开枪或打冷枪。那些没有被杀死或捕捉的人被迫流亡到纳粹德国、法西斯主义的意大利、（特别是）法西斯主义的西班牙。流亡者包括霍里亚·西马。这是一个留长发的疯子，他在科德里亚努被杀死时成为军团的头领，对于宗教迫害和屠宰场的屠杀，他的责任比任何人都大。据说直到 1990 年，他仍然彻底隐姓埋名地生活在西班牙，甚至被以色列秘密情报组织和通常的纳粹分子追杀者所忘记。

军团成员最终在权力角逐中失势，因为希特勒突然抛弃他们而选择了安东内斯库。1940 年末在柏林与安东内斯库会面之后，希特勒告诉他的扈从人员说，"在所有那些拉丁人中"（这个词在当时包括墨索里尼、佛朗哥、贝当和拉瓦尔在内），他更喜欢这个红头发的罗马尼亚将军。对希特勒来说，此时的罗马尼亚即意味着"原材料"——特别是布加勒斯特北面 55 英里的普洛耶什蒂油田丰富的石油，能够为德国的坦克入侵苏联提供充足的燃料。而且，与反复无常的军团成员相比，安东内斯库是希特勒可以依赖的对象，可以维持最起码的秩序和保障罗马尼亚经济的正常运行，而这一切都是为了保证德国人可以开采和运输宝贵的石油资源。至于屠杀犹太人的附带任务，希特勒的选择被证明是双倍地明智。安东内斯库很快就被称呼为"领袖"（conductor）（在罗马尼亚语中相当于德语中"元首"的意思，后来的齐奥塞斯库也挪用了这个称呼），也很快就证明了自己的才干，能够解决希特勒种族灭绝政策所要求的大规模杀人的组织协调问题。

于是，如雅典娜宫酒店的大厅所目睹的那样，罗马尼亚的历史就此终结。1941年1月底，军团成员的反叛已被粉碎，当"领袖"安东内斯库看着德国顾问和后勤人员静静地涌入罗马尼亚时，沃尔德克伯爵夫人离开了雅典娜宫酒店，她写道："布加勒斯特，这个欧洲大陆的最后一个国际魅力之都，现在则不过是德国军队挥师南下的一个落脚点。"接着，似乎要对以后所发生的事情进行一种无意识的暗示，她又补充说："我驱车去布加勒斯特火车站的那天，从莫斯科方向刮来凌厉的寒风。"

1989年12月，记者再度住满了布加勒斯特的各个酒店的房间，这是自1941年1月以来的第一次，尽管他们对于洲际大酒店的兴趣明显高于雅典娜宫酒店。然而，他们所目睹的革命光景，与沃尔德克伯爵夫人、罗伯特·约翰、苏兹伯格和其他人在雅典娜宫酒店所观察到的，有着惊人的相似之处。

从罗马尼亚人曾经对卡罗尔二世和路派斯库喊出"退位"的雅典娜宫酒店门前的广场上，罗马尼亚人再一次对尼古拉·齐奥塞斯库和艾莉娜·齐奥塞斯库喊出了"独裁者下台"的口号。与卡罗尔以及中世纪的头领一样，齐奥塞斯库夫妇又对大国施展了两面派的手法并输掉了游戏。独裁者的国家安全部队在一阵类似性高潮的暴力冲突中死去，其行为令人想起多年前在同样的冬天的街道上，军团成员面对安东内斯库的坦克和军队所进行的自杀性攻击。存活下来并且没有被捉到的国家安全部队成员据说流亡到了利比亚而不是意大利和西班牙。现在，扬·伊利埃斯库以及他的罗马尼亚救国阵线——一个不仅包括以前的执政党群体，而且还包括神秘分子以及带有犯罪记录的煽动分子的群体——被欢呼为"民族的救星"，这同样的词眼，也曾被用来描述安东内斯库用以取代卡罗尔的、类似天使长军团的政府。

但是，目前的这一代记者很少有人读过前一代记者所写的、描述这同一个地方的著作，因此，他们笔下的罗马尼亚革命似乎是独一无二的，而根据罗马尼亚自身的现代历史的来看，此次革命并非是独一无二的。[4]

---

[4] 专栏记者威廉·匹法甫和《纽约时报》记者戴维·宾得是这一代记者中难得的例外。

我在雅典娜宫酒店只待了几天。接着我就在帆布背包里放上了另外一套书籍——主要是由本世纪初的几十年，就是玛丽王后和卡罗尔二世统治期间游览罗马尼亚乡间的英国作家撰写的著作。值得一看的事情很多。罗马尼亚是苏联的前东欧盟国中仅次于波兰的面积最大、人口最多的国家。喀尔巴阡山蜿蜒穿过该国的核心地带，把其内部分成几个独特的地区。作为结果，罗马尼亚的农村地区远比波兰（或东欧的任何国家）更具有多样性，从视觉上看更引人注目，也未曾被过度开发利用。我很想知道，5年的纳粹主义的肆虐和45年的斯大林主义统治，是如何影响其山川形势以及生活在这里的人们的。

于是，在1990年早春的一个凌晨，天还没有亮，我就离开了雅典娜宫酒店的大厅，朝着火车站走去。

第 6 章
多瑙河的烦恼之角

黑暗而冰冷的一等车厢里的座椅破烂不堪。在布加勒斯特的火车北站没有任何可以充饥之物。上了火车后，走了几节车厢，看到了一个卖零食的吧台，在油乎乎的单子和金属架子搭成的柜台上摆着已不新鲜的蛋糕，还有不冷不热的、肝脏色的咖啡。我想起了奥莉薇雅·曼宁笔下的不名一文的俄罗斯贵族雅基莫夫——《巴尔干三部曲》中最令人喜爱的人物——他乘坐的一辆 1940 年从北站开往特兰西瓦尼

罗马尼亚地图。

亚的火车，他在车上"用力咀嚼着干硬的、大豆面蛋糕，呷着灰色的咖啡"，而另外一个乘客则告诉他，"没有人有东西吃"。

特兰西瓦尼亚在布加勒斯特的西北方向。我打算以后去那里。我现在的方向是向东，朝向黑海方向，之后我打算向北去，在整个罗马尼亚走一个逆时针的弧形，最后再回到布加勒斯特。车厢散发出水泥粉、小便、陈奶酪、香肠、烟草、李子白兰地、身体的酸臭以及很久未洗的衣服的味道。奇怪的是，这一切混合而成的味道却让人觉得温暖舒适，不像每一种味道所暗示的那样可怕；这种夹杂了众多味道的气息有时浓烈有时则不那么浓烈，但伴随了我在罗马尼亚的整个行程。在曼宁的故事中，这一味道让雅基莫夫想起了"变质的啤酒"。

两个小时之内，从窗户里往外看的都是这样的景观：平缓的、无边的灰尘中夹杂着方格状的、绿色的农田。储存粮食的筒仓和居民楼像是监狱一般孤零零地、散乱地分布着；用廉价的材料仓促地建造起来的贫民窟，从里面走出来土色的人们，或戴着方头巾，或戴着棕色的皮帽子和耳罩。这是罗马尼亚的心脏地带瓦拉几亚省，它西起基尤峡谷——该国的矿产中心，经由布加勒斯特，东到多瑙河，和缓地在罗马尼亚的南部铺展开来。

多瑙河是欧洲的任何其他河流的两倍多长，全程长 1776 英里，流经 7 个国家，从德国的黑森林发源，最终注入黑海。[1] 这使得它成为一种具有统摄性的象征：是一条希望之河，一条灵感之河，也是一条充满陈词滥调的河。多瑙河的"洪水抚平了任何的不和谐，使各国和平共处，其精神就是泛欧洲的精神"，性格怪异的爱尔兰作家沃尔特·斯塔基这样写道。斯塔基曾于 1929 年与吉普赛人一起游历匈牙利和罗马尼亚，写下了《匈牙利和罗马尼亚漫游记》一书，此刻它就在我的背包里。

但是，我要去的是已被人忘记的多瑙河的河口，很少有游历者——连斯塔基也没有——来过这里，尤其是在最近几十年内。在其流域的大部分地段，多瑙河像一首田园诗一般流经德国南部和奥地利的高山牧场，然后经过布达佩斯和贝尔格莱德，之后形成罗马尼亚与南斯拉夫的西南边界、与保加利亚的南部边界。在离黑海不远的地方，多瑙河改变了流向。它不再是一条国际性的河，而是变成了一条具有

---

[1] 这 7 个国家是德国、奥地利、捷克斯洛伐克、匈牙利、南斯拉夫、保加利亚和罗马尼亚。

纯粹的罗马尼亚性格的河。它转向正北，在罗马尼亚境内流淌 100 英里之后再转向东方，然后分成众多水系，最后注入黑海。

我乘坐的火车在柴尔诺乌达站（Cernovoda，"黑色的水"）抵达多瑙河口，车站的名字颇不吉利，令人想到切尔诺贝利。这里是世界上最不稳定的地震带，但齐奥塞斯库却决定在这里建造罗马尼亚的第一座核电站。核电厂只是一个已经极为庞大的多瑙河水电站和运输枢纽的附属建筑物——这是自 1949 年以来的罗马尼亚主要的工业领域的"英雄项目"，用项目宣传册上的话说，标志着"社会主义的人－机联盟"。

据传闻，斯大林在一次与罗马尼亚铁路工人领导人格奥尔基·乔治乌－德治（Gheorghe Gheorghiu-Dej）见面的过程中决定，乔治乌－德治应当统治罗马尼亚。[2] 在让乔治乌－德治于 1947 年着手工作之前，据说斯大林给他提了一些建议："你应当让群众忙活起来。给他们一个大的项目。让他们修建运河或别的什么东西。"于是，直到 1965 年去世之前都在统治罗马尼亚的乔治乌－德治就宣布了建设"多瑙河－黑海运河"的计划。如果运河建成的话，货船就不必再绕行柴尔诺乌达以远的 250 英里后才到达黑海，因为运河将把柴尔诺乌达与罗马尼亚的康斯坦萨港连接起来，这样货船只需向东运行 40 英里即可。

事实上，这是一个鲁莽的方案。从未有迹象表明，中欧往来的河上贸易能够使罗马尼亚从运河使用费中赚取足够的钱。小说家皮特鲁·杜米丘宣称，自 1949 年到 1953 年，仅在建设运河的第一部分的过程中，就有超过十万的劳工因事故、过度曝晒和营养不良而死亡。大部分劳工都是囚犯，包括与犹太知识分子安娜·包克尔等政治在押者。乔治乌－德治残暴地粉碎了安娜·包克尔领导的共产党的"国际主义"派，他依赖的是曾经做过补鞋匠的、来自瓦拉几亚的齐奥塞斯库。

1953 年，乔治乌－德治清除了罗马尼亚所有反对派的（包括党内和党外的）痕迹之后，尚未完成的运河工程突然停止。之后二十年中，在罗马尼亚经历了最为劣质的自由化的过程中，这项工程被官方忘记。1973 年，作为全面倒退到斯大林主义的一部分，齐奥塞斯库发动了一场围绕自己的个人崇拜运动，与此同时，他宣布

---

[2] 苏联在第二次世界大战获得胜利之后，安东内斯库的法西斯主义政权被推翻，罗马尼亚被占领。

1960年格奥尔基·乔治乌-德治（左）在机场迎接赫鲁晓夫（右）。

不仅运河的工作要重新开工，还要在康斯坦萨附近建造一个新的港口，并在周边地区建设一座核电站。

  8年后的1981年冬天，我参观了运河以及修建核电站的场所，因为民兵和国家安全部门不喜欢外国人来观察这里所发生的事情，为了不引起他们的注意，我穿着我最脏的衣服，腋下夹着一个纸袋子，里面放了一瓶李子白兰地。我仍然记得霜打了的农田，在结冰的多瑙河中的平台上立着的起重机构成的矩阵，人工挖出来的用作运河通道和核电站地基的大坑。运送渣土的卡车绵延好几英里。不论我走到哪里，我都能听到震耳欲聋的水泥搅拌机的轰鸣声。泥浆、森林与河流全部汇入一种绝望的悲凉之中。我还记得，在一条结冰的布满泥浆的街道上，数百个戴着便帽、穿着工装服的劳工在沉默地等待着，他们在飞扬的小雪中排成一队，领取他们所分到的面包、稀薄的汤和十克黄油。穿着可以裹住膝盖的大衣的民兵们，手持自动步枪监视着这些劳工。这是80年代的多瑙河的一部分的景况，令人想起30年代斯大林统治之下的俄国的情景。根据一些西方的外交官的说法，当时在齐奥塞斯库控制下的"罗马尼亚的古拉格"的"奴工"可能高达 70 万人。

现在是 1990 年初春。建筑工地在革命之后被部分地废弃，柴尔诺乌达看起来不再那么凄凉。尽管如此，它仍然是没有完工的。我当时就在想，齐奥塞斯库或乔治乌－德治是否真正在乎这项法老规模的工程什么时候会完工。也许，运河也像大型的钢铁、生铁和石化联合企业，在其完成之时就已过时，这些工程追求的目标与斯大林的建议完全吻合：让群众忙碌起来，给他们找点事情去做，并同时将他们局限在勉强维持生活的层面，人的精神因此就会停止存在。艾莉娜·齐奥塞斯库对此并不避讳。她曾多次把她的数百万臣民称为"虫子"，需要用繁重的劳役和食物配给来加以控制。

我乘坐的东去的列车穿过了多瑙河，然后就向北转，顺着多瑙河的方向行驶。在多瑙河与黑海之间的这一地区被叫作多布罗加；这是罗马诗人奥维德的流放地和葬身之地。这里的地势不再是平坦的，而变成了崎岖不平的灰色泥沙构成的莽原。石灰岩的陡岸俯视着大片的洼地，在其干燥、烧焦的皮肤上，现代的村庄和工厂就像是高烧后留下的条痕。靠近一些看，这些村庄原来不过是若干簇拥在一起的用木头和废铁达成的棚屋而已，周围则是生锈了的铁栅栏和蜿蜒曲折的水泥屏障，每一个棚屋都像是按比例缩减的柏林墙。棚屋之间的花园则更像是垃圾堆。工厂的状况则实在是难以描述。

残忍、丑陋的东西充斥着这个世界，在罗马尼亚，工厂似乎属于更深层次的地狱：用铁刺网、水泥门圈占起来的地块，里面堆满了小山一样的煤炭、垃圾、锈迹斑斑的拖拉机残骸，上面又被刷上了一层泥巴，偶尔有好奇的牛或羊在上面随便啃食一番。工厂立在中间，像是一具没有皮肤的尸体：一大堆胆汁绿色的、肠子一样的管道，与管道接在一起的是生锈的步桥，步桥架设在平板玻璃和水泥筑成的墙之上或是顺着墙而设，上面则是石棉的屋顶，一个废铁做成的烟囱，不断地把纯黑的烟喷吐到空气之中。

装满了油桶的货车进入了这些工厂的门，套在货车上的是马和牛："这些牛有着大象一样的颜色，像非洲内陆的牛一样笨拙、粗野。"萨谢弗雷尔·西特维尔写道。他 1937 年出版的《罗马尼亚游记》就带在我身边。罗马尼亚的山川形势让西特维尔想到"来自亚洲的核心地带的鞑靼人统治的地方。"事实上，多布罗加仍然是鞑靼人统治下的一个场景，只是与西特维尔的时代不同的是，它已不再美丽。

我在火车上待了五个小时。尽管车上的座位是冰冷、破旧的，也没有足够的食物，但这仍然是我在罗马尼亚所拥有的最为舒服的旅程。最后一站是图尔恰，这是多瑙河三角洲的门户。在这里，多瑙河分为几条支流和数百条小溪，并在图尔恰和黑海之间形成了一个1200平方英里的、隆起的沼泽地带——最长处达50英里。

理论上说，图尔恰应当是一个景色秀丽的小镇，港口上渔船密集，世纪初建造的平房，点缀着土耳其风格的清真寺尖塔和银色的教堂圆屋顶。我所见到的却是一排高高的公寓楼，挡住了从世纪初建造的平房、清真寺和教堂到河面的任何景观。这些公寓楼的水泥前脸被喷成了一种令人作呕的棕红色。在每一层的窗户外面都放着花盆，但却丝毫没有透露出任何欢乐的气息。我仔细看了看，明白了为什么会这

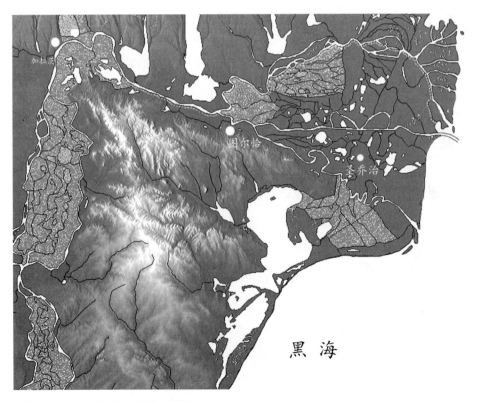

多瑙河三角洲，作者考察的图尔恰、圣乔治。

样。这些花盆尽管表面上是为种花（罗马尼亚极其喜爱的鲜艳的郁金香和玫瑰）准备的，却被种上了蔬菜，比较扎眼的是洋葱和大蒜：这些东西是公寓里的居民在当地的商店里买不到的。

我走进了公寓楼的走廊。楼梯的台阶是用裸露的水泥砌的，房门是用胶合板制作的。建筑的每一个环节都是低廉的、粗陋的。用水泥制作的、未完成的纪念性的矛和拱门占据了公寓楼之间的人行道，这里不像美国的贫民窟那样遭到肆意的破坏，显然也不那么危险。但是，如果说美国的贫民窟是房东使用不当和租户忽略而造成的遗憾的错误的话，我在图尔恰看到的有关建筑物的一切，却绝不是认识错误和偶然的产物。

我沿着一条与河面方向相反的侧道漫步，看到了一个写着"艺术家联合会"的标牌。我感到好奇，就拉开了薄金属板制成的门，拾级而上，并敲了敲房门。门嘎吱一声开了，门缝里立着一个在旧的套装上穿了一件罩衣系着领带的男子。他有些紧张，用眼神问我，"你是谁？"我问他是否会法语。他点了点头。我告诉他我是一个来罗马尼亚旅游的美国作家。门开得大了一些。

他叫斯蒂凡·斯特布，是一个51岁的艺术家，曾在美国办过两次艺术展览，一次是1974年在孟菲斯，另一次是1977年在匹兹堡。他为我煮了一杯茶，然后自豪地拿出藏着的美国人制作的展览目录和评论剪报，这些材料精美的图表和柔软的纸张，与在这里所见到的毛糙的艺术作品以及书籍和报纸所使用的再生纸是如此地不同。1977年之后，斯特布就不再被允许离开这个国家。他慢慢地成为被困在图尔恰这个狭小的房间内的囚犯，终日面对被煤烟熏黑的窗户。他每天都要阅读那些评论剪报，为的是提醒自己：在外面存在着一个世界，而且他曾两次去过那里。

"80年代早期，想要得到画布、颜料和其他材料就不那么容易了，后来则几乎是不可能的。而且，冬季根本没有任何供暖设施。"

革命之后，材料稍稍容易弄到了，斯特布就又开始了绘画。他使用深色、鲜艳的颜色，以一种纯朴的、农民的风格来绘制宗教圣像：所有的圣像讲述的都是同样的故事：政府如何试图毁坏罗马尼亚人的家庭，却最终没有成功。最近几周，他已经绘制了数十张——大约是每天一张。我买了一张。它描述的是一个罗马尼亚党旗盖着的木制十字架，一对农民夫妇被钉在了上面。但在相邻的复活的画面上，这对

多瑙河三角洲的湿地。

夫妻欢欣鼓舞地站着,手里拿着他们的农场和畜群的图片。

"在80年代,宗教使我得以存活下来,因而这次革命之后,我想画的全是宗教。"

他在自己的画室里为我提供了一张折叠床。我可以随便在这里待多长时间都可以,他说。他告诉我说,我是他自1977年以来第一个交谈的西方人。我相信他的话。如果事后不向国家安全部门禀告谈话内容,齐奥塞斯库就不允许罗马尼亚人与外国人讲话。事前不申请批准就让外国人踏进家门,是可以判刑入狱的罪过。

如何告别也让我颇费思量。因为是刚过复活节不久,于是我就用罗马尼亚语向他告别:

"基督已经复活了。"

"他的确已经复活了。"他立刻回答说。

看来我不经意间的一个造访决定,并在他那里逗留了片刻,竟然终结了这位艺术家生活中一个黑暗的时期。

瞥见河里往来的船只,我突然有些跃跃欲试的冲动。我庆幸自己做出了只带一个背包游历六周的决定,而且背包大约一半的空间已被旧书和洗漱用品占去,这也就意味着，我只能带一套换洗的衣服。我当时盘算，我看起来什么样子并不重要，因为我要与之打交道的罗马尼亚人的衣服比我的还要寒酸。而且，我已经尝到甜头了：想走立刻就走，想停在哪里就停在哪里，不需要担心行李被遗漏，也不需要担心出租车、房间预订。现在，我就决定准备跳上河中众多装满乘客的船只中的一只。我选定了一艘去圣乔治的船，原因有两个：

在所有三角洲上的村庄里，圣乔治是最外边的，就在黑海边上，离图尔恰 41 英里远，就在多瑙河的一个航道的边上。

即便是《简易东欧指南》(The Rough Guide to Eastern Europe) 的勇敢无畏的作者们也未曾去过那里。他们不可以登船，因为圣乔治没有旅馆，而直到最近，待在罗马尼亚人家里还是不合法的。

在一艘船启航几分钟之前跳上去，使我有了一种闯入未知世界的刺激。因为去年 12 月革命之后的这几个月很冷，下雪也多，我很有希望成为第一个顺河而下走得如此远的西方人，因此，我就不得不找一户人家投宿。谁知道我到时候会敲哪一家人的门？

我花了 66 列伊——按照黑市汇率算就是 66 美分，这是雅典娜宫酒店管理方的

多瑙河三角洲的湿地成为欧洲重要的鸟类栖息地，如鹈鹕、鸬鹚等。

优惠——买了票。我其实可以不必再花26美分买"一等舱"的,因为这里与船上的其他地方一样挤满了人,只是稍微不那么肮脏而已。

这艘船基本上就是一艘超载的驳船,船的框架已经生锈,底板已经腐烂,油漆开始剥落,散发着汽油的味道,关于这类船,你会不时地在报纸内页里面的仅占一个段落的报道中看到,说船只在某个远离任何国家的地方倾覆,船上的人无一生还。在启程前,船上的所有座位都已坐满了人,通向唯一的厕所的通道,就像是高峰期火车上的通道一样;甚至连蹲下的空间也没有。船上没有水、啤酒或是红酒可以喝;只有罗马尼亚的李子白兰地(有时候是用李子干酿造的)。

这种运输工具之所以还在运营,是因为国家没有为购买新船提供资金。因为国家限制能源供应,因此去圣乔治的船只就相对较少,中间停靠的间隔也比较长;因此,每一只船都极为拥挤。这也是这个国家火车如此糟糕,市内公交系统彻底崩溃的原因。齐奥塞斯库说,这些严格节制的措施是必要的,因为罗马尼亚亏欠外国银行的债,但他坚持提前还债,目的是为了使罗马尼亚"完全独立"(就像阿尔巴尼亚曾经做到的那样)。但是,当别人的胳膊肘顶着你的两肋,呛人的酒气刺激着你的鼻孔时,你是很难相信这类大话的。我认为,债务只是削减燃油和基础设施开支的一个托词,这些都像运河以及公寓群的建设一样,都是消磨人民意志的措施的一部分。

人民的生活条件越来越差,甚至白兰地也跟着遭殃。在所有东欧国家,政府都强迫农民把他们收获的部分农作物按比例交给国家。但是,没有哪一个国家对农民的剥夺像罗马尼亚那样严厉,也没有哪一个国家的制度像罗马尼亚那样腐败,因此,农民只好想方设法用最为腐烂的李子或李子干来填充比例的缺口。在罗马尼亚也有好的白兰地可以喝,但那都是自家酿制的。装酒的瓶子经常被塞上布条或报纸,因为瓶塞也供不应求。

爬上甲板很费力气,但还是值得一试的。尽管有风,又潮湿又寒冷,但在外面还是不那么难受。与此极为相似的条件让我心生畏惧,不敢再乘坐内河船从苏丹逆流而上游览尼罗河,也不敢从扎伊尔乘船顺河而下游览扎伊尔(刚果)河,而两地的风光相差也不多。

在最后一艘停靠的船以外,则是一望无边的棕色和绿色的交汇。棕色指的是多瑙河两条入海通道之一的颜色,而这一艰难形成的绿色则是指大片的、移动的淤泥,它们为垂柳、杨树、芦苇和藤蔓类植物提供了绝佳的生长环境。根据《东欧简易指南》,这里是"欧洲一片最年轻的、最难将息的风土"。在这里汇集着来自蒙古的鹰隼,来自中国的野鸭和鸬鹚,来自塞尔维亚的鹤与猎鹞,此外,还包括印度的鸟儿。流淌到这里的时候,西特维尔写道:"多瑙河就摆脱了人的文明,进入了虚无,接近了鞑靼人的大草原。"另外一个在 20 世纪早期来罗马尼亚游历的英国作家、《吉普赛露营地与王宫》一书的作者 E.O. 霍庇,认为多瑙河三角洲包含着"康拉德式的绵延"。

周围的乘客也强化了我的这种感受:我已经离开了欧洲。船上有留着富有弹性的长胡须、戴着黑色的圆筒帽的俄罗斯利波瓦人,他们狂热的祖先因为反对有世俗倾向的沙皇彼得大帝,在 17 和 18 世纪时作为宗教难民来到三角洲。我还看到了金发的乌克兰人,他们信仰东正教的祖先为了逃避乌克兰天主教的迫害,于 200 年前来到这里。船上还有身上凌乱地裹着花里胡哨的织物、佩戴着手镯的吉普赛人,根据一种理论,拔都汗的鞑靼人部落在 13 世纪时把他们当作铜匠带到了罗马尼亚。

20 世纪 70 年代和 80 年代期间,罗马尼亚的吉普赛人口可能增加了一倍,从 200 万增加到 400 万,尽管该国总人口并没有变化,仍然为 2300 万。尽管齐奥塞斯库宣布堕胎和生育控制措施是非法的——以便罗马尼亚的人口能够超过他们痛恨的匈牙利人——但是,他所创造的贫穷与半饥饿的统治方式,不仅增加了婴儿的死亡率,而且迫使妇女去接受非法的堕胎手术,其目的就是为了减少一个需要喂养的人。但是吉普赛人仍然坚持生孩子,仿佛什么事情都没有改变一样。他们一直都生活在贫穷之中,在法律之外。

我在船上看到的吉普赛人似乎符合人们关于吉普赛人的最差的成见:醉醺醺的、令人不安的、不停捣腾的双手似乎时刻准备要偷东西。O.E. 霍庇写道,吉普赛人"最喜爱的职业"就是欺诈。"要是不让他从事这个职业,他就破产了。"我所见到的吉普赛人没有一个有欺诈行为。沃尔特·斯塔基在《匈牙利和罗马尼亚漫游记》中全书都在描述在这两个地方游历的吉普赛行吟诗人。但是,在任何地方——不论是在船上,还是在我游历的罗马尼亚的其他地方——我都没有碰到塔斯基所描述的"带有其特有的颓废以及过多修饰的颤音的音乐"。很早以前,齐奥塞斯库要求，所有在公众场合演奏的吉普赛民俗音乐都应当填上马克思主义的歌词，结果很少有人演奏这类音乐，于是这个传统就逐渐丧失。船上的收音机播放着嘈杂的、最为恶俗的西方的流行音乐。但是，使我感觉恐惧的是酗酒现象。

不仅是吉普赛人，几乎这条船上所有的男人（而且男人的数量远远超过女人）都已经喝醉，而且越来越厉害，让人特别不舒服。酒吧的李子白兰地卖光之后，人们就从麻布袋子里掏出瓶子。一些瓶子里装的是家酿的白兰地；另外一些则是医用酒精。由于一路上不断停靠下客，船上的人群逐渐变小，我意识到喝酒最多的人仍然在船上，而且集中到船舱里，但甲板上恶劣的天气迫使我也不得不回到那里去。

船舱里的空气就像是一道无形的门，直接撞在了我的脸上。由于窗户关得很严实，空气中新鲜的氧气已被耗尽，取而代之的是二氧化碳、酒气、汗味和最为邪恶的卷烟冒出的烟雾。空酒瓶子堆满了整个桌子。吉普赛人、乌克兰人还有其他人都在扯着嗓子喊叫，喊叫声中充满了火药味。他们穿着的毛衣和运动衣，由于每天都穿，从来也不洗，已经看不出原来的颜色和花纹。他们的脚上穿着的除了一些很难描述的鞋类之外，能认得出来的是廉价的拖鞋和尖头的银色塑料鞋子。我感觉很饿，而且也站累了，于是就在这些人中间找了个空位子坐下来。

我几乎不会用罗马尼亚语进行交谈，但我懂法语和德语。对我来说，很不幸的是，我对面那个人也懂得一些德语。

他在桌子的另外一头俯下身来，碰倒了一个空瓶子，用醉酒的人特有的飘忽的眼神看过来，嘴里嚷着，吐沫星子喷到我的脸上："啊，啊，我懂德语。啊，啊，啊，啊，……"

我试着假装自己不懂德语，但他还是断断续续地讲出了自己一生的故事。他出生在三角洲的一个村子里，来自一个罗马尼亚人和乌克兰人通婚的家庭。20世纪60年代，当乔治乌-德治和齐奥塞斯库在图尔恰西北45英里的加拉茨（这是多瑙河与发源自摩尔达维亚的普鲁特河的交汇处）建造罗马尼亚最大的钢铁厂时，他被征调到那里工作，然后就再也没有离开，除了偶尔能去看望一下住在三角洲的家人。尽管已经结婚，有了孩子，但是他在加拉茨，他仍然和其他劳工一起住在一个宿舍里。他讲罗马尼亚语和乌克兰语，也学会了一些德语。

当我终于开口讲话，并告诉他我是美国人之后，他依旧大声地说："齐奥塞斯库，不好，伊利埃斯库，很好。"

这句话他重复了好多遍，似乎我听不见他说话一样。接着他又说，"学生们，也不好。"

"为什么？"我问。

"法西斯主义。"他说，喷了我一脸吐沫星子。

"哦。"我没有要跟他争论的意思。

在桌子上的瓶子的下面，是一张亲政府的报纸，其中有一个标题是关于前国王迈克（用罗马尼亚语说是"米哈依"，卡罗尔二世的儿子）的。"迈克怎么样呢？"我问。

"不好，不好。他是一个霍恩佐伦人，一个霍恩佐伦人：是外国人，外国人。"他把我的问题翻译给其他人，那些人就开始发出关于迈克的尖叫，尽管我听不懂，却听起来非常可怕。他向我解释说，1947年，迈克离开了罗马尼亚，乘坐的私人火车上装的是这个国家所有的钱与艺术珍品。当然，这很可能说的是他的父亲卡罗尔二世和路派斯库在1940年做的事情。但当我试图向他解释的时候，他用很大的嗓门冲着我喊："不，不。"[3] 我闭上了眼睛，假装睡了过去。人们继续喝着酒。

齐奥塞斯库的诸多遗产中的一个则是下层阶级，仿佛是直接从奥威尔的《1984》中脱胎而来：这是一些在城市化过程中备受折磨的农民，用一句当地的谚语说，他们"非马非驴"，他们被从自己的祖先生活了几十年或几个世纪的村庄连根拔起——远离了他们所拥有的每一个传统——并被搬迁到工厂的宿舍里，在这里，除了烈酒和体制宣传品，什么都奇缺。因为卡罗尔二世于1953年死亡，迈克就成为最直接的威胁：自然地，当政者很早就开始把卡罗尔的罪过安在迈克的头上。在齐奥塞斯库的统治之下，这些忍饥挨饿、被迫劳累接近死亡程度的人现在可以做任何事情。1990年6月挥舞着棍棒和斧头屠杀占据布加勒斯特大学广场学生的那些基尤峡谷的矿工，就是来自这一社会阶层。在一定意义上说，那些在纳粹种族灭绝营担任卫兵的乌克兰人，也来自这一阶层。20世纪二三十年代被斯大林集体化制度所牺牲的农民，之所以成为党卫军的工具，仅仅是因为德国人在战争刚刚开始的时候为这些人

---

[3] 迈克也被指控盗窃罗马尼亚的财富。但是，根据此人告诉我的其他细节看，显然是他把卡罗尔二世的事迹与迈克的事迹混为一谈。

及其家人提供了一定程度的安全。拿这些矿工来说，伊利埃斯库又一次证明，哪怕是你给这些人稍微多一点儿食物和自信心，他们就可以变成心狠手辣的禁卫军。

在黑暗中，我朝着圣乔治方向走去。没有路灯，只能隐约看到泥沙堆积的平台上用篱笆条和废铁搭成的棚屋，还能听到浪涛拍岸的声音。一个孤零零的巴洛克风格的屋顶，是唯一的能提醒我不是身在非洲的符号。这里移动的淤泥平台和荒凉，让我想起曾经游历过的乌干达和苏丹南部的尼罗河上游地区。

我从码头上的人群中注意到了一个留着整齐的胡须、带着贝雷帽、手拿拐杖的一个老年男人。我近乎本能地脱口而出，用法语说明了我的情况。让我感到欣慰的是，他听懂了我的话并保证为我找到一个落脚之处。接着，一个高个子的、看起来也就二十五六岁的女人大踏步地冲着他走过去。她看起来不是圣乔治本地的人：她有着光可鉴人的金发，妆也画得很有品味，不仅看起来非常有魅力，而且她穿的衣服也是西方人制作的。很快，老年男人和年轻女人就开始争执起来。我感到很尴尬。当她气呼呼地离开后，我问那个男人她是谁。

"我妻子。"他说。

他 63 岁，他告诉我说。但他看起来更老。他曾经当过律师，但不知由于什么——具体原因从来没有搞清楚——在齐奥塞斯库 20 世纪 60 年代统治的初期，他陷入了与体制有关的麻烦。在监狱里过了一阵儿之后，他被迫到一个铅厂工作。"我的生活完全被毁掉了；现在，我只是住在这里，画画。前不久我娶了那个女人，可两周前她抛弃了我。"

"在这里等等吧，"他说，"我会给你找一个你可以说得上话的人，你会觉得那人很有趣。"

我独自在黑暗中等了大约有十分钟，突然一个年轻男子抓住了我的背包并用很好的英文说："来吧，我是莫西亚，是这里的医生。来跟我和我太太一起住吧。我们有好多话要跟你说，太多了。恐怕你晚上都无法入睡。"

莫西亚领着我进了一处独层的、瓦顶的水泥住所。在里面，一个女人蹲在地板上，正在边读边听 1972 年发行的尼尔·杨的盒带。

她跳了起来和我握手。"这是我太太易昂娜，也是个医生。我们都是布加勒斯特人，来圣乔治一年了，在为国家做事。抱歉，这音乐早就过时了，不过这已是我们最好的了。"

音乐很好,我告诉他说。矿泉水、煮鸡蛋、熏小鲸鱼肉和新鲜水果也都很好,但最能帮助我恢复活力的是看到莫西亚和他妻子脸上正常的表情。尽管莫西亚是黑头发,留着小胡子,而易昂娜是金发,但对那一时刻的我来说,他们俩就像是长得一模一样的双胞胎。他们清澈、坦诚的眼睛里丝毫也没有船上的那些人那种迷迷瞪瞪的无知,没有妓女和骗子的那种哗众取宠的狡黠,也没有我所遇见到的许多其他人的沮丧。在罗马尼亚游走,就像是居住在陀思妥耶夫斯基小说的书页里。

"欢迎来到非洲,"莫西亚不自然地笑了笑,"在这里,我们两个都是医生,但我们没有盘尼西林,没有自来水,没有啤酒,除了渔民捕捉到而我们又能够从走私者和海盗手里买得起的,别的什么也没有。圣乔治大约有1500人,大部分是乌克兰人。被诊断出有癌症的是40个。谁知道从何而得的呢?切尔诺贝利就在黑海那边,中间也没有山峰隔开。这里的河与海到处都是浮油。海豚都死掉了,春天时,从亚洲飞来的鸟也越来越少。要我来划分的话,全镇一半以上的人都得算是酒精依赖者。三角洲应当是旅游胜地。可实际上呢,它却成了社会和环境灾难区域。去年12月,这里没有政治异常波动。有一天,齐奥塞斯库的画像被拿了下来,就这么多。"

"这里的社会生活遭到了彻底的破坏。可能需要数十年才能恢复。我不知道我和易昂娜有那么大的耐心。革命之后的那几个星期里,我们整天都把收音机开着。我们牵挂着这个国家,也想帮助我们周围的人。但这个国家的状况在急剧恶化。易昂娜和我又回头考虑我们自身,只要被允许的话,也考虑移民离开这里。"

我吃完了饭。莫西亚和易昂娜要带我去镇长家。照路需要一个手电筒。我们路过一个小小的东正教教堂。"几年以前,一艘运水泥的船被冲到了岸上,于是乌克兰人就建造了这个教堂,"易昂娜解释说,"在一定意义上说,圣乔治比罗马尼亚的其他镇都幸运。大海给我们带来礼物。而且,因为我们这里与世隔绝,政府也几乎不注意我们。"

镇长不在家。但他的太太准备了晚饭,而且,由于莫西亚对我做了郑重其事的介绍,我觉得只能在餐桌前坐了下来。刚才已用鸡蛋和幼鲸肉填满了肚子,现在我又不得不吃下一盘烤猪肉和蒜拌鱼子色拉。只有家酿的白兰地才能把这么多东西冲到肚子里去。

一个男人进来和我们一起吃饭：他是个中年人，圆而胖，前额和脖子上青筋暴露。他穿着肥大的吊带裤子。他满脸通红、满嘴酒气。一边大声地吃着东西，一边以一种近乎于歌剧的方式开始给我训话，说话时还像墨索里尼那样不时地突出下巴。莫西亚现场翻译。

"这全是罗斯福的错。我说的是这儿的一切，"他挥了挥手，"他在雅尔塔出卖了罗马尼亚。否则的话，罗马尼亚就像现在的法国。"

"他说的对，"莫西亚补充说，突然变得有些愤怒，"因为罗斯福，那个该死的瘸子，我们受了45年的煎熬。"

"在雅尔塔的时候，罗斯福已经到了死神的门口；他回去之后没有几个星期就去世了，"我开始解释说，"他和斯大林谈判达成的协议是在东欧进行自由选举。红军留在这些国家，选举无法实施，那不是他的错。你们可以谴责斯大林，谴责希特勒首先发动那场战争，但不要谴责罗斯福。"

"罗斯福就是个背叛者。"穿吊带裤子的人说，他已经把吐沫星子喷到了我的脸上。

"现在我们又一次在被出卖，"莫西亚说，"这个布什，我们不相信他。只有里根对我们是好的。"

一提到"里根"的名字，木桌子周围的每一个人——镇长的太太、穿吊带裤子的那人、莫西亚、易昂娜——都停止了吃饭，以类似于祝祷的方式点头表示了赞赏。你是无法和这些人争论的，他们经历了太多，而且只能从他们有限的、昏暗的视角来对这个世界进行想象。

"'邪恶的帝国。'我记得曾在'美国之音'广播里听过里根的演讲，"莫西亚说，其他人点了点头，继续看着我，"他是你们的总统里面唯一说实话的人。可是现在不是，唉，不过是另外一个罗斯福而已。你们瞧着吧，罗马尼亚将被再一次出卖。我们总是这样。"

"从普鲁特河与多瑙河看到的世界，显然不如从波托马克看到的世界那么美好，"穿吊带裤子的男人以一种指控我的腔调对我说，"我们因普鲁特河而受尽了折磨，它不是我们真正的东部边界。一定要把俄罗斯彻底干掉，"说着，他冲着我们之间的空气用手掌做了一个斜向猛劈。"比萨拉比亚是我们的，不是戈尔巴乔夫的。为

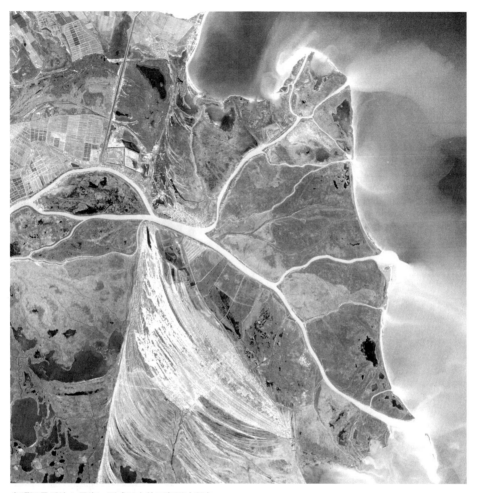

多瑙河最后注入黑海,形成巨大的三角洲冲积扇。

什么布什那么喜欢戈尔巴乔夫呢?因为你们的布什想帮助俄罗斯反对罗马尼亚。"

"这人是镇长吗?"我小声问莫西亚。

"不是,"莫西亚小声回答我,"其实,我也不知道他是谁。"

晚宴之后,莫西亚领我去河边散步,走向我所乘坐的内河船往返的多瑙河航道汇入黑海的地方。这天晚上乌云满天,不见星斗,因而我也看不清大地上的任何景观。但是,靠近河滩的地方,空气中充满了青蛙的低沉的叫声,似乎有数百万只之多;另外,还有无数的看不到其踪影的鸟儿在尖叫。我感觉自己仿佛置身在一个黑暗的气泡之中，这些声音也都出自于真正的人声，而这些人声似乎在奋力冲破一层外在的厚膜，却总是徒劳地被反弹回来。

"你必须理解，"莫西亚以一种歉意的口吻说，"几个世纪以来，我们一直被人骑在头上打。我们应当怎样才能乐观起来？你告诉我说，现在欧洲的局势要比1945年的时候更有希望，在内心，我相信你的话。可作为一个罗马尼亚人的本能则告诉我说，我不应当相信你。"

"考虑到去年12月份发生的事情，你怎么还能像那样说话呢？"

"看看你的周围吧。你看到了什么呢？齐奥塞斯库的确被处决了——我对此感到高兴，但是，他所造成的危害，依然会让我们喘不过气来。而且，那些坏蛋仍然在掌握着权力。"

我们到了河边。浪涛拍岸的声音遮住了青蛙和鸟儿的声音。莫西亚指向多瑙河河水与黑海海水交汇的地方。但我看到的只是黑暗。

"齐奥塞斯库统治的时候，经常有人在夜里向着大海游去，那边有船抛锚在那里等着，然后试着划船去土耳其。大部分人的结局都是被淹死。只有极少的人成功了。"

我游泳的能力很强，但游向那个冰冷黑暗的虚空，让我感到不寒而栗。"你没有办法不绝望。"我说。

"没有人会比我们更绝望。"莫西亚回答说。

等我们打着手电筒回到房子的时候，再让我那么沮丧和悲观，却又是不可能的。踏上罗马尼亚土地的这漫长的第一天，我的内心充满了一个旅游者对所见所闻的敬畏感。如果几个月之前，齐奥塞斯库仍然还在台上的时候，我竟然能够来到圣乔治，遇到莫西亚的想法是不可思议的。十多年来，我一直在其他东欧国家交朋友。现在，我终于能够在罗马尼亚有朋友了。这肯定是好的预兆吗？

莫西亚提到，两位研究污染对鸟类影响的鸟类学家，比我早几个星期来到圣乔治。我敢肯定的是，未来的几个星期、几个月、几年之内，许多游客会从西方来这里。第二次世界大战结束45年之后，噩梦终于过去了。我正在经历的是噩梦之后的早晨。但是，像《创世纪》里上帝的第一天一样，那个雾蒙蒙的、惊魂未定的早晨可能会持续相当长一段时间。

第 7 章
摩尔达维亚：习惯于仇恨

我的下一次火车行程将带我向北去，路途与罗马尼亚－苏联边境平行：从多瑙河上的一个港口加拉茨到摩尔达维亚地区的省会雅西。

我在火车的一个二等车厢里坐下之后，地板上已形成了一些接近棕色的水洼，水滴来自于被雨水打湿了的衣服和用绳子捆在一起的塑料和硬纸板做成的行李箱。雨水也顺着破碎的窗户的裂缝淌了进来。这是一节双层的车厢，每一层的空间仅够站立，金属座位上没有垫子。火车启动时，冷风和雨水灌进了车厢。咳嗽声和抽鼻子的声音响成一片。像在非洲和亚洲一样，人们用手指擤鼻涕。孩子们一直在哭叫着。

土卢塞斯第、甫窝泰斯第、特古布兆。摩尔达维亚的每一个镇都与前面的镇一模一样，都笼罩在褐煤的烟雾和其他污染物之中，而且污染之后也没有任何发展。尽管我在车上非常不舒服，但是透过窗户看到的景色，几乎让我希望自己永远也不离开这列火车。外面就仿佛是有人在拿着一张随风起伏的、黄绿相间的东方式的地毯，并在上面胡乱倾倒柏油一样。

伊斯兰教堂的圆顶，没有汽车，接连不断的农民驱赶的马车（布拉姆·斯托克在《德拉库拉》中提到过这种马车）停在那里等待着火车通过，一座又一座长长的、和缓的小山连绵不断，使得大地呈现出某种水平延展性，要是换在别的情况下，这一切会创造出一幅让浪漫的旅行者流连忘返的关于欧洲与亚洲大草原相接的画面。但是，这一切却存在于一层尘土之上或之下，以及飘着垃圾的洪水之中，一条铺成的路也看不到。数英里之内，我的眼睛一直能够看到一条架在空中的污水管道。这条锈迹斑斑的管道直径大约有三英尺，穿过一簇簇的房子、操场、农田、工厂大院，在每个镇都有分支管道汇入。我在摩尔达维亚南部看到的最为难忘的景象

罗马尼亚北部的中心雅西全景。

是,一个牧羊人赶着他的羊群在这条架高了的污水管道下面穿过一条小河,在有些地方,这条污水管道是用污黑的破布条捆绑在一起的。

这列火车穿过了一系列隧道。因为头顶上的灯座里没有灯泡,一些人在过隧道的时候就点燃蜡烛,这使得他们明晃晃的黑眼睛戏剧性地更加突出。这些眼睛都具有某种严肃的、近乎于虔诚的悲观,似乎是通过某种遗传过程,折射着他们一代又一代的先人所目睹的恐惧。

我现在得换乘火车了。

1929 年,爱尔兰旅游者沃尔特·斯塔基发现,在罗马尼亚,火车站台是"火车轨道之间狭窄的空间"的"委婉说法"。我就在一场猛烈的大雨中站在这样的一个站台上等待火车。一系列的水泥板把火车轨道与另外一条间隔开来,而每块水泥板都不超过两码宽。两辆火车——一辆是货车,另外一辆是客车——从两个相反的方向开过来,火车所产生的对流风差点让我失去平衡,并被货车上突出来的几根金属棒击中。人群中的其他人都知道侧身站着,肩并肩靠在一起,恰好站在水泥板的中间位置。他们的面部极为平静,默默地忍受着这一切。这是他们一生中都在做的一件事。

我乘坐的这辆火车比第一辆更加拥挤。人群把我挤到了角落里,我只能站在两个座位之间狭窄的空间里。为了抑制想小便的念头,我把注意力集中在同一根架高了的污水管道上。头十五分钟,这个办法还相当管用。又过了十五分钟之后,我想小便的冲动就变得非常难以忍受。

"厕所!"我对着人群喊了一声。

一个年轻的男人抬了抬眉毛,似乎要对我表示宽慰,并且指了指车厢的另一头。人们挤得前胸搭后背,行李绊着脚踝或膝盖。仅仅凭借一声嘟哝,这个看起来凶巴巴的人群就想办法为我让出了一条路。我不断地小声用当地语言说"谢谢你"。当我到达厕所的时候却发现,一家吉普赛人已经带着行李驻扎在里面。这家的女人们先从里面挤了出来。这家的男人们则清楚地表明,他们要继续待在里面,为的是看护他们的粗麻布袋子。我没有任何异议,只做了自己不得不做的事情。

雅西主教堂。

厕所间的窗户玻璃已经完全不见了,雨水落在了厕所里面。在厕所座位的墙上,有人曾潦草地写下了这样的文字:"打倒全体党官。"

离开加拉茨九个小时之后,我到达了雅西,饥肠辘辘,寒冷打颤,浑身是尘土,而且还感觉有些屈辱。这样一天又一天,一年又一年下来,对我的思考有什么益处呢?我心里嘀咕着。但我已经找到了答案。我开始思念莫西亚和那个穿着肥大的吊带裤子的男人了。

雅西在地图上经常被写成"Iasi",罗马尼亚人则把它念成"雅什"。西特维尔注意到,"雅西是整个罗马尼亚在历史上最经常出现的小镇"。

从中世纪以来,雅西是摩尔达维亚最为重要的小镇,该区域与乌克兰大草原纵向相接,连一个可以用作屏障的山丘也没有,就像是一行赤裸裸的囚犯面对着刺骨的寒风。在18和19世纪,雅西遭受了俄罗斯人的六次入侵。在19世纪50年代,当布加勒斯特还是一个小镇时,雅西已经成为罗马尼亚民族主义的一个温床。1859年,就是在这里,亚历山德鲁·易昂·库扎首次宣布了现代的罗马尼亚国家的成立。在70和80年代,罗马尼亚最伟大的诗人米哈伊·艾米内斯库就生活在雅西,并针对"长着长长的鹰钩鼻子的外国人"写下了《讽刺诗(III)》:

> 这个毒泡沫,这个牛粪堆,这一窝臭气熏天、污秽不堪的畜生,
> 他们果真有权世世代代当我们民族的主人?

尼古拉·伊奥加是罗马尼亚最伟大的知识分子,后来被认为民族主义的、反犹主义的程度不够而被天使长军团士兵折磨致死。就在艾米内斯库创作诗歌的时候,伊奥加也生活在雅西。路派斯库稍后一些时间,即在世纪之交的时候,在这里长大成人。第一次世界大战期间,当德国人占领布加勒斯特之后,玛丽王后和其他王室成员曾在这里避难。1916到1918年间,雅西充当了自由罗马尼亚的首都。在战争之后,A.L.库扎(与在1859年宣布独立的库扎没有任何亲缘关系)教授在雅西的大学任教。库扎教授后来吹嘘说,他在希特勒出生那一年(1889年)发表了第一篇反犹主义的演讲。库扎教授的追随者之一,法西斯主义的天使长迈克军团的创立者

科内柳·泽列亚·科德里亚努在20世纪20年代开始了他的政治生涯，在库扎大学（以宣布罗马尼亚独立的库扎的名字而命名）组织反犹主义的示威。

在这仇恨的背后，大多隐藏着一种挥之不去的恐惧和易受攻击、防守无力之感。直到1918年，雅西距离沿着普鲁特河的俄罗斯边界只有十英里。在普鲁特河的对岸则是摩尔达维亚的东部，但由于瓦拉几亚的一个封建家族比萨拉布人首先在这里定居，又被称为比萨拉比亚。在第一次世界大战后的和谈中，罗马尼亚不仅收回了比萨拉比亚，而且还从已经分崩离析的奥匈帝国那里收回了摩尔达维亚的北部的一部分。但是，在它与苏联的边界——现在是以德涅斯特河而不是以普鲁特河为界——之间额外拥有五十英里的领土这个事实，并不足以浇灭第一次世界大战之后在雅西熊熊燃烧的民族主义的怒火，而罗马尼亚政党政治的民主化、世界范围内的经济危机、法西斯主义在整个欧洲的兴起和卡罗尔二世在20世纪30年代的暴政，更是起到了抱薪救火的作用。

1940年6月，斯大林重新夺回了比萨拉比亚；随后五十年中，边界又重新回到了普鲁特河，正好就在雅西的地平线上。1989年12月革命之后，雅西人终于在半个世纪以来第一次获得了对这一切发表看法的自由。

特瑞安酒店像是一个巨大的帝国风格的结婚蛋糕，矗立在雅西中心广场的边上。大厅和附设的饭店的场面是一种被腐蚀了的富丽堂皇：红色和棕色地毯上大块的深色污点；金属的香槟酒桶上布满了痰迹和成堆的烟灰；男人和女人蜷缩在大衣里面，脸上油乎乎的，露着被香烟熏黄的指甲；一个吉普赛小男孩挨桌乞讨；女服务员坐在墙角，不搭理顾客，她们穿着的白袜子遮不住多毛的腿。

一个漂染金发的女人在接待柜台值班，她戴着人造的珠宝，胸非常硕大，化妆的水平也非常糟糕。我感到不舒服，同时也因为寒冷，我用法语问是否有单人间。

"你？"她轻蔑地说，"对你来说太贵了。"她告诉我去旁边的由内瑞亚酒店，那是一家名副其实的供流浪汉投宿的酒店。

我问她这儿的单人间多少钱时，她说是63美元。

"哦，我付得起这个价。"说着便把我的美国运通卡递给了她。她把卡拿在手里，翻来覆去地看，一副很茫然的样子。

雅西的特瑞安酒店。

"Voluta。"她要求说,同时用拇指摩擦着食指,她用的这个词在罗马尼亚语中指西方货币。我给她看了看一沓美元。她微笑了,并递给我一把房间钥匙。酒店里没有行李员。

房间里布置着白色的帝国风格的家具,奢华的红色家居用品,墙上贴着紫色的壁纸,整个房间传递出一种妓院才有的闹哄哄的、放荡的气氛。没有肥皂,没有厕纸,而且(我还发现)有时候水龙头里还没有水。我给接待柜台打了电话,被告知说厕纸很快就会送上来。但是肥皂却非常紧缺。我要求房间服务。我被告知说酒店的红酒、啤酒和矿泉水断货。只有白葡萄酒有供应——但是温热的,因为没有冰。猪肉是唯一有存货的肉类,但却是冰冻的,难以切割。

罗马尼亚是一个极为奇特的混合物:罗马尼亚人看起来像意大利人,但却带着俄国农民的表情;其建筑的基调让人想起法国和中欧;其服务和物质条件却与非洲相似。

刚当傍晚时，雨停了，阳光穿破乌云照射出来。我就到外面散步。

战后的建筑分布在整个城市各个视觉的关键位置上，对人造成了视觉上的刺激，假如我能够从视觉中移除这些建筑物的话，雅西仍不失其绿树成荫的、里程碑式的城市风光：对维也纳的忠实的、尽管有些土气的模仿，并且具有大学城的氛围。镀金的、新巴洛克主义的国家剧院（建造于19世纪晚期，是罗马尼亚最美的宏伟建筑之一）前面的花园的地位，从这里安放的古代的诗人、音乐家和教育家的雕像上就可以得到说明，当然也包括民族主义诗人艾米内斯库的一座雕像。但是，雕像矗立于其中的迷宫的树篱，却很久没有得到修剪，使得花园呈现出一种被人遗弃的神情，这就像是一个忘记了刮胡子的男人给人的感觉一样。与花园相邻的是用砖和水泥建造起来的、方正的共产党总部，现已停止使用。

附近的雅西大教堂建于1833年，是新古典主义的风格。它矗立在一个绿树成荫的平台上，俯视着低矮的市区中由大烟囱构成的景观。但是教堂甚至都没有能够主宰所在的平台。从侧面硬挤过来的——这是针对所有宗教与传统的蓄谋已久的、用水泥做武器的闪电袭击——是一个庞大的居民区：目前还在建设的、必将成为怪物的贫民窟，与大教堂离得太近，若干垂悬的大梁几乎蹭到了教堂。

在大教堂内安放着受人尊敬的圣弗莱迪（St Fridy）的遗骨，盛在敞口的黄金棺材里面。我看到一大群罗马尼亚人排队去触摸并亲吻其骨骸。使我感到震惊的是排队等候的那些人脸上的热诚与惊恐。这些人不仅在重复地划着十字，而且在这样做的时候还跪在地上，其中一些人还大汗淋漓。他们真的是被汗水湿透了全身，尽管大教堂内部的空气感觉比外面还冷。几个朝拜者在给圣者写纸条——而且不止一个。每一个祈求者似乎都在以他或她最快的速度和最大的力气写着，一个，一个，又一个。只有在中东什叶派的圣地，我才体验过如此投入的、令人窒息的、散发着爆炸性能量的宗教气氛。这让我感到恐怖。

"罗马尼亚太偏远，无法得到西方的帮助。俄罗斯帝国的崩溃越是混乱，越是血腥，对我们就越好。我们要变成一个民主的体制，与比萨拉比亚的兄弟们重新在一起，这是唯一的途径。"

皮特鲁·贝简是《时代》的编辑，《时代》是一份周报，1989年12月革命之后几周内诞生，由雅西的库扎大学的学生出版。《时代》的刊头上印着这一宗教宣言："他真的已经复活"。贝简送给我的那一期载有关于1918年比萨拉比亚并入罗马尼亚，以及关于第二次世界大战以来俄罗斯人在比萨拉比亚持续实施"文化的种族灭绝"政策的几篇文章。上面还有一篇关于东正教圣徒的文章，还有一个专栏登载艾米内斯库的诗歌。

贝简告诉我说，在罗马尼亚需要有"二次革命"，目的是彻底清除"胁迫、官僚主义和社会主义的所有痕迹。他们用咖啡、鸡蛋和肉来收买我们，绝对是不可能成功的。贝简宣称，易昂·安东内斯库将军，即亲纳粹的领袖、二战时罗马尼亚的统治者，是一个爱国者，总是以符合罗马尼亚的最佳利益的方式行动。

贝简的办公室堆满了旧打字机。他穿着一件紫色的衬衣，戴着一条很薄的、看起来像是用人造革做的领带。他的短而未洗的头发，他的做作而严肃的表情，使得他看起来像是一个1917年的俄罗斯革命者。他的绿眼睛像是一个被关在矿井里面的囚犯的眼睛，在密切地关注着头顶上的小小的太阳光的光圈，但却不知道如何够得着它。

我离开了《时代》的办公室，转而去寻找《学生观点》的办公室，这是反对齐奥塞斯库的革命之后雅西的大学生创办的另外一份周报。我费了一番周折也没有找到《学生观点》，于是向我在街上遇到的一个学生求助，他告诉我说他是在柴尔诺乌达的多瑙河运河项目的技术员。在一次关于革命的谈话的过程中，这个学生断言"齐奥塞斯库没有死，他只是躲了起来"。看样子，齐奥塞斯库在公众场合经常使用替身，因而被处决的只是这个替身。"你要是仔细看看电视录像片中那张脸，你就会知道，那不是齐奥塞斯库的脸。"我回答说，人死后面孔会发生巨大的变化。"但也不会那么大。"他反驳说。我回忆起《德拉库拉》中的一个片段，布拉姆·斯托克在其中指出，"世界上人类已知的每一种迷信，不知怎么都会聚集到喀尔巴阡山这个马蹄形的地方，仿佛它是某种充满想象力的旋涡的中心"。

已临近半夜，天下起了雨。《学生观点》的一个大房间里挤满了学生，他们围坐在一张桌子旁边，桌子上摆放着几台打字机，与我在《时代》周报见到的那些一样。但是，没有人在打字。他们都在没完没了地说着话，用的是一种轻声的、似乎在密谋的语调。他们都在抽廉价的、没带过滤嘴的卷烟。但是，这些学生与20世纪 60 年代美国的校园知识分子几乎没有相似之处。这些人是一个吃过很多苦的群体，他们的鞋子上有破洞，衣服真正是别人穿剩下的、不要的衣服。他们的手沾满了污垢，头发是枯萎的，皮肤坑坑洼洼，颜色蜡黄，这一切都是强制性的贫穷生活的结果。他们的眼睛就像是黑暗的夜里独自在小巷中行走的人的眼睛；这些学生的恐惧是真实可感的。

"去年 12 月，街上死了学生，但国家安全部门的人安然无恙。那些接受外国学生贿赂，并因此给他们及格分数的腐败教授，仍然在雅西的大学任教，是国家安全部门的人在保护他们"。克里斯汀·芒玖解释说。

芒玖长着一张友善的脸。他很爱微笑，黑色的头发呈波浪状，穿着西方人制作的粗蓝布夹克。与《学生观点》办公室中的其他学生不同，芒玖很可能被误认为是在美国大学上学的学生。他告诉我说："在罗马尼亚的今天，缺少一种政治文化，也没有人能够想象出来，这种文化该是个什么样子。……齐奥塞斯库死了，但伊利埃斯库却几乎接近疯狂，而且会变得更糟。皮特鲁·罗曼（时任首相）、希尔维优·布鲁坎（前罗马尼亚驻美国大使、执政党的知识分子）都是独断专行的人，正在品尝享受权力的美味。"

芒玖感到恐惧和羞辱。他感到恐惧的原因是"国家安全部门的人仍然在掌握权力"。他感到羞辱的原因是，去年 12 月的革命本该发生在雅西而不是蒂米什瓦拉。

12 月 14 日，就在蒂米什瓦拉的首次示威发生前两天，这里的大学生在特瑞安酒店前面的主广场上举行了一次公开的抗议活动。但是国家安全部门知道了真相，占领了广场，而且不允许有轨电车、出租车和其他交通工具在附近停靠。"我们太不经折腾了，"芒玖痛苦地说道，"要是我们也能像蒂米什瓦拉的学生那样就好了。蒂米什瓦拉现在成了罗马尼亚的革命城市。它离西方近。雅西有一个伟大的、自豪的民族主义的传统，这没错，但我们离俄罗斯、离东方太近了。我们所受到的影响都是东方的，这不好。"

几天之后，我又和芒玖在《学生观点》的办公室见了一次面。这次他带来了他的姐姐艾莉娜，一个医学院的学生，但她打算为了成为一名作家而放弃自己的医学生涯。她的第一本小说即将出版。

芒玖告诉了我有关他家的一些情况。他姐姐偶尔插话纠正小的细节问题。

"我的两个祖母，还有我的母亲，都出生在普鲁特河对面的比萨拉比亚。第二次世界大战中，我祖父是俄罗斯人的囚犯，那时候罗马尼亚与德国是同盟。纳粹对我们不坏，其实一点儿也不坏。相信我，我们在纳粹的统治下，生活得远比在齐氏家族的统治下要好。

"我祖父从俄国的一个战俘营里逃跑了两次。第一次他被抓住，并被送了回去。第二次，他走了很多个晚上才被抓住，就在普鲁特河附近。就在俄罗斯人准备处决他时，发生了某个事情，我也不知道到底发生了什么，一个罗马尼亚同胞救了他的命。第二次世界大战之后，他和我祖母坚持每天晚上都收听'自由欧洲电台'，一直听了十年。他们期望美国人能够把罗马尼亚从俄罗斯人手中解放出来。他们坚信美国人能够做点事情。你们美国人真的让他们痛心地失望了。

"当第二次世界大战快结束，罗马尼亚军队被迫从比萨拉比亚撤离的时候，我的外祖母只有48小时的时间离开她的房子、她的父母、她的兄弟以及她所拥有的一切。后来她得知，俄罗斯人处决了她的父亲和她的兄弟。她为此谴责美国人，谴责他们没有帮助罗马尼亚抗击俄罗斯人。

"即便是现在，当我的那些上了年纪的亲戚聚在一起时，他们会不时地谈到比萨拉比亚，谈那里发生的变化，谈俄罗斯人对他们以前在村子里的邻居们做了些什么。

"在学校里，他们教育我们说，国王卡罗尔二世和安东内斯库由于和纳粹结成同盟而丧失了领土。但我们从父母那里得知了事情的真相。因此，我们知道，安东内斯库是一个伟大的爱国者，一个英雄。俄罗斯人和当时的政府才是罪魁祸首。"

我问他有关犹太人的事情。

"犹太人是没有爱国情怀的。罗马尼亚与纳粹结盟，但罗马尼亚的犹太人帮助俄罗斯人。你知道，战争期间，犹太人控制着雅西这里所有的东西。甚至在战争结束之后，他们仍然是非常有势力的。"

"但是在战争开始时有一次针对犹太人的集体迫害。犹太人怎么可能在这之后仍然保持其势力呢？"我问。

"他们从集体迫害中存活下来。在本地经济中他们仍然是很有势力的。"

"你有多大年纪?"我问。

"22岁。"

"你相信你祖父母告诉你的每一件事情吗?"

他停顿了片刻;接着,他说,"我相信他们所有的事实,这个没错。但是,我猜测他们的解释并不总是正确的"。

"例如,"他的姐姐艾莉娜插话说,"犹太人帮助俄罗斯人是可以理解的。我不会因此而谴责他们。这里的每一个人,我们和犹太人,都被困在巨大的历史力量造成的陷阱里面。在罗马尼亚,每个人都借助于欺诈性的盟友来保护自己。"

由于处在欧洲极其偏远的地方,罗马尼亚鲜为人知的地理位置使得在罗马尼亚所发生的事件,不论多么可怕,在西方的人们眼里,都呈现出一种遥远的、插曲的性质。在罗马尼亚发生的大屠杀也逃脱不了这个规律。沃尔德克伯爵夫人和其他记者于1941年1月离开了雅典娜宫酒店,但在这里,历史仍没有停止其邪恶的步伐,尽管这里不再有西方的观察者对此进行书写。

1941年1月,在利用他所控制的军队及坦克粉碎了布加勒斯特的天使长迈克军团发动的暴动之后,领袖安东内斯库要做的下一件事情,就是收复七个月之前,即1940年6月斯大林在卡罗尔二世的眼皮子底下单方面兼并的比萨拉比亚。这只有通过与纳粹结盟才能做到。安东内斯库向希特勒清楚地表明,如果解放比萨拉比亚是交易的一部分的话,罗马尼亚将热情地参加入侵苏联的活动。纳粹对苏联的入侵于1941年6月22日开始。6月25日,当罗马尼亚军队跨过普鲁特河解放比萨拉比亚的时候,一些罗马尼亚士兵临阵脱逃,跑到当地人的房屋——也许包括一些犹太人的房屋——里躲了起来。在雅西有一种很不靠谱的谣言说,其实所有临阵脱逃的士兵都被犹太家庭保护起来。另外,据说这些士兵也根本不是罗马尼亚人,而是趁夜色降落在郊外的苏联伞兵。这个谣言尽管在每一个具体细节上都是错误的,却引发了针对犹太人的集体迫害。罗马尼亚军队杀害了雅西及附近村庄中4000名犹太人。军队又迫使雅西地区的另外8000名犹太人搬离住所。士兵们把他们塞进上了锁的牛车内,由于普遍混乱,也缺少明确的命令,这些车辗转摩尔达维亚的农村各地,直到所有这8000人都因口渴和窒息而死。

在战争年代的其余时间，留在雅西的犹太人一直生活在恐惧之中，害怕有更多的死亡迁移和集体迫害。但之后再也没有这类事件发生——这里说的是普鲁特河的这一侧的情况。

从他的军队跨过普鲁特河那一时刻开始，安东内斯库就开始痴迷于获得领土。即便是当他的军队到达德涅斯特河（Dniester 与普鲁特河平行，再往东去 50 英里，构成了比萨拉比亚与乌克兰的东部边界）时，他仍不满足。他命令军队继续向东前进，跨过德涅斯特河进入乌克兰本土，并在那里宣布成立一个"跨德涅斯特河共和国"。因为纳粹德国想要毁灭犹太人，而罗马尼亚又是纳粹的一个同盟，于是安东内斯库就认为，生活在罗马尼亚军队行军道路上的犹太人就是一支潜在的第五纵队。安东内斯库听到的有关比萨拉比亚的犹太人帮助俄罗斯人，犹太儿童向罗马尼亚军队扔手榴弹的故事和谣言，都强化了他的这一信念。"犹太人用鲜花迎接红军。"安东内斯库说。

1941 年和 1942 年，在安东内斯库的监督下，185000 名犹太人被从比萨拉比亚和摩尔达维亚的北部尖角地带（刚刚从俄罗斯人手中解放出来）驱逐到跨德涅斯特河地区，而罗马尼亚军队的先遣部队正在那里建造欧洲唯一的非德国人控制的种族灭绝营。从 1941 年末到 1942 年中期，在这个不为人知的、遥远的战争舞台上，罗马尼亚军队杀死了这群人，剥光了他们的衣服，在零下的气温中向他们开枪。有些时候，当士兵们的子弹不足时，他们只向成人开枪，然后把儿童活埋。

甚至对于负责灭绝欧洲所有犹太人的党卫军军官阿道夫·艾希曼来说，这也有些过分。1942 年早期，艾希曼恳求安东内斯库暂时停止杀戮行为，以便等纳粹完成对乌克兰的征服之后，由专门的党卫军屠杀支队来接手，可以干得更利索一些，并且艾希曼认为那也就是需要再等几个月的事情。但是，罗马尼亚人已经处在杀人的狂热之中。对于比萨拉比亚和摩尔达维亚最北端的犹太人来说非常不幸的是，安东内斯库没有理睬艾希曼的请求。

然而，到 1942 年夏末，跨德涅斯特河地区的罗马尼亚人管理的种族灭绝营开始关停。不论安东内斯库有什么错误，他对已露端倪的政治风向始终保持着相当敏锐的嗅觉。他很早就懂得了与纳粹德国结盟的必要性。后来，在 1944 年，他就预见到了自己的垮台。1942 年 9 月，当对斯大林格勒的围攻——这是这场战争的转折点——还在进行的时候，他已经在考虑希特勒前功尽弃而最终失败的可能性了。安东内斯库意识到，要搭建与西方的桥梁，就需要着手对罗马尼亚的犹太人政策进行大幅度的调整。1943年，当苏联军队先后夺回被罗马尼亚占领的德涅斯特河与比萨拉比亚等所有领土时，安东内斯库已经开始在国际犹太人组织中有了名声，说他虽然是亲纳粹的领导人，但肯于为了解救犹太人、甚至帮助把犹太人偷运到巴勒斯坦而进行合作。

然而，政治的考虑并不能很好地解释这一令人难以置信的行为的乖张。在出版于1961年的《欧洲犹太人的灭顶之灾》中对罗马尼亚的大屠杀进行了详细记录的历史学家劳尔·希尔伯格断言，在第二次世界大战中，国民性格竟然能像在罗马尼亚那样在决定犹太人的命运方面发挥如此巨大的作用，这除了在德国自身，再没有任何别的国家了。

可悲的是，罗马尼亚的历史一直是处于漫长而持续的喧嚣状态——总是为了推迟眼前的灾难，而做出一个接着一个的孤注一掷的交易。安东内斯库对待犹太人的行为模式，与他及其同胞对待纳粹和俄罗斯人的行为模式几乎没有什么差异。如希尔伯格所说，罗马尼亚士兵很快就在纳粹军事等级体系中赢得了勇敢、然而实际上是残暴之师的名声。但是，在1944年，当稳操胜券的苏联军队跨过普鲁特河进入罗马尼亚本土时，罗马尼亚军队不仅调转枪口攻打纳粹，而且打起来热情高涨。罗马尼亚军队在特兰西瓦尼亚攻打他们以前的德国和匈牙利同盟时所展示出来的好斗精神，很快就给盟军军官留下了印象，罗马尼亚人现在则不择手段地试图要回特兰西瓦尼亚这片领土：就像他们先前试图要回比萨拉比亚一样。

爆炸性的、短暂的激情爆发，也是罗马尼亚历史的一个显著特点。这一特点，加上做出权宜性的、相互矛盾的交易的能力，再加上安东内斯库间歇性发作的梅毒高烧，都有助于理解罗马尼亚在大屠杀中的行为记录。根据希尔伯格的分析，罗马尼亚人纯粹是对此已感到厌倦。对比萨拉比亚的入侵开始于一阵突发的民族主义的、反犹主义的怒火。由于被深入苏联的行军所带来的兴奋冲昏了头脑，安东内斯库的军队逐渐失去了理智。尽管从技术上讲是一个种族灭绝的计划，罗马尼亚军队在跨德涅斯特河地区的行动所显示出来的情感轨迹，却更像是集体迫害：在相对短暂的时间段之内，有很多野蛮行为，特别是针对儿童的野蛮行为。巧合的是，或是作为权宜之计，就在战争开始转向，而对罗马尼亚和纳粹不利的同一时刻，安东内斯库和他的军队开始对杀人产生了疲惫之感。这让他对屠杀犹太人这件事情整个产生了厌倦。他对于他们的仇恨已经被完全耗尽。"我将因为这些可怕的屠杀而声名狼藉。"他在1942年中期曾嘟囔说。

但是这位领袖倒是不必为自己的身后之名而担忧。尽管安东内斯库1944年被赶下台，1946年又被当政者当作战争罪犯处决，但在1990年，他却被认为是20世纪罗马尼亚历史上最受欢迎的人，其地位远远高出任何王室的成员。

1990年，国王卡罗尔一世和玛丽王后几乎已被忘记，尽管他们在第一次世界大战的时候曾力挽狂澜，使该国避免与德国皇帝统治下的德国结盟，从而为玛丽王后战后的纵横捭阖拉开了序幕，并最终促成了罗马尼亚在1918年收复比萨拉比亚、摩尔达维亚北部和特兰西瓦尼亚。

被废黜的国王迈克，现在仍然因数十年的政府的虚假宣传而遭受诽谤，而这些虚假的宣传既对作为下层阶级的农民，也对知识分子产生了影响。[1]作为一个年轻的傀儡国王，迈克曾密谋反对安东内斯库和纳粹，而在那个时候这样做不但得不到帮助，而且很危险。仅仅只有24岁的时候，他就巧妙运作，使安东内斯库于1944年被推翻，并且在这之后，他又领导了反对执政者的斗争。尽管从美国和其他西方国家得到的支持微不足道，迈克仍然背着苏联人殚精竭虑地进行谋划，直到他们最终于1947年底强迫他离开。从此之后，迈克在瑞士过着不失尊严的流放生活，靠当试飞员和技术顾问养活家人。迈克是第一个把罗马尼亚语当作母语来讲，而不带英语或是德语口音的霍恩佐伦人。

安东内斯库只得到了罗马尼亚人的称赞——作为一个总是以罗马尼亚人的最佳利益为行动原则的"爱国者"和作为一个当政者的"牺牲品"，那些当政者不公正地指控他犯有战争罪，但每个人却同时都认为，在特兰西瓦尼亚屠杀犹太人的要么是俄罗斯人，要么是纳粹。在罗马尼亚存在着这样的一个共识：罗马尼亚人和这一切没有任何关系。

---

[1] 然而，1992年，由于布加勒斯特的街道上有很多人蜂拥向迈克表达问候，态度的变化终于明朗起来。这种对前国王的积极的重新评价很可能成为一种契机，也许会最终使他永久性地回归他的国家。

不论其关于第二次世界大战的观点如何，皮特鲁·贝简、克里斯汀和艾莉娜·芒玖，以及其他我在雅西的库扎大学与之交谈过的学生，都没有流露出仍然难以释怀的对于犹太人的敌意。他们的愤怒被引向了阿拉伯人。这我需要进行一番解释：

齐奥塞斯库在位的时间越长，他的统治风格就越像卡罗尔二世。卡罗尔用自己的行为为鼓励对卖淫的特许经营。齐奥塞斯库支持类似的活动，但不是那么明目张胆。出于政治的原因，齐奥塞斯库允许大量的阿拉伯学生就读于设在雅西、布加勒斯特和克鲁日的大学。这些阿拉伯人很快就有了逃课、在别处释放其能量的名声。我访谈的罗马尼亚学生——以及我过去几年中就这个敏感话题访谈的西方官员——坚信，相当多的阿拉伯交流学生在从事黑市活动，特别是从土耳其和保加利亚经由罗马尼亚向西方倒卖毒品，而国家安全部门对此是直接默许的。倒卖毒品使得许多年轻的阿拉伯人，更不必提国家安全部门的人，手头有了数量可观的硬通货。用一个罗马尼亚教授的话说，在齐奥塞斯库的时代，雅西的特瑞安、由内瑞亚酒店，布加勒斯特的洲际酒店和克鲁日的纳珀卡酒店的大厅简直就变成了"妓院"，在那些地方，"罗马尼亚的妓女为了引起阿拉伯男孩子们的注意，相互竞争，丢人现眼。"而那些男孩子口袋里装满了美元。

"我们痛恨那些阿拉伯人。我们知道，我们的文明——且不管我们的政权如何——是一种欧洲的文明。这些阿拉伯人来自于一种低级的文明，丝毫也不尊重我们的文明。他们好行贿，侮辱我们和我们的妇女。他们还贿赂我们的教授。大学里每个人都知道，阿拉伯学生是最差的学生。在他们自己的国家，这些学生都很穷。他们在这里摇身一变，成了富人了。"芒玖义愤填膺地说。

另外一个学生告诉我说，这些阿拉伯人"就像是强加给我们的封建领主。当他们需要为他们的宗教节日加工一只绵羊或山羊时，他们就到一个村子里去花钱让农民为他们做。这本身没有任何错误。但是，你应当看到他们脸上的表情。那些阿拉伯人的做派，仿佛那些农民就属于**他们的一样**。"

我指出，罗马尼亚人不应当根据那些被派来留学的阿拉伯学生来判断阿拉伯文化，因为阿拉伯国家总是把最好的学生送到西方国家，而把最差的、最不认真的学生送到东欧来。

没有人相信我的话。"阿拉伯人压迫我们。"一个学生吼叫着回答我。

库扎大学副教授、民俗专家亚德里安·普拉修科用了多瑙河的一个寓言故事来说明罗马尼亚眼下正在发生的故事：

一个年轻的英雄砍掉了一条邪恶的龙的头，但是，从龙的脖子里汨汨而出的血，却把瘟疫传遍了整个乡村地区。"把去年12月在蒂米什瓦拉发动革命的那些学生当作那个年轻的英雄，"普拉修科建议我说，"而把你在周围所看到和听到的任何其他事情——人民对于历史的无知、麻木和不宽容，以及酒后暴力——看作是那条龙流出来的血。

"尤其是在摩尔达维亚，"普拉修科接着说，"罗马尼亚人被挤进了三个帝国的铁钳之内：奥匈帝国、奥斯曼土耳其帝国，沙皇或苏联。这里的人民已经习惯于仇恨了。"

尽管是一名知识分子，普拉修科来自于摩尔达维亚的一个小村子里的农民家庭。我们在特瑞安酒店喝了一瓶摩尔达维亚白酒。"这是摩尔达维亚最好的酒之一，"他说，"和别的酒不一样，它里面没有掺化学添加剂。"

我对他讲了埃利亚斯·卡内蒂的群体符号理论。"克罗地亚人有他们的天主教教堂。塞尔维亚人有他们的中世纪的修道院和科索沃的黑岩盆地，犹太人则有《出埃及记》，等等。你认为罗马尼亚人的群体符号是什么？"我问。

普拉修科沉默了片刻。他把整一杯酒倒进了食道。"我喜欢这类问题。"他说。他的双眼中流露出会意的神情。

"喀尔巴阡山山脉和森林是抵挡黑海大草原（俄罗斯南部草原和乌克兰草原）的第一道自然屏障。中世纪时，拉丁语系的罗马尼亚人保护他们的教堂不受入侵者骚扰的办法，就是干脆把教堂转移到森林深处；看看我们的修道院选址位置就明白了。我们的教堂，像所有的东正教的教堂一样，在土耳其压迫时代，就成了我们文化的炉膛。但是，从心理上说，教堂的意义远不止这些。它成为人们关于家和家庭生活的最佳符号，但却始终遭受着被劫掠和饥饿的威胁。家，家人围桌而坐，桌子虽然简陋，但上面有食物，这就是罗马尼亚的群体符号。因此，你就必须保护你的家的神圣性，不让它被毁灭。

"我们这个民族的仇恨，若是要进行分析的话，可能最终会被归结为对于饥肠辘辘的恐惧。在齐奥塞斯库统治的年代，一个罗马尼亚最自豪的事情就是为家人的桌子摆上食物。

"齐奥塞斯库的统治就像是土耳其人的统治。在他们的内心，我们仍然生活在森林里，不同的是现在打开了门闩，先是向这边看看，再向那边看看，心中充满了狐疑。"

第 8 章
德拉库拉的城堡那边的土地：
布科维纳有壁画的修道院

布拉姆·斯托克从未访问过罗马尼亚。但是他在大英博物馆做了很好的研究性工作。《德拉库拉》首次出版于 1897 年，他把"德拉库拉城堡"的位置放在一座山区高原上，"就在三个公国的边界地带：特兰西瓦尼亚、摩尔达维亚和布科维纳，都处在喀尔巴阡山的怀抱之内；是欧洲最为荒蛮也最少人知的部分之一"。

布科维纳（Bucovina）实际上是摩尔达维亚的北部，1774 年被哈布斯堡的奥地利人兼并。考虑到该地区有山毛榉树林，他们把新得到的地方叫作布科维纳，意为"山毛榉树覆盖的土地"。使事情进一步复杂的是，布科维纳本身就分为南北两部分。北部于 1940 年夏天被斯大林连同比萨拉比亚一起火速兼并，只是 1941 年（也像比萨拉比亚一样）又被安东内斯库的军队收回。安东内斯库的军队接着就把布科维纳北部的犹太人驱赶到了跨德涅斯特河地区，这些犹太人最后被罗马尼亚军队全部残杀。苏联军队于 1943 年重新收回了布科维纳北部。然而，布科维纳的南部则一直是罗马尼亚的一部分。斯托克把德拉库拉伯爵的城堡就放在布科维纳南部与摩尔达维亚、特兰西瓦尼亚东北角都交界的一个地方。乔纳森·哈克是斯托克在《德拉库拉》中虚构的人物之一，他乘坐一辆四轮的马车游历，从特兰西瓦尼亚这一侧的山口登上了德拉库拉城堡。但是马车及车上的其他乘客则继续前行，走过了城堡之后，沿着山口的另外一侧进入了布科维纳南部。这个地方，从神秘的德拉库拉城堡后窗绵延铺展开去，在斯托克出版《德拉库拉》近百年之后，仍然是"是欧洲最为荒蛮也最少人知的部分之一"。

第二次世界大战前夕，在一份现在读来仍像当年一样真实的观察报告中，萨谢弗雷尔·西特维尔写道："我所游历过的地方，不论是在西班牙还是葡萄牙，也不论是在瑞典还是在西爱尔兰的爱尔兰语地区，再也没有别的地方，能让人产生如此虚无缥缈的遥远之感。……这片土地属于碧绿的草地和冷杉林。它离报纸和运木列车的距离之远，超出了人们的想象。"

离开雅西之后，遵照亚德里安·普拉修科的建议，我直接奔向罗马尼亚最北边——也就是布科维纳南部——的森林，而正是由于斯托克、西特维尔以及其他

15世纪瓦拉几亚的统治者瓦拉德·德拉库拉。后来斯托克的吸血鬼小说就以他为原型。

去世很久的作家所注意到的地理位置的偏远，这些地方才躲过了二战后政府所造成的最为恶劣的社会的和环境的残暴行为。

像在罗马尼亚农村的其他地方一样，我看到的是草垛和马车，马车上坐着的农民穿着无袖的羊皮背心、白色家纺亚麻布衣裤和黑色的羊毛帽子。在这个国家别的地方，这类东西和丑陋的工厂、简陋的居民楼并放在一起，构成了一幅工业化贫困的画面。然而，在布科维纳，它们就成为意味隽永的细节，构成了一幅世纪初的欧洲平和美丽的生活画面。

在大片的山毛榉之间，和缓的山坡上点缀着松树、桦树和冷杉树。杨树和椴树排列在道路两旁，旁边的农田里则种满了苹果树。在经过几个连阴天之后，不再看到排放污染物的工厂，而尽情享受着蓝天的恩赐，我感觉仿佛我的罗马尼亚行程的黑白段戛然而止，随之而来的则是艳丽多彩的一段。

由于依偎在喀尔巴阡山和苏联的边境之间，布科维纳南部基本上被齐奥塞斯库忘记。集体化在这里几乎没有发生，大部分农业用地依然归私人所有。这些因素，再加上一种爱整洁的传统（当地人说，这一传统得自于奥地利人，而奥地利人的统

治到 1918 年才结束），就是几乎该地风土的每一个方面都在骄傲地宣示其所有权的原因。

没有看到水泥墙，映入我眼帘的是新近油漆过的尖木桩围栏。农民们用红色的小绒球来装饰马的长长的鬃毛。手工雕刻出来的门楣和金属的斜条格子装饰着农庄住宅。还能看到制作非常讲究的稻草人，路边木屋顶下面简朴的木制十字架，如斯塔基在《匈牙利和罗马尼亚漫游记》所说的那样，这一切"无不流露着农民特有的宗教中醇厚的谦逊"。

在游历布科维纳的几天里，我只见到了一两辆拖拉机；这里的农民使用锄头和长柄大镰刀。在我已经看到的和后来见到的罗马尼亚的地区当中，布科维纳的农村——种植着玉米和土豆的农田构成了不同的图案——地区，看来是最为富裕的，最少欠发达的痕迹。

约翰·里德游历这里时，乘坐的是一个犹太农夫借给他的一架马拉的四轮车："在这里，泥土堆成了壮观的波浪。……峡谷的两侧像是翩然而下的鸟儿留下的轨迹，杂陈其间的山梁和远看更加柔美的矮树林变幻出各种各样的奇观。西边的最远处，喀尔巴阡山朦胧蔚蓝而多皱褶的轮廓，一直延伸到地平线之外。被树木遮掩的村庄簇拥在土地气势磅礴的褶皱之处——村庄的房子都是用黏土建造起来的，黏土的模塑方式参差不齐，但都极为美丽，而且墙面都被刷成了毫无瑕疵的白色……屋顶的苫盖也极为讲究。"

堪称奇迹的是，这里几乎没有变化。布科维纳的森林似乎存在于一种天堂般的异常时段之内。在这里，我凭借双脚和一个沿途搭乘者幸运的食指旅行。沿途搭乘并不像在别的地方那样是一种勇敢者才敢尝试的旅游方式。说到这一点，齐奥塞斯库的疯狂恰好对我有利。汽车的缺乏、坐火车旅游的恐怖以及城市间公交系统的崩溃，却催生出了一个非正式的、合伙用车的系统。在罗马尼亚农村，每个人，包括儿童和老年妇女，都会沿途搭乘。因为我已打定主意大部分时间徒步行走，所以，当看到一辆车甚至在我并没有伸手的情况下就停了下来时，我竟然感觉有点懊恼。这里的做法是付给司机乘坐出租车费用的 10%。当司机们发现我是美国人时，他们通常都拒绝我付的钱。革命之后仅有几个月，对住在偏僻地方的罗马尼亚人来说，遇到一个西方人仍然是一种新奇的体验。

第8章 德拉库拉的城堡那边的土地：布科维纳有壁画的修道院

这样随意地游走了几天之后，我决定去探访普拉修科曾向我提到的几个修道院，并与修女们交谈。这就需要去雇一个翻译。我通过布科维纳的主要城市苏西瓦的旅游办公室找到了一名。翻译的名字叫莫西亚，与我在圣乔治的朋友同名。为避免混淆，我从现在起称呼他"米哈依"，因为他后来告诉我："我爸爸和妈妈想叫我米哈依而不是莫西亚。但是，这个名字容易引起怀疑，因为米哈依（迈克）国王在瑞士。但是，在上帝面前，我是米哈依。"

苏西瓦是一个现代小镇，是在第二次世界大战时苏联人炮火的废墟上建立起来的，但它却是布科维纳为数不多的几个没有格调的小镇之一。尽管如此，苏西瓦显然不像别的罗马尼亚小镇或城市那样令人有压抑之感。公园很多，建筑质量（用罗马尼亚的标准来衡量）也很高，居民看起来也不那么沮丧。"苏西瓦离布加勒斯特较远，离雅西较近，而且奥匈帝国的人一直是一种良好的影响。"米哈依解释说。

我们第一次见面的时候，米哈依把我领到了苏西瓦当地的一家酒吧，酒吧的装饰毫无品味，地上和墙上都装饰着机器编织的地毯。在这个怪异的、缺乏人情味的氛围中，米哈依履行了一个与我所遇到的其他罗马尼亚人一样的仪式：讲述自己的生平故事。

米哈依于1959年出生在特兰西瓦尼亚的一个小镇特古穆雷斯，那里在历史上一直是罗马尼亚人和匈牙利人交战的战场。米哈依的父亲是罗马尼亚人，母亲是匈牙利人。

第二次世界大战之前，米哈依的父亲开始工作，到一家犹太人的纸浆工厂当会计。战争期间，特古穆雷斯像特兰西瓦尼亚的大部分地方一样，被纳粹德国的同盟匈牙利占领。拥有工厂的犹太人被带到了集中营，并且再也没有回来。战争结束后，由于乔治乌－德治领导的政府正在巩固其权力，他们接管了工厂的运营，但让米哈依的父亲继续担任会计。

"新的经理们来自非常低的社会阶层，"米哈依说，"他们简直就是恶棍，是些没有受过任何教育的人，他们对工厂根本不在乎，除了考虑能从那里偷点儿什么。他们把工厂搞垮了，还把最好的纸浆拿到黑市上去卖。我父亲因为保留着账本儿，对所发生的事情非常清楚。但是，当然，他一点儿办法也没有。你们西方人体会不到被农民管制是什么滋味。"

"这种状态持续了好几年。但我父亲对此从来没有习惯过。他是一个胆怯的人，把好多事憋在心里。有一天在上班的时候，他实在是控制不住了。他冲着经理喊道：'我知道你一直在干什么。我不喜欢你和你的党。人家倾注毕生心血建立起来的这么好的一个工厂，就叫你给毁坏了。'"

警察半夜到了米哈依的家去逮捕他的父亲。这件事情发生在1964年，此时是乔治乌-德治掌权的最后一年。米哈依那时只有四岁半。他当时已经睡着，并不记得他父亲被捕的事情。他对于童年早期的记忆是从三天之后开始的，因为警察到他家里对他父亲的物品进行清点，并开列一个清单。

"我父亲喜欢阅读。我记得人们从他的书房里搬走了他所有的书籍和纸张。他们还拿走了他的手表，他的戒指。我们家有一块波斯地毯，藏在一个枕套里。警察还带来了我们的一个邻居，他曾到我们家做客并留宿，因此知道地毯藏在那里。他告诉了警察，警察就把它拿走了。

"我父亲在监狱里待了一年，366天，因为那年是闰年。我父亲坐在牢房里，什么也不做。监狱看守不允许他看书。"

米哈依的父亲被捕以后，他的母亲就去和她的匈牙利家人一起生活，家人给她施加压力，希望米哈依的母亲与他的父亲离婚。

"因为我父亲是罗马尼亚人，我的外祖母就一直想终止我母亲的婚姻。现在就是她做这件事的机会。我母亲不知道该怎么办。她去问一个朋友，一个罗马尼亚律师。她的朋友告诉她，'没有问题。开始与你丈夫离婚的程序吧，就像你的亲人要求你的那样。这个程序得一年才能结束。在结束之前，你丈夫就出狱了，然后你就可以撂下这一切。'我母亲就是这么做的。

"我父亲出狱后，我母亲和我就去和他一起生活。但是我的父母都找不到工作。我父亲的老朋友都害怕和他讲话。那肯定让他伤透了心。我父亲几年之后，也就是1969年就去世了，死时以为齐奥塞斯库是个好人，能够最终改变这个体制，因为齐奥塞斯库曾批评苏联对于捷克斯洛伐克的入侵（发生于1969年）。

"1971年夏天是一个转折点。齐奥塞斯库第一次访问了中国和朝鲜。我永远也不会忘记。当时本地的电影院正在放映《虎豹小霸王》。齐奥塞斯库是在一个星期天或是星期一回到了布加勒斯特，我记不清楚了。星期三，《虎豹小霸王》就不放映了,被一个苏联的纪录片所取代。我们当时就知道有什么事情发生了变化。你们美国人又等了十年才明白是怎么一回事。

"想想看吧,其他人到亚洲去,回来就有了贸易和电子器件的想法。齐奥塞斯库去了一趟,拿回来的是东方的个人崇拜。"

直到他十几岁的时候,米哈依才对他父亲的悲剧有了痛心彻骨的体验。"我正和几个朋友坐在咖啡馆里,突然有个醉酒的男人就开始侮辱我,说我有一个当罪犯的父亲。从那时起,我就开始恨我的父母。现在我恨的是自己曾经恨过他们。"

米哈依从他母亲的家人那里不仅学会了匈牙利语,还学会了德语。在苏西瓦的一个语文学院,他又学会了英语和法语。然而,这还不足以让他在当地的旅游办公室找到一份工作,那里的员工除了罗马尼亚语,不再说任何其他的语言。那个旅游办公室由埃米尔·博布负责,埃米尔·博布是苏西瓦人,是齐奥塞斯库的近身顾问(革命之后被判终身监禁)之一。米哈依不得不在一家机械工具工厂做英语译员,翻译技术性的小册子。

"你看,在齐奥塞斯库统治的时代,懂得外语的人反而处于不利的境地。他人怀疑。旅游办公室里领导们最不想见的人就是能够与外国人交流的人。毕竟,谁知道他会向他们说什么呢?另外,我又是一个政治犯的儿子,这让我变得双倍的可疑。"

1989年12月17日,当国家安全部门的人开始向蒂米什瓦拉的学生示威者开枪时,米哈依告诉他的妻子说:"一切都结束了,相信我;一旦罗马尼亚人看到了自己孩子的鲜血,他们就会变得疯狂起来。"

米哈依的生活开始发生接二连三的变化。他的履历表上的负面因素突然之间就变成了有价值的资本。外国人开始来到苏西瓦——数量也不多,只是若干法国记者和瑞士红十字会的官员。但是,谁能够和他们沟通呢?尴尬至极的官员派人来请米哈依。外国人用硬通货给米哈依支付报酬,而根据革命几周之后通过的新的法律,罗马尼亚人现在也可以合法地拥有硬通货并将其存放在储蓄账户里面。旅游办公室的负责人被开除。米哈依成为副主任。但很快他就把大部分时间放在当私人导游上。到苏西瓦的外国人的流量仍然很小,但他们当中的每一个人都直接找米哈依,付给他每天50美元的报酬。

齐奥塞斯库反对生育控制的社会战争，造成了一大批孤儿，当这个事实逐渐为人知晓时，其他的外国人开始联系米哈依，请求他帮忙收养这些孤儿。米哈依准备了必要的文字材料，换取对方用硬通货支付的费用。

米哈依也有自己的想法。我遇到他时，他正在尝试建立扶轮国际（Rotary International）的苏西瓦分支机构，"去告诉这里的人们，仅仅挣钱还不够；你挣的一部分必须捐献给慈善机构"。

米哈依的睡眠很少。"我没有办法。我的全部生活就是一场为这一时刻而做的艰难的准备。"他接着说："难道你没有看到那些森林、那些修道院吗？苏西瓦周围是罗马尼亚最为美丽的农村。这是一个游客的天堂，但这里没有从事旅游业的基础设施。我就要去建造一个出来。"

他眼前的目标是攒够足够的外币，去购买一辆西方产的小型面包车，这样就可以带团而不是单个的游客。"一旦我有了小型面包车，我就可以拥有一个真正的公司，那样的话，一个外国的企业就可以参股，甚至可以买下全部产权，当然，我还是要当本地公司的经理。"

米哈依也想带他的家人去美国。

"别误解我的意思。我并不想移民。在苏西瓦这里有很多的机会赚钱，我为什么去美国做一个贫穷的罗马尼亚移民？但我需要去接触一下阿拉莫教区，去触摸一下林肯纪念堂，去确认一下这些东西都是真实的。我想让我的儿子去看一看美国，去感受一下一个梦想成真的社会是个什么样子。你认为我不够诚实吗？我比你了解更多的美国历史。要不是这样的话，我会更加欣赏美国。"

米哈依有着中等的个头和体格。像许多罗马尼亚人一样，他有着黑色的头发和深色的眼睛。他的衣服是破旧的。是他眼睛的表情和他说话的方式使得他与众不同。他是一个想赚你钱的家伙。他主动和你搭讪，一副信心十足的神情，丝毫也没有难为情的意思，且要向你兜售某种东西：具体到他身上，则是他的翻译和导游服务。由于醉心于雄心勃勃的、讲求实际的算计，他的眼睛里冒着火，就像是那些在纽约的俄罗斯出租车司机一样。

尽管米哈依对摩尔达维亚的历史了如指掌，但从情感的角度看，他却往往置历史事实于不顾。我试图用指控安东内斯库的方式来刺激他。他对此并没有真正的兴趣。甚至齐奥塞斯库也没怎么让他感兴趣。值得一做、并且能够改进现在的事情很多，为什么还要在过去上浪费情感？米哈依在自己的祖国找到了期望中的乐土。他是我在罗马尼亚遇到的唯一的一批没有在仇恨上浪费能量的罗马尼亚人之一。

米哈依向我解释，斯蒂凡大公（Stephen the Great，"伟大的斯蒂凡"）是如何在奥斯曼土耳其帝国之内建立了一个独立的、说拉丁语的公国的。为了向不识字的农民臣民讲授基督教和摩尔达维亚历史，斯蒂凡和他的贵族们在森林深处建造修道院，从而远离了信仰伊斯兰教的土耳其人的骚扰。他们不仅用传统的绘画来装饰内部，也这样装饰其外部。第二天早晨，我和米哈依坐他的车去看这些"有壁画的修道院"，这个名字是修道院建成之后人们慢慢叫起来的。

开车 55 分钟之后，我们就到达了休莫修道院（Humor's Spell）。休莫修道院是最小的"有壁画的修道院"，周围是用木材而不是用石头建造的城堡。它修建于 1532—1536 年，由斯蒂凡大公的私生子皮特鲁·拉瑞斯的贵族们完成。

休莫修道院。

休莫修道院的壁画。

我一下子就被休莫给迷住了。它对煎熬与救赎的呈现是如此具有想象力和艺术表现力,仿佛煎熬与救赎是一种遥远的记忆,米哈依和我刚才穿过的数英里的美丽的森林,正好可以充当过往的时间通道。罗马尼亚其他地方所见到的满是工业时代的贫穷世界,一下子就远去了,与这个由辉煌的铜器、油漆过的木头,以及纯粹的矿物与植物染料所构筑的国度,隔着数光年的距离。

尽管气候潮湿,也隔着近500年的时间,休莫教堂外墙的绘画仍然被保护得很好。伞形的屋顶伸出墙壁很远,使得墙壁免受雨淋,很像农民的房屋那种保护性的亲密。主教堂周围用松木做的环状物也起到了同样的作用。但是保护这些绘画的最为重要的因素是对于纯粹染料的运用:用茜草根制成的红色,用钴和天青石制成的蓝色,用硫磺制成的黄色,等等。如1937年访问过休莫之后的西特维尔所写的那样,"布科维纳的这些外墙的壁画,是以中世纪特有的细心和专注完成的,而这种细心和专注通常是在绘制小型绘画时才派上用场的"。

休莫的主色调是茜草根制成的红色，硫黄和钴蓝只是起陪衬的作用。整个外墙的底部都是人世间的先知，中部是东正教的神父，上部则是战斗的圣徒，特别是圣乔治和圣迈克。没有留下姓名的中世纪的艺术家把《圣经》放置在了一种摩尔达维亚特有的背景中。例如，引诱亚伯拉罕的恶魔的穿着就像是土耳其的妖冶女人。外墙后面的末日审判场景，所刻画的堕落的天使都是土耳其人和哈布斯堡的奥地利人，而吹响上帝的号角的人则是一个摩尔达维亚的牧羊人。

从休莫顺路向前走几英里远，路边有一个可爱的峡谷，米哈依和我看到了一个犹太人的公墓，墓地和弯曲的墓碑由住在附近茅舍里的一家吉普赛人看守，并得到了很好的维护。公墓不是一个令人悲伤的地方。墓碑上的日期显示，逝者得享高寿，并且没有机会了解第二次世界大战中所发生的事情，而他们住在附近的布科维纳北部的同胞却被驱赶到了跨德涅斯特河地区。

"我很难相信罗马尼亚人竟然会伤害犹太人，"米哈依说道，"也许，那些是虐待我父亲的政府的人，他们才干这样的事情，而不是纯朴的人民或我们的士兵。"

其时，我的心情极为宁静，无心思索这个问题。

我们达到了隐藏在摩尔多瓦河河谷中的沃罗涅茨修道院（Voronets），沿河两边山毛榉树高耸入云，遮天蔽日。沃罗涅茨修道院建造于1488年，由斯蒂凡大公本人创建，是最老的有壁画的修道院。外墙的设计与休莫以及其他修道院类似，但沃罗涅茨这里的主色调是蓝色，这是一种非常特别的蓝，以至于最终被称为"沃罗涅茨蓝"。修道院外墙正面绘制的"末日审判"比休莫的画面更令人惊叹。地狱是一个鲜血滚滚的隧道，布满了即将被淹没的鬼怪。在"正义的天平"上，若干由天使代表的善迹，其重量超出了由数量多出很多的猴子和大蛇所代表的恶迹。

教堂里面，通向圣像围屏的石质入口相当低矮。我只能侧头才能过去。"这恰好是斯蒂凡大公带着王冠从下面走过要求的高度。"米哈依没有低头，并向我解释说。唉，斯蒂凡大公只有五英尺四英寸高。"并不是因为身高而伟大。"米哈依说道，他引用的是一个16世纪的记录者的话。

沃罗涅茨和休莫修道院都没有住人，这与后面我们参观的修道院不一样。

摩尔达维察修道院（Moldovitsa）修建于1532年，与休莫修道院同年建造。该修道院是皮特鲁·拉瑞斯国王（Petru Rares）本人而不是他的贵族修建的，因此要比休莫修道院大，环绕着长长的、比森林里的树还要高的石头壁垒。这里的主色调是硫黄，当太阳光照射时，它发出的光与金叶一样耀眼。

"现在，你明白了为什么我们的国旗的颜色是红、蓝、黄了吗？"米哈依问道。"因为它们是我们伟大的修道院的主色调：红色代表休莫，蓝色代表沃罗涅茨，黄色代表摩尔达维察。"

被露水打湿了松树和冷杉所发出的气味，接近蜜蜡虚无缥缈的气息。我们拜会了女修道院长塔图里奇·乔治塔·本尼迪克塔。她在摩尔达维察修道院已经生活了23年，有一双特别的橙绿色的眼睛。本尼迪克塔院长对我们说，有一群本地上学的孩子正在参观修道院。"在暴君统治的时候，这是从来不被允许的事情。修女们很快就会回到休莫和沃罗涅茨去生活的。上帝已经回到了罗马尼亚，这些修道院为什么还应当空着？你瞧，罗马尼亚是由圣母特别保护的，这就是55年的冷酷统治没有能够毁灭我们的原因。"

本尼迪克塔告诉我说，听到蒂米什瓦拉示威游行的第一个消息后，她就和女教友来到修道院祈祷，一直到黎明时分。她们每天晚上都这样做，直到"恶魔逃离了布加勒斯特"。在本尼迪克塔院长眼里，恶魔被处决的时间"与我们的主诞生的时间正好是同一天"这个事实，就是上帝选择罗马尼亚作为迎接千禧之年圣地的证据。本尼迪克塔院长并没有否认"我们的人民以往的罪过"。她要表达的意思是，在即将在罗马尼亚建立的"地球上的上帝之邦"，人们将以与他们追求恶迹时同样的激情来追求善迹。

"人们必须洗涤他们的灵魂。信仰必须再生。而且，这样的事情也正在发生。复活节期间，人们挤满了教堂和院子。我从来没有见过一下子来这么多人。半夜时，我们开始摇铃。每个人都会点上蜡烛。点燃的蜡烛有好几千根。人们喊叫着。半夜来临之前，没有人离开。就像是地球上的第一个复活节。在这之前，我只是相信他已经复活。现在，他已经复活，这是一个事实。"

苏彻维察修道院（Sucevitsa）是我和米哈依参观的最后一个有绘画的修道院。该修道院一直等到1584年才建成，要比其他修道院晚很多年，是在与土耳其的一次休战期间完成的。这一相对的稳定给了建造者——摩尔达维亚的两位贵族，怡瑞米亚和西蒙昂·莫维拉——很大的勇气。该修道院的塔和壁垒有三层，比其他这些

第 8 章　德拉库拉的城堡那边的土地：布科维纳有壁画的修道院 | 177

苏彻维察修道院。

苏彻维察修道院内的壁画。

修道院都要大很多。"毫无疑问，第一次见到苏彻维察修道院，"西特维尔写道，"会有一种从未有过的人生体验和感悟。拜占庭人在其精神冒险的巅峰时代，掌握了一种把他们憧憬的天国的境界呈现出来的能力。……"

由于被山毛榉、冷杉林包围着，苏彻维察修道院的外墙的主色调是深绿色，根据米哈依的说法，这代表着"布科维纳森林的深绿色"。与其他修道院一样，这里的外墙上同样有末日审判、美德之阶梯、耶稣家族树形图、圣徒、神父和先知的画面。区别在于，这里的画面更为壮观。

修女的住处设在壁垒里面。[1] 修道院长阿德里安娜·卡乔克柳邀请米哈依和我留下来吃午饭。我们坐在一张长长的木桌旁边，房间很大，很冷，墙壁是石头垒成的。一个修女摆上了萨拉米香肠、山羊奶酪、蔬菜和空心粉汤、泡菜、李子白兰地和玫瑰红酒。这是我在罗马尼亚即将享用的最好的一顿饭：桌子上的一切都是产自于修道院的土地上。为了暖和一下，我喝了好几玻璃杯白兰地，然后才去品尝玫瑰红酒。

修道院长坐在桌子的另外一端。她已上了年纪，鼻子上长着一个很大的疣，嘴很大。她于1948年就来到了修道院，整个二战后时期，她几乎都躲避在苏彻维察修道院厚厚的墙壁里面。"这里总是有客人来。人们来这里会住上一两天，只是静坐沉思，好让自己获得心的力量，从而应对外面的世界。"

她对12月革命的解释与本尼迪克塔的一致："上帝通过青年人和无辜者的手做了一切，重演了两千年前希律屠杀巴勒斯坦的孩子们那一幕。现在，国家的法律已经是不必要的了，因为我们现在有了上帝之治。"

修道院长继续从桌子的那头说话，她的声音反弹在空空的石头墙上：

"革命是上帝送给罗马尼亚人民的一个礼物。现在，罗马尼亚人民必须做出回报，其方式是敞开他们的心扉，接纳所有的信仰，尤其是那些曾经在这片土地上受过煎熬的人们的信仰。"

"罗马尼亚是世界上最为古老的基督教国家之一。安德鲁是上帝的12个使徒之一，他就曾来康斯坦萨传道。五百年前，摩尔达维亚的这些修道院就是一个很好的榜样，证明一个弱小的民族能够做些什么。我们能够再一次为世界做出很大贡献。"

---

[1]　传统上，这些修道院都是女性居住的。

似乎是受了白兰地和玫瑰红酒的刺激，米哈依接着说："我们已经出人头地了。我们必将再次出人头地。"

一个修女送来了土耳其咖啡和糕糖。

"从现在开始，我们不再会有天气的问题了，"修道院长说，"在暴君统治的时代，我们不被允许把圣像和遗骨从珍藏室拿出来。现在，当天气过于干燥时，我们就把圣像和遗骨拿出来祈雨。而且雨果真就会来。

"而且鹳也回来了。很多年了，都没有见到鹳的影子，但今年春天它们出现了。"

后来，米哈依解释说，革命之后不久，苏西瓦的官员关闭了一家合成纤维厂，该地区的空气污染大多与这家工厂有关。也许那才是鹳鸟回归的原因。

还有一个修道院要参观，但这不是一个有绘画——它的外墙上没有壁画——的修道院；尽管如此，它仍然是一个重要的修道院。

蒲特娜修道院。

蒲特娜修道院壁画。

蒲特娜修道院。

第 8 章　德拉库拉的城堡那边的土地：布科维纳有壁画的修道院

第二天，米哈依开车向北走了两个小时，走上了一条与三英里外的、隐藏在冷杉林中的前苏联边境平行的路。他顺着这条路把车一直开到了蒲特娜修道院的雉堞式装饰墙下。这座修道院是斯蒂凡大公于 1466 年修建的，其建造时间早于其他任何修道院。1504 年 6 月 2 日，他被安葬在主教堂内。

斯蒂凡大公沿着德涅斯特河确立了摩尔达维亚的北部和东部边界，现在是深入前苏联边界 50 英里的地方。沿着德涅斯特河，斯蒂凡建造了一系列的堡垒来保护其拉丁财产不受俄罗斯人和土耳其人的侵扰。米哈依不假思索地说出了这些堡垒的名字："阿尔巴、提基纳、奥黑、索洛卡和昊廷。"因为蒲特娜修道院藏在森林深处，远离敌人的阵线，斯蒂凡下命令把自己埋葬在这里，这样他的墓穴就可以得到保护。从 1940 年以来，除了安东内斯库曾经占领过布科维纳那段时间之外，斯蒂凡的墓穴实际上处在沿着苏联边境的核心位置上。

我们进入了教堂：摩尔达维亚的伟人祠。在第一室内，在大理石坟墓内，安葬着皮特鲁·拉瑞斯和独眼的波格丹国王[2]、皮特鲁·拉瑞斯的妻子玛利亚、斯蒂凡大公的女儿名字也是玛利亚。

米哈依拿着一个手电筒带领我进入了设在圣坛前的最后一室。左侧是斯蒂凡的第二个妻子以及他们的两个儿子的坟墓，两个孩子都因病夭折。右侧就是用简朴的卡拉拉大理石建造的斯蒂凡大公的坟墓。覆盖在卡拉拉大理石上面的是一面罗马尼亚的红、蓝、黄三色旗，旗子上面摆放着鲜花。坟墓上方高挂着一盏没有点燃的枝形吊灯，灯上装饰着七个鸵鸟蛋壳，这些蛋壳都是在斯蒂凡活着时孵化出来的。

冷清而裸露的石头背景衬托出一种庄严肃穆的效果。在入口正上方是一幅斯蒂凡的油画肖像，画面昏暗，斯蒂凡毫无笑意。"在罗马尼亚，没有一个艺术家，"米哈依指出，"在比萨拉比亚和布科维纳北部与摩尔达维亚的其他地方都统一在罗马尼亚的旗帜之下，从而斯蒂凡和其他人的坟墓再度深藏在摩尔达维亚的领土之内，免受斯拉夫人的侵扰，在这一切完成之前，没有艺术家胆敢去画斯蒂凡微笑的画面。"米哈依的语调仍然没有变化：冰冷干巴，完全是就事论事的口吻，仿佛是要说："这就是罗马尼亚人民的感觉，不管你喜欢还是不喜欢。"

---

[2]　波格丹在一次与克里米亚的鞑靼人的战斗中失去了一只眼睛。

第 9 章
特兰西瓦尼亚的声音

在平原地区，体制才真正露出獠牙，向民众下口。像在中世纪一样，群山提供了某种程度的保护。从布科维纳翻越喀尔巴阡山往西去，我很少看到集体化的迹象。这里常见的风景是林地和天然的石头，而不是水泥和废铁。我走过了几段下坡的路，甚至还坐上马车走了一会儿，然后意识到可能步行会走得更快。只是偶尔会有一辆轿车出现在路上。我知道自己正在一个令人极为兴奋的历史时刻领略罗马尼亚乡村的景色：在革命刚刚结束，而现代化的进程尚未开始之前，这一特定的时刻使得我能够在这里自由地行走。

特尔古穆雷斯是我在特兰西瓦尼亚（Transylvania）停留的第一个小镇。我是上午到达的，太阳刚刚驱散周围群山飘来的云雾，露出陡峭的屋顶、教堂的尖塔、铅灰色的穹顶的轮廓，也能让人看清环绕着一大片绿色空间的雕塑。这个空间被称为玫瑰广场，边上排列着巴洛克的和哥特式的建筑物的正面。与雅西不同，这里有天主教的教堂；街上不仅有人在说罗马尼亚语，还有人在说匈牙利语——这让人想起中欧而不是巴尔干。仔细观察这个广场，我有了一种亲近和不陌生的感觉，这种感觉来自于一种明显的、基本上未被中断的文化发展过程，其主要象征就是建筑的垂直性。这里有一种咖啡馆文化，虽然这里在很多年里没有咖啡。虽然我所处的位置正是其后门，但我已回到了中欧。

在西方，特兰西瓦尼亚这个词会让人联想到嚎叫的狼、夜半的雷暴、面目狰狞的农民等意象，也会让人想起德拉库拉伯爵浑厚的、温文尔雅的腔调，贝拉·卢古西对此有所描述。然而，刻画德拉库拉所依据的历史人物"穿刺者瓦拉德"，事实上却把城堡建造在瓦拉几亚平原上。与此同时，斯托克讲述的故事与布科维纳和摩尔达维亚的情况更为吻合，而离特兰西瓦尼亚较远。

我并不是故意掉书袋子。瓦拉几亚、布科维纳和摩尔达维亚都属于东部：这属于东正教、农民的迷信和神秘的狂喜的世界。但就其实质而言，特兰西瓦尼亚虽然同属一个世界，却对东方除了嘲弄别无其他情感：它属于西方。

用历史学家约翰·卢卡奇（John Lukacs）充满激情的观点来看，特兰西瓦尼亚的西方身份是"打开其历史的钥匙"，也是了解其"人类动物属性的钥匙"。卢卡奇解释说：

> 特兰西瓦尼亚有其巅峰的中世纪、大教堂、西多会、一段短暂的文艺复兴、特有的巴洛克、特有的启蒙运动——所有那些造就欧洲的历史时代……但这些时代却并没有出现在俄罗斯、罗马尼亚、摩尔达维亚、奥尔泰尼亚、瓦拉几亚、比萨拉比亚、保加利亚、塞尔维亚、马其顿、色雷斯、希腊和乌克兰。

像卢卡奇及其他人所指出的那样，在中世纪时，土耳其人征服了巴尔干的全部和匈牙利的一半，但他们没有征服特兰西瓦尼亚。当帕提农神庙下面的平原——更不必提摩尔达维亚和瓦拉几亚了——还在东方式的、奥斯曼风格的睡眠中迷糊的时候，特兰西瓦尼亚正在鼓吹启蒙运动，要求天主教徒和新教徒都能享有自由与平等。这给威廉·佩恩（William Penn）留下了很好的印象，以至于他把他在美洲的公谊会（贵格会）殖民地命名为"特兰西瓦尼亚"。

然而，宗教的自由只是相对的。广大的本地农民——即东正教的罗马尼亚人——并没有享有这一启蒙运动的好处。他们处在中世纪的种族隔离制度的底端，终日辛勤劳作，而匈牙利人、萨克森王室的德意志人，不论是信仰新教还是天主教，享有所有的权利（德拉库拉伯爵有一个罗马尼亚语的名字，是因为他是摩尔达维亚人。在特兰西瓦尼亚，匈牙利精英集团从不允许形成一个罗马尼亚的贵族阶层）。因此，罗马尼亚人对特兰西瓦尼亚作为西方和中欧在东方的一个灯塔这样的历史角色不感兴趣，正如南非黑人对于南非白人社群作为设在非洲大陆的西方进步与效率的灯塔这一角色并不感兴趣一样。

特兰西瓦尼亚在罗马尼亚和匈牙利的传统中都具有重要的意义，这反而使得

1930年克鲁日鸟瞰图景。

这一冲突更加恶化。对罗马尼亚人来说,特兰西瓦尼亚(罗马尼亚语为Ardeal,意为"土地尽头的森林")是他们的拉丁种族的诞生地,因为古代罗马的殖民地达西亚就位于今天的特兰西瓦尼亚。对匈牙利人来说,特兰西瓦尼亚(匈牙利语为Erdely)是他们战胜土耳其人最为著名的胜利的场所,也是他们发动反对奥地利统治的民主起义的场所,这场起义导致了1867年奥匈二元君主国的创立。为保卫中欧而抗击奥斯曼人的甲努·匈雅迪,把文艺复兴引入匈牙利、也是匈牙利历史上最伟大的国王的马提亚·科维努斯,非欧几何的独立发明人之一甲努·鲍耶,以及作曲家贝拉·巴尔托克,都是特兰西瓦尼亚人。

在第一次世界大战后签订的特里阿农[1]条约中(Treaty of Trianon),特兰西瓦尼亚连同比萨拉比亚及布科维纳北部一起被交给了罗马尼亚人。罗马尼亚语的城市

---

[1] 特里阿农是巴黎西南凡尔赛宫里的一座宫殿。

名字与匈牙利语的城市名字并行使用：科洛斯瓦尔现在被称作克鲁日，马洛什瓦沙尔海伊则被称作特古穆雷斯。第一次世界大战之后，罗马尼亚人在这些城市里建造了使匈牙利人的天主教和新教教堂相形见绌的东正教大教堂。坐落在广场尽头的特古穆雷斯东正教大教堂就有这样一幅壁画：穿着罗马尼亚农民衣服的耶稣，正在遭受穿着匈牙利贵族和士兵服装的男人的鞭打。除了蜜蜡蜡烛和制作糟糕的明信片之外，大教堂里还在销售一些书籍，讲的是在第二次世界大战时，特兰西瓦尼亚被匈牙利人占领期间，罗马尼亚东正教遭受迫害的事情。

像罗马尼亚一样，在第二次世界大战期间，匈牙利受一个与希特勒结盟的法西斯主义的独裁政权的统治。它对东正教当地人群（尤其是犹太人）所施加的残暴行为，几乎接近了罗马尼亚人在别的地方所展示出来的野蛮性。因为罗马尼亚人在希特勒开始要输掉战争之后调转枪口，所以他们能够要回特兰西瓦尼亚。战争结束之后，统治特兰西瓦尼亚的齐奥塞斯库的政府，又让它回到了中世纪的种族隔离制度，只是这一次处在顶端的是东正教的罗马尼亚人。

齐奥塞斯库全面禁止公开使用匈牙利语，也禁止使用城镇的匈牙利语的名称。他停办了匈牙利报纸。他关闭了数百所匈牙利中小学，并使科洛斯瓦尔－克鲁日大学的匈牙利院系彻底罗马尼亚化，这所建于19世纪的大学已被匈牙利人发展为世界最优秀的大学之一。齐奥塞斯库不仅禁止用科洛斯瓦尔来代替克鲁日，而且还依据古代达西亚在附近的殖民把克鲁日改成"克鲁日－纳波卡"，这其实是一种牵强的历史联系，但对他隐蔽的法西斯主义的、标榜血与土地的民族主义很有吸引力。为了改变人口比例，齐奥塞斯库禁止罗马尼亚妇女堕胎和使用生育控制措施，还禁止匈牙利人在孩子接受洗礼时为他们起匈牙利名字。最终，他将数万摩尔达维亚和瓦拉几亚农村和工厂的劳动者迁到了特兰西瓦尼亚，并动用强制性的手段把匈牙利人从他们的地盘上赶走，重新安置到罗马尼亚的其他地方。匈牙利和罗马尼亚——华沙条约的两个同盟国——之间的边界，数十年来一直是欧洲最为刻薄的边境通道，明显要比柏林墙更令人恐怖。游客会在半夜被羁留上几个小时，不管你携带的是什么护照，而疑心颇重的罗马尼亚警察则会搜查每一个行李箱，除了其他具有颠覆性的物品，主要找寻匈牙利语出版物。1983年，我不得不贿赂一个罗马尼亚边境卫兵，为的是不让他没收我的打字机。

罗马尼亚的匈牙利族群领袖陶柯思。

在罗马尼亚的 210 万匈牙利人构成了非俄罗斯的最大少数民族群体，是以色列占领期间西岸阿拉伯人数量的两倍。但是，尽管在齐奥塞斯库统治的年代，作为少数民族的匈牙利人遭受的镇压与巴勒斯坦的阿拉伯人遭受的镇压一样严重甚至更为糟糕，但是，直到 1989 年 12 月革命，美国媒体机构对于特兰西瓦尼亚的知识还仅限于德拉库拉这个形象而已。

随着事件的发展，齐奥塞斯库对于罗马尼亚的匈牙利少数民族的镇压，为 1989 年 12 月的革命之火提供了火种。

蒂米什瓦拉（在匈牙利语中则是蒂米什瓦）的卡尔文教改革教堂本堂牧师匈牙利人拉什佐罗·陶柯思（Laszlo Tokes），曾公开布道反对政府及其种族歧视政策。蒂米什瓦拉并不在特兰西瓦尼亚的辖区之内，而是属于巴纳特，这是罗马尼亚西部的一个边境地区，这里匈牙利人和罗马尼亚人之间的种族冲突从来没有像特兰西瓦尼亚那样严重。因此，当齐奥塞斯库政府动议对陶柯思进行国内流放的时候，不仅匈牙利人,也有罗马尼亚人,都加入了蒂米什瓦拉的街头示威活动,进而引发了一连串的事件,并导致十天之后的齐奥塞斯库被处决。

然而,在特兰西瓦尼亚,历史的重负,再加上齐奥塞斯库大规模群众运动政策的社会效应,很快就粉碎了蒂米什瓦拉起义在匈牙利人和罗马尼亚人之间所催生的、尚处于萌芽状态的种族的善意。"请不要谈论陶柯思,好吧?"我在特古穆雷斯遇到的一个英语教师这样说,"即便是像我这样一个开明的人,也有自己的局限。那个人不过是一个匈牙利族的沙文主义者而已。你是否读过他写的这句话,'对处在齐奥塞斯库统治之下的匈牙利人来说,罗马尼亚语成了一种具有压迫性的语言'。罗马尼亚语如何可能成为一种具有压迫性的语言?"

"矛盾的是,我们一起受过煎熬,"易昂·帕斯库反思说,他是特古穆雷斯医学院的神经学家和院长,"但是,现在,一切都被破坏了。"

特兰西瓦尼亚的氛围本身就是一个矛盾之物:这里的人们比摩尔达维亚或瓦拉几亚的人西化的程度更高,但是,粗俗的偏见感染了路边咖啡馆里最为高明的交谈。在某种意义上,1990年的特兰西瓦尼亚就像是30年代的维也纳或柏林。我于4月底到达了特古穆雷斯,几个星期之前,从周围偏僻的村子里赶来的几个罗马尼亚人和匈牙利人的团伙,挥舞着刀棒在玫瑰广场打起了群架,结果5人死亡,250人受伤。

尽管在特古穆雷斯,坦克无情地在玫瑰广场上巡逻,但在50英里之外的克鲁日,在我到达的那天下午,自由广场上站满了罗马尼亚的学生。他们用罗马尼亚国旗盖住了匈牙利国王马提亚·科维努斯雕像的底座。学生们唱着用鼓点控制节奏的歌《醒来吧,罗马尼亚》,这首歌是安德烈·穆雷萨姆于1848年举行的抗击特兰西瓦尼亚的匈牙利统治者的起义时创作的。学生的要求是:举行第二次革命,使罗马尼亚能够摆脱"救国阵线"。

对我来说,在整个巴尔干,没有一个城市像克鲁日那样令人陶醉:陡峭的、三角形的屋顶,窄窄的大鹅卵石铺成的街道,两边黄色的巴洛克式的房屋正面,临近傍晚时,若天气温暖的话,周围乡村散发出的泥土气息。中欧这个土气的、偏远的

克鲁日最著名的东正教堂 Theotokos 大教堂以及著名律师阿瓦拉姆·简库（Avram Iancu）雕像。

克鲁日国家戏剧院和歌剧院。

前哨，有着印度夏日的特征。当克鲁日还被称作科洛斯瓦尔的时候，醉心于爱情和精彩对话的具有浪漫情怀的匈牙利人，在主广场旁边的咖啡馆里热烈地争论着，一直到夜深也不肯停息。对我来说，他们的灵魂仍然在这里，神灵活现，就像是刻骨铭心的记忆之中的一杯上好的咖啡或是缱绻情深的一吻。

英国著名巴尔干学者帕特里克·利·弗莫尔（Patrick Leigh Fermor）认为，莫扎特的《唐·乔万尼》是先在克鲁日演奏的然后才去的布达佩斯，而且李斯特曾在这里举办过演奏会。我在主广场上的洲际酒店住下，在前共产主义时代，这个酒店被称为纽约酒店，这是一座黄白相间的巴洛克建筑，有着银色的圆屋顶。酒店的咖啡屋有镀金的柯林斯柱子，1935 年 7 月，弗莫尔曾与他的匈牙利朋友来这里喝酒聊天。在其关于匈牙利和特兰西瓦尼亚的游记《森林与河流之间》里，弗莫尔回忆说，他曾经听到"细小而欢快的《蝙蝠》中的华尔兹乐曲，从酒店的餐厅飘入咖啡馆"。1990 年，没有华尔兹乐曲——也没有吉普赛曲子——从餐厅传来；有的只是震耳欲

克鲁日的圣迈克教堂是特兰西瓦尼亚地区著名的天主教堂。

聋的尖利的咆哮,在那些乱糟糟的、醉醺醺的坐在桌子边上的人听来,这就象征着西方的自由和富足。与弗莫尔当年的情景不同,没有人穿小礼服,呷鸡尾酒。参加宴会的人穿着大衣,喝着李子白兰地和啤酒,酒中掺了水,据谣传还掺了洗涤剂,空酒瓶子堆满了脏兮兮的、散发着臭味的桌布。吉普赛人纠缠着大厅中的西方人,向他们兜售西方的香烟、粉红色的气球和妓女。

齐氏政府者把罗马尼亚农民迁移到这里,把原来的匈牙利人迁移到别处,通过这种方式实施社会和文化的破坏;尽管如此,克鲁日和科洛斯瓦尔的精神仍然幸存下来。1929 年,斯塔基把克鲁日看作是"喜爱沉思的旅游者最为理想的城市。这里可以是欧洲东部的牛津,有它自己的学生,也有它自己的传统建筑"。尽管一度非常优秀的大学已经不再具有斯塔基到访时的风貌,它仍然是这所城市一个具有决定意义的存在,我自己在这里的经历就证明了这一点。

在我到访的第一天参加的晚宴上,我遇到了该大学的英语教师奈杰尔·汤森,他在 1990 年时是罗马尼亚唯一与英国对外文化协会有关系的讲演者。英国对外文化协会赞助全世界的英语图书馆和讲演者。尽管是一个严格的文化机构，但英国对外文化协会使用英国在许多国家的使馆的设施，这使得它具有了一种含混不清的形象：许多接待国家的人们认为英国对外文化协会赞助的讲演者是英国间谍。小说家奥莉薇雅·曼宁嫁给了一个英国对外文化协会的讲演者 R.D. 史密斯，他曾于 1940-1941 年在布加勒斯特工作过。当时的罗马尼亚人认为，他以及其他为设在罗马尼亚的英国对外文化协会工作的笨手笨脚的书呆子都是间谍，这一荒谬然而又十分险恶的观念，为曼宁的《巴尔干三部曲》的情节提供了基础。

齐奥塞斯库也认为英国对外文化协会的讲演者是间谍。在他统治期间，为该机构工作的条件变得非常严格，以至于该机构工作人员的数量在 80 年代只能逐渐减少。最终，生活在克鲁日的讲演者奈杰尔，成为唯一的与《巴尔干三部曲》中人物有着实质性联系的人。

奈杰尔在各方面都满足了我的期望。就像《巴尔干三部曲》中虚构的人物盖伊·普林格尔一样，奈杰尔有着高大魁梧的体格，戴着金属镜框的眼镜，非常关心他的罗马尼亚学生的生活及其问题。他既要操心这个学生是否能够得到去英国读书的奖学金，又要担心那个学生是否能够走出抑郁的困扰。奈杰尔每天都读一本英国文学的书；他讲罗马尼亚语、葡萄牙语、德语和其他语言。他、他脾气火爆的塞尔维亚族的妻子以及他们的女儿住在克鲁日郊区的一座典型的罗马尼亚单元楼里面，忍受着罗马尼亚人都要面对的艰难困苦。例如，鸡蛋和啤酒在当地商店的重新出现，会让他以及他的邻居都感到兴奋。生活对奈杰尔来说并不容易，但是，他对罗马尼亚人及其国家的真实状况有着质朴自然的认识，而这是那些养尊处优的外国外交官员难以望其项背的。

如果没有奈杰尔的话，我不可能遇到我在克鲁日认识的那些人——这些人尽管有自己的观点和立场，却使我得以直接面对一个不那么令人愉快的状况：在特兰西瓦尼亚发生的西方的启蒙运动，仍然主要是一件匈牙利人的事情，对当地的罗马尼亚人的影响微乎其微。

桑德拉·丹丘把已故希腊作者尼考斯·卡赞扎吉斯的著作从希腊文译成了罗马尼亚文。在克鲁日的第一天早上，我就去她家里要咖啡喝。

"你读过《希腊人佐巴》这本书了吗?"她问道。"那么,你就会明白,魔鬼本人就在修道院之内。例如,在阿尔巴茱莉亚,忏悔室就被人监听了。……在罗马尼亚历史上,我不记得有哪个统治者是诚实的。在罗马尼亚,魔鬼总是胜利的一方。现在,匈牙利人正在制造一切麻烦。千真万确,他们真的就是沙文主义者。他们谈论他们的匈牙利文化的方式,让你觉得那就是圣徒的遗骨。"

我问她1989年12月22日,也就是齐奥塞斯库逃离布加勒斯特那天,克鲁日发生了什么事情。

"我不想记住那一天,因为在我的内心,它和绝望连在一起。即便是齐奥塞斯库已经死了,我们仍然没有从我们自身解脱出来。"

"你能够只是描述一下那天你看到了什么,感受到了什么吗?"

"12月21日晚,我睡不着。我就开始祈祷。那一天,广场上已经有示威活动,军队杀了很多人。第二天早上,即12月22日早上六点半,我起床领着女儿出去散步,想看看发生了什么事情。我不知道是什么驱使着我们去那样做。那是一种身不由己的行为。背信弃义者到处都是,非常危险。士兵和国家安全部门的人在街头巡逻。但是,我敢于用我的双眼打量他们,表达我的仇恨。我想为我的同胞遭受的悲剧报仇。我将永远也不原谅那些人,永远也不。他们不值得任何同情。

"我和女儿不是唯一到街上去了解发生了什么事情的人。还有其他的人。每一个人都来到了勇敢者迈克的雕像前。朵伊娜·柯妮亚也在那里,正在向人群发表演讲。[2]有感于勇敢者迈克精神的消亡,我们都发誓每天早上同一时间来他的雕像前,直到齐奥塞斯库垮台。然后,我们又都去了东正教大教堂。

"我们在两排坦克中间行走着。也许他们会杀了我们,我对女儿说。我至今还记得,接着,一个年轻的牧师从教堂里面走了出来。他很严肃,也非常有理智。我感觉他的声音响彻云霄:'我们在天上的父……'"

"后来,整个人群来到了自由广场。在那里,有人从窗户里喊道:'暴君逃离了布加勒斯特。'那一时刻,我对每一个乞丐,街上的每一个魂灵都充满了爱。……"

"处决齐奥塞斯库就像是清洗灵魂,就像是放血,是我们这个民族首次的精神

---

[2] 朵伊娜·柯妮亚是克鲁日著名的持不同政见者。

操练。……如此血腥，又如此纯洁，我们的心灵在基督和齐奥塞斯库之间摇摆。但是，这并没有带来好处；这还远远不够。当时的感觉是我想吃他的肉。是的，那天我们并没有获得自由。"

"那个从教堂里出来的年轻牧师是谁啊？"我问。

"他的名字是易昂·贝藻神父。不论你什么时候去，他都会在教堂里。"

我在教堂的正厅里面发现了贝藻神父，见他手里拿着一个面包。他穿着东正教牧师都穿的黑色长袍，戴着黑色的圆筒状的帽子。我做了自我介绍。他冲我微微一笑，接着出于我没有弄明白的原因，把他手里的面包塞到我的手里，示意我跟他走："来，你是我的客人，咱们一起吃午饭。"

贝藻神父一直对我微笑着。他黑色的帽子下面露出深色的头发，长着红色的络腮胡子。他看起来跟我年纪差不多，不到四十岁的样子。他的表情有些懦弱，像是一个一两天没有吃饭的人。贝藻神父是一个身材矮小的人。可是当他把面包塞到我手里的时候，我注意到他的手非常大，手上的力道很大，筋脉突出。我立刻想起了米开朗基罗在佛罗伦萨的《大卫》雕像，大卫的手与身体的其他部分的比例不相称。我隐约想起在某个地方读过相关资料，说米开朗基罗有意识地夸大了他的具有英雄气质的创造对象的双手，作为其生殖能力和受到神的偏爱的符号。

贝藻神父的家里有很多尖叫声。贝藻神父和他妻子有两个很小的孩子。（东正教的牧师可以结婚，但条件是他们不能在修道院服务）"小易昂已经六岁了"，贝藻神父告诉我说，"杜米丘去年十月才出生。""在十二年中，我们一直不能生孩子。接着来了小易昂。当去年十月杜米丘来到时，我们把这件事当成是上帝送给我们的一个信号，预示着有好事即将发生。到我的书房去吧，那里安静些。"

贝藻神父的书房到处都是书。除了宗教书籍和罗马尼亚作者的书以外，我还看到了莎士比亚、加缪、柏拉图、奥尼尔、波德莱尔和乔伊斯的书。

"一个牧师也读加缪——一个存在主义者，一个无神论者——的书？"我询问道。

我接着得知，当贝藻神父想尖叫的时候，他就轻轻地发出嘶嘶的声音，并把他那巨大的双手伸向天空："相比于自费迪南德国王和玛丽王后以后统治我们的那些人当中的任何人，加缪都是一个更相信上帝的人。没有上帝和约伯，就没有存在主义！约伯对他的危难所进行的分析——那不是存在主义！来，我们吃面包，喝李子白兰地。"说着，神父从我手中接过了那个面包，并在桌子上把它撕成碎片。"你瞧，这个李子白兰地瓶子上贴的是匈牙利语的标签。这是个好事情。罗马尼亚人和匈牙利人必须学会去爱对方。"

"人们告诉我说，去年12月这里发生革命时，你是一个重要的人物。"

"我并不重要，"贝藻神父回答说，"我们所有人凭借我们的默契而通力合作。我们都负有责任，不仅对这里发生的罪恶负责，还要对古巴、埃塞俄比亚的政权犯下的罪恶负责。应当对埃塞俄比亚发生的饥荒负责的，是我们。……"

"几十年来，我们的国王，迈克·霍恩佐伦，与我们的那些的统治者不同，他根本不是异教徒，也不是窃贼，可他却不被允许踏上罗马尼亚的土地。但是，像亚西尔·阿拉法特，竟然被允许到这里来！告诉我，怎么可能是这样？怎么可能？"贝藻神父张开了他的双臂，前额堆满了皱纹，就像是圣像中已经殉难的人物。

"喝酒，喝酒，"他敦促我说，"这是罗马尼亚教堂制作的、装在匈牙利瓶子里的李子白兰地。你看，"他接着说，"牧师的职责就是说明什么是对，什么是错。说明哪一方是光明，哪一方是黑暗。"

他妻子为我们把午饭端到了他的书房里：红酒、烤猪肉和鸡蛋。"你愿意和我一起做基督教的祷告吗？"他问道。

"当然可以，但我不是基督徒。"

"那你信仰什么，是一个有信仰的人，我说的对吧？"

"我是犹太人。"

"那么你必须自己祷告。我妻子必须拿走这些猪肉，并另外为我们准备东西。"

"别，别，"我变得有些尴尬。"猪肉是可以的。我没有宗教信仰。我的意思是，请……"

他的表情有些不悦。

"请告诉我，"我在开始吃猪肉并喝酒的时候说道，并试图改变话题，"1989年12月22日，当人群朝大教堂走过来时，发生了什么事情？"

"政府的总部就在广场那边，与教堂对着。当我看到人群夹在坦克之间，从政府总部那个方向朝着教堂走来时,我喊了起来。我喊了起来。这不是一个人的作用,我知道。罗马尼亚人民离开了异教徒的地盘,又重新跪倒在上帝的居所。我也跪下了,然后我说:'我们在天上的父……'"

"现在怎么样了呢?"

"现在,需要做的事情很多。人们仍然缺少信仰。他们怀疑朵伊娜·柯妮亚和拉什佐罗·陶柯思——不相信陶柯思,因为他是一个匈牙利人。陶柯思是一个英雄,但没有人肯为他说一句好话。真实的想法存在于我们的灵魂里面。但是,我们仍然害怕说出来。我们是一个有信仰的民族,但是,我们变成了一个精神上被毁容的民族。"

贝藻神父送我出门时给了我一瓶家酿的李子白兰地。他邀请我离开克鲁日之前每天都到他家吃午饭和晚饭。我和他见面才不过两个小时,而且是不请自到,没有预约。

走回洲际大酒店的时候,有些醉醺醺的感觉,我在心里对自己说,罗马尼亚真是那些洋溢着激情的地方之一,在这里,你可以遇到最好的人,也可以遇到最坏的人,也许布科维纳的修女们的说法是对的:只有在发生了很多恶的地方,才能慢慢出现拯救者。

"我认为,你该和乔治谈一谈了,"奈杰尔说道,脸上浮出调皮的微笑,"我有一种预感,你们俩肯定很投缘。"

我和乔治以及奈杰尔一起在大学附近的一家饭店吃了午饭。乔治个子很高,体格健壮。他黑色的头发理得很短,已有部分变得灰白,留着黑色的小胡子。他有某种超凡的魅力,也有某种狡黠。当我拿出笔记本的时候,乔治说:"我希望你不使用我的真名。"因此,"乔治"并不是这个家伙的真实的名字。后来,当我拿出钱包给侍者付账的时候,乔治评论说,"我看得出来,你是在黑市上换的钱——我是根据钞票折叠的方式看出来的"。

侍者们都认识乔治。他们的服务很迅速,也很有礼貌,并保证给我们换桌布,拿出擦得干净的杯子:这在罗马尼亚是比较少见的事情。

但是,即便是侍者们不认识乔治,我觉得这里的服务可能一样会很不错。乔治是那种令人羡慕的走进一个熙熙攘攘的饭店就会很快得到关照的人。乔治后来摇着手指向我吹嘘说:"这是一个到处都在排队的国家。但是,我这一辈子从来没有非得排队不可,从来没有。"

乔治刚刚四十出头。他的脸上总是一副忧虑的表情。他生活的信条是,一旦你停止忧虑,并且不再担忧最糟糕的情况,最糟糕的事情就会发生。在罗马尼亚,这是一个很好的生存策略。

要想解释清楚乔治留给我的印象——他散发出的情调——如何,莫过于把他比作《日瓦戈医生》中的一个人物:维克多·卡马洛夫斯基,在电影版中由罗德·斯泰格尔扮演。在《日瓦戈医生》的开头,卡马洛夫斯基是俄罗斯贵族阶层的一个颇有名望的成员,与沙皇同流合污,并在勾引一个朋友的女儿,这个女人年龄不到他的一半,但他却让她怀了孕。卡马洛夫斯基第二次出现的时候是在电影的末尾,时间设定在1917年革命之后。此时他是在为布尔什维克工作,脸上同样挂着忧虑的表情。"布尔什维克相信你。"尤里·日瓦戈(奥马尔·沙里夫饰演)幼稚地感叹说。卡马洛夫斯基讥讽地笑了,仿佛是在对一个孩子说话一样:"他们不相信任何人。他们觉得我有用。"

乔治以前是罗马尼亚执政党成员。他现在属于"罗马尼亚壁炉"。这是一个秘密的民族主义的组织,根据报道与传闻,它是一个20世纪90年代的天使长迈克军团,除了是一个后齐奥塞斯库时代的国家安全部门人员的庇护所之外,它还在伊利埃斯库的救国阵线的面具下操纵着罗马尼亚的命脉。乔治还是克鲁日的两份报纸的编辑:一份报纸支持救国阵线;另外一份则是一份学生的报纸,反对救国阵线。

然而,乔治也有过闪失。20世纪70年代中期,他靠奖学金在伦敦生活,偷偷地做过一些事情:向阿拉伯人卖旧车,安排一个罗马尼亚的外交官从罗马尼亚的使馆的地下室向当地的收藏者卖摩尔达维亚酒。一次短期回到罗马尼亚的时候,乔治被告知他的护照已作废。"我在伦敦一家银行有700多英镑的存款;对于一个罗马尼亚人来说,那可是一大笔钱啊。那些混蛋却再也不让我出国了。"说着边用舌头发出"啧啧"的声音,同时还抬起了自己的眉毛,这是东方式的表示蔑视的方法。

在克鲁日有传言说,乔治是国家安全部门的上校。我不相信乔治有那么邪恶,他应当不过是一个想办法赚些钱的幸存者,完全被玩世不恭和悲观绝望的情绪左右着，既蔑视体制，也蔑视那些幼稚到敢于公开对抗体制的人。乔治属于从不会发动革命，但又总是能够弄明白如何从新的秩序——不论新的秩序是个什么样子——中获利的那一类人。

乔治既会说英文，也会说德语和其他语言，还是一个自学成才的斯坦贝克专家。"作家当中，唯有斯坦贝克真正明白共产党执政到底对农民干了些什么。在五十年代在罗马尼亚所发生的事情——这是斯坦贝克花了一辈子的心血去准备撰写的故事。《愤怒的葡萄》，哈，"乔治带着极为厌恶的笑声说道，"与这里所发生的事情相比，简直就是小儿科。"

乔治正在守护着他生命中最为重要的东西：他自己，他美丽的、红头发的妻子奥古斯塔以及他们的儿子。革命刚刚发生几个星期，除了参加"罗马尼亚壁炉"并参与救国阵线，他还私下开始教英语课。他用赚来的钱在黑市上买了一个碟形卫星天线，并安装在自家客厅的外面。一家人可以收听来自伦敦的"卫星新闻"、《爱情之舟》，与此同时，乔治则在盘算，哪一方将赢得统治罗马尼亚的权力，他和他的家人在克鲁日或国外什么地方能否过得好一些。

奥古斯塔一直在催促乔治离开罗马尼亚去美国，或者去任何地方，"只要我们一家人可以像人一样而不是像野蛮人一样活着就可以。既然我们现在可以办理护照，一有机会，我们就离开这里吧。在这里，你永远也不知道下一刻会发生什么"。乔治也不知道。他一边打着手势，一边说，"我已经人到中年了。我不想完全从头开始。嗯，"他抬了抬眉毛，"我在美国能算是什么呢？一个脏兮兮的移民，每天都24小时地拼命工作，为的是让我妻子去逛购物中心，买一个微波炉。不，"他摇了摇手指，"我要等一等，观察一下局势。也许这里也有一些机会。"

奈杰尔是对的：乔治和我非常投缘。奈杰尔吃完饭之后就离开了，乔治和我则到了他住的单元房去见他的家人。后面的一两天，我们几乎是在不停地谈话。乔治提供的家酿的李子白兰地使我们的谈兴更加浓厚。我经常没有办法记笔记。但是，我能记得住他整段整段的独白：

"我当然是一个共产党员！你认为我傻吗？"他扬了扬下巴，亮出了他的掌心。"你以为我是怎样学的英语，德语？你以为我在70年代是怎样赚钱并获准去英国和美国，并在那里学习斯坦贝克的？通过当不同政见者吗？当然，我只能耍花招了。

在罗马尼亚，能到国外去，能获得良好教育的人，是那些属于党的人。因此，你别无选择，眼下，除了加入救国阵线，你别无选择。罗马尼亚与捷克斯洛伐克，也和中欧的其他任何地方都不同。这是一个由连农民都不如的人组成的民族。唯一有资格的就是以前的共产主义者。"

"请相信我的话，再也没有谁比一个罗马尼亚的前共产主义者更仇恨共产主义了。你看，我们罗马尼亚人比南斯拉夫人多一个优势。南斯拉夫人由于在第二次世界大战中盲目支持的传统，竟然相信那个东西。而我们，"他用一种会意的、优越的神情扬了扬眉毛，"从来不相信任何东西。那就是个大大的圈套。这也就是我们可以获得信任，而南斯拉夫人把一切都彻底搞砸了的原因。"

"鲍勃，现在我要告诉你的事情，你就拭目以待吧。我说的是那些在广场上的人，不管是在克鲁日，还是在布加勒斯特的广场上，就是那些想推翻伊利埃斯库和所有执政者的那些学生：如果他们成功了——或者更有可能的是，人们突然害怕他们就要成功——就必然会有大屠杀，血流成河。因为这个国家每一个没有去广场的人，都会感觉与伊利埃斯库在一起，要比与学生在一起更安全。"

乔治是1990年初对我说的这一番话。一个月之后，防暴警察驱逐了广场上的学生示威者。但是，学生很快又重新占领了广场。受此鼓舞，又有好几千名学生包围了附近的政府办公大楼。既没有警察也没有军队对此进行干预，于是人们猜测，伊利埃斯库可能被迫辞职。然而，不到24小时，数千名来自瓦拉几亚基尤峡谷的矿工到达布加勒斯特。他们挥舞斧头和大棒上演了一次大屠杀。在当地医院，护士们拒绝看护受伤的学生。让外国外交官和记者们恐怖的是，很少有罗马尼亚人对受伤学生表达任何同情。

乔治接着说："让我告诉你以后即将发生的事情。伊利埃斯库将以压倒优势当选总统（他的确这样当选了总统）。接着，慢慢地，在后面的两年中，救国阵线将从内部发生分裂。在该组织分裂的过程中，新的比我们现在的政党更为成熟的反对党会慢慢出现。罗马尼亚将最终会有一个非共产主义的政府。但这一切要等到90年代中期才有可能发生，因而，将组成新政府的政客目前仍处在外围。我是为阵线工作的，一旦阵线开始崩溃，我就不会再和它有任何关联了。"

"乔治，'壁炉'怎么样了？"我问道，"'壁炉'是新的天使长迈克军团吗？"

"你说的是'罗马尼亚壁炉'吧?这很有趣。'壁炉'是在革命之后形成的,因为当时罗马尼亚人突然意识到,我们必须团结起来,防范来自匈牙利人的威胁。但是,尽管我是'壁炉'的一个成员,我仍然不知道,它到底是个什么性质的东西,可能往哪里走。它可能会是一场雪崩。你要记住的是,天使长迈克军团形成的方式,与'壁炉'的形成方式是一模一样的——是一场理想主义的、回到草根的民族运动,超越政治的、廉洁的。关于'壁炉',我还要等等看。"

乔治谈论齐奥塞斯库的时间长达几个小时。但是,我只记住了要点:

"齐奥塞斯库是最坏的一种罗马尼亚人;他是一个瓦拉几亚农民,有点类似于土耳其人和吉普赛人的混合物。这一点对于理解他的心理活动至为重要。你以为他偿还外债是为了履行国家的责任吗?哪个心智健全的人会提前还清债务?他在想,'一旦还完了钱,这个国家就是我的了,我想可以用它为所欲为了'。就像是一个农民还清了地主的债一样:一旦被抵押状态解除,房子就完全属于他了。他可以增加

1978 年,齐奥塞斯库夫妇访问英国,伊丽莎白女王夫妇在白金汉宫接见。

1989年12月21日早晨，克鲁日发生的大规模示威和冲突。

房间，也可以一把火把它烧掉，想怎么样就怎么样。齐奥塞斯库的心理就是这样。"

"齐奥塞斯库养驴子当宠物。你就想想吧。"乔治用手指指着自己的头，然后开始扭动自己的手指。"是一群驴子在发号施令。你知道，1965年，乔治乌-德治死了之后，齐奥塞斯库成为新的领导人，但没有任何人知道他是谁。他默默无闻，那就是说，直到那一时刻，他的工作是在国内安全的领域。他像斯大林一样，是个把官僚机构玩弄于股掌之上的小偷，很奸诈，却没有智慧可言。在罗马尼亚，我们有这样一个说法，'纸比石头锋利。'只有用笔和纸，你才能大规模地折磨和谋杀人。"

"斯大林至少还接受过一些教育。为了成为东正教牧师，他在格鲁吉亚读过书。这就是所有斯大林的讲话都像东正教的祈祷书一样的原因，而且这还演变成为一种风格。但是齐奥塞斯库没有受过教育。他十五岁就辍学。他有语言障碍。他父亲揍他。故事是这样说的：一次，他因为盗窃被送进监狱，和一些共产主义者住在同一个牢房。他就这样成为了一个共产主义者。"乔治抬了抬眉毛，耸了耸肩。"齐奥塞斯库在奥尔泰尼亚的斯考尼塞斯提长大，那里是瓦拉几亚最为落后的地方。那是个每一个人都与其他人没有区别的小镇之一，弱智得很，"他围着自己的头挥舞着手指，"就像你们阿巴拉契亚山区的人一样。"

"你们美国人很给他面子。尼克松1968年时邀请他去访问。的确，我得承认，那个时候我们都觉得他也许会比乔治乌－德治好一些。毕竟，齐奥塞斯库批评过苏联对于捷克斯洛伐克的侵略。你看，我们都在暗自盘算。我们都在为自己打算盘，而齐奥塞斯库把我们都给玩弄了。那就像是一个流沙区。1974年我竟然回来，实在是太傻了。我本应当留在国外的。不管是在英国还是美国，我现在都应当很富有。"

"可是，1976年的时候，卡特竟然邀请他访问美国，那是不可原谅的。那就像把我们的脸摁在粪便上。到那个时候，我们就都知道齐奥塞斯库是个什么样的人了。我记得，我当时在我们这里的报纸上看到，在访问的过程中，我不太清楚是在马里兰还是在宾夕法尼亚，他们以齐奥塞斯库的名字为一家超市命名。卡特的先遣人员很可能为了让他高兴，说了些什么，他竟然相信了，而且他想要我们也相信。你们美国人啊，要是你们想羞辱一个国家，你们总是能做得很到位。"乔治做了一个吐吐沫的动作，"你还在猜测，我为什么在70年代成为一个共产主义者……"

"我们就什么事也没有做对过吗？"

"你们有一个好人，就一个。"

"是谁啊？"

"你们的大使，芬德伯克。"

我抬头看了看乔治，感到很惊讶。

戴维·B.芬德伯克是罗纳德·里根在1981年任命的美国驻罗马尼亚大使，其时里根刚刚当选总统不久。芬德伯克的任命是出于政治的需要，这是里根最为有趣的、最具争议的任命。芬德伯克是参议员、北卡罗来纳共和党的杰西·赫尔姆斯一直在提携的人物，对赫尔姆斯关于堕胎、校园祈祷以及其他问题的极右观点，都极为推崇，且甚以为荣。芬德伯克简历上还有其他较少注意的内容。他会讲罗马尼亚语；他曾以富布莱特学者的身份在罗马尼亚学习过；而且他撰写的论文就是要论述，何以英法两国在30年代的绥靖政策部分地使得罗马尼亚只能听凭希特勒和斯大林的摆布，进而使得罗马尼亚人几乎没有了选择的余地，只好在战争开始时亲德，快要结束时亲苏。芬德伯克不是政治大佬，他当大使不是为换取竞选赞助。年轻而表情严肃的芬德伯克，长着黑色的头发，戴着黑框的眼镜，只是一名身负使命的学者，他只对一项工作感兴趣：担任驻布加勒斯特的大使职位。

美国国务院讨厌芬德伯克，芬德伯克也敢如法炮制，丝毫也不掩饰自己对他们的厌恶。在70和80年代，罗马尼亚是东欧唯一的让华盛顿产生深刻的政策争执的国家，争执之激烈几乎到了小型战争的程度。

罗马尼亚和匈牙利是华沙条约国中唯有的美国给予最惠国贸易地位的两个国家。就匈牙利的情况而言，这没有引起什么争议；按照东欧标准来衡量，匈牙利有着自由主义的经济，也有着自由主义的人权记录。美国把罗马尼亚定为最惠国则是由于别的原因。依照美国国务院的看法，齐奥塞斯库实行"独行其是的"外交政策，并没有完全遵循苏联的路线。例如，他承认以色列，又与中国有着密切的关系。芬德伯克把他在国务院的对手称作"穿细条子花纹西服的人"，他们认为，不论齐奥塞斯库"独行其是的"外交政策对于美国的价值是多么地微乎其微，取消罗马尼亚的最惠国待遇，其结果只能是消除华盛顿对齐奥塞斯库拥有的哪怕是极少的影响，从而导致罗马尼亚的人权状况更为恶化。对于这种论战的思路，芬德伯克的回答实质上等于说，"恶化？在罗马尼亚，还能再怎么恶化？"

华盛顿到处有传言说，芬德伯克是外行，根本不懂外交，而且他讲罗马尼亚语也没有那么好。"他把一个糟糕的局势弄得更加糟糕了；需要一个新的大使去把布加勒斯特的事情扳回到轨道上来。"一位智库的专家向我解释说。

但是，驻布加勒斯特使馆的外交服务官员的看法并不是这样，其中一个人则斩钉截铁地说，"芬德伯克确实能讲很好的罗马尼亚语；而且，更为重要的是，他很清楚这个位置到底该干什么"。另一位在布加勒斯特的美国官员说，"我不在乎任何人说他什么；看了他如何与罗马尼亚人打交道之后，我内心拥有的只是对于芬德伯克大使的最为崇高的敬佩。"

芬德伯克1984年高调辞职。他公开把齐奥塞斯库称作"阴谋家"（schmecher），这是罗马尼亚语中用来表示"欺骗高手"的一个俚语用词。芬德伯克的意思是，齐奥塞斯库用一种并不像看起来那么独立的外交政策成功地"欺骗"了美国国务院。尽管芬德伯克的爆发在国务院引来的只是叹息和愤怒，乔治却对此评价很高。

"当你们的大使使用'阴谋家'那个词的时候,我都说不清我为此有多么高兴。那是我第一次感觉还有希望,因为外面有人明白这里发生了什么。啊,"乔治一脸崇敬,点着头,"阴谋家,齐奥塞斯库就是那样的人。"

"也许,你们喜欢齐奥塞斯库是因为他与以色列建立了外交关系,"乔治嘲讽地说,"纯粹是胡扯!他与以色列建立外交关系,就是为了能够像他把德意志人出卖给西德那样来出卖犹太人:出境签证四千美元一次——纯粹是圈套。钱到了齐奥塞斯库的弟弟马林手里,最后存在瑞士银行。这个家伙,他们说是——这是他们说的——自杀了。你有没有看出来,这位大人物的兄弟(马林·齐奥塞斯库),就是你们叫什么来着……"

"代收赃款的人。"

乔治微微一笑。"对,代收赃款的人。你以为他为什么在罗马尼亚驻维也纳的使馆驻扎那么多年?他在向瑞士转移钱款。他们说,他在使馆地下室上吊自杀。他们折磨他,逼他说出了银行密码,然后就吊死了他。"

"谁折磨他?其他外交官吗?"我问道。

"是的,其他外交官,为什么不呢!"

"因此,罗马尼亚政府现在掌握了齐奥塞斯库在瑞士银行的账号的密码?"我努力地想跟上乔治的思路。

"没有。"乔治闭上了眼睛,举起双手并摊开来。(这些美国人也太幼稚了)"他们杀死了马林,然后他们就去瑞士提取了那些钱。他们现在应当在法国或是别的什么地方。你竟然认为,一个罗马尼亚人,在他杀死另外一个罗马尼亚人之后,会把钱交给罗马尼亚政府?"他又一次向上摊开了双手,"他会为自己把钱藏起来!"

我乘坐火车穿越了瓦拉几亚西北与特兰西瓦尼亚接壤的多山地区"蒙泰尼亚",一路上山景柔和,不觉之间到达了阿杰什库尔迪亚镇,那里有一个修道院。

一个神情很严肃的修女在守候着教堂的大门。进入教堂之后,右侧是白色的大理石坟墓,安葬着卡罗尔一世、他的妻子维德的伊丽莎白(卡门·西尔维娅)以及16世纪瓦拉几亚的王子内亚葛耶·巴萨拉布,巴萨拉布的家族是比萨拉比亚的开拓者。左侧则是费迪南国王的坟墓,与卡罗尔一世、伊丽莎白和巴萨拉布的坟墓一样，他的墓碑雕刻得非常华美，上面还刻着他的名字和王室徽章。但是，在教堂正厅左侧，在费迪南国王坟墓的旁边，还有另外一座坟墓：没有任何标识，上面只刻着一个简单的十字架。卡罗尔二世下令不准给他母亲的坟墓进行标识，是对母亲玛丽王后诸多轻慢行为中的一个。

修女们在那块简朴的大理石板上安放了一个记号：玛丽·里吉娜·罗马尼内（1875—1938）。

一群学生在从花园里采摘一些鲜花，我一直在旁边看着。当修女转过身去时，那些小姑娘偷偷地从绳子下面钻过去，紧张兮兮地，一声也不敢出，甚至连喘气也害怕，把鲜花放在了巴萨拉布的墓碑上，毫无疑问，他们应当在学校里了解过有关这个人物的信息。

在教堂外面，我朝着小姑娘们走了过去。我提到了玛丽·里吉娜的名字。姑娘们耸耸肩。她们似乎不明白我在说什么。我不肯轻易放弃，试着变换措辞。但很显然，她们不知道她是谁。

这也太有讽刺意味了，我想。在第一次世界大战之后，玛丽王后千方百计使特兰西瓦尼亚（以及比萨拉比亚和布科维纳北部）进入了罗马尼亚的版图，居功至伟，超过了任何其他人。她在第二次巴尔干战争和第一次世界大战的战场上风餐露宿，与她的士兵们并肩作战，穿着像达西亚的异教徒的勇敢女神一样的衣服。纯粹是凭借意志的力量，这个英国出生的公主把自己改造成一个罗马尼亚人，而且让她的臣民更好地明白，做一个罗马尼亚人意味着什么，在这一点上，她之后那些土生土长的法西斯主义者和二战以后执政者们都无法和她相提并论。

我从花园里采了一朵黄花。带着几许尴尬，我像那些小姑娘们一样，等待着修女转过脸去。接着，我就把那朵黄花放在了大理石上面，在它下面，安葬着罗马尼亚最后一位优秀的、体面的统治者玛丽·温萨·霍恩索伦。步行离开时，我回头看了看，那个一脸严肃的修女脸上竟然有了微笑。

第 10 章
特兰西瓦尼亚的故事：
花衣吹笛人的孩子回到了哈默林

搭顺风车走了一个小时，我就离开了阿杰什库尔迪亚镇肮脏的寄宿处，回到了特兰西瓦尼亚，住进了西必乌的新古典主义风格的罗马尼亚帝国酒店，房间极为干净，陈设的家具都是手工制作的，而且价格和阿杰库尔迪亚的相同。

这就像是来度假。卫生间里的瓷砖和金属喷头擦拭得亮铮铮的。一块肥皂放在新的包装纸里面。酒店内设的咖啡厅供应攒奶油的卡布奇诺咖啡。酒店——就是李斯特和约翰·斯特劳斯曾经在其中得到过资助的同一家酒店——的墙上装饰着镶嵌在大理石中的或镀金的镜子，酒店供应没有浮油的汤和干净的色拉。罗马尼亚侍者与清扫我房间的女清洁工一样，低声细语，干活麻利，也没有人悄悄地跟我谈汇率和妓女。

从窗户往外看去，就像斯塔基六十多年以前做的那样，"我惊讶地揉了揉自己的眼睛。我发现自己所在的这个镇，好像不是在特兰西瓦尼亚，因为既没有罗马尼亚也没有匈牙利的特征。狭窄的街道和有山墙的房屋，让我想到了纽伦堡……"我走进了邻近酒店的共和广场，看到了一大块由石板铺成的空地，周围则是巴洛克式的建筑物的正面，建筑物上挂着纹章一样的木质标志，有着用瓷瓦覆盖的、长满青苔的陡峭屋顶，屋顶上还装着天窗。我从高高的拱门遮蔽的小路望去，看到了"坚实的高塔"顶上无数的洋葱头形圆顶，帕特里克·利·弗莫尔在 1935 年就对它们惊叹不已。要是一些房屋的前面重新涂刷上一层油漆，再增加几家定价奇高的时装商店，这个镇完全可能被当作德国的若干小镇之一。我来到了昔日辉煌的德意志帝国和奥匈帝国的东南边陲，然而我恰好又处在罗马尼亚的中部。我在罗马尼亚一路走来，不断遭遇着感觉上的矛盾和怪异，但是，在之前的行程中，这种矛盾和怪异之感从未像现在这样真实，这样不可思议。事实上，这些建筑所讲述的故事达到了令人难以置信的程度。

中世纪时，下萨克森地区的哈默林（Hamelin）的孩子们跟随花衣吹笛人进入地下，向东南方向走了1000英里，露出地面时，他们已出现在喀尔巴阡山的深处，属于黑海的分水岭之内。这则童话故事经过歌德、格林兄弟和罗伯特·勃朗宁的传播，已经家喻户晓，深入人心，但这个故事实际上是脱胎于德意志人对于特兰西瓦尼亚的殖民经历。勃朗宁这样写道：

> 还有一件事儿，我一定不能不说
> 在特兰西瓦尼亚，有这样一个部落
> 都是些外来人，他们说，之所以
> 做事不同于俗，服装奇特
> 以至于引起邻人议论和猜测
> 实乃因循祖先之前辙，祖先们
> 从某个地下的牢狱中逃脱
> 他们也是受人摆布误入其中
> 很久以前，原本人丁兴旺
> 世代居住在布伦瑞克的哈默林
> 可这番苦难的原委，却没有人晓得

"布伦瑞克"（Brunswick）就是萨克森，德国中部的一个地区。尽管特兰西瓦尼亚最初的德国殖民者，很可能是来自靠近荷兰边境的佛莱芒人，但"萨克森"这个标签却一直被沿用至今。在童话故事里，花衣吹笛人是一个捕鼠人，他的笛声非常具有吸引力，把哈默林所有的老鼠都吸引到了维泽河边，它们自己跳河淹死了。镇上的人没有为捕鼠人的服务支付报酬，作为报复，捕鼠人演奏了一首曲子，迷住了镇上所有的儿童。然后他就引领孩子们进入地下，再也没有让他们与父母见面或回到家乡。

广为流传的吉普赛人偷小孩（且不必说吉普赛人演奏迷人音乐的名气）的观念表明，花衣吹笛人这个人物是以一个吉普赛人为原型的，是他把孩子们一路领到了他在特兰西瓦尼亚的家。

真实的情况是，马扎尔人的国王葛扎二世征募人们到当时尚属中世纪的匈牙利的东侧去定居，以抵抗拜占庭帝国。在那里，萨克森人建造了七个坚固的城市，或叫作塞本伯根（Siebenburgen），都是地方性巴洛克建筑的杰作。克鲁日被叫作克鲁日、克鲁日－纳珀卡或科洛斯瓦尔之前，一直沿用其最初的萨克森定居者给它起的名字"克劳森堡"。布拉索夫最初的名字是克朗斯塔特；锡吉什瓦拉最初的名字是沙斯堡；等等。这些镇中势力最为强大的是赫尔曼施塔特，以一位萨克森男爵的名字而命名。只是到后来它才以其匈牙利名纳葛兹本而知名；再到后来，又以其罗马尼亚名字西必乌（以附近的一条河而命名）而知名。

尽管地图上标注的都是罗马尼亚语的名字，但德国人和奥地利人所熟知的，仍然是这些镇最初低沉有力、德意志式的响亮地名。这些冷峻、勤劳的萨克森人对光顾此地的游客的影响很大，以至于《德拉库拉》中的强纳生·哈克在去往德拉库拉伯爵的城堡的路上，向东穿越特兰西瓦尼亚的时候，很自然地，把他停留的地方不叫克鲁日，而是叫"克劳森堡"。

"我发现，略懂一点德语还是蛮有用途的；事实上，要是一点儿也不懂，我真不知道这一路如何走下来。"哈克在日记中匆匆写道。

萨克森人从不把自己托付给任何人，他们在其要塞墙壁之后建立起了团结的、高效的社群。在萨克森人的眼中，与罗马尼亚人、匈牙利人和犹太人的接触越少越好。罗马尼亚人和匈牙利人用来称呼特兰西瓦尼亚的名字"阿尔戴尔"和"艾德理"富有诗意，指的是那里的森林；但在萨克森人眼中，特兰西瓦尼亚一直都只是塞本伯根——七个要塞的意思。

新教的改革强化了萨克森人对于其德意志之根的意识。用历史学家卢卡科斯的观点来说，他们成为"整个基督教世界中最为坚定的路德会信徒"。1918年奥匈帝国的崩溃和塞本伯根迅速被转交给罗马尼亚，进一步增加了萨克森人的民族孤独意识，也使得其社群成员特别容易受到20世纪30年代纳粹宣传的蛊惑。在希特勒统治时期，萨克森人的地位被提升，被认为是德侨（volksdeutshcer）——这是一个极难翻译的术语，饱含着血缘、领土和种族的含义，有点接近于"德意志广大成员"的意思。第二次世界大战期间，当德国军队横扫东欧的时候，大量的萨克森年轻人参加了武装的党卫军。需要特别指出的是，他们集中在欧根亲王师（SS Prinz Eugen），对在南斯拉夫犯下的最惨无人道的恶行负有不可推卸的责任。[1]卢卡科斯把萨克森人称呼为"最为自豪的元首追随者。"直到1981年，在开车穿过特兰西瓦尼亚的一个萨克森村子时，卢卡科斯发现，"一个穿着吊带花饰皮裤的小男孩，看到我的维也纳汽车牌照，敬了一个希特勒式的礼"。

由于被认为是法西斯主义的、小资产阶级的、非罗马尼亚人的社群，数量高达数百万的萨克森人，在第二次世界大战之后，成为罗马尼亚政权的首要牺牲品。战争结束后，罗马尼亚人和苏联人合伙，把所有18—50岁之间的萨克森男人和18—45岁之间的萨克森女人都送到乌克兰东部和西伯利亚的顿涅茨煤田去工作。这些被迫离境的人中，只有四分之一最终返回了他们在罗马尼亚的家。另外四分之一在获释之后直接去了西德。剩下的一半直接消失在苏联境内，很可能在五十年代早期就因疾病、终年寒冷或过度工作而死亡。

从六十年代开始，齐奥塞斯库就像对待匈牙利人那样对待萨克森人，利用一切可以利用的机会摧毁他们的文化生活。他把萨克森人当作签证人质慢慢地卖给西德，赚取硬通货，就像他把罗马尼亚的犹太人卖给以色列一样。根据齐奥塞斯库的情报部门头目、后来向西方叛变的扬·米哈伊·帕切帕的说法，齐奥塞斯库曾经向他秘密透露说，"犹太人和德意志人，"连同石油，是罗马尼亚"最好的出口商品。"

到八十年代末期，只有20万萨克森人仍然留在特兰西瓦尼亚。1989年革命之后，护照和签证更容易得到时，这些萨克森人成群结队地去了德国。

1989年，我在德国的慕尼黑市采访了一位年长的、来自罗马尼亚的萨克森移民多萝西娅·帕斯迪奥。"我母亲在克朗斯塔特（布拉索夫）的家族，就我知道的情况而言，最早可以追溯到17世纪，"帕斯迪奥夫人说，"但是，我们在塞本伯根的

---

[1] 欧根亲王师以萨瓦伊王室的欧根王子的名字命名，欧根王子是18世纪早期的哈布斯堡的一位军事天才。

祖先，还应当再往前追溯。我母亲和我父亲第一次见面，是我父亲跟随奥匈帝国的军队在克朗斯塔特附近参加军事行动时。……"

"我的少女时代非常完美。我们德意志人生活在自己的、备加保护的社交世界中。我们和罗马尼亚人或其他人几乎没有联系。他们和我们也几乎没有联系。事情有些滑稽，我们比邻而居，但是，我们几乎没有想去了解他们的语言或对他们进行更多了解的欲望。我们的学校要比他们的好很多。在萨克森的学校中，上学考勤是强制性的，这要比哈布斯堡帝国的任何其他地方都早，毫无疑问，比罗马尼亚任何其他地方都要早。20世纪20年代的经济危机并没有影响到我们，因为我们的社群是一个自给自足的社群。事实上，来自德国的德意志人经常把孩子们送到塞本伯根的度假营地，因为我们这里有足够多的食物。"

"在克朗斯塔特，我们过着非常有资产阶级情调的生活。我父亲在唱诗班唱歌。我们上演自己编导的瓦格纳歌剧。我们有自己的民族自豪感。……我们当中弥漫着一种群体心理，那对青年人参加武装党卫军是一种刺激。每当消息传来，我的同学之一有兄弟在战场上丧命，那个同学就会有几天不上学，返校时就会穿黑色的衣服。如果没有这类事情，战争是相当遥远的。希特勒统治的那些岁月，我们这里的生活是相当愉快的。"

"我一生的危机时刻，就是一切都从好转向坏的那一时刻，发生在1945年德国被打败的时候。"

枪上上了刺刀的苏联士兵闯进了帕斯迪奥女士的家，带走了她的父亲和年仅15岁的哥哥，并强行征用去做劳工。她的哥哥逃脱，父亲则于1946年死在顿涅茨煤田。直到1973年她的家人才被正式通知他的死讯。父亲音讯皆无的那些年是她一家人最为痛苦的岁月。罗马尼亚官方把她及其亲人从他们的家中赶走。他们被迫在一个单间屋子里生活了十四年。

"我没有战争的罪恶，"帕斯迪奥女士说，眼泪几乎要流出来，"我只是我，一个德意志人。可我却为此而遭受了太多的痛苦。"

"七百年以前，这里别的什么都没有，只有野生的森林。我们应马扎尔人国王的召唤，从莱茵河来到了这里。我们在这里定居下来，使这个镇有了现在的样子。"

一个老年萨克森男子对 1923 年造访西必乌的游客 E.O. 霍庇（E.O. Hoppe）说。

我走进了共和广场上的布鲁肯瑟尔博物馆，是 18 世纪时由"赫尔曼斯塔特"的总督建造的。在罗马尼亚游历了几周之后，走在博物馆的各个房间内，看到以紫褐色丝绸壁纸为背景的鲁本斯、凡·代克的真迹，镀金的镜子，比德迈家具以及法式窗户，我的两眼立刻放光。我情不自禁地想，对于那个萨克森老年男子与帕斯迪奥女士那样在这样一种社会环境中成长起来的人来说，罗马尼亚文明的成果——天真质朴的圣像、血红的木质十字架、以红润的东方风格涂画的蛋壳，怎么就那么容易让他们觉得厌恶、那么残暴野蛮呢？

在广场上，我还看到了一家古旧书店，也许和霍庇在 1923 年发现的是同一家呢。霍庇透露说："那些书的装帧很诱人，让他在街头上踟蹰再三，流连忘返。"几周来逛罗马尼亚书店很是痛苦，书店里的金属书架多半是空荡荡的，剩余的地方摆放的则是东欧集团各国的著者所写的工艺类书籍，都是一些制作粗糙的平装书，因此，发现这么一个地方产生了一种别样的喜悦之情。

尽管西必乌的 17 万居民中只有 7 千萨克森人，萨克森人带给这个镇的不仅是一种氛围，还给了它一种做事情的方法。我发现，酒店以及其他许多商店和吃饭的地方，都以一种（在罗马尼亚来说是）非同寻常的效率在运转。萨克森人可能会否认与罗马尼亚人比邻而居曾给萨克森人带来任何好处，但是，很显然，这对罗马尼亚人帮助很大。

一天晚上，我在酒店里遇见了年轻而表情严肃的萨克森人比阿特丽斯·昂加尔，她是当地德文周刊报纸《赫尔曼斯塔特时报》的记者，该报像其他罗马尼亚报纸一样，也是在革命之后迅速创办起来的。然而，与其他记者不同，昂加尔和她在《赫尔曼斯塔特时报》的同事正在利用她们新近获得的自由，试图揭开他们自身所属社群过去的遮盖。"我们和罗马尼亚人都与纳粹合作过，"昂加尔声称，"我们都有应该感到羞愧的事情。但是，区别在于，在我们公开承认我们的内疚，并愿意对其进行审视时，罗马尼亚人却否认一切。"

第二天早晨，我正在共和广场上和一个卖报的吉普赛人讨价还价。一个年轻人骑着一辆破旧不堪、锈迹斑斑的自行车过来，为我搞定了这笔交易。他没有刮脸，脏兮兮的，身上穿着的白衬衣皱巴巴的，还有不少污迹。他亚麻色的头发和睿智的蓝色眼睛泄露了他的萨克森人身份。他的名字叫劳伦兹·卢克，他邀请我当天晚上去他家吃饭。

劳伦兹和他的妻子凯瑟琳住在一个大院里的一个房间里，大院坐落在火车站附近的一条被拆掉了一半的街上。附近灰尘和垃圾很多，让我感觉像是回到了北非。我们三个人坐在院子里的几条残缺不全的凳子上。劳伦兹把家酿的李子白兰地倒进几个玻璃杯里；接着拿了几块在街上捡来的木头，放进一个金属罐子里。他用白兰地的酒精点燃了一支火柴，生了一堆火，然后把几条猪肉和鱼片扔了进去。

"我在这个吉普赛人的国家拼死拼活地生活了十一年，就攒了这么点家当。我每月要交 800 列伊的房租、电费和水费（院子里有一个水龙头）。作为一名技师，我每小时能挣 10 列伊。买完吃的以后，每个月到月底我们什么也攒不下了。"

劳伦兹给我看了一个塑料和卡纸板做成的箱子。里面已经装了他和他妻子的衣服：那就是这一对夫妻要带往德国的所有东西，几天之后，他们就将永远离开罗马尼亚。

"只有在纳粹的时代，这里才是美好的。纳粹士兵对萨克森人很友好，真的，和俄罗斯人以及罗马尼亚士兵不一样。我当兵的时候，罗马尼亚人把萨克森人当猪一样对待。他们扛着枪，重活都由我们来干。你知道纳粹甚至还给过孩子们（萨克森的孩子们）巧克力吃吗？"

"可是现在这里呢，全是吉普赛人。"说着，他做了个鬼脸。他所说的吉普赛人，既包括吉普赛人也包括罗马尼亚人。"这里所有的示威活动和关于选举的一切谈论，这都是吉普赛人的买卖。12 月之前，这里还是吉普赛式的共产主义；现在，这里则是吉普赛民主。其实是换汤不换药。你改变不了吉普赛人。我是一个萨克森人，对这里的一切都不在乎。"

劳伦兹喝酒很快，并一再地往玻璃杯中续酒。他的妻子——也是一个萨克森人——却讲话很少。劳伦兹拿出一个家庭影集的盒子，并从里面拿出一张他们结婚的照片给我。"这是送给你的，"他坚持说，"为了纪念我们的友谊。"这张粗糙的黑白照片拍摄于 1986 年，但看起来却像是 50 年或 75 年以前拍摄的样子。

劳伦兹陪我走回了酒店。大片的月光洒在了大卵石上，也洒在了哥特式和巴洛克的建筑上。朦胧的月色遮住了罗马尼亚人的贫穷。我和劳伦兹讲着德语，恍惚之间觉得身已不在罗马尼亚，而来到了德国或是匈牙利的某个地方。

"现在这里全是吉普赛人，"劳伦兹一直在重复这句话。"可是，你知道吗，在德国，德国人把我也叫作吉普赛人，因为我是从这里去那儿的。我不在乎。我只想工作，实实在在挣钱，买车、洗衣机、录像机，没错……"

我在西必乌的最后一天，劳伦兹和我一起去取他的护照。在护照签发办公室，人们拥挤在一个小窗口的前面，里面有一个工作人员在喊着人们的名字。等了只有几分钟的时间，那个工作人员就喊到了劳伦兹的名字。劳伦兹从人群中挤了过去，递给工作人员一个收据，然后就拿到了两本护照（一本是他的，一本是他妻子的）。对我来说，整个过程很快捷，但也很平常。

从人群中挤出时，劳伦兹的两眼放着光。"你不知道，这一刻我等待了多久。"劳伦兹花了几分钟的时间检查护照的每一页，并用手指触摸着纸页。"现在我终于相信，我要离开这个地方了。"

接着我们走到了西必乌的边上，搭乘了一辆去劳伦兹父母所住的村子的车。村子的官方名字是卢西，劳伦兹解释说，"但它的真实名字是卢森"。是萨克森人在中世纪的时候建立的。

卢森在西必乌的北边，处在一条少有行人的乡间路边，一路上郁郁葱葱，山色秀丽。一簇18和19世纪的红瓦屋顶的房子出现在道路的右侧，其核心建筑是山坡上的一座巴洛克风格的小教堂。劳伦兹让司机停下来。我的请求——口袋里鼓鼓囊囊的、再也用不上的列伊——劳伦兹根本不听，坚持自己付费给司机。我们顺路而走的时候，甘菊和胡椒薄荷的香味与浓重的粪肥以及牲畜的气味混合在一起，扑鼻而来。劳伦兹和我发现他的母亲和父亲在土豆地里干活。他们抬头看了看我，用他们厚厚的、被晒黑的手在他们蓝色的眼睛上方做了个眼罩，羞涩地跟我打了个招呼。劳伦兹开始跟他们讲话，我几乎什么都听不懂。他们使用的是萨克森方言，这种方言在最初的德意志殖民者来到特兰西瓦尼亚两百年之后，即14世纪就已形成，其中的德语词汇的发音，已经被改变得难以辨认，只有最为训练有素的人才能够听出来。劳伦兹从口袋里掏出护照，在他父母眼前晃了晃。他们都微笑了。他的母亲和父亲每人拿了一本护照，用手指彻底地检验着，每一页都看得很仔细。

我四处张望着。一切看起来是那么平和美丽。劳伦兹的父母自己种了土豆、玉米、大蒜、洋葱、萝卜、芹菜以及其他蔬菜和水果。在一个苹果树遮阴的院子里，他们养着绵羊、猪、公鸡和兔子。我后来还知道，他们在地下室里存放着正在发酵的红酒和白兰地。

"几乎我们吃的和喝的每一样东西，都是我们自己生产的。商店里面什么也没有。"劳伦兹的母亲对我解释说。她有着铁灰色的头发和一张发红的、饱经风霜的脸。她的手像男人的手。她看起来像是 60 岁了，但谁又能说准呢？劳伦兹 26 岁，但看起来像 40 岁。他父亲自称 58 岁，但很容易被认为是 75 岁。

"我父亲喝酒太多，那使他看起来很老。"劳伦兹说道。

"他比你还能喝吗？"我惊讶地说。

"要多多了。我可喝不了那么多。不习惯喝酒的是你啊。"

他的父母听到这里都笑了起来。他们的确也太能喝了。那天剩下的时间，我努力想和他们三人喝同样多的酒，一杯又一杯地喝白兰地，不时地用红酒冲淡一下。然而，他们并没有喝醉，喝完酒之后还到地里干活去了。

他们的房子有两个房间。厕所设在粮仓旁边的一间附属的建筑里面。墙上有若干张贴，用简单的德文写着圣诞贺词。

"我们在这里生活得太久了；没有离开这里的理由，"劳伦兹的母亲说，"但对劳伦兹来说，在罗马尼亚没有未来。这不是一个有未来的国家。"

"但这个村子里的生活看起来这么美好。"我说。

"是的，"劳伦兹回答说，"我们在德国有些亲戚。他们给我父母寄马克过来，好用来贿赂那些政府官员。这就是他们从来不拿走我们的庄稼的原因。对待吉普赛人，你必须不停地贿赂。"

他的父母点头表示同意。劳伦兹的母亲低头说，她将在选举中投伊利埃斯库的票。

"他是一个共产主义者，"我说，"救国阵线就是没有齐奥塞斯库的共产党。"

"是的，"劳伦兹的母亲说，"但是，有伊利埃斯库在，我们知道我们得到什么。其他人上来，我们不知道。你不能相信这个国家。罗马尼亚人不喜欢萨克森人。我们工作。他们不工作。1945 年，俄罗斯人来的时候，我们跑到森林里躲藏了几个星期。这些罗马尼亚人帮助俄罗斯人找到了我们。我的姐姐被抓住了,并被送到俄罗斯去干活。她就死在那里了。"

劳伦兹的母亲打开了一罐从德国寄来的斯帕姆午餐肉,算是喝李子白兰地和红酒时的下酒菜。下午喝了这么多酒,天气又热,尘土又多,我很可能躺在椅子里睡过去了。可是劳伦兹和他妈妈坚持让我去村里的教堂去看一看。

教堂建于18世纪。劳伦兹和我爬到巴洛克风格的钟楼顶部,钟楼是木质的,已被严重侵蚀,亟待修缮。在二战后的时代,修缮是被禁止的,而现在村子里只剩下几个萨克森人。劳伦兹说,钟楼里原本有一架钟,但土耳其人在和哈布斯堡人打完仗后就把它偷走了。教堂内部很宽敞,一尘不染——像任何德意志人的教堂一样,尽管木梁已呈现出腐朽的迹象。风从天花板上的洞中吹进来,非常神秘地使管风琴发出乐音,让我想到时间的流逝;让我想到了那个木笛回荡着巴赫的赞美诗曲调的时代。在圣坛边,我注意到了一块纪念牌,上面大约写了两打社群成员的名字,他们都曾参加过保卫奥匈帝国的战斗,在第一次世界大战中阵亡。

"为什么没有一块牌子是纪念家在卢森的、在第二次世界大战阵亡的萨克森人呢?"我问劳伦兹。

劳伦兹说他不知道,于是把这个问题交给了他的母亲。她只是耸了耸肩,其表情非常难以解读。她的脸上看起来充满了挫败感和矛盾之情。我本能地知道,这需要花好几天和她一起喝酒,才能真正弄明白她对这件事情的真正感觉。她嘟囔着对劳伦兹说了些什么,于是劳伦兹对我说:"希特勒时代对我们来讲是美好的,但那是一个错误。忘掉它更好一些。"

劳伦兹和他妈妈领着我看了看村子公墓里的墓碑。每一座坟墓上面都有花。有些坟墓已有几百年的历史,有一些则是新的,包括劳伦兹的一个因非法秘密堕胎而死的表亲。我意识到,再过几年,强纳生·哈克曾经发现在特兰西瓦尼亚极为有用的"略知一二的德文",就只能用来读萨克森公墓里墓碑上的文字了。一旦劳伦兹的父母这一代人离世,这个公墓就会像布科维纳的那个犹太人公墓一样:由吉普赛人来看守和维护,远在德国的萨克森移民联盟则为那些吉普赛人支付报酬。是的,有一天,这些吉普赛人还会接管劳伦兹父母的房子。我想知道,劳伦兹是否意识到了这一点。也许,那也就是为什么他总是把"吉普赛人"用作脏字的原因:出于痛苦的感受。

回到西必乌的路上，劳伦兹一直在重复说，他在德国想做的所有事情都是为了赚钱。"不论那里有什么样的工作，我都会去做，只要能够赚马克而不是列伊就行。"他还笑出声来，一副欢欣鼓舞的样子。

罗马尼亚的损失，将成为德国的收益：这不过是"富人更富，穷人更穷"的又一个例证而已。萨克森人和犹太人一起，是罗马尼亚唯有的具有资产阶级价值观念的民族；在经济上，处在富有的贵族和被踩躏的广大农民之间。但是，就在罗马尼亚开始摆脱战后政府的时候，就在它迫切需要萨克森人充当发动机引领罗马尼亚社会走向中产阶级的资本主义的时候，最后一批处在工作年龄的萨克森人却被弃之不顾，任其转而投奔德国去了。

不仅仅是罗马尼亚的萨克森人动身去了德国。这也是其他数百万的德意志少数民族的选择——他们纷纷从波兰西部的西里西亚和波美拉尼亚、东普鲁士、伏尔加地区和苏联的中亚地区动身，到达德国。他们都像劳伦兹一样，愿意工作、工作、工作：去从事富有的德国人不愿意干的工作，并在这个过程中把自己变成中产阶级。

我想到了 20 世纪最初十年爱尔兰、意大利、波兰和犹太移民大量涌入美国的事情，以及他们为所到之国的强大与繁荣所做出的贡献。德国将成为一个更加强大的国家，其强大的程度甚至超过东德的并入所显示的前景。苏联在巴尔干占统治地位的时代，即将让位给德国。我意识到，德国的经济帝国主义为把自由企业制、民主以及西方其他的启蒙传统带到罗马尼亚提供了最为实际的、最为高效的手段。看来，罗马尼亚的唯一希望是德国。欧洲 20 世纪末的历史是由众多的劳伦兹创造的，因而不免充满了反讽。

第 11 章
最后的一瞥：蒂米什瓦拉和布加勒斯特

火车向西开去，把我带离特兰西瓦尼亚低矮的山区，来到了一个平坦却有些单调的平原上。这里是巴纳特[1]（Banat）：是靠近匈牙利和南斯拉夫边境的边疆地带，罗马尼亚人、匈牙利人、塞尔维亚人、犹太人和少数德意志人都在这里生活。[2]

罗马尼亚的历史和性格在很大程度上是由山脉决定的。血缘关系影响着山区的生活。喀尔巴阡山不仅把摩尔达维亚与特兰西瓦尼亚分割开来，也把特兰西瓦尼亚和瓦拉几亚分割开来，把各个群体分割开来。在喀尔巴阡山里，这个村子是罗马尼亚人的，那个是匈牙利人的，还有一个则是德意志人的，等等。但是，在平原地带，在边疆地区，由于民族的边界在过去的数个世纪中经常变化，各个群体自然就会相互混合。像在中欧一样，社会自然就会呈现出凝聚的性质。因而，这里的社会就缔造了更为坚实宏伟的大厦，抵挡得住战后政府具有破坏性的铁拳。

另外，因为巴纳特紧邻匈牙利和南斯拉夫，这里的居民可以看那些国家的电视，从而不受齐奥塞斯库统治的社会生活控制而形成自己的看法。

作为巴纳特的主要城市，蒂米什瓦拉被称为罗马尼亚的"前额"。来自雅西、克鲁日，甚至是布加勒斯特的罗马尼亚人数年来都把它视为走向外部世界的一个门户，因为它是离东方最远、离西方最近的城市。蒂米什瓦拉（Timisoara）是罗马尼亚特征最少的罗马尼亚城市。

当1989年12月革命爆发的时候，整个罗马尼亚的人民显然都感到震惊。数个

---

[1] 巴纳特最初是波斯语，指的是统治"巴纳特"的一个土耳其军事长官的名字。
[2] 因为生活在巴纳特的少数民族德意志人最初来自斯瓦比亚，所以他们没有被称作萨克森人，而是被称作巴纳特的德意志人。

1989 年 12 月蒂米什瓦拉爆发的抗议活动。

世纪的悲观怀疑已经让他们习惯于相信，局势只会恶化而绝不会好转。但有一件事却没有让他们感到震惊：革命发生在蒂米什瓦拉。"那只能发生在蒂米什瓦拉。"是我一再听到的一句重复性的评价（尽管雅西的学生希望革命能够在他们那里爆发）。然而，这个简单而明显的、由历史和地理位置所决定的事实，却并没有引起报道罗马尼亚革命的记者的注意，他们只是从人物性格的角度来看待这次暴动。

我所采访的人中，没有一个人单纯属于哪一个民族。每一个人都至少能够认一个属于另外一个民族群体的人为亲戚。我采访的许多人的身世都过于复杂，以至于无法定义他们到底属于哪一个民族。我结交的一个为德文报纸《新巴纳特报》工作的记者朋友，他的父亲是"一个塞尔维亚的共产主义者，"母亲则是"一个德意志的纳粹。"

"那他们怎么相处？"我问。

"他们在政治上总是谈不拢。"他说。

"谁知道我的血管里还流淌着别的什么族人的血液？"他补充说，并且指出，有罗马尼亚人的、匈牙利人的、保加利亚人的和犹太人的祖先,都是有可能的。"这里更多的是世界主义情怀,较少仇恨。所有仇恨都被引导到对于体制的不满上去了。第一次和第二次世界大战时的食物配给,都比齐奥塞斯库统治之下的食物配给要好。在德国皇帝和希特勒统治下,有新鲜的面包,偶尔还有橘子。在齐奥塞斯库的统治下,这些东西根本都不存在。"

我来蒂米什瓦拉之前没有与任何人联系——我笔记本里没有任何人的名字,也没有任何电话号码。然而,一个上午的时间,在酒店前台问了各种当地报纸的号码之后,我就采访到了好几个人。我进行采访的办公室都很干净,有秘书在工作,烟灰缸也都清理过,墙上挂的不是圣像而是现代艺术,或是摇滚明星的海报。更为重要的是,我采访的人没有一个是愤怒的,或是讲出什么真正骇人听闻的事情。

在蒂米什瓦拉,我很快就觉得没有兴致了。尽管这里也和罗马尼亚其他地方一样贫穷——人们的穿着非常糟糕,建筑物的正面墙皮脱落,饭店的菜单上只有一两道菜品——但在蒂米什瓦拉,我不再觉得我是在罗马尼亚。罗马尼亚就像是陀思妥耶夫斯基创造的世界的一个回声;就像是恐怖的、拜占庭圣像的内部,在里面生活的、备受煎熬的人早已怒不可遏,其心灵已被自己的愤怒,以及他们对于各种半真半假的言论和阴谋的轻信而扭曲。在蒂米什瓦拉,罗马尼亚显得不那么真实,倒更像是一种挥之不去的记忆。

参观完蒂米什瓦拉之后,我就返回了布加勒斯特。雅典娜宫酒店的外交官沙龙通常在晚上开放。桌子必须提前预定,或者说需要贿赂才能得到,因为谁往领班手里塞的列伊多,谁就能够得到位置。和酒店的其他地方不一样,外交官沙龙是一种完全的返祖现象:仿佛是回到了《布加勒斯特雅典娜宫》和《巴尔干三部曲》所描述的时代。

天花板上有八个枝形水晶吊灯依次排列在一个穹形的黄绿色天窗周围。吊灯的光反射在擦得很亮的玻璃镜子上。巴洛克风格的柱子嵌着金叶,窗帘则镶着金边。一个吉普赛人用小提琴演奏着轻音乐。侍者们在供应鱼子酱和法国香槟,用黑市汇率来计算,价格倒也合理。前来报道1990年5月份的、53年以来的第一次自由选举(从卡罗尔二世宣布王室独裁体制起)的记者,占据了大部分桌子。还有几对来自英国和美国的年轻而认真的夫妻,他们来这里是想各自收养一个罗马尼亚孩子。

1940年的雅典娜宫酒店。

雅典娜宫酒店的大堂。

根据报道,大约 4 万名被遗弃的儿童长期滞留在罗马尼亚的孤儿院——这是一些具有中世纪风格的庇护所,孩子们被禁闭在这里,结果就是因饥饿和疾病而死。想收养孩子的夫妻所面临的问题不是寻找可以收养的孩子,而是如何越过腐败的官僚体制所设置的障碍,把孩子带出这个国家。每个人都在兴奋地说着话,交换着律师、当地代人疏通者的姓名以及最新的政治传闻。妓女则聚集在门口,缠住外国男性并要求他们邀请她们参加晚宴。

我忽略了有关选举的内容:伊利埃斯库和救国阵线的胜利是预料中的必然结局。在离开罗马尼亚的倒数第二天,我漫步在布加勒斯特时意识到,尽管发生了种种最为狂躁的消弭过去的行为,当地历史的幽灵仍然和我撞了个满怀。

齐奥塞斯库执政的最后五年就是一场无所顾忌的破坏狂欢会。布加勒斯特南部的大部分地方,蒂姆堡维察河以外,包括 16 座教堂和 3 座犹太教堂——都是建筑艺术的杰作——被强行用推土机推倒。在其废墟上矗立起了齐奥塞斯库斯大林主义的禁区"市民中心"。该建筑物是匆忙建成的,附近 18 和 19 世纪就已形成的居住区的居民只获得了几个小时的时间收拾自己的财产,然后他们的家园就被毁灭得无影无踪。

一条比香榭丽舍还宽的林荫大道,通向共和大厦。大道两旁是白色大理石的公寓大楼,大楼的正面是新古典主义的、类似法西斯主义的建筑风格。共和大厦则是一栋廉价的婚礼蛋糕状的大理石建筑,有 64 个大厅和 1000 多个房间。大厦比五角大楼还要大,耗费的大理石如此之多,以至于要买墓碑石只能到黑市上去。数英里之内,除了蹩脚的建筑遗留下的废墟,再也没有别的什么东西:一个报复心理极强的农民终于如愿以偿。

然而,让人感到最为诡异的不是那些已经被摧毁的东西,而是那些经受住了推土机的愤怒,继续存在的东西。

在市民中心的一头,也就是破坏性拆除的边缘,是一座已经被废弃的建筑——布加勒斯特屠宰场。虽然已被用木板封起来,不再使用,但它仍然(几乎是奇迹般地)挺立在那里:这是由众多用红砖建造的、兵营风格的建筑物构成的建筑群落,布满了生锈的管道和废铁做成的大烟囱,在这里,天使长军团士兵于 1941 年 1 月制造了很可能是唯一的、最令人恐怖的大屠杀行为。

在市民中心的另外一头，离破坏性拆迁线约100码远，则是伊利格甘尼教堂。在入口处悬挂着一块镶着框子的牌子概述了教堂300年历史，列举了与教堂相关的所有事情，但不包括1940年科德里亚努以及其他13名军团成员被处决以及后来被宣布为"民族圣徒"这个事实。1990年时，在圣坛旁边悬挂着罗马尼亚东正教宗主教泰奥柯蒂斯的画像，画像还用郁金香进行了装饰。反对齐奥塞斯库的革命爆发后不久，他就被赶走，但最近他又重新回到原来的职位。泰奥柯蒂斯是一个教会与齐奥塞斯库合作的象征，在这一点上，没有人比他更合适。

选举那天，我和两位冰岛的记者在一起，他们是索瑞尔和安塔·古德蒙森，要去找齐奥塞斯库的墓地。在我们寻找的过程中，在布加勒斯特南部靠近市民中心的地方，一个戴着黑色贝雷帽的老年男子朝我走了过来。

"你是一名记者，对不？"他用德语问道，并粗鲁地打量着我，似乎我本人跟他认识一样。

"是的。"我回答说。这个人的眼睛很小，但有穿透力：他的眼睛紧紧地盯着我，没有要离开的意思。我也瞪眼仔细打量着他。

他穿的雨衣已经有多处被撕裂，弄得很脏，我花了好几秒钟才搞明白它原来的颜色是白色。雨衣下面是一件破烂的黑色或说不清楚颜色的毛衣，毛衣的下面是一件衬衣，领子已经几乎被完全撕扯下来。他的脖子上有一块很厉害的皮疹。

然而，使我惊讶的是他所发散出来的那种难闻的气味。他散发出的是一种尸体腐烂的气味，意味着尊严的丧失和死亡的趋近。生活在洗澡难或换洗衣服难的条件下的老年人，通常就会散发出这种腐肉一般的恶臭。

他的小眼睛发出具有嘲讽意味的光亮。他知道自己气味难闻，而且他似乎喜欢我被这种气味弄得不舒服这个事实。

"你是一个犹太人，从美国来的。"他厉声说道。这不是一个提问，而是一个斩钉截铁的陈述。

我目瞪口呆。

"我也是；我是犹太人。犹太人必须团结起来。是你的朋友？"他朝索瑞尔和安塔那个方向动了动身子。"他们是异类，没错。我认为他们是好人。我是说，他们喜欢犹太人。"

说到这里时，索瑞尔和安塔已经走到跟前。他们说德语，因此交流起来没有障碍。我们问他——其实主要是想碰碰运气——齐奥塞斯库的遗体是不是埋葬在根恰公墓的一个没有标记的墓穴里。

"也许是吧，"那个老年男人说。"你们想看墓地，我就带你去墓地好了。"

索瑞尔、安塔和我面面相觑。"为什么不呢？"我们决定跟他走。他挺有趣的，我对自己说。他的突然爆发的热情让我有些尴尬，所以我越发沉溺在作为一名记者的充满怀疑的思维模式之中。

我们扶他进了索瑞尔的车。他有一条腿跛得很厉害，但没有用拐杖。

他带我们到了"英雄"的公墓，那里埋葬着1989年12月被齐奥塞斯库的国家安全部队杀死的学生。"你们下去拍照片吧，我就留在车里。"他说。

选举日是1990年5月20日，是一个星期六，因此，英雄公墓里非常拥挤。这里的场面让人非常揪心。死者的父母们在土坟上堆满了鲜花。一个老年妇女控制不住地用拳头捶打着一个木质的十字架。一名老年男子只是坐在他儿子墓穴旁边的一个水泥墩子上，脸上没有任何表情。这将成为一张非常有表现力的照片，我想。我问他我是否可以给他拍一张照片。他没有表情地抬头看了看我，完全沉浸在自己的苦难之中。我连续拍摄了几次。这么多年轻人的墓穴放在一个地方，让人感到十分恐怖。白发人送黑发人，这与自然之道极为相悖。

我走回了车子。"太可怕了。"我说。我们神秘的老向导只是点了点头。他的表情极为遥远。我猜想他对这些人几乎没有同情之心或激情。

"你今天投票了吗？"我问。

"投了。投的是伊利埃斯库，我赞成共产主义者。"

"为什么？"

"伊利埃斯库周围有犹太人。皮特鲁·罗曼，是犹太人。希尔维优·布鲁坎，也是一个犹太人。在这样的一个国家，你可不能靠运气过活。满意了吧？"他语速急促地说，因为他看到索瑞尔和安塔从公墓的后面朝着汽车走了过来。

"你们拍到好的照片了吗？"他在问我们所有的人。

"是的。"我说。

"哎,你有没有为我准备点硬通货?嗯,十美元咋样?"

我伸手去摸我的钱包。

"不,"他用手示意我停下来,"稍等等吧,也许你会送我一个礼物。我们是犹太人嘛,我们犹太人必须得互相帮助。"

等我们都上了车之后,他说,"现在,你们才要去看坟墓,"他仿佛在说,我们刚才看到的这些根本就算不上什么,或者说,只能算是预热,"一直往前走,"他对开车的索瑞尔说,"正前方有一个鲜花市场。我必须为我父母买一些花。"

我和安塔对视了一下。

考虑到他腿跛得厉害,安塔主动说为他买花。但他坚持要和安塔一起去,因为他总是从同一个男人那里买。穿过那条狭窄的街道就花了他好长时间。

回到车上后,他把鲜花放在腿上,指挥着我们来到了一个废品场的边上,废品场临近一段废弃的铁轨,索瑞尔就把车停在那里。

"你肯定公墓就在这里吗?"我问。

"是的,"他说,第一次露出了笑容,"我每个星期都来这里。"

他引领我们沿着铁轨走,他每一步迈起来都十分吃力,因此步履慢得让人心疼。他走路时感受到的身体上的痛苦,似乎被带别人到这里来的享受抵消。在远处,市民中心的轮廓露了出来。

"你总是走这条路吗?"我问。

"是的,总是这条路。通常是我一个人来。"

火车轨道在多处都被杂草淹没,似乎引领他的心灵回到了过去。他一边吃力地走着,一边告诉我们说,他出生在布科维纳北部,就在罗马尼亚人开始把生活在北布科维纳的犹太人驱赶到跨德涅斯特河地区死亡营之前不久,他和他的父母一起来到了布加勒斯特。在布加勒斯特,他和父母生活在原来的犹太人聚集区(被齐奥塞斯库拆除,为的是给市民中心让出地方)。赶巧了,就在1941年军团士兵实施对犹太人的集体迫害之前不久,他和父母搬离了犹太人聚集区,住在东正教堂附近的一个公寓里。而当军团士兵把犹太人驱赶在一起,把他们送往巴尼撒森林和屠宰场的时候,漏掉了他父母所在的房子。

他的父母都活了很大的年纪。他是他们唯一的孩子。他拿起自己的贝雷帽，我看到他那已经起了皱纹的、皮包骨头的头上，有着稀疏的白头发。破旧的衣服几乎耷拉到了脚踝上，他看起来就像是一个典型的集中营的幸存者——尽管像他刚才跟我们说的那样，他从没有去过集中营。

"你们一家人真是非常幸运。你们恰好躲过了每一场灭顶之灾。"我说道。

他耸了耸肩，并做了一个鬼脸。"还真是那样。"他的脸上并没有其他的表情。

"在这里。"他指着一个犹太人公墓的门口，公墓突然出现在我们的左边，看起来有秩序，很干净，在一片荒芜之地之中让人感觉好了不少。

他从口袋里掏出一顶脏兮兮的圆顶小帽，塞到了我的手里。"你会用到它的，但我没有多余的给你朋友。"

索瑞尔拽着自己的夹克，用它盖住了自己的头。老年男子看着索瑞尔，感到很满意的样子。

"在这里，"他说，"看。"

在公墓的门里面，左侧是一片石头森林。每一个墓碑都雕刻成从根部开始砍掉了所有枝条的树桩的样子，就像是被砍去了四肢的人体躯干。墓碑大小不一，每一个形状都很独特。其效果令人毛骨悚然。我看了碑文，这是在纪念在跨德涅斯特河地区被屠杀的布科维纳北部和比萨拉比亚的18.5万人。每一座墓碑代表着一个特定的镇或村。

我们在拍摄照片时，老年男子微笑了。

"来。"他说。

他把我们带到了两片坟墓前，每一片都有一个足球场那么长。所有的坟墓都被刻成几乎完全相同的简朴的样子：它们式样的一致性和相互的紧密程度，暗示出一种令人感到极为恐怖的幻觉般的无限。一些坟墓上放着镶着框子的逝者的黑白照片。我看到了一个老年男子的照片，还看到了一个年轻女孩的照片。每一座坟墓上的死亡日期都是相同的：1941年1月21—23日。

"他们无法否认屠宰场的，"他说，并在点头的同时，咧了咧嘴，露出一种得意的、诡异的微笑，"不论他们对你说什么，嗯，这就是证据。"

接着他突然说道："再见吧。我要自己去见我的父母了。"

我把圆顶小帽递给他。"不，你拿着吧。这是给你的。"

像他一样，这个圆顶小帽散发着死亡的气息：一种黑暗的、循环的记忆。

保加利亚境内巴尔干山脉的里拉峰，是巴尔干地区的最高峰。

第三部分
保加利亚：来自共产主义的拜占庭的故事

第 12 章
他人身体的温暖

"从布加勒斯特坐上一辆肮脏的小火车，你就向南慢慢地爬行，走过炎热的平原，穿过破败的小村庄，村庄的房屋用泥土和草建成，就像是中非的低等部落的住所。……你在每个小站都要停下来，仿佛罗马尼亚政府对每一个要去保加利亚的人都充满鄙视和漠然，在朱尔朱（Giurgiu），暴君一般的海关小官员的检查也毫无必要地严苛。……"

"但是，过了黄色的多瑙河，就是另外一个世界。……好脾气的、笨手笨脚的士兵装模作样地检查着你的行李，微笑着表示他们的欢迎。……再次看到山民和自由民那纯朴、平淡和诚实的脸，感觉真的很好。"

这是约翰·里德在1916年的描述。在世纪末的感受和世纪初的感受是一致的。80年代，我有好几次坐火车从罗马尼亚跨过多瑙河去保加利亚。我印象最深的是冬天的晚上那几次。在罗马尼亚这一段路上，车上没有暖气，也没有食物可以买。在朱尔朱的边检也让人感觉不愉快。但在多瑙河的保加利亚这一边的卢斯（Ruse），火车上的暖气始终是开着的，也有食物可以买。友好的海关官员更感兴趣的是练习英文而不是检查我的行李。夜晚的其他时间则是"寒冷的高海拔之夜"。第二天早晨，我发现自己身处一条岩石峡谷之中，峡谷两边生着山毛榉、冷杉、松树和颜色极深的低矮的灌木丛，火车飞速地前进着，旁边的一条山涧一直在咆哮，绵延数英里不绝。

1981年11月，我第一次看到索非亚，天正在下雪。洁白的雪。只是在几个小时之后，褐煤的烟尘才把它污染成棕色。但是，褐煤那有些发甜的、死寂的气息，让我想到了老式的蒸汽机和在秋天烧树叶子的情景。褐煤的烟雾慢慢地穿过有轨电车线路和杨树、刺槐、七叶树的枝条，在黄色的卵石铺成的街道上弥漫开来，街道

保加利亚首都索非亚全景,城市背靠威图莎山脉。

上寂静得令人感到压抑,甚至是上学的孩子的声音也被压低得像是在窃窃私语,这一切唤起了我五十年代中期初次去布鲁克林的东方大道拜访我的祖父母的记忆,那是一个装点着吃点心的小餐巾、华丽的家居装饰、果酱和腌菜缸的世界。在不远处,隔着一大块卵石铺成的空地,赫然耸立着保加利亚大酒店,酒店的遮檐和名字镶嵌并雕刻在陡峭的三角形屋顶上的主梁上:这是一家由已经去世的报纸记者的灵魂盘踞的酒店。

约翰·里德 1915 年在这里住过,C.L. 苏兹伯格和罗伯特·圣·约翰第二次世界大战开始时也住过。1949 年,著名的奥地利驻外记者、据说是克格勃特工的威

尔弗雷德·伯切特（Wilffred Burchett）就在酒店里举行婚礼。在酒店的 29 号房间，担任《时代》杂志驻伦敦记者长达四分之一世纪的詹姆斯·戴维·鲍彻（J. D. Bourchier，曾负责报道第一次巴尔干战争和第一次世界大战）于 1920 年因肺炎去世。鲍彻在保加利亚知名度很高，也受人爱戴——他曾支持保加利亚对马其顿的索求——以至于听到他去世的消息之后，成群的人们聚集在酒店的外面。他的遗体被隆重地摆放在亚历山大·涅夫斯基纪念教堂长达数天的时间。他被安葬数年之后，当地人仍然以一种特别的、会让许多遭受过艰难困苦的记者都会感到内心温暖的方式，表达对他的敬意：当地一种香烟的品牌被冠以他的名字。

鲍彻随身携带的只有一个手提箱，他是一个耳聋的单身汉，因此，保加利亚大酒店是他所曾拥有的最接近于家的地方。他把它称作"感觉最亲切的宿舍。"鲍彻、里德、苏兹伯格和所有其他记者都喜爱这个大酒店的原因是，它与现已变成博物馆的王宫隔街相对：王宫是一栋薄荷绿色的、小小的、玩具一样的建筑物，有着标准的巴洛克式的屋顶——与维也纳和布加勒斯特那些富丽堂皇的、有石头做底座的彰显王室风范的建筑经典相比，这座王宫的装饰之简朴令人动容。

像鲍彻一样，我初次（1981年）选择保加利亚大酒店，只是因为它处在中心位置，而且便宜，单间每晚只要19美元。作为一个籍籍无名的独立作家，再贵一点儿的酒店我负担不起。然而，到1981年时，酒店的荣耀早已是过往的云烟。它只是充当东欧集团旅游团的一个几乎没有暖气的招待所，或是零星的来自土耳其、印度或其他地方的邋遢商人的落脚点。餐厅是深棕色，装饰着红色的墙裙。客房没有暖气，因而很多人都被冻得流鼻涕。客人们蜷缩在外套里面。女服务员们穿着蓝色的罩衣，但由于没有穿长袜，白色短袜的袜筒尽管很高，却仍遮挡不住她们毛茸茸的腿。第二天的早餐包括没有过滤的干梅稠汁、鲜酸奶、山羊奶酪、萨拉米香肠、苹果和黄瓜，都是凉的，但味道都很好。可以从俄式茶饮中倒茶喝，但没有咖啡。我并不介意。从酒店的窗户里看到的公园和以前的王宫的景观，自第二次世界大战以来就没有发生变化。鲍彻的传记作者格罗根夫人说，鲍彻"在对巴尔干政治着迷之前就已经感受到了巴尔干景色的魅力"。就保加利亚而言，我也经历了一个类似的情感过程。

我始终觉得，在第二年，即1982年，第二次世界大战以来首次有数量众多的西方记者来到索非亚，调查保加利亚国家安全警察组织策划1981年5月13日圣彼得广场暗杀教皇保罗二世的事件，记者们不住在保加利亚大酒店，实在是错失了某种极为重要的东西。大多数记者喜欢住在没有历史的、日本人设计的威图莎奥坦尼酒店（Vitosha Otani），该酒店位于一个单调的郊区，记者们选择它是因为穆罕默德·阿里·阿甲（Mehmet Ali Agca，国家安全部门雇佣的土耳其暗杀者）在去罗马执行暗杀任务之前就住在那里。

与原来的王宫和保加利亚大酒店形成三角之势的是白色的、新古典主义的格尔奥基·季米特洛夫陵墓。陵墓由踢着正步、戴着羽毛帽子并穿着极为夸张的华丽服装的士兵看护着。季米特洛夫是 1933 年国会纵火案审判的英雄，在由纳粹暴徒控制的柏林巡回法庭上为自己以及其他共产主义者进行了大无畏的辩护。后来，季米特洛夫到了莫斯科主持共产国际（共产主义政党的国际组织），第二次世界大战之后又受斯大林派遣，回保加利亚迎接一个新生的保加利亚共产主义国家的诞生。根据保加利亚持不同政见的作家格尔奥基·马可夫（Georgi Markov）的说法，季米特洛夫是"那个引进黑色豪华轿车的人，那个在自己和普通群众之间设置重重隔阂的人……那个允许自己的国家被那个派遣他回来颐指气使的人无情剥削和摧残的人"。自 1949 年去世之后，他就躺在玻璃棺里，已有四十多年。他的遗体保存在甲醛之中，留着短髭的脸和双手发出瘆人的光亮，他的陵墓也是对列宁在红场上的陵墓的精确模仿。保加利亚是个小国，但我第一次访问的时候，我就觉得它是一个拥有远大目标的国家，因此，它需要有一个宏大的、令人印象深刻的外观。

由于对这一外观进行质疑——质疑季米特洛夫的最后一个继承人托多尔·日夫科夫（Toolor Zhivkov）为什么需要众多的巨大庄园，每一个都要比费迪南德和鲍里斯国王曾经居住过的、屋顶漏水的、玩具似的王宫奢华很多，持不同政见的作家马可夫落得了一个极为悲惨的结局。

1978 年 9 月 7 日，处在流亡状态并为英国的 BBC 的保加利亚语广播工作的马可夫，在走过伦敦的滑铁卢桥时突然感到腿上一阵剧痛。他转过身来，突然发现背后有一个拿着雨伞的人，那人嘟囔着说了声，"对不起"。第二天早晨，马可夫就病倒了。三天之后，他就慢慢地、痛苦地死去。在那把伞的尖头上有一个小毒丸，里面装了蓖麻蛋白——一种致命的毒药，这与巴黎发生的对另外一位保加利亚背叛者的刺杀中使用的是同样的武器。

但是，在 1981 年底那个下雪的早晨初次到达索非亚时，我几乎对保加利亚一无所知，对马可夫也几乎什么都不了解，只是听说了那些和他离奇的死亡相关的事实；如果缺少关于他的国家的其他所有知识，这些处在真空状态的事实，是会欺骗人的，并产生有害的作用。

到达索非亚的第一天晚上，在保加利亚大酒店那没有灯光、也没有铺地毯的楼

二战后保加利亚领导人季米特洛夫。

斯大林和季米特洛夫,1936年。

梯间(电梯经常停止运行),因为要想通过官方的索非亚新闻局安排采访事宜而忙碌了一整天(在前一天离开布加勒斯特的火车上,我几乎没有睡着)之后,我听到背后传来了紧追不舍的脚步声。

"请原谅,你是从美国来的著名记者罗伯特·卡普兰先生吗?"

我对自己笑了笑。数十年来,在这个偏远的小国,外国记者极其罕见,因此,当一名外国记者果真来到时,就是一个不得了的事件,因而这名记者就被认为是相当重要的。

"是的,你是怎么知道我的?"我回应说,其实我已非常疲惫,并没有多少戒备之心。

"哦,我是索非亚通讯社的,有人告诉我你住在这里。我叫吉列尔莫,吉列尔莫·安杰洛夫。我想请你去我们的记者俱乐部参加晚宴。"

我刚刚吃完饭,只想睡觉。"不,谢谢你。明天晚上怎么样?"

"为什么?"他这是在责备我了。"为什么?"他现在就在我身后几英寸远的地方,跟着我一起上台阶。"你觉得,我会给你洗脑吗?你在这里待了一天,你就已经形成了对于我们国家的看法了吗?的的确确,我是一名共产主义者，一名国际主义者。我想带你去参加晚宴，目的是想好好听一听你对我们国家的看法。而你却不接受邀请。你害怕了吗？害怕另外一种视角，对吗？"

我转过身来。此时，我们已经来到走廊里面，站在一个孤零零的、昏暗的灯泡下面。他是一个气喘吁吁的、快六十岁的男人，灰白的鬓角很长，眉毛也已经发灰，皮肤黝黑。他的肩膀有些向前倾斜。一只手里提着一个破旧不堪的文件箱。他戴着一个贝雷帽，穿着一件已经走形的外套，脚上穿着一双运动鞋。我记得他当时嘴唇和眼睛周围都在出汗。他虽然快六十岁，但有着一个年轻人的渴望和不肯罢休的神情。

"你就来吧，我只是请你参加晚宴。你知道 1981 年是我们立国 1300 周年吗？我们成为一个民族已经有 1300 年了，源远流长，共同的身份认同。美国的历史有多长？啊，你们才是小孩子呐！你不了解的东西很多。请给一个老头子一点面子吧；别让我灰头土脸。"

接着他摘下了贝雷帽（我才发现他是秃头的），并在殷勤地鞠躬的同时把帽子放在胸前。

我怎么还好意思拒绝？

吉列尔莫抓着我的一只胳膊，嘴巴靠近我的耳朵，一直说个不停，同时领着我穿过黢黑的街道，来到了阿拉宾和格拉夫·伊格纳蒂耶夫[1]两条街道的夹角，也正好是两条有轨电车线路交叉的地方。我还记得，看到叮当作响、即将到站的电车的灯光时，我使劲把他拽到了一边。他一直沉浸在他的演讲之中，胳膊和我的胳膊绕在一起，正好站在轨道中央。"我们是一个伟大的民族，亲爱的。我们生产的酒是最好的，比法国人的还好。我们的妇女是最为美丽的——看看她们高贵的色雷斯人的特征，就像雕塑一样。世界文明有三个主要的源头：法国、中国和保加利亚。罗比[2]，"仿佛我已经成了他的儿子，"你看看我们的损失有多大——多布罗加，被罗马尼亚拿走了；色雷斯，被土耳其人拿走了；爱琴海地区，被希腊人拿走了；

---

[1] 格拉夫·伊格纳蒂耶夫指的是 1878 年俄土战争结束时接受土耳其军队投降的俄国伯爵。有关内容参见本书此前关于马其顿的那一章。

[2] 本书的作者名字为"罗伯特（Robert）"，"罗比"是昵称。

最为糟糕的是，马其顿被那些塞尔维亚人拿走了。"他说"塞尔维亚人"这个词的时候充满了纯粹的蔑视之情。"但是，我并不是一个民族主义者。……"吉列尔莫领着我在记者俱乐部外面寒冷的、两侧堆满了积雪的街上转起了圈子：他还没有说完话。

1981年，记者俱乐部有一种狂欢宴饮的气氛。空气中飘荡着鸡汤、李子和葡萄白兰地、香烟的烟雾和臭汗的味道。堆积成山的香肠、山羊奶酪、红酒和啤酒空瓶子摆放在污迹斑斑的桌布上。男人们把胳膊放在女人们油腻的后背上。喊叫声、笑声不绝于耳，几乎每一把盖着红色绒布的椅子上都已有人。一面巨大的、占据了整面墙的镜子反射着朦胧的、卷烟造成的充斥着整个房间的烟雾。我感受到激情和亲密，这种状况似乎与太久的封闭有关，因而在西方是难以见到的。在西方婚外情主要是中产阶级空虚无聊的产物，但在这里，婚外情满足了更深层次的需求。由于政治和公共生活极受约束，因而就出现了一个巨大的真实激情之井，即便是最为理想的婚姻也不可能耗尽其能量。也许，因为你永远无法逃脱寒冷，即便是在室内也很困难，所以，在夜晚有一个温暖的身体还不够：白天你也需要一个温暖的身体。

一个身材魁梧、脸色红润、铁灰色头发、穿着小礼服的侍者拥抱了吉列尔莫。"这是卢普超，"吉列尔莫告诉我，"他会看手相。"

"他看起来像勃列日涅夫。"我回答说。

吉列尔莫把我说的话翻译给了卢普超，他脸上露出笑容，并对我的恭维表示感谢。

卢普超把我们领到了一张桌子旁边。"李子白兰地对肝脏不好。"吉列尔莫建议说。于是他为我们两人点了葡萄白兰地。一个矮胖的老女人走过来，把她的脸颊贴到吉列尔莫的脸颊上，"罗比，难道我没有告诉你我们的女人有多么漂亮吗？"吉列尔莫把他之前告诉我的话翻译成了保加利亚语。她把吉列尔莫揽入自己的怀里。吉列尔莫冲我笑了笑。他的眼睛始终很有表现力，似乎在根据自己的思想不断调整自己的语气。他的眼睛现在则在说：为什么不给这个老女人一点儿快感？

卢普超在我们身边转来转去。

"他想给你看手相。"吉列尔莫说。我伸出手掌，卢普超用他的手指慢慢地在上面移动。

ICON
保加利亚的影像

当我不自觉地对比一个正常的西方人和一个正常的保加利亚人的生活时，其差异看起来是如此之大，西方人的生活可以用儿童的简单的绘画来表现，而一个保加利亚人所处的实际情况中的生活，却与象征性的、抽象的因素纠结在一起，难解难分。我们不得不忍受更多的因素和势力的影响与冲击，而这是西方人难以想象的。当西方人一直在不断地努力得到更多东西的时候，我们的本能却是尽力保有我们已有的东西。

格尔奥基·马可夫（Georgi Markov），《杀人的真相》

保加利亚地图。

列夫斯基纪念碑，坐落于他的故乡 Karlovo。他 19 世纪末领导游击队抵抗土耳其人，被俘处死。保加利亚人的民族英雄。

索非亚的象征,亚历山大·涅夫斯基大教堂。

亚历山大·涅夫斯基大教堂外部的镶嵌画。

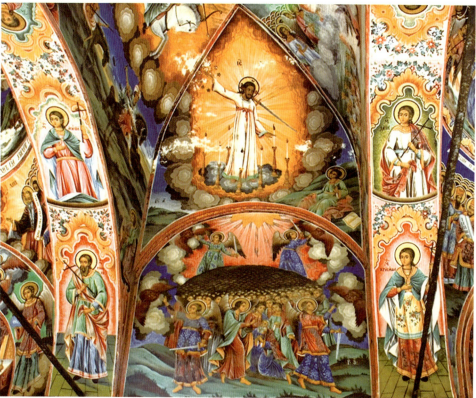

里拉修道院壁画。

保加利亚最大最著名的修道院，里拉修道院的圣母教堂。

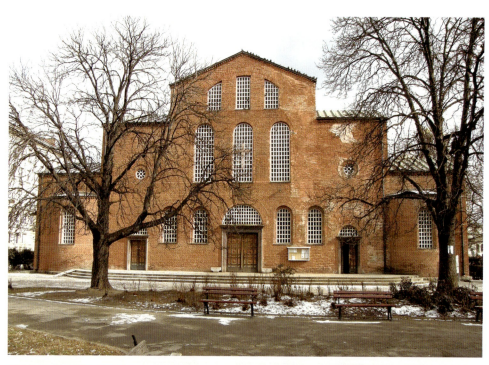

索非亚的神圣智慧教堂,建于4—6世纪,首都的名字即来自于这座教堂。

今天伊斯坦布尔的圣索菲亚教堂内部,显示了基督教文明与伊斯兰文明的叠加。

1877年,保加利亚人和俄罗斯人同仇敌忾抗击土耳其人,共同保卫Shipka关口,捍卫保加利亚的独立。

"卢普超说，你将在不久的将来遇到你的真爱。"（真巧了，15个月之后，我遇到了未来的妻子）

"我已经第三次结婚了，"吉列尔莫说，"女人们爱我们，只是因为我们犯傻，因此，要是我们足够傻的话，她们什么事都会宽恕我们的。"

"看看你的周围，我们是多么幸福啊，而且一直是这样，包括晚上，当你们在美国睡着的时候，我们还在工作，追赶，一直在追赶。保加利亚的机器人科学在巴尔干是第一位的。"他说，语气像是在透露一个国家机密。

卢普超又回来了，拿了一些汤、色拉、葡萄白兰地，还有一瓶摩林科地区产的干红，摩林科是靠近希腊的一个边境地区。

"我已经吃过饭了。"我告诉吉列尔莫。

"嘿，来吧，伙计。"他说，示意让我动手拿桌子上的东西吃喝。

接下来，我记得我猛烈地反驳了吉列尔莫对于里根的一系列抨击中的第一个，尽力为我们的总统进行辩护。"好了，罗比，不要告诉我你是那些牛仔中的一个，也不要告诉我你是那些落基山脉中的革命者之一。"

"牛仔！当牛仔要好过当俄国人的奴隶吧！这个国家还不是一个独立的国家！"我开始有些醉意了，吉列尔莫把我的行为——我开始喊叫，和他争论，并与他一起喝酒——看作是一种恭维。我认为，这是我们长久的、一直持续到现在的友谊开始的一个契机，也是我真正开始理解有关保加利亚的事情的一个契机。

"你们叫我们奴隶。还有，你们在西方还用一个愚蠢的词——卫星国——来称呼我们，仿佛我们保加利亚人是在太空中运行一样。你们根本不知道土耳其人对我们做了些什么，在苏丹的枷锁下生活又是什么滋味。俄罗斯人把我们解放出来，但我们也是有自尊心的。第一次世界大战时，我们就和俄罗斯人干上了。结果呢，我们现在是弱小的，被敌人包围着。于是，我们就利用俄国人当保护伞，"说着吉列尔莫把拇指放在了其他手指的后面，"以便我们**与**土耳其人、希腊人以及其他的人**周旋**。亲爱的，在我们和土耳其人、希腊人以及塞尔维亚人周旋的过程中，俄罗斯人给了我们很大的自由活动的空间。你怎么能说我们没有自由呢？俄罗斯人给我们便宜的石油和其他原材料。我们在给俄罗斯人放血。但是，你们西方人不知道世界这个角落发生了什么。你们的牛仔能从地图上找到保加利亚吗？你关心的只是美俄两国之间的斗争。对于我们来说，超级大国之间的斗争只是我们悠久的历史中一个短暂的现象而已。我们是最有智慧的农民，我们比你们更明白如何生存下来。"

这些争论对我产生了影响，因为我刚从罗马尼亚来到这里，而在1981年时，由于齐奥塞斯库所谓的"独立的外交政策"，罗马尼亚是东欧集团中在美国名声最好的国家，而保加利亚则是最差的国家。但是，在我看来，尽管保加利亚人也比较贫穷，在经济上却比罗马尼亚人富裕得多，而且享有更多的人身自由。这样一种随意的、酒后的讨论，在仍然处在齐奥塞斯库影子下的多瑙河对岸是不可思议的，而美国的决策者们却在给予它以最惠国的贸易地位。

"我是最亲美的保加利亚人，"吉列尔莫接着说。"我是1942年毕业的索非亚美国学院的最后一届毕业生。你知道我是BTA（保加利亚电讯社，共产党的官方新闻机构）1957年派驻北京的第一个记者吗？我不知道怎么表达这层意思——我们的记者和你们的记者是不同的。我可以算是保加利亚在北京的官方代表。我害怕中国的领导人。你知道我是怎么得到那个工作的？亲爱的，就因为我是在美国学院接受的教育。"

"纳粹关闭了那个学院了吗？"我问。

"没有，"吉列尔莫看起来有些尴尬。"因为战争，1942年之后，学校难以为继了，但仍然没有正式关闭。它是在1946年被关闭的……"

"它是被战后政府关闭的。"我接过了吉列尔莫的话茬。吉列尔莫抬了抬眉毛，耸了耸肩，这是以一种东方的方式在说：是的，你还能怎么办？

"**吉列尔莫**，那可不是一个保加利亚人的名字，对吗？"我问。

他对我微笑一下，算是认可。"嘿，我父亲在本世纪初去了埃及的亚历山大，想通过做纺织品买卖赚钱。他在那里最好的朋友是一个西班牙人，吉列尔莫。我就取了他的名字。你知道我父亲参加巴尔干战争的事情吗？第二次世界大战时，我藏在森林里，为的是我不必去参军——保加利亚和法西斯结成了同盟，你知道吗？我永远也不会忘记1944年9月份俄罗斯人来时的情景：我安全了，我可以呼吸了。"

"你现在还可以呼吸吗？"

吉列尔莫顽皮地一笑，并向天花板转动着眼珠子。"唉，又来了，你这家伙。罗比，那些革命者对你所做的一切是一个悲剧。你是个聪明人，但看看那些人把你的心灵扭曲到什么样子了。"

一个白头发的、看起来很老也很疲惫的男人走过来和吉列尔莫拥抱在一起。两人相拥在一起有数秒之久。

"罗比,我给你介绍一下20世纪最伟大的驻外记者威尔弗雷德·伯彻特。"

我们两个人相互握手。

"眼前这个人,"吉列尔莫大声说,同时看着伯彻特,并紧紧抓住他的一只胳膊,浑身洋溢着自豪之情,"我都不知道该怎么说了,他是最伟大的记者,写了40本书。是杜鲁门——这个罪犯——扔下原子弹之后第一个去广岛报道的人!是唯一在**北部**对朝鲜战争进行报道的西方人!你知道,他是第一个深入到'胡志明小路'的人。你看我戴的这顶贝雷帽。这是威尔弗雷德七十年代去西班牙报道法西斯主义崩溃时为我买的。"

吉列尔莫只是略有夸张。伯彻特几乎见证了第二次世界大战以来全世界每一次战争和革命,并且对所有的战争和革命都有著作出版。他能讲几种亚洲语言,并且与毛泽东、胡志明、金日成等人都关系密切,只有很少的西方记者能够接近这些人物。他1911年出生在澳大利亚的农村,他自己家庭的贫困、20世纪30年代世界性的大萧条以及德日法西斯主义的恐怖行为,使得他变成一个激进的人。1953年,他作为朝鲜的一个半官方的发言人出现在朝鲜战争和谈会议上。有好几年,一直有传闻和间接的证据,说他是一个接受报酬的克格勃特工,尽管这些证据很难完全证实也很难令人信服地证伪。50年代,澳大利亚政府注销了他的护照,于是,他只能使用北越共产主义政府为他提供的一个通行证而周游世界。

如果伯彻特是从克格勃那里领取报酬的话,他得到的钱可能并不多,因为他和他的家人经常挣扎在贫困的边缘。他靠到处漂泊当特约记者和写书勉强维持生计,但尽管他写了一本又一本的书,却很少有人购买他的著作。他经常囊中羞涩,能说多种语言,博闻强记,结交朋友的能力很强。每一个遇到伯彻特的人,包括亨利·基辛格,都很喜欢他。1972年巴黎的和谈会上,基辛格让伯彻特充当与北越打交道的中间人。

伯彻特很兴奋地跟我谈起他最近在做的事情。"我正在撰写一本关于保加利亚的书,这几年写下的笔记都能派上用场。"他告诉我说,他和他出生在保加利亚的妻子及家人在 1980 年搬到了保加利亚，大约就是里根在美国当选的时候，在他看来，里根的当选将预示着一场新的冷战和对"人民的民主"的新一轮攻击。1983 年，即与我相遇两年之后，伯彻特在索非亚去世。

"不要当一个人云亦云的家伙，罗比，"吉列尔莫喊道，"就像那些把我们称作卫星国的坏家伙一样！深入下去，深入到历史中去，自己去弄明白**我们**（保加利亚人）是什么样的人！"

伯彻特和吉列尔莫还抱在一起。

我们三个人一起涌到了街上。酒精、热烈的讨论、在异国他乡结识新的朋友带来的新鲜感，让我再度兴奋起来。和伯彻特告别是一个颇为漫长的过程。在寒气逼人的雪中，吉列尔莫塞给他一份书单，让他把这些书送给我阅读。

"还有，罗比，"吉列尔莫小声对我说，"我给你提供了信息，你也会为我提供信息，对吗？"

"比如说？"

"最近，有一份美国杂志，《当代历史》，专门谈论中国。你能给我弄一本吗？作为一名中国问题专家，我需要对事情的动态有足够的了解。"

"你可以在索非亚的美国图书馆找到啊。"

"罗比，"他摊开了双手，"就光是走到那里也不容易。我该怎么告诉你呢，街上有人会看到我的。"

"这就是说，这里现在还是不自由的。"

"你为什么总是非得用**你们的**标准来评判我们不可？你不知道，战争年代这里是个什么样子。"吉列尔莫的眼睛似乎没有了必胜的神情，这还是我第一次看到。我开始想知道他的情况。他是一个有魅力的人，英语说得很完美，在年轻的时候就是保加利亚驻中国的首席记者，他陪同我这么一个贫穷的自由职业者转悠，到底是在做什么呢？怎么估算，他到现在都应当是一个大使级的人物，而不应当是索非亚通讯社的一个打杂的。我承诺第二天早上再跟他见面之后，我们就在雪地上告别。

尽管是来到索非亚的第一个晚上，我还是决定到处走一走，然后再回酒店。我意识到，这个城市虽小，却充斥着强有力的意象。在泛光灯的映照下，亚历山大·涅夫斯基纪念教堂那层层叠叠的镀金铅制的绿色圆屋顶让人想起中世纪拜占庭时代的情景，而且由于教堂靠近有着巨大柱廊和拱门的共产党机关总部，还靠近季米特洛夫陵墓，里面的尸体让我不由得感到阵阵的恐惧。在这里，中世纪和现代的阴谋，私语和沉默似乎混合在一起，飘荡在空气之中。

"保加利亚：面积很小，很容易被人了解，但却得天独厚，其禀赋不亚于一个微型的洲。……这是一个巴掌大的天堂，却被恶魔占据着。"《自由的使徒》(The Apostle ot Freeceom)的作者莫西亚·麦克德莫特这样写道，《自由的使徒》是为19世纪率领保加利亚游击队抗击土耳其人的领导者瓦西尔·列夫斯基（Vasil Levsky）所写的传记。

保加利亚人和晚到欧洲的马扎尔人、土耳其人一样，是来自中亚的突厥人（鞑靼人）的一个部落。大约在公元681年，大约25万保加利亚人在阿斯帕鲁赫可汗（Khan Asparuh）的率领下，穿过多瑙河进入了后来被称为保加利亚的地方。保加利亚人和比他们早150年来到巴尔干半岛的斯拉夫人通婚。"和任何杂交物种通常的情况一样，"历史学家内维尔·福布斯（Nevil Forbes）写道，这个新的人种展示出了相当可观的"活力、凝聚力和冲劲儿。"

在中世纪早期，保加利亚是欧洲最为强大的和先进的王国之一，是一个微型的拜占庭，经常威胁到君士坦丁堡的皇帝们。在九到十世纪，远在塞尔维亚兴起之前，保加利亚国王鲍里斯一世和西米昂（Simeon）就打造出了一个西起阿尔巴尼亚东到黑海、北起喀尔巴阡山南到爱琴海的温暖水域的帝国。865年，保加利亚人成为所有斯拉夫以及斯拉夫化的民族中第一个信仰东正教的民族。僧侣西里尔和美多迪乌斯及其追随者就是从保加利亚把西里尔字母表传播到俄罗斯以及其他地方的，从而使保加利亚而成为斯拉夫语言和文化的诞生地。直到今天，保加利亚人还把他们的母语看作是斯拉夫语中的拉丁语。

语言上的自豪成为一种对于民族性的认知，而按照巴尔干的标准来衡量，这是相当开明的一种做法。因为保加利亚的犹太人就像每一个人那样讲保加利亚语，所以他们并没有被认为有什么特别的不同。亲纳粹的国王鲍里斯三世的政权和反对他的保加利亚游击队，共谋如何保护犹太人，使他们避免被驱逐的命运。结果，保加利亚和丹麦一道，在纳粹占领的欧洲各国中大屠杀的记录是最干净的——至少在它自己的边界之内是这样的。[3] 吉列尔莫经常向我保证说，"保加利亚人"（保加利亚出生的犹太人）是以色列政治中"最有影响力的派别"，总是保护保加利亚的利益。他觉得难以理解的是，一个出生在保加利亚、从小就讲保加利亚语的人，竟然会不把自己当作保加利亚人。他声称认识一个祖籍是保加利亚的以色列人，尽管此人从未听到过保加利亚语，但他一回到保加利亚就能懂得保加利亚语。"我们的语言流淌在我们的基因里面。"吉列尔莫断言说。

11 世纪早期，拜占庭皇帝巴希尔二世在斯特鲁姆尼察打败了国王萨缪尔，之后，他下令弄瞎了 14000 名俘虏的眼睛——这是保加利亚历史上最令人恐怖的时刻——于是保加利亚又重新回到了拜占庭帝国的控制之下。[4] 但在 12 和 13 世纪，在国王卡洛扬和阿森二世的领导下，保加利亚夺回了所有失去的领土，又达到了更高的文化和经济高度。

与其他达到顶峰然后逐渐衰落到历史深渊的帝国不同，处在其鼎盛时期的保加利亚的倒塌的原因却是一系列的外来入侵，外来入侵的最终结局是长达 500 年的奥斯曼土耳其占领时期。因为保加利亚被土耳其人用作进一步的欧洲扩张的主要基地，所以土耳其人在保加利亚的统治比在别的地方来得更为血腥、更为专横。城市中心的全部人口被驱离；被征服的农民被迫从事强制性的劳役；相对先进的封建制度被更为原始的制度所代替。与塞尔维亚一起，保加利亚是第一批被土耳其人征服的巴尔干国家，但却是最后一个获得解放。"从 1393 年到 1877 年，说保加利亚没有历史，应该是符合实情的。"福布斯说道，他接着说：

> 所有巴尔干人中，保加利亚人遭受了最为严重的镇压和摧残。希腊人凭借其神出鬼没、才智和金钱，很快就让土耳其人自食其果；罗马尼亚人多少受到了多瑙河以及他们与君士坦丁堡的距离的庇护；塞尔维亚人没有那么暴露在土耳其人的怒火最为强烈的地方，他们的国家大部分地方使土耳其人不容易到达，也给他们提供了某种保护。保加利亚人别无依靠，只能遭受

---

[3] 不幸的是，在其边界之外，保加利亚军队残忍到了极点：帮助德国人驱拢在马其顿的犹太人和各地讲希腊语的犹太人，并把他们驱赶到死亡营。
[4] 斯特鲁姆尼察靠近今天的保加利亚、希腊和南斯拉夫的马其顿共和国的边界。

灭顶之灾。

19世纪后半叶出现的只是一个国家的幽灵,民众愤懑已久,但国家早已支离破碎。"土耳其人的奴隶制,仍然是我们民族最大的困扰。"吉列尔莫告诉我说。

值得指出的是,保加利亚日历上最为庄严的日子既不是基督教的,也不是官方的共产主义的日子,而是一个纪念36岁的游击队领导人列夫斯基1873年被土耳其人处死的日子。2月19日黎明时分,成群结队的人们拿着鲜花从索非亚的大街小巷涌向土耳其人绞死列夫斯基的广场。到天大亮时,纪念碑周围就堆满了山一样高的鲜花。列夫斯基是保加利亚最为伟大的、正义的青年英雄,他在人们心目中几乎达到了神话英雄的程度。他的头发被认为化作了"古老的山"思达拉普拉尼娜,指的是贯穿整个保加利亚的一道长长的山屏,在不含情感因素的情况下,它被称为巴尔干,而在土耳其语中,"巴尔干"就是"山"的意思。这条山脉使得整个巴尔干半岛有了名字。

列夫斯基的被处决,在一定程度上说点燃了1876年4月爆发的全国性的游击队起义,土耳其人对此进行了野蛮镇压。这开启了长达四分之一世纪的游击战争和反对暴动的军事活动的第一章,在这个过程中,土耳其人烧毁了数百个保加利亚村庄,而伤亡者大多数是平

1396年,保加利亚和奥斯曼土耳其在尼科波利斯激战。

保加利亚的民族英雄列夫斯基，1873 年被土耳其俘获后处死。

民。大约是 19 世纪这个时候，保加利亚人对于行将就木的苏丹的抗击，牵动着西方的（和东方的）自由主义者的良心，就如后来的越南一样。奥斯卡·王尔德、维克多·雨果和伊凡·屠格涅夫等作家竭力支持保加利亚游击队的抗争。英国政治家威廉·格拉德斯通、意大利统一英雄朱塞匹·加里波第也表示了支持。沃尔特·惠特曼《草叶集》中那充满激情的关于自由的诗句，尤其适合于保加利亚在那些岁月中的斗争，而诗人其时正在对其史诗般的长诗进行修改。保加利亚是现代世界的第一个"时尚的事业"。西方早就忘记了这一点；保加利亚人却从未忘却。

在保加利亚历史上这个迟来的然而却生死攸关的关头，俄罗斯人及时赶到。在 1877 年和 1878 年，一支俄罗斯军队横扫保加利亚，把保加利亚从奥斯曼土耳其人的征服奴役中解放出来，其目的是建立一个亲俄罗斯的、保加利亚人的、对抗土耳其的缓冲国。尽管 1878 年的柏林条约迫使新独立的保加利亚重新把色雷斯和马其顿割让给了土耳其，这引发了又一轮的游击战争的爆发，但是，保加利亚人对于俄罗斯人的感激之情从未完全消失。俄罗斯人带来的解放，是保加利亚历史上自中世纪以来为数不多的幸福时刻之一。亚历山大·涅夫斯基纪念教堂的建设开始于 1882 年，其目的是纪念在那场战争中阵亡的 20 万俄罗斯士兵。保加利亚人有时候把俄罗斯称作"伊凡爷爷"，但他们对俄罗斯的爱戴之情包含了极其细微的差异，并且这些差异很难穿透冷战时期西方的评论家用陈词滥调构筑起来的墙壁而为外界所感知。如吉列尔莫所提到的那样，对沙皇俄国的感激之情并没有妨碍保加利亚人在第一次世界大战时攻打俄国。

以马其顿的回归为核心的民族统一主义，导致了保加利亚在 1913 年第二次巴尔干战争中的失败，并导致其在第一次和第二次世界大战中与德国的灾难性结盟。

马其顿、爱琴海出海口处和其他地区的丧失，使得 20 世纪前半叶的保加利亚成为一个痛苦的、非理性的国家。保加利亚人仇恨所有的人：塞尔维亚人、希腊人、罗马尼亚人、土耳其人。第一次和第二次世界大战期间，马其顿的恐怖主义使得索非亚的政治始终处在剧烈冲突和不稳定的状态。从政治的角度看，两次世界大战期间的保加利亚与 20 世纪五六十年代政变频仍的叙利亚非常接近。因此，当 1944 年一支俄罗斯军队第二次踏上保加利亚的土地上时，保加利亚已经是一个精神上破碎的民族，怀有极端的（即便是用巴尔干标准衡量）苟且偷生的感觉，而这正好给了苏联人可乘之机。

就军事占领和领土损失而言，苏联的主宰让保加利亚付出的代价很少。因为与苏联并不接壤，苏联人没有提出领土的要求——这与罗马尼亚、匈牙利、捷克斯洛伐克和波兰的情况不同，二战之后，随着苏联的边界向西推进，这些国家都被迫放弃领土。由于处在离中欧东西方冲突阵线最远的位置，保加利亚也是华沙条约国中战略上最不重要的国家。因此，当保加利亚本国的共产主义者在莫斯科培养的季米特洛夫的领导下于 1947 年 12 月巩固了其控制能力时，苏联军队就撤离了保加利亚，而且，除了每年的军事演习，再也没有返回。保加利亚人对于把他们看作是苏联人的"附庸"的说法非常恼怒，并且指出，匈牙利（在 70 和 80 年代在西方享有很好的声誉）接纳了 6 万名苏联士兵，但保加利亚境内却没有任何苏联士兵驻扎。

除了不派驻军队、不提出领土的索求、留下了积极的历史记忆之外，俄罗斯人还为保加利亚人提供了很强的心理混合物：保护保加利亚，抵御土耳其侵犯的承诺；数不清的、凭借自己的强势而不是弱势与所痛恨的殖民统治者打交道的机会。一个保加利亚外交官曾经这样告诉我："是北极熊在保护着我们免受恶狗的骚扰。"

1982 年 9 月，在我第一次去索非亚之后，《读者文摘》发表了一篇名为《谋杀教皇》的文章，作者克莱尔·斯特灵（Claire Sterling）是一位密切关注国际恐怖主义的作家。斯特灵的主要观点是，1981 年那个向教皇保罗二世开枪打伤他的土耳其枪手穆罕默德·阿里·阿甲，并不像人们一开始时所想象的那样，是一个独立的行动的疯子。根据斯特灵的说法，阿甲当时是受保加利亚"国家安全警察"的指使。此文发表后几个星期，意大利警方逮捕了巴尔干航空公司（保加利亚国家航空公司）驻罗马分部的负责人谢尔盖·伊万诺夫·安东诺夫，指控他在教皇谋杀案中犯有共谋罪。

开始被披露出来的故事大致是这样的：

在20世纪70年代，作为扰乱土耳其——北约的东方堡垒——脆弱的议会体系的一种努力，苏联的克格勃鼓励保加利亚人向每一个土耳其分裂主义的或极端主义的团体走私武器，不论这些团体是左倾还是右倾的。与此同时，保加利亚人允许土耳其黑社会头目贝基尔·切伦克（Bekir Celenk）把索非亚当作他的活动基地，而切伦克控制着整个欧洲的土耳其社群的犯罪网络。保加利亚人通过自己的国营货运公司把枪支带进土耳其，把海洛因和其他毒品带出来。阿甲是一个雇佣杀手，既为新纳粹主义的土耳其"灰狼"，也为"土耳其人民解放军"服务，因而土耳其黑社会和保加利亚国家安全警察都对他相当熟悉。

1978年，波兰克拉科夫的枢机主教卡罗尔·沃伊蒂拉（Karol Wojtyal）成为教皇约翰·保罗二世。第一个波兰人成为教皇，助燃了1980年波兰的反政府的团结工会的运动。因此，一个波兰教皇的存在削弱了克里姆林宫在东欧最大的、人口最多的卫星国家的稳定性。还有什么人比保加利亚人更合适来处理消灭教皇的协议呢？保加利亚的国家安全警察——比其他任何东欧的秘密组织都有优势——接受过克格勃的控制，而且，由于拥有土耳其的走私网络，能够接近鲜为人知的"左翼"暗杀者网络，并且这些人几乎不可能被追踪到莫斯科的头上。

"从一开始，（我们）就确信，克格勃躲在这一阴谋的背后。"梵蒂冈的一位高级官员告诉《新闻周刊》说。[5]

根据斯特灵和意大利司法权威的解释，阿甲于1980年入住索非亚的威图莎奥坦尼酒店，在那里他得到了一本假护照，然后被介绍给土耳其黑社会头目贝基尔·切伦克，后者给了他170万美元让他暗杀教皇。阿甲在奢华的威图莎奥坦尼酒店住了两个月的时间：酒店受到了保加利亚秘密警察的严密监控。

---

[5] 《新闻周刊》，1983年1月3日。

接着，在土耳其中部的一个棚户区长大的阿甲，花费 5 万美元在欧洲体验了一次豪华之旅，在意大利和保加利亚之间尽情游历。之后，他到达罗马，安东诺夫和另外两个保加利亚人为他安排了住处，在他向教皇开枪那天开车把他送到了圣彼得广场。阿甲开枪之后立即就被控制，被当场逮捕。据报道，警察在他身上找到了 5 个电话号码，两个是驻罗马的保加利亚使馆的，一个是保加利亚领事馆的，另外一个是巴尔干航空公司的，最后一个未编入电话号码簿，是保加利亚使馆秘书托多尔·艾瓦佐夫的住宅电话。

1982 年底，我又回到了索非亚，仍旧是从罗马尼亚坐火车到达。我随身带了一本埃里克·安布勒的杰作《季米特里奥斯的面具》（*The Mask of Dimitrios*），该书讲的是一个黑社会类型的、名叫季米特里奥斯的人的故事。季米特里奥斯在途经保加利亚去欧洲的路上，卷入了一个扑朔迷离的、混杂着毒品走私和政治暗杀的阴谋网络。这本书第一次出版的时间是 1939 年。在该书的结尾，他写道："必须存在特定的条件，才能创造出季米特里奥斯所代表的这种特定的罪犯……只要无序和无政府伪装成秩序和启蒙，那样的条件就必然会出现。"

俄罗斯人给了我们与土耳其人打交道的巨大的自由空间。……你怎么能说我们没有自由呢？吉列尔莫一年前就曾这样跟我说过。我现在突然想到，如果这些说法都是真实的话，那么，对保加利亚人来说，控制像阿甲这样的土耳其罪犯这个念头本身，肯定就会具有莫大的诱惑力。那才是保加利亚人的终极报复：操控阿甲的行动和命运，就像他们的行动和命运曾经被阿甲的奥斯曼土耳其祖先们操控一样。因而，这一通忙活的目标，刺杀一个天主教的教皇倒是第二位的。巴尔干是一个视域狭隘的地方，因为保加利亚人在土耳其人的统治之下遭受的煎熬最为痛苦，所以，他们观看世界的眼光就更为狭隘。

吉列尔莫在保加利亚大酒店门口等着我。我提前发电报给他说我要来这里。

"哎，罗比，我们必须现在就走。你来的时间正好。以后再放行李吧。你想得到新闻吗，伙计！保加利亚电讯社的负责人正在记者俱乐部召开新闻发布会，声讨西方的无耻挑衅。威尔弗雷德就'新的冷战'说什么来着？"吉列尔莫一副兴奋异常的样子。

时间是 1982 年 12 月 1 日上午 11 点。位于格拉夫·伊格纳蒂耶夫路的记者俱乐部里已经充满香烟烟雾和李子白兰地酒气。站在房间后面的是一个皮肤灰黄、有些谢顶的男人，因为要不时地抽上一口烟，他的讲话时断时续。保加利亚电讯社社长博扬·特莱科夫，是强硬的共产主义政府中最接近官方发言人这一角色的人物。自从国际媒体开始猜测谋杀教皇一事中有"保加利亚人的密谋"以来，这是保加利亚高级官员首次公开发表言论。除了几个西方的外交官，我是房间内唯一的外国人。吉列尔莫在为我做翻译。

"你这一次得到独家新闻了，亲爱的！现在，你会弄明白到底发生了什么事情。"

特莱科夫说，斯特灵的文章和意大利警方逮捕安东诺夫，都是"受西方情报机构影响和操控的、意欲破坏和缓局面，在波兰煽动反对保加利亚的情绪之阴谋的一部分，而全然不顾波兰的局势正在走向正常这一实际情况"。特莱科夫所说的"正常"指的是一年以前摧毁团结工会，并将其领导人莱赫·瓦文萨逮捕入狱。尽管特莱科夫的露面被宣传为"新闻发布会"，却没有人提问问题。没有任何一个在场的保加利亚新闻记者忙着去撰写新闻报道。特莱科夫讲演完毕之后，大家都待在原地未动，继续喝着酒。

吉列尔莫安排我对特莱科夫进行采访，地点就在附近的特莱科夫的办公室。特莱科夫告诉我说，像任何其他轻蔑保加利亚的西方记者一样，斯特灵要么是一个拿报酬的 CIA 的特工，要么是一个被 CIA 拙劣地操控而上当的受骗者。因为对于保加利亚的指控都将不可避免地成为对苏联新任领导人尤里·安德罗波夫的挑衅——在阿甲向教皇开枪时，他担任克格勃的负责人，所以，如果关于所谓保加利亚的密谋的"全部胡言乱语"不销声匿迹，那么，和缓局面就必将毁于一旦。那就是西方真正想要的结果吗？当我试图谈论稍微具体的说法，比如，已经为人所知的土耳其黑社会人物是否曾在或仍生活在保加利亚时，特莱科夫转移到了别的话题上。特莱科夫一次也没有表现出要向我提供真正的新闻甚或要闻的意思。

然而，更为有趣的是特莱科夫的举止以及吉列尔莫在他面前的举止。保加利亚电讯社占据着索非亚的列宁大道上的一座庞大的建筑物。特莱科夫的办公室简直就是一个长长的、昏暗的、被香烟烟雾污染的峡谷，大到让人进去之后立刻就会感到恐惧。要走进去的话，必须穿过一长串由秘书和卫兵占据的小办公室。那里的气氛更适合于警察或内务部，而不像是一个新闻机构。特莱科夫的脸上挂着雄性特征极为突出的、淫荡的笑容。他的双眼几乎到了充血的程度，透着不诚实和贪婪的神色。如果我是一个女人的话，我会感觉到和他在一起是不安全的。与吉列尔莫不同，他穿着一套西装，并递给我一支带过滤嘴的香烟——这在保加利亚是奢侈品。吉列尔莫显得非常紧张，在把特莱科夫介绍给我，并把我介绍给特莱科夫时，过于不吝赞美之词，仿佛在说，**一个大人物会见另外一个大人物**。（因为，如果我不那么重要——其实，如果按照除了保加利亚的标准以外的任何媒体的标准，我都是不重要的，那么，特莱科夫为什么要浪费他的时间呢？）与其说特莱科夫在看吉列尔莫，不如说他在透过他去看，其神情就像是群氓团伙的头目在打量其喽啰。当我回想吉列尔莫赞美特莱科夫的情景的时候，我想起了被谋杀的异议作家马可夫曾经就美化斯大林现象所说的话："那就像是往自己的脸上吐吐沫。"

见过特莱科夫之后，吉列尔莫带我去了他的家，是一栋年久失修的、没有暖气的楼里面的一套单元房。他妻子玛格丽塔专门为我准备了一桌丰盛的饭菜。我们三个人都坐在一个古老的箱子上，箱子有两个凳子那么长，靠在餐桌的旁边。"每个人都要提防其他所有的人，每个人又要和其他所有的人在一起，因为这是生存法则的绝对要求。在这种令人难以置信的紧密状况下，我们能够感受到相互的身体的温暖，最为轻微的身体颤动……我们可以交流数个小时而不说一句话。"马可夫这样写道。

吉列尔莫小小的客厅摆满了他 1957—1961 年在中国当记者的时候搜集的文物：花瓶、雕塑、丝绸屏风，而占据了整个一面墙的，是他说他亲手杀死的一只老虎的皮。他向我描述了追猎老虎的细节：和他的中国朋友一起点燃营火，在森林中睡觉，黎明时分起来去跟踪老虎。"在那些年里，我有那么多的机会，我目睹了很多事情，罗比，你可能很难相信。你能想象 20 世纪 50 年代在中国到处游历是什么感觉吗？啊，那真是——用你们的话说——那真是我的黄金岁月啊。"他抓住我的胳膊，说道："一个男人，罗比，要是没有在没有障碍的大道上走一走，就枉为男人！"

他恳切地说，"写书吧，罗比！深入进去。要像威尔弗雷德·伯彻特一样。

保加利亚的巴尔干山脉。

千万不要做雇佣文人!"

"你玩过什么乐器吗,罗比?"

"玩过吉他。我没有音乐天赋。"

"我上过小提琴课。我讨厌小提琴。我把它给卖掉了。"

我的喉咙有些哽咽。我已故的父亲也是这样,他把他的小提琴送到了当铺。

缺少寄寓情志的礼物,生活在一个属于幽灵的世界之中,吉列尔莫只有遥远的过去可以依赖。

"特莱科夫怎么样,吉列尔莫?"

吉列尔莫撇了撇嘴,向前斜了一下身子,仿佛要低语一样:"他妻子是一个著名的芭蕾舞演员。他们跟日夫科夫关系很密切。全体党官,罗比。"说着,把手往室内冷冷的空气中一甩,又撇了撇嘴。之后是漫长的沉寂。

第二天上午,我参观了亚历山大·涅夫斯基纪念教堂的地下室,这里陈列着世界上最具有戏剧性的、拜占庭风格的圣像藏品之一。

最精美的圣像可以追溯到 15 世纪末期,即土耳其人入侵前夕。尽管已有 600 年之久,这些圣像仍然被修复得近乎完美。石榴红、赭石色、黑蓝色、甚至是灰色，都像宝石一样与金叶、红宝石一起闪闪发光。圣乔治、圣母玛丽亚、圣徒约翰、里拉的圣约翰的眼睛，就像是中世纪拜占庭皇帝、女皇和廷臣的眼睛：每一种激情都包含在他们的眼神之中，但首要的一点是，它们让人觉得它们掩藏了或是在保守着一个秘密。我意识到，那就是保加利亚的群体符号：拜占庭的圣像，一个激情涌动、掩藏着深刻秘密的世界。

第13章
友谊的代价

现在是 1985 年秋天,我第五次到索非亚。像以前一样,我仍然是从罗马尼亚坐火车来到这里。吉列尔莫又到保加利亚大酒店门口等我。"我们必须抓紧点儿,罗比。保加利亚科学院副院长、巴尔干研究所所长尼古拉·托多洛夫在等你。"

我回到索非亚是因为有令人不安的报道。当局正在逼迫 90 万人改名字,这个数字占全国总人数的 10%。受到影响的人都是土耳其人,这是长达 500 年的土耳其奴役保加利亚的恶果。每一个叫"穆罕默德"的人,都应改叫"米哈依",等等。

事情通常发生在半夜。军队的半履带式车辆的轰鸣声和探照灯刺目的光芒划破了一个处在沉睡之中的土耳其少数民族村庄的宁静。接着,民兵冲进每一户人家,把一张复印的表格扔在这家男人的面前,而他则必须在上面写下每一个家庭成员的新的、保加利亚语的名字。那些拒绝或是犹豫不动的人,则只能看着自己的妻子或女儿被民兵强奸。根据国际赦免组织和西方外交官员的说法,民兵毒打了数千人,处死了数百人。另有数千人被投进监狱或被迫在国内流离失所。

我只记得尼古拉·托多洛夫是一个脸色发灰的人,穿着一套灰色的衣服,站在寒冷而昏暗的房间里面;我只能穿着外套坐在窗户前,这样我才能够看清楚自己的笔记本。托多洛夫用一种单调的语气说话,声音中没有激情。吉列尔莫为我做翻译:"国家必须保护民族的利益,而在巴尔干,一个民族就是一个特定的种族群体。保持这一地区的和平则意味着,每一个少数群体,都必须被完全地同化到多数群体中来。"

吉列尔莫接着带领我去见了另外一名保加利亚官员,此人非常直率:"要不是土耳其人在 14 世纪的入侵,到现在我们的人口应是 8000 万(而不是 900 万)。他们同化了我们；现在我们得同化他们。土耳其人杀死 600 年后的列夫斯基这笔账必须得算清楚。"

"当巴耶齐特 14 世纪以雷霆万钧之势来到这里时，他可是丝毫也不心慈手软，数千保加利亚人被迫改掉自己的名字。[1] 那个时候你们的西方媒体在哪里？我们的后背已经被抵在了墙上，再无退路可走。"他指的是信仰伊斯兰教的土耳其人 2.5% 的出生率，而信仰基督教的保加利亚人出生率为零。

当我向吉列尔莫提及我要去美国使馆参加关于这个事情的通报会时，他看起来有些忧虑。"在那里他们可能告诉你一些什么呢？这样吧，伙计，"他说，同时皱起了眉头，"你向我保证，你不会自动地相信那些外交官告诉你的话。记住，你是一个记者。你应当敢于质疑。"

外交官们告诉我的是："在保加利亚发生了大规模的侵犯人权的现象。"但吉列尔莫后来并没有问我通报会的情况。他已经做了他该做的事情——试图劝说我不要去使馆——站在他的角度上来说，事情也只能到此为止了。

我记得，1985 年的那个傍晚的街道上非常寒冷。当吉列尔莫和我急匆匆地赶向我们经常光顾的一家俄罗斯饭店的时候，出现了一个官方的、由柴卡牌黑色轿车组成的长长的车队，耽搁了我们和其他下班的人们的行程。人群中没有人向这些显贵挥手，甚至连好奇的神情都没有。人们只是一直低着头。黑色的轿车里面，小小的车窗帘子一直拉着。统治者和被统治者之间的隔膜如此之深，令人惊讶。

"我们需要有所改变，罗比。"在我们走路的时候，吉列尔莫快速地说道。

我感到很吃惊，于是仔细地打量着他。吉列尔莫的脸上没有任何表情。他说话从来没有如此直接过。我感觉时机到了："你从中国回来之后，发生了什么，吉列尔莫？"

"亲爱的，除了威尔弗雷德，我下面要告诉你的，我可从来没有告诉另外一个外国人啊！"

等我们到达饭店的时候，吉列尔莫已经讲完了他的故事。只是几个小时之后，

---

[1] 巴耶齐特，土耳其的苏丹之一，1389-1403 年在位，土耳其的名字是伊尔得雷姆，意为"霹雳"。

等我到了保加利亚大酒店我住的房间内，我才有机会把他的故事写下来，而其时我已经有些微醺了。吉列尔莫的话——在黑魆魆的、寒冷的、两边都是栗子树的街道上，他说的事情让人感觉耳朵发烧——就像对我施了魔法一样。因此，我知道我记得非常准确。

"1961年底从中国回到保加利亚时，我被分到保加利亚电讯社对外广播分部当编辑。我当时37岁，罗比。这份工作让我看到了许多只能在党内流传的敏感材料。我期望着干上几年就能得到很大的提升，也许是当保加利亚电讯社驻莫斯科的记者。"

"我那时有个朋友，他是我最好的朋友，鲍里斯·特姆科夫。我在中国的时候，他在保加利亚驻英国使馆。特姆科夫在党内的人缘很好。他是个很好的人。我们的关系非常好，你可能都难以相信。"

"有这么一个党的官员，他的名字叫伊凡·托多洛夫-贾鲁达亚。这个贾鲁达亚被指控亲中国。罗比，那时正是中国和苏联之间开始出现分歧的时候，你可以感觉到有什么大事即将发生。空气中都弥漫着这样的气息。保加利亚电讯社发布了一个稿件，说贾鲁达亚自杀了。我给了特姆科夫另外一个只在党内精英中传阅的稿件，里面有更多贾鲁达亚事件的细节。"

"应当是在1964年4月底。特姆科夫和我安排好了都带着妻子在记者俱乐部见面。你瞧，我们成了如此要好的朋友，因此想让我们的太太相互认识。"

"那是你的第一任太太吗？"我插话问。

"不，第二任。我和第一任太太在中国时就遇到了问题，回到保加利亚之后，我们很快就分手了。喔，中国，我在那里有太多的奇遇了。"

"鲍里斯和我比我们的太太们先到俱乐部。然后我想起我把一份新闻稿件放在办公室里了。我告诉鲍里斯让他等着，我去办公室取稿件。等我半个小时之后回来时，鲍里斯不见了。我太太向我走过来。她和鲍里斯的太太在一起——她们已经相互介绍自己了。'你们看到鲍里斯了吗？'我问她们俩。'没有，'鲍里斯的太太告诉我，'他还没有来。''不，半个小时以前他就在这里了。'我说。我们喊叫了几声。没有任何回应。我们只好在那里等。接着，一个我认识的人走到我们的桌边告说，'鲍里斯被捕了。''为什么？'我问。那个人只是重复了一遍，说鲍里斯被捕了。我们什么线索也没有找到，甚至不知道他们把他关押在什么地方。"

"罗比，在审判一名党员之前，通常要开一个会，开除这人的党籍。1964 年 6 月，我在记者俱乐部里，突然我认识的一个党内人士走到我跟前说，九十分钟以后，将举行一个关于鲍里斯的会议。他说：'吉列尔莫，你必须到场。你是他最亲密的朋友。如果你不领头告发他，那像什么话？'"

"那是我一生中最为糟糕的时刻。我永远也不会忘记我当时的感受。我该做些什么呢？他们根本不给我考虑的时间。

"在会场上，从那天晚上他被捕之后我第一次看到他。他看起来很吓人，你很难相信。中央委员一个接一个地站起来，开始对他进行控诉。他们说了那么多的事情，你是不会相信的——说他是亲中国的，等等。他们并不认识他。他们当中任何一个人都没有跟他在餐厅说过半句话。我坐在那里，一言未发。我正期待着他们把我忘掉呢。突然有人说，'吉列尔莫，你说点什么呢？'那真比噩梦还要糟糕。当我站起来的时候，我看到的一切都像是被云雾包围着。我不能呼吸。空气是那么地凝重。要描述我当时的感受是不可能的。我能说什么呢？我告诉他们：'也许你们说的话有一些是对的。我不知道。我很了解鲍里斯·特姆科夫，但他从未向我说过这些话。我自己很清楚，特姆科夫从来没有说过任何反党的话。我知道，他总是很爱戴日夫科夫（Todor Zhivkov）。[2] 至于中国和苏联的问题，那非常不幸。但是，鲍里斯·特姆科夫从未对我说过任何反苏的言论。就算是他说过任何那样的话，他也不是对我说的。同志们，我只能告诉你们，我，吉列尔莫所知道的事情。'"

"我结束发言之后，会场上一点声音也没有。当所有人走出会场之后，鲍里斯走上前来，紧紧地握住我的双手。他的手是那么地干瘦。我什么话也说不出来。"

"他们先是把他送到了白勒尼。现在他在珀多普，索非亚东部的一个镇。他在那里有份儿工作。"

"你是说他处于在国内被流放的状态？"

"是的。二十年了，他仍然没有获准回索非亚生活。我经常开车带他的太太去珀多普。他们给她施加压力，逼迫她跟他离婚，但她就是不离。她真是一个可爱的

---
[2] 托多尔·日夫科夫，1954—1989 年担任保加利亚共产党领导人，非常强硬。

女人。"

"还有我。他们把我冷藏起来，罗比。审判十年之后，怎么说呢，他们一直让我待在冰箱里，让我坐冷板凳，拼命写文章。我现在本该成为保加利亚电讯社的社长了。可是呢，我不得不离开保加利亚电讯社，去索非亚新闻社工作。接着，十年之后，有人告诉我：'你知道，吉列尔莫，这样已经不错了，你已被宽恕了。'我完全从头开始，从最底层干起。我那时已经快五十岁了。我一直梦想当记者，罗比，一个真正的记者，到处走走，各地漫游，就像威尔弗雷德·伯彻特那样。"

"罗比，你看出来了吗？这一切的发生都是因为中国。我1961年底从中国回来的时候，与苏联的分裂已经开始了。因为我在北京担任保加利亚电讯社记者，所以我已经处在被怀疑的状态。而且，由于我给了特姆科夫那份关于贾鲁达亚的稿件，他们就有了对付特姆科夫和我的东西。"

我没有听懂他的话。我要求吉列尔莫进行解释。他的解释含混不清，而我已经冻得浑身打哆嗦。吉列尔莫一直抓着我的胳膊，在那家俄罗斯饭店外面兜圈子。

进入饭店之后，在一张昏暗的、描述俄罗斯士兵在克里米亚战斗情景的棕色油画下面喝着葡萄白兰地，吉列尔莫的两眼冒出了愤怒的火焰，"我痛恨日夫科夫。我痛恨特莱科夫。我一直相信社会民主，相信国际主义；不相信他们，不相信特权。"

"还有，罗比，"他说道，身子也隔着桌子倾斜过来，"现在所发生的事情，对待土耳其人的事情，那是他们最无耻的罪恶，最无耻的。"

那顿饭吃到后面的时候，吉列尔莫告诉了我那张虎皮的实情。他并不是独自一人打死了那只老虎。所有人都同时开了枪。很难判断到底是谁的子弹打死了老虎。但是，由于吉列尔莫是外国友人，那些中国人就决定让吉列尔莫保留那张虎皮。"你瞧，罗比，你的吉列尔莫并不是一个那么了不起的英雄。"

第 14 章
恶与善

1990 年我又从罗马尼亚坐火车返回了索非亚。这次所见到的索非亚与以前所认识的索非亚简直不是同一个城市。季米特洛夫的遗体已被火化，与保加利亚大酒店隔街相对的新古典主义的陵墓，已被反共产主义的涂鸦弄得面目全非。人们现在不再窃窃私语，而是在街道上就公开放声大笑或发牢骚。圣像和其他宗教艺术在城市的公园都有销售。现在有很多人人都看的报纸，而不再是唯一的、没有人看的报纸《工人的任务》一统天下。拜占庭风格的和新拜占庭风格的教堂——不再是相互保持着恐惧的、雕塑般的距离——看起来已经成为一个有机组成成分，不再扭曲公众的生活，转而有助于公众生活的康复。即使在 1989 年日夫科夫下台之前，这些教堂就一直有一小部分祈求者光顾，主要是老年人。但是现在这些教堂都恢复了活力。老年人和年轻人都在排队购买蜜蜡蜡烛。我记得有一位美丽的、深色头发的女人，她身着紧身连衣裤，涂着得体的口红，跪在大理石地板上，沐浴在穿越了彩色玻璃的黄色光线之中，正在亲吻一个圣像。

吉列尔莫在大厅里找到了我。他穿着品味高雅的棕色套装，里面是一件细条纹的衬衣和一条相配的红色领带。他已经 66 岁，但比以往任何时候都显年轻。

"亲爱的，很抱歉迟到了，但我最近几天实在是太忙了。罗比，我现在是合众国际社的特约记者，我的老伙计啊，现在的索非亚新闻实在是太多了。我们现在处在深刻的经济危机之中，罗比。要比巴尔干战争时期还要糟糕。至少那时候我们团结一心，对抗塞尔维亚人和其他人。但我们保加利亚人现在已经人心涣散。而议会的那些人所做的一切就是空谈、空谈、空谈。什么时候我们能看到一些行动？他们看不出来全国人都在等待新的法律吗？现在的保加利亚，我们拥有的民主太多了……"

1949年悼念季米特洛夫的人们。

我引领着吉列尔莫穿过广场，到了喜来登酒店的维布也纳咖啡馆。这个咖啡馆是我上次来时开张的，吉列尔莫很快就吃喝完了一份卡布奇诺咖啡、草莓酥饼，咖啡上的掼奶油的量很大。

吉列尔莫开始从他的公文包里往外拿他写的文章。你没有办法阻挡他，他坚持要一字一字地给我读他最近为合众国际社撰写的两个新闻故事，一个是关于燃料短缺，另外一个是关于权力斗争的。现在的权力斗争是把自己标榜为"社会主义者"的人和反对他们的民主力量联盟之间的争夺。

"罗比，我可以跟你说点事情吗？就是这些民主力量联盟的人——不要把他们看作是什么了不起的英雄。绝对不是。他们大多数人都是党官子弟。结果突然之间他们就变成了民主派。他们是机会主义者。他们一直在叫嚷和声讨日夫科夫的罪恶。那就是他们谈论的全部内容。罗比，你知道，我内心里一直是一个持不同政见者。但我们必须停止把注意力集中到过去上的做法。你知道谁能帮助我们吗？是国王、西米昂（Simeon）。[1]他生活在马德里，但也许他会回来。"

那天晚上我们去了记者俱乐部。那里的气氛也发生了变化。那里聚集的人要比我记忆中的那群人要年轻得多：男人们穿着熨烫过的牛仔服，漂亮的女人们穿着本地制作的、质量上佳的服装，是对意大利最新时装的仿制品。桌边的谈话相当热烈，但那种亲密之感已经消失。现在决定着讨论的是政治而不是人物之间的勾心斗角。我突然有了一种强烈的怀旧之情和时光飞逝之感。用不了几年，我其实已经预

---

[1] 西米昂是保加利亚国王鲍里斯三世（1943年去世）的儿子，2001—2005年曾担任保加利亚首相。

料到了俱乐部会呈现出一种新的样式：人们会较少抽烟，这里的气氛与华盛顿特区的上等俱乐部的气氛不会有太大的差别。我也意识到，这是一种错误的、纯粹是我的一厢情愿的视角。对保加利亚人来说，这样一种转化，在每一个方面都是受欢迎的。

吉列尔莫提到，有45年党龄的他正在退党——现在改称社会主义党。理由是：该党刚刚确定的新领导人亚历山大·利洛夫（Aleksandar Lilov），是1964年那天出席鲍里斯·特姆科夫批判会的中央委员之一，而他甚至不认识特姆科夫。吉列尔莫告诉我，日夫科夫下台之后，特姆科夫被解除了国内流放的状态，26年以来首次可以自由地返回索非亚。在保加利亚电讯社，所有员工都要求并且成功地罢免了博扬·特莱科夫的社长职务。"最为美好的事情是，罗比，时隔45年之后，我原来的母校，美国学院将要重新开办了。"

尽管还只是10月份，却已是寒风刺骨、阴沉多云的天气。乌云使天空变得灰蒙蒙的，就像蜡烛的烟雾遮挡了圣像一样。我第二天早晨和吉列尔莫见面的咖啡馆，与索非亚市区除了喜来登酒店之外的所有室内空间一样，没有暖气。前一天晚上，我在保加利亚大酒店睡觉时，蜷缩在好几条毯子下面熬了一夜，在黑暗之中都能看到自己呼出的气。我仍然感觉到冷，不是西方那种令人感觉舒适的、短暂的冷，只要你到室外就会变得暖和起来的那种冷；而是东欧那种难以忍受的、持续不断的冷，而且，由于为了尽力保持暖和，连续数个小时收缩肌肉，身子蜷缩着，你的胃部和肋骨都会疼痛。这是保加利亚人即将要应对的一种寒冷，因为他们正面临着海湾危机——这从去年8月份萨达姆·侯赛因入侵科威特就开始了——和东欧共产主义的崩溃所造成的经济上的严重后果。在这里，像在巴尔干别的地方一样，你必须和别人一样受煎熬，你才能够理解他们。

"这是我们的历史上最令人兴奋的时代，但也是最为艰难的时代，"吉列尔莫告诉我说，"国家安全档案不能开放，至少在我们大多数人还活着的时候是这样。但是，人民的确想知道关于马可夫被谋杀的真相，关于教皇被刺杀的真相，但还不仅仅是这些。罗比，我们在这种体制下生活45年了。每个人都有一个档案。我们所有人都在这个或那个时候说过这句话或那句话。罗比，相信我，你必须相信我，我和别人不一样。我从来没有为国家安全部门工作过。但是，也许，等档案公开之后,上面会写着,在某某时候,你的朋友吉列尔莫说了某某话,并且被用来针对某某人。"说着,吉列尔莫抬起了眉毛,使劲挺起了外套下面的肩膀,其表情暗示着多种可能性,允许多个层面的解释。

"你想让邻居跟邻居相互争斗吗?没有人想打开那些档案。如果他们打开了,他们会发现什么呢?好吧,也许是关于马可夫被谋杀的某件事情,但也许是某件关于民主力量联盟中的这个或那个大人物,曾充当国家安全部门的告密者。就让我们拭目以待吧。但是,罗比,有一件事情你必须知道,"他抓住我的胳膊,"我,吉列尔莫·安杰洛夫,始终属于社会民主派,是一个国际主义者。我从未为国家安全部门工作过。"吉列尔莫看起来有些焦虑,害怕我可能怀疑他有什么事情。

风吹打在咖啡馆的窗户上,窗上的玻璃咔咔作响。我向外看了看灰蒙蒙的天,还有索非亚天尽头那波浪状的镀金圆屋顶。我知道,就算吉列尔莫曾做过什么的话,不论他做的是什么,我早就宽恕他了。

黄昏时分,夜色渐浓,我沿着扎伊莫夫将军林荫大道走着。小球状的路灯几分钟前才开始发出亮光。现在路灯又灭了:又一次灯火管制。由于燃料短缺,三分之一的时间是没有电的。我推开了一扇咯吱作响的铁门,走进一个昏暗的走廊,两边灰墙上布满了涂鸦。我沿着台阶上了二楼,敲响了一家的门,这就是伯彻特的家。门开了。在一根蜡烛飘忽不定的暗影里,站着一个个子不高、满头灰发的女人,她表情生动,透着睿智。她举着一根蜡烛,把我领到了客厅,客厅的窗户对着街道对面公园里鬼影一般的七叶树。

"我是韦萨。这是我女儿安娜,我的外甥女儿瓦尼萨。"我跟那个漂亮的、深色头发的女人握了握手,向一个18个月大的、把一切弄得乱七八糟的小孩子表示了赞赏。房间里面很冷。光线尽管昏暗,但是还能看清几块东方地毯、装满书的书架和一些亚洲的(特别是中国的)手工艺品。对于一个写过50本书的作者来说,威尔弗雷德·伯彻特的藏书并不算多。我想到了有些人那巨大的书房,而他们在著述上的成就连伯彻特的零头也赶不上。像里德、鲍彻一样,伯彻特过着吉普赛人一样的生活,靠着一只行李箱就能过活,他收获的是朋友而不是物品。与他们不同的是,里德的书在他活着的时候就卖得很好,鲍彻在晚年的时候从《时代》杂志(伦敦）领一份工资和退休福利，而伯彻特则处境艰难：为了写一本书，为了给保加利亚的杂志撰写文章，他 69 岁时躲避到共产主义的保加利亚。

伯彻特死于 1983 年，即在我首次造访保加利亚两年之后。1949 年，伯彻特第一次到保加利亚报道针对特洛乔伊·柯斯托夫（Traicho Kostov）的清洗诉讼，特洛乔伊·柯斯托夫是一名信仰共产主义的战时抵抗英雄，就在那一年被以"铁托主义"的间谍之名处决，死后被平反，韦萨就是那时认识他的。"我那时在保加利亚电讯社工作，被安排去给威尔弗雷德·伯彻特当翻译。我们相爱了。我被驱逐出党，因为我嫁给了一个外国记者。很难让党内的人们相信，威尔弗雷德不像别的西方记者，他对我们没有敌意，反而同情我们。"

"你觉得你丈夫对东欧的革命会是一种什么样的态度呢？"

"他会很感兴趣的。说威尔弗雷德是共产主义者，那是不对的。他不是一个间谍。他是一个走在其时代前面的锐意改革的人。他曾对我说：'韦萨，我们必须承认，人民的那些民主是不会有效果的。'"

"告诉我，"安娜插话说，"吉列尔莫怎么样？他还是一个共产主义者吗？"她问。

"我认为他不是一个共产主义者。"我说道。

"好，他也是这样听说的。"安娜说保加利亚的问题是，政府仍然想抓住权力不放，但反对派认为国家需要的是资本主义和流亡的国王西米昂的回归。

母亲严厉地看了女儿一眼。"王室成了一种新的时尚。"韦萨说道。在她看来，反对派应当对国家的不稳定负责，因为他们拒绝与执政的共产主义者合作。伯彻特的家庭与其他任何家庭也几乎没有区别：孩子反抗父母的政治观念。

我在准备离开的时候电灯又亮了。"我父亲不是一个共产主义者。"安娜告诉我。

"他那本关于保加利亚的书出版了吗？"

"只有葡萄牙语的，是一个巴西的出版社出版的。"

在 1990 年最后一次访问保加利亚的时候，我背着背包从索非亚出发，准备到这个国家的一些地方转一转。与在罗马尼亚不同，搭乘便车是不可能的；由于燃料短缺，路上的轿车很少。我只好乘坐公交车。

在离保加利亚与土耳其的边境不远的克尔贾利镇，这里人口 80% 是土耳其少数民族的、战后共产主义的保加利亚的缔造者季米特洛夫的一座雕像占据着一个公园的核心位置。雕像中的季米特洛夫略显疲惫，弯着腰，衣服披在肩上，被刻画成一个有长者风范的人民的仆人。在季米特洛夫的背后，作为同一雕像单元的一部分，是一系列的、一块儿摞一块儿的黑色花岗岩巨石，其用意是表示伴随着季米特洛夫的辛勤劳动而出现的现代的工业化国家。但是，这些笨拙的巨石所传达出来的却是全然的、鄙夷的蔑视，仿佛在说："我们可以把你压得粉碎，而你却没有任何办法。"

我明白了，伯彻特与季米特洛夫的区别在于：

伯彻特是一个有着极为丰富和深刻的灵魂的人，但是他因为太过痴迷于寻找天堂，不论他是多么地无辜，其最终结果却是为地狱帮了忙。吉列尔莫也是这样，身上不论有什么恶的东西，那只是碰巧罢了。但在季米特洛夫（当然，斯大林也是这样）身上，不论他有什么善，那也只是碰巧罢了。季米特洛夫在国会纵火案审判庭上对共产主义的辩护之所以是道德的，只是因为纳粹要恶劣得多。[2] 但是，在他一生的其余时间里，特别是就保加利亚的被奴役而言，他对斯大林俯首帖耳，满足了斯大林的每一个愿望和心血来潮的想法。假如希特勒没有撕毁他和斯大林的互不侵犯协约的话，那么，斯大林（以及像季米特洛夫这样的助手）也会毫不犹豫地与希特勒一起瓜分欧洲，就像他与西方同盟所做的那样。

"我那时正在瓦纳上学。"我在访问克尔贾利的时候遇到的一个女人开始对我说。[3] "1984 年底，我回到克尔贾利过圣诞节。没有人跟我说话。整个火车站挤满了士兵和民兵，四人一组。到处都是士兵。该镇土耳其人居住的区域被完全隔离起来。我们猜想可能要发生什么可怕的事情。我们保持沉默。我们感到恐惧。是关于土耳其人的问题。那里所发生的事情相当可怕。但是，除了更改土耳其人的名字——现在又可以把名字更改回来——之外，保加利亚人做了什么恶呢？"

"那些凶杀和强奸是怎么回事呢？"我问。

"的确有凶杀和强奸发生。那确实很可怕。但是，土耳其人现在比我们保加利亚人享有更多的权利。你们外国人关心的都是土耳其人。那是你们来这里的唯一

---

[2] 1933 年 2 月，一把火烧毁了柏林的德国议会。季米特洛夫和其他共产主义者被指控放火并被送上审判席。季米特洛夫慷慨激昂的辩护使得审判以混乱收场。

[3] 瓦纳是保加利亚在黑海边的一个城市。

原因。现在,我们害怕土耳其占了我们的上风。他们人口比我们多,经济上比我们强势。"

她所说的是对的。土耳其人口有5500万,是保加利亚的六倍多。按照西方的标准,土耳其经济薄弱,失业率高,生产的产品质量差。但是,与保加利亚不同,土耳其实行市场经济已有数十年的时间。考虑到保加利亚消费者在共产主义体制下已经适应的东西,以及他们所能够买得起的东西,土耳其的产品可能有很好的前景。在20世纪最后十年,土耳其商人蓄势待发,要在保加利亚大干一场;土耳其经济也蓄势待发,要吞并规模小而且薄弱的保加利亚经济。执政者试图以极其野蛮的方式阻止土耳其人的控制,但这种控制难以阻挡这个趋势。数十年来,执政者一直在操控和利用历史上的仇恨和困扰,策划了最为怪异的密谋和诡计,其目的就是为了避免被土耳其人控制的命运,但却无意之中为这种命运的到来打开了方便之门。

1990年10月,我在一个生长着柳树、杨树、柏树、巴尔干冷杉和苹果树的山区游历。所到之处尽是淳朴温馨的琥珀色的美景。保加利亚独特的魅力在于,它的气候介于欧洲寒冷而阴暗的气候与希腊温暖的地中海气候之间。其植物群落也是两种气候带的特有植物群落的融合,其丰富达到了奢华的程度。

我来到了巴达克(Batak):这个名字曾在全世界回响,就像后来越南的美来村(My Lai)一样。我很早以前就向吉列尔莫承诺过要到这里来。但是,直到1990年底,我第七次来保加利亚的时候,我才兑现了我的承诺。

巴达克坐落在云雾的怀抱之中,周围多松树、云杉、山毛榉和冷杉等树木,是一片红瓦屋顶的房子,地处罗多彼山脉的高山草原,属于离希腊不远的保加利亚南方。1876年,土耳其人决定对这里实施屠杀,以收儆戒之效。他们任由非正规部队的雇佣兵"歪头巾"胡作非为,这些人以凶狠残忍著称,是被改信伊斯兰教的保加利亚人组成的团伙,他们用火烧和刀砍的残忍方式杀死了5000名东正教基督徒,那几乎是巴达克的全部人口。屠杀大部分发生在圣尼德亚教堂内部,伦敦《每日新闻》的J.A.麦加恩是最早的观察者之一,他发现赤裸的、沾满血污的尸体堆积得有三英尺高。

在巴达克博物馆，我看到了一份英文报纸的剪报。由于其撕扯的方式特别，无法得知报纸和文章作者的信息。报纸上表明的日期为1876年8月30日，抨击了英国首相本杰明·狄斯雷利，因为他声称，对于土耳其人在保加利亚的残暴行为的报道"被极度夸大"了。该文作者以一种讽刺挖苦的语气说道，在狄斯雷利看来，"杀死数千人"算不上大的罪恶，但是，如果一个报纸的记者说了"3万人被杀，而事实上被杀的只有25000人，"或者如果记者说"一麻袋人头被人扔到费里波波利（普罗夫迪夫）街头，任其四处滚动，而事实上这些人头是被胡乱扔在布加斯的意大利领事馆前面"。那将是更大的罪恶。我禁不住叹了一口气，同时想起了在中东和第三世界的其他地方的上演的杀戮和侵犯人权的现象，而数十年来，报纸的社论版面却同样是充斥着这类互相推诿的争论。想想看，在近现代，这一切可能都是从这里开始的。

我随着悄无声息的、源源不断的游客队伍走进了圣尼德亚教堂，教堂里的光线寒冷而肃杀，其屋顶已经下陷，白色的墙壁被烟雾熏黑，但114年前的血污却从未被冲洗干净。在教堂的地下室，在玻璃板下面，堆积着山一样高的骷髅和人骨，安装在地面的灯开着。人群还在不断地涌过来：所有年龄的、不同阶层的保加利亚人；戴着方围巾的农村妇女，衣着精致的城里人。没有人说一句话。

我的保加利亚之行的最后一站是里拉修道院（Rila Monastery）。[4] 从已故英国记者J.D. 鲍彻的墓地所在的位置看去，修道院看起来就是人们关于理想世界的典范：温馨惬意而又绚烂繁复的颜色，其高处则是圆屋顶、斜屋顶和一座中世纪的高塔，与肃穆的、被树木覆盖的山川形势形成冲突而完美的反差。太阳光穿过深色的、高耸入云的松树，娜蒂亚领着我在山坡上行走。团团云雾在山峰之间飘荡，让我内心不断地有壮志凌云的感受。到处都可以听到山间激流的轰鸣声。

是娜蒂亚首先让我注意到鲍彻的。我在里拉修道院与她认识。她是一个研究保加利亚中世纪历史的学者，在修道院居住和从事研究，并担任导游。"我不信仰任何宗教，"她告诉我，"对我来说，基督和穆罕默德没有区别。我到这里来，是要寻

---

[4] 里拉的约翰，是一名保加利亚的圣徒，是他创立了里拉修道院。参见《序曲》部分。

第14章 恶与善 | 261

1880年的圣尼德亚教堂。1876年在这里土耳其人屠杀了几千名保加利亚东正教徒。

1922年的圣尼德亚教堂。

圣尼德亚教堂。

求一种更高的道德权威——一种视野——寻找一种在保加利亚政府从来没有给予我们的东西。"

鲍彻的墓地是一块孤立的、巨大的花岗岩石板,周围是清理出来的一片空地,正好俯视着修道院的入口。"我每天都来这里,"娜蒂亚说,"这是这一带最美丽、最安静的地方。和费迪南德国王一起来这里参观的时候,他就喜欢上了这里。他表示这里是他希望将来被安葬的地方。鲍彻去世(1920年)之后,新的国王鲍里斯满足了鲍彻的愿望。这里被称作鲍彻之谷。"墓上的鲜花是娜蒂亚放的。

看到我有兴趣,娜蒂亚领我到了她在修道院大院里面的一个房间,里面有一本关于鲍彻生平的书。

她领着我走上了陡峭的木台阶,又走过一个长长的走廊,脚下的木地板不断发出响声。然后她转动着一把很大的钥匙,打开了一个小小的房间,房间里面很冷,墙壁刷成了白色,我想,我也希望自己能有这样一个安度晚年、终老于斯的地方。

太阳光穿过布满灰尘的窗户,照射在一张木桌子上,上面放着一台使用西里尔字母的旧打字机。地上铺着一块有条纹的东方式地毯。一块色彩鲜艳的农家粗布罩住了娜蒂亚的床。房间里的两排书架上有几本带有插图的关于圣像学和东正教的

里拉修道院穹顶壁画。

书。娜蒂亚那只有两个月大的小猫蹲伏在太阳光束里面。

这里是海拔 5000 英尺处的深秋。房间里的确很冷。娜蒂亚给我拿来了一杯热气腾腾的草茶，把一本装帧漂亮、有着黑色书脊的书放在我的怀里。书的内封盖着一枚图章，上面的文字是"美国学院财产"。我看了一下到期日期。最后一名借书者是 1941 年 1 月 10 日把书借出来的。娜蒂亚解释说，执政者把大学关闭之后，该学院的许多书就被搬运到这个修道院，让僧侣们保护起来。

该书的书名是《J.D. 鲍彻的一生》，作者为格罗根夫人，1932 年出版于伦敦。"鲍彻（娜蒂亚念成了"鲍尔彻"）是保加利亚伟大的朋友。他热爱我们的国家，把这里当成他的第二故乡。我很难相信你竟然不知道他。"娜蒂亚微笑着，把那把大钥匙放在木桌子上。"我必须回到院子里去了，有游客来。只要你想看这本书，你就可以一直待在这里。"

她随手关上了门。我瞥了一眼窗外陡峭的山腰上的云杉和圣栎树，就开始读了起来。

詹姆斯·戴维·鲍彻于1850年出生在一个有着英格兰-诺曼-爱尔兰血统的家庭。他在伊顿上学，并在那里教书，但因为害羞并且意识到他可能耳聋，他感到非常苦恼。传记作家指出，耳聋使鲍彻因祸得福，避免以一个不成功的中学教师的身份度过平庸的一生。38岁的时候，他仍然孑然一身，知己也不多，于是怀抱当作家的念头去了大陆。一番机缘巧合，他于1888年到了布加勒斯特，为《时代》杂志写一篇关于一场危及国王卡罗尔一世统治的农民暴动的报道。鲍彻接着成为《时代》杂志驻巴尔干的特约记者。此时，他的整个性格似乎经历了某种转化。在这种新的、奇异的、没有人知道他从前是一名害羞的中学教师的环境中，他所从事的新的工作迫使他去接触重要的、有趣的人，他腼腆的性格被彻底改变：他养成了很强的社交能力和对众多民族群体处境的深刻理解能力。"他能把自己化为马其顿的克里特人或保加利亚人，或是希腊人或罗马尼亚农民。"格罗根夫人这样写道。希腊总理埃莱夫塞里奥斯·韦尼泽洛斯（Eleftherios Venizelos）后来把他称作"希腊的朋友"，而保加利亚国王费迪南德则把他称作"保加利亚的朋友"。1892年，《时代》杂志使鲍彻成为驻巴尔干的正式记者，他在这个职位上干了二十年之久，报道了两次巴尔干战争和第一次世界大战。在那段时间，鲍彻还为不同版本的《大英百科全书》撰写了关于希腊、保加利亚和罗马尼亚的部分。第一次世界大战结束时，鲍彻在不同的和谈会上出面，作为英国的代表为把马其顿划归保加利亚而呼吁，他所扮演的角色类似于阿拉伯半岛的劳伦斯的作用，但他的任务是一项没有希望的任务，因为保加利亚和德国结成了同盟，输掉了战争。

我始终把自己看作是一个开窍比较晚的人，因此，当读到鲍彻回忆自己在年近四十岁的时候首次穿越巴尔干的文字时，我感到心里暖暖的。"啊！青春的活力！"他这样写道。像我所做的那样，鲍彻也喜欢待在巴尔干的修道院。在雅典，鲍彻曾经担任记者团的负责人，但我确信，现在的这些记者没有人听说过他。这都是在很久以前发生的事情了：马其顿游击队的斗争、两次巴尔干战争。然而，在这里，在这片森林里，一位原本可以从事别的工作的美丽聪慧的女人，却在努力使鲍彻的薪火得以传递下去。如果真的有与死者神交这样一种事情的话，那么，在合上鲍彻的生平故事的最后一页时，我感觉了某种与它极为接近的东西。如果有人真的能够充分理解我对于这个小小的可爱的国家的情感，我确信那一定是鲍彻。

ICON
希腊的影像

遵循理性与经验探究的传统，西方奔跑着向前去征服世界；而东方，由于受制于令人恐怖的潜意识的力量，也争先恐后地征服世界。希腊处在中间；它是世界的地理和精神的交叉路口。

尼古斯·卡赞扎吉斯（Nikos Kazantzakis），《格列柯报告》

希腊地图。

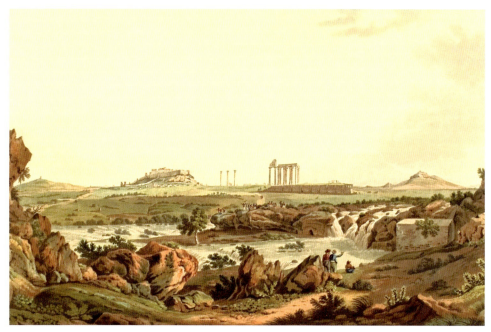

1821年 Edward Dodwell 绘制的奥林匹亚宙斯神庙。

奥林波斯山,希腊传说中众神所居之山。

远眺伊斯坦布尔。

俯瞰伊斯坦布尔。这座城市是千年来东西方帝国相互叠加之处。

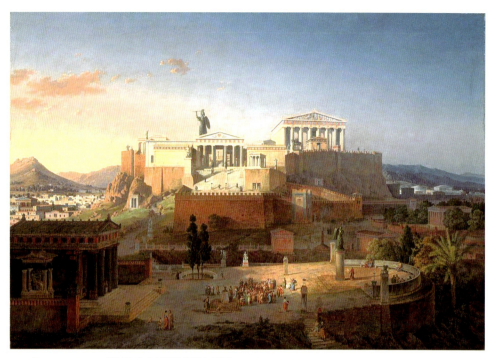

1846 年 Leo von Klenze 绘制的雅典卫城的想象复原图。

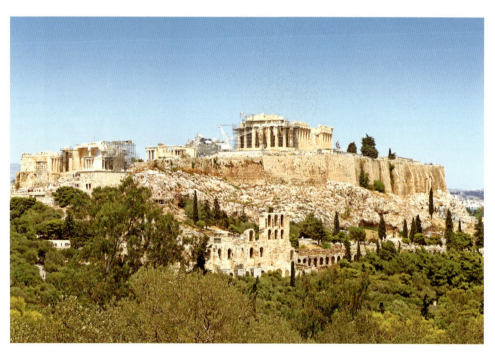

雅典的帕提农神庙遗址。

乔治·帕潘德里欧在东正教主教面前宣示就职希腊总理。

1917年的萨洛尼卡全景。

希腊的米克诺斯岛，风景如画，被称为小威尼斯。

米克诺斯岛海滩。

阿德里安堡的梅里奇桥，在古代这座桥是维系东西方贸易的重要通道，也是东西方文明交流的通道。

第四部分
希腊：西方新娘，东方新郎

第15章
告别萨洛尼卡

  1990年10月，我离开里拉修道院，动身前往保加利亚的南部边境，从这里到希腊第二大城市萨洛尼卡（Salonika）的港口只需要再走50英里。在萨洛尼卡，我坐在一家咖啡馆的桌子前，凝望着爱琴海温暖的水域。在我的两侧，沿着宽阔的、镰刀状的海湾，数英里之内都是暗褐色的水泥浇筑的公寓楼群，楼上的阳台已经生锈，悬挂着为快餐店和电子游戏厅招徕生意的塑料霓虹灯广告牌。正是黄昏时分，白塔上的蓝白希腊国旗迎风招展。白塔建于15世纪，从我的视野内看，白塔是第

萨洛尼卡的白塔。

二次世界大战之前数十年甚至数个世纪唯一的剩余之物。对于与我对面而坐的女士来说，城市上空飘扬的这面国旗所象征的，不是蓝色海滩上大理石砾石那令人心旷神怡的纯洁，而是东方严酷的、不折不扣的现实。

希腊人是一个自信的、肢体语言丰富的民族：希腊语音节中那令人愉快的吧嗒声、劈啪声和砰啪声，就是用来和下巴上扬、胳膊外展等动作相匹配的。希腊人每天都要在咖啡桌前消磨很多时间。"我们希腊人是最有才华的民族：花四小时喝一小杯咖啡，那真是一种艺术。"一个作家朋友半真半假地感叹说。但坐在我面前的这位女士的肢体动作非常节省，不免令人诧异，而且她冷冰冰地指出，她只有45分钟的自由时间。她有着深色的头发和眼睛，用一种严厉的、令人发毛的眼神凝视着我。"请拿出你的笔记本。"她说。

萨洛尼卡——在希腊语中写作 Thessaloniki——是以亚历山大大帝的同父异母的姐妹的名字命名的。约翰·里德 1915 年春天来到这里时，简述了它的历史：

1918 年萨洛尼卡的犹太拉比。

亚历山大就是命令他的舰队从这里出发的。萨洛尼卡是一个……拜占庭时代仅次于君士坦丁堡的大都市,是那个浪漫的拉丁王国最后的一座堡垒,十字军战士早已毁坏的沉船绝望地撞向他们得而复失的黎凡特岛屿。萨拉森人和法兰克人……希腊人、阿尔巴尼亚人、罗马人、诺曼人、伦巴第人、威尼斯人、腓尼基人、土耳其人相继成为她的统治者,使徒保罗不厌其烦地来访并写下了许多书信。第二次巴尔干战争期间,奥地利几乎赢得了她,塞尔维亚和希腊为了保住她不惜撕毁巴尔干盟约,而保加利亚为了赢得她,纵身跳入了一场灾难性的战争。萨洛尼卡是一个不属于任何民族,而又被所有民族念念不忘的城市。

接着里德补充说:"但是萨洛尼卡市中心则是一个西班牙裔的犹太人组成的巨大社群,他们是被费迪南和伊莎贝拉驱逐到这里来的。"

根据英国的巴尔干专家内维尔·福布斯1915年发表的观点,"萨洛尼卡市曾经是现在也是一个纯粹的犹太人社区,而在其农村各区,土耳其人的、阿尔巴尼亚人的、希腊人的、保加利亚人的、塞尔维亚人的村庄杂然并处,难以区分"。J. D. 鲍彻认为,这个城市未来的"理想方案"是"一个在超级大国保护下的犹太人共和国和自由港口"。数个世纪以来,犹太人把萨洛尼卡称作"以色列之母"。

坐在我对面的女士叫莉娜·莫霍,一名西班牙裔犹太人,是这座100万希腊人的城市中剩下的850名犹太人之一;保加利亚人、塞尔维亚人和土耳其人的社群的人数甚至更少。她来这里是要讲述关于一个已经不存在的城市的故事:埃及的亚历山大里亚也有一个宽阔的镰刀型的港口,数个世纪之中它一直由希腊人控制,但现在却完全由阿拉伯人控制,因此,莉娜的讲述,就像来自亚历山大里亚的希腊人讲述关于他们自己的多民族的地中海城市的故事一样,充满了悲伤。事实从莉娜的口中奔涌而出。

首批犹太人于公元前140年来到了萨洛尼卡。公元53年,圣保罗——即塔瑟斯的索尔拉比（Saul ot Tarsus）——在"生命之树"犹太会堂接连三个安息日都在布道。1376年，来自匈牙利和德国的犹太人也到达这里。萨洛尼卡被奥斯曼土耳其人征服之后，西班牙2万名犹太人获准于1492年在这里定居，这一事件极大地转变了这个城市的文化和人口特征。1493年，西西里的犹太人来到这里。从1495年到1497年，宗教审判从西班牙传到葡萄牙之后，葡萄牙的犹太人也来到了这里。"1913年，"莉娜说，"萨洛尼卡的总人口是157000人：犹太人是80000人，土耳其人35000人，这其中包括10000到15000名在奥斯曼统治的过程中被改信伊斯兰教的犹太人；30000到35000名希腊人，7000到12000名保加利亚人、塞尔维亚人和阿尔巴尼亚人。"

莉娜奋笔疾书，写下了一个书单——包括作者和出版商的名称、出版日期，为的是支持她所提供的数据，并相当于在说：你看看其他桌上那些做动作的每一个人吧。你从那里可以了解其风格，我给你提供的是实质内容。不信的话，你可以核对我所讲的任何事实！

莉娜提到的一本书是《再见，萨洛尼卡：时代的画像》，作者是利昂·夏基（Leon Sciaky），讲述的是一个小男孩在奥斯曼时代即将谢幕时在一个昏昏欲睡的城市长大的故事，城市里布满了花园、（清真寺的）光塔、粉白的墙壁、绿色的百叶窗、红瓦屋顶。我后来在萨洛尼卡的英国对外文化协会图书馆找到了这本书。夏基把那个时候的萨洛尼卡称作是"绝无异议的（马其顿）犹太人的首都"。在那个有15个人的班上，只有1个学生是希腊人。作者把这看作是这个城市"可靠的横截面"。这是一本充满历史可能性的回忆录："这个世纪即将谢幕。西方偷偷摸摸地溜了进来，试图用她的奇观来诱惑东方。"

在世纪之交的希腊的马其顿，土耳其苏丹的反动暴政终于到了崩溃的边缘。但是恐惧和动荡不安逐渐增多：在一个有着巨大的民族多样性的地区，犹太人努力地找到了合适的位置。偏狭的——也许是由于被压抑得太久——民族主义，不论是来自占据着萨洛尼卡周围地区的保加利亚人，还是来自占据着所有南边地带的希腊人，都代表着一种更具威胁性的暴政，其威胁性远远超过了奥斯曼土耳其人的暴政。"你必须要了解这一特殊的气候，"莉娜说。"1913年，因为听信谣言说犹太人在水井里投毒，希腊人就砸了四百家犹太人商店。"在《格列柯报告》中，尼古斯·卡赞扎吉斯也对这一时期发生在希腊的反犹主义进行了自己的描述：

> 我想学习希伯来语，以便能够用原文读《旧约》……我父亲拜访了拉比，他们达成一致，让我每周去拉比那里三次，听他讲课……我们的朋友和亲戚听到这消息，都感到很震惊，跑去找我父亲。"你在干什么！"他们厉声问道。"你对儿子根本没有感情吗？难道你不知道，受难节那天，那些举着十字架的人把信仰基督教的儿童放在排满铁钉的槽子里，喝他们的血吗？"

1916年，希腊军队占领了萨洛尼卡。1917年，一场大火把这个城市犹太人居住的全部区域以及34座犹太教堂彻底毁灭。无家可归者达到73448人，其中犹太人为53737人。莉娜指出，尽管如此，这个城市仍然是一个"犹太人的城市。城市的通用语言，街头孩子们使用的语言，是拉地诺语。在犹太安息日时，港口关闭，直到1923年希腊动用法律迫使港口开放"。在那一年，来自小亚细亚的10万希腊难民被安置在萨洛尼卡，那里刚刚遭受"土耳其之父"穆斯塔法·凯末尔领导下土耳其军队的肆虐。"犹太人允许把他们的学校当作难民收容所。但过了一段时间之后，犹太儿童就无法上学了。"莉娜说道，语气中火气也越来越大。

1941年春天纳粹侵占萨洛尼卡之时，犹太人是仅次于希腊人的第二大社群。尽管社群面积缩小，萨洛尼卡仍然是"西班牙裔"犹太人的文化首都。"纳粹用了两年的时间，每天都忙活，来抢劫萨洛尼卡的艺术珍宝，"莉娜说，"把萨洛尼卡的犹太人运走，用了五个月的时间，装了15列火车。整个城市被搬运到了一个集中营。公墓中有50万座犹太人的坟墓，也许是全世界最大的犹太人公墓，但这些坟墓全部被毁坏了。"莉娜给我看了一张德国人修建的游泳池的照片，泳池旁边排满了犹太人的墓碑。

在纳粹占领的欧洲的所有城市中，萨洛尼卡的犹太人受害者的人数最多：总数为56000的犹太人，有54050人——高达96.5%——被灭绝，地点分别为奥斯维辛、比克瑙和卑尔根－贝尔森。成功驱赶和押解萨洛尼卡的犹太人令阿尔道夫·艾希曼变得臭名昭著。90年代初期，全球第一通缉犯、仍然活着的纳粹战犯阿洛伊斯·布鲁纳（像阿尔道夫·艾希曼一样，也是奥地利人）被人追猎，他在叙利亚的藏身之所也被搜索，目的是要专门清算他在萨洛尼卡所犯下的罪恶。

纳粹占领萨洛尼卡之后，莉娜的母亲逃到了当时被意大利占领的希腊中部。她的父亲凭借假冒的身份文件逃到了雅典，在那里卖卷烟用纸。"希腊被解放的那一天，是我父亲生命中最为重要的一天，他告诉我说，那一天比他的任何一个儿子和女儿、孙子孙女出生的日子都重要。"

现在，莉娜讲到了她谈话内容的关键部分："德国人入侵之前，犹太人在萨洛尼卡拥有 12000 栋房子。战争之后，犹太人只提出了 600 个索要诉求。今天，在萨洛尼卡，没有任何一个关于犹太人的系或是一门课程，也没有关于土耳其人或其他社群的系或课程。在历史研究机构，也是什么也没有。该市的博物馆这方面也是空空如也。在希腊人的书店里，这方面的书几乎一本也没有。什么痕迹也没有。仿佛我们从来不曾存在过一样。"

"你知道露天市场吗？那里每年都要举行贸易展销会，总理都要来发表讲话。它就建在犹太人公墓之上。连块纪念性的牌子也没有。什么也没有。"

莉娜起身要走。她还有另外一个约定。

莉娜并没有夸大其词。54 年之后，萨洛尼卡市政府仍然不得不考虑把该市的一条街道——或是任何一条街道——命名为"犹太受难者之街"的请求。该市对于其多民族的过去的抹消，是如此地全面，以至于成为一种无意识的行为。在整个战后时代，各个阶层、各种背景的希腊政客在其关于萨洛尼卡的发言中，极少（即便是有过的话）提及或悼念该市的过去中非希腊人的一面。在希腊人的心目中，萨洛尼卡和马其顿的其他地方，过去是、现在是、将来还将是纯粹希腊人的。

莉娜的公爹索尔所拥有的莫霍书店——由索尔的先人创办于 1870 年，是萨洛尼卡最早的书店——是犹太人在萨洛尼卡留存下来的、唯一的仍旧兴旺的遗迹。在莫霍镇的东边，穿过数英里的水泥建筑街区和破烂不堪的店面之后，则是莫兹达赫别墅。这是一座建筑学意义上的地标，以一个西班牙裔的犹太望族的名字命名，也是这个家族的家庭所在之地。别墅白色的新古典主义的廊柱和壁柱以及圆葱头型屋顶上面，飘扬着一面蓝白相间的希腊国旗。别墅外面没有任何牌匾，在当地的任何旅游指南中也没有任何地方提及这一建筑物非希腊的过去。

我把我关于犹太人的萨洛尼卡的所有困惑，一股脑地倾诉给了一个希腊裔的美国朋友阿瑞斯蒂德·卡拉扎斯。他是希腊游说集团的积极成员，也是一个与现代和古代希腊内容相关的学术出版商。他的出版社即将出版一本关于萨洛尼卡的犹太人

罗马皇帝伽列里乌斯圆顶殿。

的著作。

下面是他说的话:"从古希腊到 15 世纪初,萨洛尼卡是一个希腊人的城市。希腊人被奥斯曼土耳其人赶走,土耳其人当时是欢迎犹太人的。事实上,五百年中,是犹太人主宰着萨洛尼卡;而根据历史的情况看,他们是在为希腊人保护这座城市,希腊人只是在 20 世纪才要回了它——这又和土耳其人的驱逐有关,这一次是从小亚细亚驱逐到萨洛尼卡。但在希腊政治神话中,萨洛尼卡只能是希腊人的。犹太人是绝对不可以提及的。在世界的这个地方要建立一种民族意识,有时候就意味着,每个人私下所知道的,就是永远也不可以公开宣称或承认的。"卡拉扎斯接着引用了一个 6 世纪的希腊哲学家、拜占庭的斯蒂凡(Stephen)的话:"所谓神话,就是过去从来不曾存在,但现在却始终被需要的东西。"

换言之,这个故事几乎没有什么非同寻常之处。塞尔维亚、阿尔巴尼亚、罗马尼亚和保加利亚为了建立民族上整齐划一的国家,用极其残忍的手段摧毁破坏了奥斯曼暴政之下的丛生之物和多样性,而希腊所做与以上诸国所做并无多大差别。而且,就像阿尔巴尼亚人的记忆被塞尔维亚人抹去，北伊皮鲁斯的希腊人的记忆被阿尔巴尼亚人抹去，匈牙利人的记忆被罗马尼亚人抹去，土耳其人的记忆被保加利亚人抹去一样，萨洛尼卡的犹太人以及其他民族群体的记忆也被希腊人抹去了。希腊是整个巴尔干模式的一部分，在这个奥斯曼时代马其顿的首都，这一点体现得尤其充分。

现在，我终于谈到了重要问题本身：希腊，这个巴尔干半岛南端的剑突部分，这个被认为是我们西方文化和价值体系的发祥地——希腊，现在是什么，一直是什么，过去从来不曾是什么。

我在希腊待了7年，在这之前和之后经常访问它。尽管我的希腊语水平糟糕，但我能够用希腊语说话和阅读。我在希腊遇到了我的妻子，在希腊结婚，并在希腊有了一个儿子。我爱希腊。但我所爱的希腊是一个活生生的国家，我并没有遮掩其瑕疵、残忍等等弊端；并不是象牙塔内的古典学者心目中和旅游海报上虚构出来的那片土地。

因为我在希腊的"旅游经验"不如"生活经验"多，所以我对希腊的态度比我对巴尔干其他地方的态度更为痴迷。我在这里的生活经验让我觉得希腊是一个巴尔干国家。使希腊在20世纪80年代——也就是我在那里生活的那段时间——特别具备巴尔干国家典型性的地方，这就是希腊的政治。这也是我将花费相当篇幅论述希腊现代政治氛围的原因：与论述希腊旅游的著作相比，这个话题几乎没有人论述过。

冷战结束之前，当华沙条约的存在强行使希腊与其北方邻居划开了一条人为的隔离线时，只有像我这样生活在希腊的西方人明白作为巴尔干成员的希腊是一个什么样子。那些在外面的西方人执意要把希腊看作是一个地中海的和西方的国家：事实与否，他们根本不在乎。当我1989年开始构思这本书的时候，当马其顿只是被作为亚历山大大帝的出生地，而不是像目前这样是一个地缘政治问题时，人们建议我不要提及有关希腊的事情，因为希腊"并不真正是巴尔干的一个部分"。我对此未予采纳。所发生的事件证明我是对的。90年代以来，希腊由于在马其顿和阿尔巴尼亚北部的边界争端而越来越多地出现在新闻报道之中。而且希腊在这一地区的政治行为，尽管其民主的传统可以追溯到远古，似乎却并不比其北方邻居们更有理性，而它的这些邻居一般来说并没有民主的传统可言。

我第一次去希腊是从南斯拉夫坐火车去的。第二次是从保加利亚去的，坐的也是火车。第三次是从阿尔巴尼亚坐公交车去的。每一次，在进入希腊边界的时刻，我都会立刻感受到一种连续性：山脉、民俗服装、音乐节奏、种族、宗教，这一切都与我离开的巴尔干邻国的一切深深地交织在一起。而且，正如在巴尔干的其他任何地方一样，种族与文化并不一致，民族群体的生活模式却不会被国家边界整齐地切割，然而，这种混合却总是被予以坚决地否认。

"没有土耳其人生活在希腊，"希腊前副外长约安尼斯·卡普西斯曾对我说，"只有若干希腊人碰巧是穆斯林，碰巧相互之间说土耳其语。这里也没有什么马其顿人……"卡普西斯咆哮起来。你没有办法让他停下来。在希腊生活的那些年，即从1982年到1989年间，除了少数几个著名的政客我从未听到过一个希腊人主动提起帕提农（埃尔金）大理石雕塑品的问题以及不列颠博物馆拒绝归还这些雕塑品的事情。如果那个问题——已在西方引起了极大的媒体关注——被一个外国人提到的话，我从未听到当地希腊人对这个问题发表长篇大论或倾注太多情感。但是，我在希腊生活期间，我经常花费数个小时静静地坐在希腊人的桌子边，从头到尾倾听他们突然而至的关于土耳其人和君士坦丁堡、塞尔维亚人和马其顿、阿尔巴尼亚的希腊少数民族遭受迫害等问题发表怒不可遏的言论。1990年我从马其顿和保加利亚到达希腊时，我曾尝试向一群希腊朋友解释斯拉夫的马其顿人的立场。他们几乎是不约而同地火冒三丈："仅仅因为斯科普里的那些肮脏的吉普赛人在你脑子里灌输了谎言，并不能让他们的谎言成为事实。"对这些希腊人来说，所有那些称自己为"马其顿人"的斯拉夫人都是"肮脏的吉普赛人。"

这也就是1990年时，我虽然已经从保加利亚到达希腊，却仍然认为自己并没有离开巴尔干，而只是进入了一个最能够概括和解释巴尔干特征的地方。圣像是希腊人的一个发明。希腊人的东正教是所有的东正教教会之母。拜占庭帝国从根本上说是一个希腊帝国。奥斯曼土耳其人通过借希腊人——那些富有的、来自君士坦丁堡"灯塔"区的希腊人之手来实施统治，这些人通常担任土耳其帝国欧洲各部分的外交官和地方长官。Constantinople（君士坦丁堡）是一个希腊语词，用来表明一座历史上就属于希腊人的城市。甚至土耳其语 Istanbul，也是希腊词组 is tin poli（"到城市去"）的讹误。奥斯曼特种兵中的精英兵团土耳其禁卫军，就包括很多希腊人，他们很小的时候就被带离父母身边，送到苏丹的兵营进行培养。在马其顿、塞尔维亚和俄罗斯所使用的西里尔字母表，也是西里尔和美多迪乌斯两位僧侣于公元9世纪离开萨洛尼卡对斯拉夫人进行归化的过程中，从希腊字母表中演变而来。现代的希腊民族是一个混合物，包括了希腊人、土耳其人、阿尔巴尼亚人、罗马尼亚人、混杂的斯拉夫人和其他人，这些人都向南迁移，到达了巴尔干半岛这个处在温暖水域的终点。很少有可以辨认的其他少数民族特征能够在希腊保存下来，这是希腊文化所具有的同化力的一个证据。例如，希腊西部苏里的农民，爱琴海的斯皮特赛岛和九头蛇岛的岛民，最初就拥有纯粹的阿尔巴尼亚人血统。"那个拥有古典遗产的，那个属于浪漫的、钟情于希腊的人们的理想国，早已消失了，至少始终与希腊的现状毫不相干，"现代希腊诗歌的翻译者菲利普·谢拉德说，"希腊……从来没有我们所理解的中世纪，没有我们所理解的文艺复兴，也没有启蒙运动。那种标举理性、使之高于生活的从未在希腊发生过。"

希腊是欧洲的最后一个停靠港口，在这里，巴尔干被东方完全消解融化。然而，从相反的方向来看，希腊又是欧洲的氧气驱散来自美索不达米亚平原和埃及沙尘的一个处所。别忘了，这是伯利克里的雅典的（引申来说，也是西方的）伟大成就：把人道精神——对于个体的深切同情——的气息传布到非人道的东方，而在当时，古代的埃及、波斯和巴比伦的暴政正是不人道的象征。在雅典的国家考古博物馆，我看到了这一过程的生动展示，因为青铜器时代早期和中期那些凶狠冷漠的雕塑作品，明显带着法老主宰的埃及的明显影响，但渐渐地，雕塑作品的各部分越来越匀称、完美，经过了两千年的洗礼之后，最终蜕变为古典希腊雕塑艺术所具有的动人心弦的美与理想主义。

公元前第一个千年的古代希腊通过对东方进行人道的转化而发明了西方。希腊取得如此成就的途径，是把它的艺术的、哲学的能量集中在人的精神的释放上，集中在个体在世界中寻求意义的奋斗上。而与此同时，比如在波斯，艺术存在的目的则是赞美万能的统治者。但是，希腊始终是东方的一部分，尽管它只是处在东方的西部边缘上。能够看到希腊真正的东方元素，就是对古代希腊之成就的承认。

另外，理解希腊作为东西方意识形态战场的历史作用，有助于更深入地洞察，在我们这个时代，西方的民主和价值观念如何影响第三世界的政治体制这一过程。

希腊是一个永恒的过滤器，因而东方对西方的冲击，西方对东方的冲击，都必须经由这个过滤器并立刻将其剩余之物沉淀下来。

"欢迎回到东方，"索蒂里斯·帕帕波利蒂斯说道，他是希腊保守的新民主党的重要成员，请我在雅典附近的港口城市比雷埃夫斯的一家饭店吃海鲜大餐。我刚刚从萨洛尼卡坐汽车来到这里。"但是，在东方，"帕帕波利蒂斯提醒我说，"可千万不要把一颗敞开的心与一颗通达的头脑相混淆。"

帕帕波利蒂斯指的是自己。1990年，他为了竞选比雷埃夫斯的市长而奔波忙碌，最终却没有成功。他同时集张扬、精明、直率与狭隘于一身。他是那种在穿着紧身衬衣、袒露着肚脐的同时，能够背诵笛卡尔的著作并相信阴谋论的家伙。帕帕波利蒂斯对此是清楚的，并从如下事实得到极大乐趣：他的人格本身，就像我们周围的景色——快艇、蓝天、阳光、小山似的海鲜、低效和混乱，构成了巴尔干、地中海、欧洲的西方和黎凡特的东方的完美综合。

"我不喜欢 Greek 这个词，它是土耳其语用来指代狗或奴隶的那个词的讹误，"帕帕波利蒂斯大声说道，生怕饭店里的其他顾客听不见，"说我是 Hellene 好了。甚至说我是 Romios 也行。但是不要说我是 Greek。"

Hellene 是古希腊人用来称呼自己的词，并最终成为用来指代其根源在西方的希腊人（或是希腊人精神的那一部分）。Romios 的直接意思是罗马人，指的是东罗马帝国（通常被称为拜占庭）的希腊人，其根源在于东方。英国游记作家帕特里克·利·弗莫尔（Patrick Leigh Fermor）有着渊博的、他人难以匹敌的希腊语言文化知识，他鉴定出了六十余种用以区分古希腊人与古罗马人心理的特征和符号。古希腊人重视原则和逻辑，古罗马人却重视本能；古希腊人认为希腊是欧洲的一部分，古罗马人却认为希腊存在于欧洲之外；古希腊人怀有开明的怀疑，古罗马人却相信圣像能创造奇迹；古希腊人遵循西方的荣誉准则，古罗马人却为了追求个人目标无所顾忌；诸如此类，不一而足。显然，帕帕波利蒂斯以及我所认识的许多其他希腊人，兼具古希腊人和古罗马人的诸多成分。

像许多"热爱希腊的外国人"（philhellenes）一样，弗莫尔对于希腊的东方特性有着清醒的认识。一个极好的例证是：英国19世纪浪漫主义诗人、希腊独立战争的志愿者拜伦勋爵，对从事古代希腊研究的学者表示了厌恶，称之为满嘴"老掉牙

的蠢话"的"不堪一击的老顽固"。拜伦作为外国人对于希腊所倾注的热爱之情及其奉献,建立在真实的认识而非神话的基础之上的。他在19世纪20年代在希腊西部蚊虫肆虐的沼泽地遇到争吵不已的游击队战士,这位英国诗人发现:"他们的生活是一场与真理相违背的挣扎;他们在防御的时候非常凶残。"卡赞扎吉斯不是外国人,但对希腊人的真实灵魂持怀疑态度:"现代希腊人……当他开始唱歌的时候,就会打碎希腊逻辑的硬壳;突然之间,全是黑暗和神秘的东方,就从他内心深处升腾起来。"

雅典的帕提农神庙,南立面。

帕提农神庙。

对希腊人来说，东方——这个黑暗、神秘、悲伤、非理性的王国——包含着特别的记忆和事件，而这些记忆和事件则构成了拜占庭和奥斯曼遗产的核心部分。

对西方旅游者和希腊的崇拜者而言，这个国家的群体符号只能是公元前5世纪伯利克里建造的帕提农神庙，而这一时期正是雅典民主的辉煌时期，我们西方人对希腊历史的这一时期可以说都相当熟悉。在中小学，我们就学习了有关米诺斯和迈锡尼文明的情况，这两种文明在数个世纪之中演变为希腊的城邦国家，其中雅典和斯巴达经常交战，他们也同波斯人开战，而波斯人则是那个时代"野蛮的东方"的代表。我们学习希腊文化如何存活，并如何通过一个希腊裔的马其顿人亚历山大大帝的征服而得到传播。因此，我们一般都知道古代希腊历史的广度与辉煌：与公元前第二个千年的迈锡尼文化联系在一起的荷马史诗《伊利亚特》和《奥德赛》所描写的世界，如何与苏格拉底、柏拉图和亚里士多德的世界相隔将近千年的距离。如我们被传授的那样，希腊历史是一个漫长而令人鼓舞的长篇故事。不幸的是，这个伟大的长篇故事只是希腊的过去的一个元素，而且，当蒙昧时代开始之后，希腊的过去并没有终止。这是因为，那些古代希腊的崇拜者所认定的蒙昧时代，其实不过是希腊之辉煌的另外一个时期，即拜占庭时期。

因此，对希腊人来说，能够引发更为深沉的阵阵激情和强烈的怀旧之情的，绝不是帕提农神庙，而是另外一座建筑物——事实上，这座建筑物完全矗立在今日希腊的边境之外。

像其他信仰东正教的民族一样，希腊人异常地依恋他们的教堂，教堂不仅是礼拜的地方，也是他们的经历了数个世纪的奥斯曼统治的浩劫而幸存下来的物质文化宝库。现代最伟大的希腊诗人C.P.卡瓦菲（Cavafy）在《在教堂里》这首诗中这样描述这种情感：

……我走进教堂，
香火散发的芳香，
人们礼拜的声音　音响的和谐，
牧师镇定自若的脸庞，

阿德里安堡的塞利姆大清真寺。

> 众人的举止体现出最为严格的节奏,
> 他们身上最为庄重的祭祀服装,
> 无不让我想起我们这个民族的光荣,
> 我们远古拜占庭时代的辉煌。[1]

所有希腊教堂中,有一座教堂最为特别:这便是圣索菲亚或"神圣智慧教堂",该教堂建于公元5世纪中期,至今仍巍然矗立——一个扁平、硕大的圆屋顶,安放在众多错落有致的小的半圆屋顶与流光溢彩的立柱之上,颇有凌空飞举的架势——在君士坦丁堡(伊斯坦布尔)的塞拉格里奥岬角上,俯视着那片沉渣泛起的水域。甚至在今天,虽然教堂的金银饰品已被撬走,其壁画已经褪色并被弄脏,但仍然可

---

[1] 米玛斯·克莱蒂斯翻译,见"参考文献"。

伊斯坦布尔的圣索菲亚教堂。

圣索菲亚教堂壁画。

以说，全世界没有哪一座教堂的内部结构能够令人对无尽的荣华和神秘的权力有如此深刻的感悟。我在 20 世纪 80 年代曾数次来这里参观。每一次，我都本能地感觉到，现代希腊的政治激情可以在这里——而绝不是在帕提农神庙——得到解释。穿过那气派的、通向主圆顶的大门时，我感觉自己仿佛走进了一个巨大的室内之城，这是一个有着大理石的墙壁、画廊和柱廊的城市，一个有着镶嵌图案的城市，远处隐约露出的则是各种巨大而虚无缥缈的空间。圣索菲亚成为所有东正教大教堂、威尼斯的圣马可教堂以及遍布土耳其的清真寺的原型。

但是，现在的圣索菲亚不再是一个教堂。它变成了土耳其"圣索菲亚博物馆"。挂在墙角的巨大的圆形绿色匾额取代了铃铛、香和牧师，匾额上刻着阿拉伯文的铭文："安拉是伟大的。"尽管有许多希腊游客来土耳其参观"圣索菲亚博物馆，"但是这一经历让许多人回去之后都心潮澎湃，难以平复，然而，绝大多数的希腊人甚至无法说服自己来这里参观。"去我们心目中最伟大的希腊城市参观我们的教堂，还要看那些穆斯林的符号，我无法告诉你这种想法会让我感觉怎么样。那实在是太可怕了。"一个希腊朋友曾这样告诉我。虽然"君士坦丁大帝的城市"早已经不存在，但在希腊人眼里，伊斯坦布尔将永远是 Constantinoupoli。希腊人无法劝说自己说出 Istanbul 这个词。一旦从外国人嘴里听到这个词，希腊人就会不停地眨巴眼睛，就像以色列人听到"Palestine"这个词、许多阿拉伯人听到"Israel"这个词一样。希腊东正教教主巴塞洛缪圣座不是在雅典而是在 Constantinoupoli，其办公地点是一栋坐落在狭窄的、肮脏的胡同中的木结构建筑物。这是拜占庭遗留物的全部，而公元 324 年建立的拜占庭文明和帝国，取代了罗马，1100 多年之后，即 1453 年，被奥斯曼土耳其军队灭掉。在这 11 个世纪中，拜占庭帝国是一个希腊人的帝国，而那个时候的希腊不仅仅是西方所熟悉的古代地中海文化；它还是一个有着难以想象的深度与质地的、向北方发展的文化地带，其影响力到达了中世纪的莫斯科大公国。

但是土耳其人摧毁了这一切。有鉴于此，可以说，圣索菲亚在石头和大理石中倾注了希腊人在心中的无声呐喊：我们已经损失了太多，一寸也不想再丢失，不想丢失马其顿，我们什么也不想再失去！

现代的战争和流亡的体验，进一步加深了损失所带来的痛苦。获得诺贝尔奖的希腊诗人乔治·塞菲里斯（George Seferis）在《海边的房子》中说：

> 他们拿走了我拥有的房子。却偏偏又赶上
> 不怎么吉利的时运：战争、毁灭、流亡；[2]

使塞菲里斯痛苦的原因是1922年的希腊-土耳其战争。这两国之间的战争是一系列的巴尔干军事斗争（自1877年俄罗斯-保加利亚战争开始）的最后一个事件，而从19世纪最后的二十五年到20世纪最初的二十五年之间，巴尔干战争一直占据着新闻头条，也使得巴尔干各国的边界与1990年南斯拉夫内战前夕的状况相差不大。

尽管奥斯曼土耳其人在15世纪时把拜占庭希腊人从君士坦丁堡赶走，但仍有庞大的希腊人社群在伊斯坦布尔以及小亚细亚西海岸——尤其是士麦那城——留下来，一直到第一次世界大战结束。伴随着第一次世界大战的结束而来的奥斯曼帝国的解体，为希腊人（他们与获胜的一方结盟）提供了收回领土的机会，而在那里生活着一百多万作为少数民族的希腊人。但是，希腊人的胃口太大。数年来，英国首相、具有浪漫情怀的希腊热爱者劳埃德·乔治一直在鼓励希腊人相信，不论希腊做什么，西方联盟都会支持一个信仰基督教的民族和古代希腊的继承者而反对信仰伊斯兰教的土耳其人。这是一种幼稚的信赖，但苏丹统治崩溃之后，无政府状态在土耳其的蔓延进一步强化了希腊人的这一信赖，于是希腊人就开始朝着他们"伟大的理念"奔去：要求把希腊辉煌时代所曾拥有的每一寸土地都归还给其祖国。何况，还有这样一种根深蒂固的巴尔干复仇主义综合症：每一个民族都把巅峰时期拥有的所有土地视为其自然的领土。

1921年，希腊军队违背所有的军事逻辑，越出了希腊人居住的小亚细亚西海岸，深入到离安卡拉仅150英里的安纳托利亚腹地。这让希腊军队的补给线变得非常薄弱混乱，形同虚设。《多伦多每日之星报》记者厄内斯特·海明威写道，希腊军官"狗屁不通"，希腊士兵走上战场时竟然穿着礼仪用的、19世纪的制服，"白色的芭蕾舞裙，底子上翘、装饰着小绒球的鞋子"。

就在那时，即1922年8月，意志坚决而富有魅力的年轻的土耳其将军、未来的"土耳其国父"凯末尔正在励精图治，力图从奥斯曼帝国混乱无序的困境中打造

---

[2] 埃德蒙德·基利和菲利普·谢拉德翻译，参见"参考文献"。

出一个全新的土耳其共和国。海明威写道，土耳其人行军时"秩序井然、气势轩昂"。仅用了十天时间，未来的"土耳其国父"就把希腊军队赶回了爱琴海岸，而且希腊军队不顾士麦那城中希腊人的死活，逃到了停泊在海上的船上，任由他们遭受战火和土耳其士兵的蹂躏。希腊人死亡人数多达3万人。在随后的人口交换中，40万来自希腊色雷斯的土耳其人整齐地进入了土耳其，而125万来自小亚细亚的希腊人在希腊境内流亡——无家可归、衣衫褴褛、饥寒交迫，希腊人口增加了20%。难民使萨洛尼卡不堪重负，也使雅典的人口增加了三倍还多。

与此同时，小亚细亚长达3000年的希腊文明被迫结束。士麦那成为一个土耳其人的城市，被改名为伊兹密尔。希腊再一次变得局促渺小、动荡不安，为贫穷所困扰，被屈辱所吞噬，因而也充满了仇恨。20世纪二三十年代的专制政权并没有为这类情感提供具有稳定全国局势作用的宣泄渠道。接着就是纳粹入侵和占领的恐怖，希腊人口因此减少8%，上百万人无家可归，农村地区被严重毁坏。希腊人对于纳粹的抵抗相当广泛，但是，这种抵抗引发的游击运动尽管极为勇猛，却都是各自为战，分歧严重。这种现象在1946—1949年的希腊内战中达到了登峰造极的程度，因而在希腊所造成的伤亡和破坏甚至超过了抗击纳粹的战争。

美国支持的是在雅典的保皇主义的希腊政府，而苏联及其盟友支持的则是在农村的共产主义的反对派。这是冷战以来美国支持的一方首次也是最后一次干脆利落地赢得胜利。然而，希腊的内战绝不仅仅是资本主义与共产主义的对抗。

资本主义从未在希腊真正存在过，到20世纪中期，希腊仍然是一个贫穷的、难民组成的东方社会，一小撮贪婪的土地所有者和船舶所有者对其他人进行盘剥，因而，在这里，中产阶级几乎不存在。受美国支持的希腊政府的特征是腐败和莫名其妙的阴谋。政府的支持者只不过对民主和言论自由有着模糊的认识，而且其主要组成部分不过是以前的纳粹同情者而已。只是在他们渴望成为西方人这一点上，他们才算是西方人。与此同时，希腊的共产主义者的历史定位则完全不同。在他们眼里，俄罗斯和克里姆林宫不仅是他们所赞同的意识形态的灯塔，而且是第二故乡，因为自1453年拜占庭倒塌之后，俄罗斯和克里姆林宫一直是帮助东正教各民族对付土耳其人的保护者。因此，作为最为典型的东西方斗争的冷战，其第一场代理人的战斗出现在希腊的土壤上，就不是一件出乎人们意料的事情。

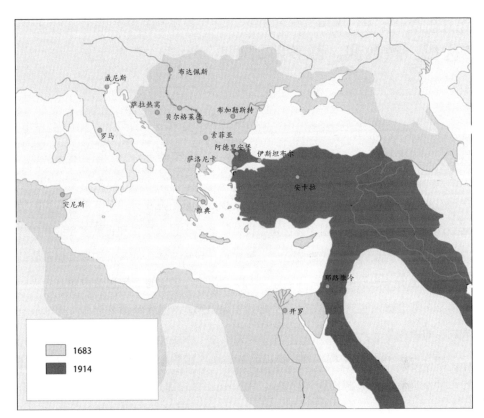

奥斯曼土耳其帝国的疆界变化。

然而，在西方的学习中心，希腊历史最近的 2000 年几乎被忽略，人们推崇的是被理想化的古希腊，一种在耶稣诞生之前就已消亡的文明。西方不愿意接受的是，希腊更多地是拜占庭和土耳其专制统治的产物，而不是伯利克里的雅典的产物。其结果是，很少有西方人能够理解 20 世纪 80 年代在希腊开始发生的一切，也正是在这个时候，希腊的前总理和总统康斯坦丁·卡拉曼利斯（Constantine Karamanlis）把这个国家描述为一个"巨大的精神病院"。

但是，在探讨希腊近现代之前，我们必须了解另外一个关于希腊的浪漫神话，一个与西方的古典主义神话密切相关的神话：这个神话已在美国人心目中扎根，却在 20 世纪 80 年代被不幸戳破。

第 16 章
"佐巴,教教我。教我跳舞吧!"

在当今时代,真相常常被包装起来,不少国家都千方百计包装与旅游有关的神话,这一点尤以地中海诸国为甚:精心设计一些包含过往历史和自然风光的意象,并对它们进行匹配弥合,从而营造出一种在奇异风情掩映下的浪漫幻影。但希腊的神话与其他有关旅游的神话都不同,它是从 20 世纪文学的一场运动中孕育出来,最终,一部电影以明确的形式把这个神话表现出来,而这部电影也成为历史上最令人难忘的影片之一。

姑且就用 1935 年来标志这一过程的开始吧。那个夏天,时年二十三岁、胸怀壮志的小说家兼诗人劳伦斯·德雷尔(Lawrence Durrell),带着妻子、母亲、两个弟弟、一个妹妹和一条名叫罗杰的狗,从英格兰出发,前往希腊科孚岛定居。德雷尔家族有英格兰和爱尔兰双重血统,他们曾在印度居住过一段时间,劳伦斯已故的父亲在那里做工程师。父亲去世不久,德雷尔就举家迁至英格兰,然而,英格兰却未曾给过他们强烈的归属感。于是,德雷尔就做出了一个未经仔细考虑也颇为怪异的决定:去科孚岛碰运气。

"我们在这个海岛上的生活,已经变得如同欧几里德证明那般完美无瑕。"德雷尔在《普鲁斯佩罗的小屋》中写道。《普鲁斯佩罗的小屋》是一部关于他在科孚岛上四年生活的日记兼回忆录式的作品,也是一部形式新颖的游记作品:它是一本关于科孚岛"风光和习俗"的"逗留-旅游"指南,毫不遮掩地把想象出来的与真实的事件捏合在一起,并放置在一个神奇的背景之中,之所以说神奇,是因为希腊总是与地中海其他地区有些不同。德雷尔能够描绘这种差异性,但还无法确切地说清楚,因为自从十岁那年离开印度,他还从未探寻过如此遥远的东方。

德雷尔怀着满腔热情,向巴黎的朋友亨利·米勒(Henry Miller)描绘希腊,于

乔治·帕潘德里欧在东正教主教面前宣示就职希腊总理。

是后者在 1939 年来科孚岛看望他。作为一名作家,米勒精力旺盛,无人可及,自我意识强烈但缺乏克制,跟德雷尔一样,在希腊旅居期间,他也经历了某种精神上的重生。米勒写过几本非常出色但稍有瑕疵的作品,《马洛西的大石像》这部游记或许是其中瑕疵最少的。该作品极富感染力,且能激发读者的灵感,其语言也很精彩,好似一连串不停顿的警句箴言。但书中的好些话如今早已成为陈词滥调了,这是因为米勒书里的语句对于两代为希腊旅游业撰写文案的人来说,实在是再合适不过了:"希腊使我摆脱束缚,成为一个自由完整的人……每一个想找寻自我的人,希腊都是极为重要的一站……它(希腊)就那样挺立着,这是它生来存在的方式,毫无遮掩,完完整整地呈现在你眼前……你可以感受到它的呼吸,它的召唤,它的风情。"

除此之外,米勒也留意到了"困惑、混乱……灰尘、高温、贫穷,还有寸草不生的地方",他意识到,这一切对于构建这令人神往而又富有魔幻气息的一幕都必不可少,但对此他也只能描绘却无法说清楚。德雷尔和米勒的书对于希腊倾注了极

美国作家亨利·米勒。

英国作家劳伦斯·德雷尔。

大的热忱,这一点是其他游记所缺乏的,而且,这种热忱往往与肉体的、濒临于幻灭的享受联系在一起。德雷尔这样形容沉浸在科孚岛的海水中的感受:

> 这种感受类似于爱奥尼亚式的游戏,海水没过我的脖颈后方约有一英寸的深度,时起时落。像是在聆听世界的心跳……在这样一个地方,这样一种氛围下,人的意识逐渐开始模糊,潜意识也不再那么丰富;但是,再往下下潜一点,就只能感受到透入海水的阳光,观念的来源本身就麻木了……

恰如后来的嬉皮士运动极力鼓吹加利福尼亚和印度一样,德雷尔和米勒在极力推销希腊:希腊是一个远离喧嚣,归于宁静,与内在的自我相契合的地方。但到了20世纪30年代,法西斯主义席卷欧洲,加上随之而来的战争,使得这种自我放纵没有了存在的土壤。只是在第二次世界大战那灭绝人性的恐惧结束之后,这类作家所传达的享乐主义思潮才突然间获得了某种迫切性。然而,由于希腊内战的爆发,希腊仍然是一个满目疮痍之地,不适合旅游业的开展。

50年代中期,德雷尔开始动笔创作后来以《亚历山大四重奏》为名的系列作品。与此同时,纽约电影导演朱尔斯·达辛(Jules Dassin)来到希腊,与他的新婚

纽约电影导演朱尔斯·达辛（右）和他的儿子乔·达辛，1970年。

希腊女演员梅利娜·迈尔库里，1986年。

妻子——希腊女演员梅利娜·迈尔库里共同生活。1989年，在达辛雅典的家中，他在谈话时向我说明了此后发生的种种事情："梅利娜的母亲刚从电影院回来，正在对她所看的那部影片发表看法。我们起了争执——争执的具体内容我记不太清了——但却让我豁然开朗：我只不过是漂泊在希腊的一个美国人，却想要告诉大家如何过好他们的生活。最初我是想拍一部有关好事之人的影片。但当时的希腊，虽然真切地存在，对美国人来说却很遥远陌生，因此，电影成片跟我起初的想法大相径庭。"

《绝不在星期天》电影海报。

《绝不在星期天》是一部低成本的黑白影片，时长 94 分钟，片中对白为希腊语，配以英文字幕。"1960 年的戛纳电影节上 [《绝不在星期天》荣膺评审团大奖]，我们在宣传方身上下了血本，所费金额几乎接近电影制作成本。"

片头的故事发生地设定在比雷埃夫斯港口，梅利娜·迈尔库里饰演妓女伊利亚，在她的挑逗下，一群粗野的水手跳入港湾中，与她一同戏水寻欢。这时恰好有一艘游艇驶来，瞥见海水里的妓女伊利亚，船上一位希腊人叫嚷起来："那个美国佬哪去了？就是那个知识分子，应该让他瞧瞧。"随后一位头戴棒球帽，名叫荷马的游客被带到甲板上，该角色由达辛本人饰演。打量着正在海水中裸游的女子，以及她周围的那群男人，这位业余哲学爱好者灵感突现，激动到不能自持，他在日记中匆匆记下了这样一句话："这般浑然天成的纯粹之美，正是希腊曾经有过的！"镜头随之在日记纸页上游走，片中奏响了布祖基琴的妙音，曲调振奋人心，片名随之闪现在荧幕之上。

荷马很快就发现，他所处的并非伯里克利式的完美社会，而是一个充斥着海滨酒吧的藏污纳垢的处所：侍者端来糖浆似的稠咖啡和添加有茴芹籽的茴香烈酒；男人们在地板上捻灭无过滤嘴的香烟，伴着布祖基琴的乐曲声（这首曲子是由曾名噪一时的希腊作曲家曼诺斯·哈达吉达克斯专门为该影片谱写的）狂舞、摔碎盘子。虽为研究希腊古典戏剧的行家，荷马却意识到，自己对身处的这个陌生国度所知甚少。他违背自己的本能，不可救药地爱上了妓女伊利亚，他向伊利亚叹惜："我真想不明白，希腊曾是全世界最伟大的国家啊。"而伊利亚则躺在床上，玉臂舒展，报之以性感的引诱，回答道："它现在仍是这样呀。"

荷马眼前所见当然已不再是那个古典希腊了，而是某种更好的，至少是更有趣的、更出乎意料的东西。他看到的是东方与巴尔干，在地中海如此轻柔的呵护下，其最为锐利的棱角已被消磨殆尽。

1960 年，影片《绝不在星期天》大获全胜，同年，德雷尔的《亚历山大四重奏》最后一册也正式发表。复杂的情节、绝妙的文风和露骨的性主题，使该书成为畅销书。[1] 尽管从表面上看，《亚历山大四重奏》写的是有关埃及的亚历山大城——

---

[1] 《亚历山大四重奏》包括 *Justine, Balthazar, Mountolive, Clea*。

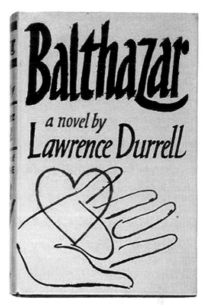

劳伦斯·德雷尔的《亚历山大四重奏》。

这个地中海海港的故事,其实,在书中也能窥探到希腊的影子。故事的叙述者居住在希腊基克拉迪群岛中一个不知名的小岛上,享受着静谧的沉思。德雷尔脑海中的亚历山大是一座希腊城市,其最令人难以忘怀的特质都是希腊的或受希腊影响的特质。这四册书中一再出现的主题就是,在犹太-基督教严酷的道德规范之外,人类也需要找寻一种异教的对等之物(德雷尔把这种对等之物与希腊联系了起来)。

《亚历山大四重奏》的畅销与影片《绝不在星期天》产生了连锁反应。"有人告诉过我,一年之内,希腊的旅游产业就暴涨了八倍,尽管这一数据或许没有经过精确的统计。"达辛告诉我说。60年代初期,米勒所著《马洛西的大石像》和德雷尔的《普鲁斯佩罗的小屋》重新被发现,一次次再版重印。1964年,由迈克·柯扬尼斯导演,根据卡赞扎基斯小说改编的电影《希腊人佐巴》将希腊热推向了高潮。

《希腊人佐巴》用一种与《绝不在星期天》一样的赤裸裸的、黑白的现实主义的手法来描述希腊,甚至可以说是有过之而无不及。影片开头的故事发生地仍设在比雷埃夫斯,季节却是冬天,还加上了暴风雨。主角佐巴由安东尼·奎恩饰演,他哼着希腊的侠盗之歌,自马其顿而来,坦承自己奸淫掳掠的往事,"那是因为对方是土耳其人,要么就是保加利亚人"。艾伦·贝茨饰演佐巴的旅伴,一位拘谨的英国人,有希腊血统,克里特岛上的所闻所见给他带来了强烈的冲击。

影片中,一位法国老妪还没咽下最后一口气,村民们就把她的房子洗劫一空。东正教礼拜堂外,一个寡妇被扣上"引诱年轻男子"的罪名,遭到石块攻击,喉咙也被割断。作为背景的,始终都是农民们怀恨在心的目光,以及男人们在阴暗的咖啡馆里暴躁地发泄着的对于妇女的仇恨。《绝不在星期天》里,哈达吉达克斯所谱写的布祖基琴曲曲调明快,爆发力十足;《希腊人佐巴》则向世人介绍了另一位希腊作曲家米基斯·提奥多拉基斯,他采用的是一种更为沉闷、更为神秘的希腊音乐曲调。于是,当迈尔库里踏着萨塔奇舞步,热情似火,神采飞扬,在舞池中翩然起舞之时,奎恩却伴着提奥多拉基斯所谱曲子的击鼓声轻步慢移,跳起一支意欲表现冥思的希腊传统舞。他单足着地,身体缓慢地转着圈,凝神望向天空,这幅情景让人联想起了地球自转。

佐巴的这位旅伴曾经一度封闭内心,思想行为皆西方化。然而,在亲眼目睹了暴徒洗劫法国老妪的房屋,以及寡妇的喉咙被割断之后,他人生中第一次感受到了五味杂陈的复杂情绪，理性的保护墙瞬间垮塌。突然之间，他恍然有所醒悟，却已接近癫狂，近乎乞求道："教教我，佐巴，教我跳舞吧！"

上述书籍和电影要表达的主题在本质上没有区别：希腊身上独有一种气质，这在西班牙、意大利和其他那些虽有阳光普照却依旧贫瘠的土地上是看不到的；它的独特与灵气，恰是因为它的严酷与偏狭；它的内在之美，恰是因为它的外表丑陋；它对幸福的体会强烈，恰是因为它伤痕累累；它是某种让人感觉很独特同时又很亲切的东西。

希腊有一种魔力，你来到这里，就可以把一切压抑和束缚丢开，充分释放自己。这里可以看到海洋，还可以触摸到阳光炙烤下的石头，它们都可充当你的"良师"。你需要的仅此而已。海水墨蓝，灰色的岛屿傲然挺立，气势恢宏，岛上是立体主义风格的村庄，其炫目的白墙更给海岛增添了一份优雅的美感。这些岛屿已经成为释放性欲、抒发情感和耽于幻想的乐园。60年代早期希腊旅游业的蓬勃发展，预示了随后出现的毒品泛滥和性革命。里奥纳德·科恩（Leonard Cohen）首次踏上

《希腊人佐巴》电影海报。

佐巴由安东尼·奎恩饰演。

希腊国土时，还是一名默默无闻的加拿大诗人兼词曲作家。他在九头蛇岛（Hydra）定居下来，为自己的第二个唱片集《来自房间之歌》谱写了多首歌曲，其中就包括《落在电线上的鸟》，这首歌有助于他成为性格内向的嬉皮士们的偶像。

60年代初期到中期，可谓是米克诺斯岛（Mykonos）的黄金时代，因为它被《时尚》杂志发现，当时"风头最大的"几位艺术家——珍·茜宝、尤尔·伯连纳、耶胡迪·梅纽因（德雷尔的朋友之一）——在该岛上购置了产业。伊丽莎白·赫林在雅典工作，是《雅典人》杂志的一名专栏作家，她向我简要介绍了米克诺斯岛的历史："1961年我十岁时初次登上米克诺斯岛，记忆中那里处于赤贫状态。孩子们赤身裸体，瘦得皮包骨头，在那儿甚至连巴氏杀菌奶都买不到。但到了70年代末，街道上已经黄金首饰商铺林立，在海滩上，我不得不小心从一对正在做爱的情侣身边迈过去。"

希腊独有而其他国家缺乏的一种特质——那种既独特又亲切的感觉——体现在东方与西方的融合，这种东西方合璧的气质完美无瑕，协调统一，又带有些许神秘的情调。不论是布祖基琴乐曲中四分音的长鸣嚎叫，还是《绝不在星期天》主题曲中哈达吉达克斯的原始材料，其实都与保加利亚和塞尔维亚音乐的节奏一脉相承，也可以从阿拉伯和土耳其音乐中找到源头。多数西方听众乍一听到这些原汁原味的音乐，往往会觉得头疼。来自东方国度的这些声音，通常要么单调乏味，要么高潮迭起。然而，经由地中海风格的音乐过滤之后，西方人听来就十分舒服，如果这些西方听众恰好处在像米克诺斯这样一个基克拉迪群岛中的小岛的环境之中，这种愉悦之感就会更加强烈。公元前第三个千年中基克拉迪群岛上的雕塑和建筑所呈现出的抽象的优雅，成为艺术价值观念背后的重要力量，两千年后帕提农神庙的建立正得益于此。建筑风格方面，那些所谓的"西方"的标签，其实最初都可以追溯到基克拉迪群岛。希腊群岛上音乐的乐风奇特，其根源西方游客虽难以知晓，但听来却十分悦耳，想来上述的事实应当是一个主要原因。通常说来，希腊音乐极为悲切——其目的原本就是要让希腊人缅怀不堪回首的历史：拜占庭的沦陷，圣索菲亚大教堂的没落，还有士麦那的失守——但丝毫不影响其凄美。

希腊旅游神话依赖于这样一个精细而微妙的配方：既要呈现作为巴尔干半岛风情的集大成者的希腊，又要突出它的块然独立；既要说明希腊距离令人厌倦、危机四伏、被仇恨吞噬的中东仅有90分钟的飞机旅程，又要暗示双方之间的差异有数百万英里之遥。

1967年希腊军政府上台，军政府的独裁专制使得希腊旅游业这只大气球泄了气，但这只是其中部分原因。4月21日在雅典发动的军事政变并非完全不可预知的。希腊保守党领袖卡拉曼利斯（Karamanlis）事后说："你也可以说希腊的民主是被一种自由体制毁掉的，而军政府只是给它实施了安乐死罢了。"毕竟，自1829年希腊从奥斯曼土耳其帝国手中赢得独立后，军事政变和宪法危机显然已经多得数不胜数。

1967年军事政变发生前的三年，希腊实施议会民主制，期间社会积怨爆发，公民责任感极度缺失。政治倾向中偏左的总理乔治·帕潘德里欧（George Papandreou）于1964年以绝对优势执政，决意惩治由卡拉曼利斯创立的保守党。帕潘德里欧废除了卡拉曼利斯时期紧缩的财政策略，着手改善社会福利和提高补助金。鉴于当时的社会保障体系一团糟的状况，这些措施本身可以说是负责任的、可靠的。然而，帕潘德里欧选择的实施慷慨之政的时机却并不合适：时值最后一笔杜鲁门主义倡导下的百亿美元援助用完之后不久。此外，他还收紧了海外投资。国内通胀激升，帕潘德里欧开始对北约指手画脚，并令其武装部队时刻戒备以对抗土耳其，将本已初露端倪的塞浦路斯纷争进一步推向高潮，并意图在希腊与塞浦路斯之间酝酿某种"合并"运动。塞浦路斯岛位于地中海东部，以前曾归英国管辖，希腊人占多数，但土耳其人的数量也相当可观。1964年夏，土耳其人发动了一次针对塞浦路斯希族人的军事行动，帕潘德里欧部队未曾抵抗，这使得塞浦路斯希族领袖马卡里奥斯大主教对于帕潘德里欧支持的价值更加嗤之以鼻。随后，马卡里奥斯与苏联签署协议，商定由其供应军火，于是，马卡里奥斯抛弃了"希塞合并运动"的想法，转而谋求塞浦路斯的"完全独立"。

毫无疑问，若不是时年45岁、身居内阁副部长之职的帕潘得里欧的儿子安德里亚斯的一系列动作，帕潘德里欧手上本来有足够的牌可以打。安德里亚斯于1919年在土耳其海岸附近的希俄斯岛出生，那时他父亲乔治·帕潘德里欧在那里担任行政长官，但他与声名显赫的父亲的关系却极为冷淡。1939年，安德里亚斯离开希

安德里亚斯·帕潘德里欧（小帕潘德里欧）。

腊，前往美国深造，到1944年，他已得到哈佛大学的经济学博士学位，并获美国国籍。他也经历了两段婚姻，第二任妻子玛格利特·钱特来自明尼苏达州，二人共育有四个孩子。小帕潘德里欧在美国一直待到1959年——因此避开了整个第二次世界大战和希腊内战——在此期间，他在美国海军服役，随后又任教于几所美国大学，其中就包括加州大学伯克利分校，在该校，他最后升到了经济系主任的职位。

跟许多青年移民的经历差不多，在美国，安德里亚斯彻底重塑了自己的形象。他的第一任妻子是一个希腊裔美国精神科医生，二人离婚后，他的希腊朋友（如果还能说有的话）就少之又少了；此外，多年来，希腊裔美国人社群对他来说并没有什么吸引力。要不是同时发生了三件大事，他或许永远也不会返回希腊。

正当安德里亚斯在加州的学术生涯达到巅峰之时，保守党领袖卡拉曼利斯给了他一个机会，同意让他在雅典创立一个美国式的经济研究中心，这在他看来很有吸引力。与此同时，他也觉察到，父亲的政治际遇突然转好，这使得乔治·帕潘德里欧很有可能接替卡拉曼利斯而成为希腊新总理。在裙带关系盛行的希腊政治文化中，这一切都给这位长子提供了绝佳的机遇。安德里亚斯读懂了命运的安排：他与父亲冰释前嫌，设法获得富布莱特和古根海姆基金会提供的资助，携妻带子回到了希腊。

对于安德里亚斯来说，二十来岁时在身上刻下美国人的烙印不会有什么不自在：许多移民都有这种经历。但安德里亚斯在四十多岁的年纪，想要改头换面，重新成为希腊人,就不会那么顺畅,肯定要为此付出心理代价。

1964年,为了被选进希腊议会,安德里亚斯正式放弃美国国籍。在由父亲新组建的民选政府中,他担任副部长一职,主管经济工作,并很快开始在一些广泛的议题上发声。同年10月,他接受了巴黎的一份日报《世界报》的专访,称希腊是北约的"卫星国",同时称苏联对塞浦路斯希族人的援助"为维护世界和平做出了积极的贡献"——尽管彼时苏联正在转变对于塞浦路斯问题的立场:由支持希腊转向支持土耳其。这类言论进一步削弱了帕潘德里欧政府的稳定性,安德里亚斯也因此被迫辞去其内阁职务。

安德里亚斯在美国生活的二十年,可谓收获颇丰,看起来也相当幸福,所以他身上的反美主义似乎很难说得通。希腊右翼势力中的阴谋论散布者认定这个问题无法解释:小帕潘德里欧显然是一名"中情局特工",被派回希腊故土播种政治动荡的种子。还有一种理论称,作为著名的希腊政治家娇生惯养的儿子,安德里亚斯不愿意在美国这个讲求平等的社会按部就班地争取出人头地的机会。因此,尽管他对美国的外交政策大加鞭挞,然而在内心深处,他却无法容忍美国人不讲求阶级的本性。与此同时,也不应忽略一个事实:自希腊内战后,美国连施重拳以掌控希腊政务。因此,美国国内的一些开明人士,连同希腊左翼派别,都把安德里亚斯的言论看作对这个事实的正常反应。这个理论可以用来解释安德里亚斯对于美国的希腊政策的批评,但却无法解释他在进行这种批评时表现出来的狂暴的激情。另外,还有一种理论称,安德里亚斯心中的美国形象,其实一直都停留在他在大学校园里建构起来的那个虚幻世界的水平,而在四五十年代的美国大学校园,相当一些美国知识分子还对斯大林和共产主义保有一种罗曼蒂克式的迷恋。换言之,根据这种观点,安德里亚斯其实并没有真正完成他的希腊身份重构。相反,他仍在按照美国左翼知识分子的风格行事:因为政府未能遵照公开承诺过的对外原则,就对它进行无情抨击。就整个70年代的情况而言,这一观点是可信的,因为安德里亚斯执政风格突变,与任何美国左翼知识分子都不一样。

1965年7月,康斯坦丁国王免去了乔治·帕潘德里欧总理的职务——此举在帕潘德里欧的支持者眼中看来,是对希腊宪法的颠覆。自此之后,希腊政局就每况愈下。雅典的政治家、记者、王室和军方将领一直以来都在相互算计、相互抨击，直到校官集团控制的军政府——一群来自偏僻乡村，由乔治·帕帕多普洛斯率领的心怀仇恨的乡巴佬——让他们统统垮台。

在西方，人们仅仅知道，一群粗野的中级军官，没有任何理由，也没有给出任何解释，就将民主扼杀在民主的诞生地——这个地方同时也是影片《绝不在星期天》和《希腊人佐巴》的故事发生地。[2]

希腊军政府里充斥着一帮极端狂热、鲁莽而不成熟的"罗马化的希腊人"（Romios）。他们未曾受过教育，言语粗鲁，眼界狭窄，只知道极力鼓吹要将东正教的教义恢复到最严苛的程度。他们对财政经济一无所知，只懂得受贿寻租。此外，他们还施行典型的巴尔干式残暴体罚。擅长动用酷刑的魔鬼潜入了各地的警察局，战俘集中营布满了贫瘠的岛屿。

安德里亚斯被军政府逮捕、关押，直到美方介入才获得自由。随后，他流亡西方国家，与他同去的还有雅典政治文化界的其他要员，其中包括希腊前总理、保守党人卡拉曼利斯；女演员迈尔库里和作曲家提奥多拉基斯。由于受教育程度高且出身高贵——例如，迈尔库里的父亲就是雅典前任市长——这些名流很好地体现了古希腊人人格中那种成熟老练的特质，并且在对抗独裁的战役中，他们成功地把军政府成员描述为"篡位者"，也不承认他们是正统的希腊人。

因此，在西方，虽然希腊军政府已经臭名昭著，希腊人民却仍很受欢迎，甚至因遭受压迫而得到了更多的关爱。希腊已不仅仅是一个神话，还成为了一种事业，它也因此而更有吸引力。

尽管迈尔库里及其朋友一再呼吁抵制希腊，游客还是源源不断地涌来。只有那些政治嗅觉最敏锐的旅游者才能察觉到希腊人敢怒不敢言的牢骚并为此感到忧虑，尽管这种现象在压制性的国家是普遍存在的。毕竟，在这里，不存在中东地区那些更加极端的独裁统治政权中的动荡、恐怖主义和令人窒息的恐惧。希腊的旅游神话虽有些摇晃，却没有垮塌。

1974 年，希腊军政府下台，随后出现了一些公开的反美主义迹象，这其中就包

---

[2] 顺便一提，科斯塔·加夫拉斯导演的影片《Z》，也让希腊军政府在西方人眼里留下了坏印象。

括对雅典城内美国运通办公楼的轰炸。即便是这样,在西方人眼里,希腊的正面形象仍未受影响。这些只是一些孤立的冲突事件,而且卡拉曼利斯新组建的保守党政府对当时希腊国内仍在发展的动向守口如瓶。只是一直到了80年代,世界才刚开始察觉,希腊与巴尔干半岛、中东诸国是多么相似。

第 17 章
秘　史

"查士丁尼恶行累累，永生永世怕是也讲不完。我只需要从他所犯的罪行录里挑出一些例子，后世人就能把他的整个品性看得一清二楚。"普罗科匹厄斯（Procopius）在《秘史》中写道。查士丁尼生活于 6 世纪的君士坦丁堡，妻子狄奥多拉曾是一名妓女，《秘史》是对于他们生活的花边报道。

"他们要么必须像神灵般统治我们，要么完完全全放弃统治。"迈克尔·普赛路斯（Michael Psellus）在《编年记事》中这样写道。《编年记事》是用第一手资料对 14 位生活在 10—11 世纪的拜占庭皇帝的描述，被认为是有关中世纪的最佳回忆录。

中世纪的拜占庭充斥着贪婪、欲望、个人的残暴、野心，组成了内容庞杂且易被遗忘的长篇故事，但要了解 20 世纪 80 年代的希腊政治，这些故事可以充当无可替代的历史明镜。在那个时代，帝国的没落初露端倪，表面风平浪静，实则波云诡谲，更给这一连串事件增添了一种无谓的荒诞之感。

在旅居希腊的七年间，使我最为气愤的莫过于看到外国记者对当地政权动乱的解释。他们通常这样表述："毕竟，古希腊人创造出了戏剧""希腊语词汇中不仅包括'民主'，还包括'无政府状态'"。还有一个现象就是他们经常轻浮地提及"希腊悲剧"和"希腊喜剧"。在惬意慵懒的日子里，我也曾援引古希腊的"戏剧"和"面具"来解释现代希腊政治。英美编辑和读者都在学校学习过希腊戏剧，因此他们才能够理解和欣赏这些被引用的例子。然而，对于拜占庭，或者普赛路斯和普罗科匹厄斯这样的中世纪希腊作家，他们中又有谁了解些许呢？媒体报道对现代希腊并没有深入阐释，因而这再清楚不过地表明，西方对于希腊这段最为悠久和重要的历史恰恰一无所知。

"相比于任何其他东西，我们的政治最能表明我们的东方性和拜占庭风格。"雅典一流的民意调查者之一帕纳尤特·迪米特拉斯说道。1990 年从保加利亚到达希腊后，我与他交谈了一次；此时的希腊刚开始跟跟跄跄地从 80 年代的混乱状态中逃离出来。"可以说，在政治层面，我们完全遵循东方那一套。我们站在中东人的视角上看待西方。像阿拉伯人一样，我们（指东正教教徒）也是十字军东征的受害者……希腊人与东方结成了姻亲，而西方只能算作我们的情妇。她令我们着迷，让我们冲动，这是情妇的共性，但我们和西方的关系实际上只浮于表面，呈现一种松散的状态。"

普赛路斯和普罗科匹厄斯所写的中世纪传奇故事，不但揭露了地中海东部人的猜忌和阴谋，还令人惊叹地捕捉到了希腊政治生活的另外一个特点：希腊政治含有肉欲的成分。许多涉及政治权利的希腊语词汇都是阴性的：kyvernisi（"政府"），eklogi（"选举"），ideologia（"意识形态"），poreia（"示威游行"），eksoussia（"权力"）和 tromokratia（"恐怖主义"），这或许并非偶然。

值得注意的是，希腊的花边报刊并不曝光当红艺人的私生活，甚至也不打探政客们私底下的动静，这一点与美国的同类报纸风格迥异。希腊人并非苦行僧，但没有什么事情能让他们大惊小怪。希腊的花边小报也刊登有关政治的文章，但都极为纯粹、简单。希腊国内的智囊团和严肃书报是不涉及政治的。对它们来说，政治过于粗俗滑稽，登不得大雅之堂；让我们以安德里亚斯·帕潘德里欧的政治生涯为例来说明这一点。

我于 1982 年至 1989 年暂居雅典，与安德里亚斯·帕潘德里欧当上总理手握大权的时间几乎重合。希腊国土狭小，相对贫困，周围遍布宿敌，与西方国家相比，其政治气氛更为紧张。由于在安德里亚斯掌权期间，希腊反美主义倾向明显，因此，从很大程度上来说，安德里亚斯也影响了我对于希腊的个人经验。正如共产主义的遗产有助于解释其他巴尔干国家一样，安德里亚斯执政的遗产能够解释 90 年代的希腊。记录帕潘德里欧时代，在我看来，是全面理解当今希腊的状况的重要训练。

美国曾介入希腊内政，撺掇军人集团领袖乔治·帕帕多普洛斯帮助安德里亚斯越狱。（据传言，林登·约翰逊总统曾给希腊大使建议道："你去告诉帕什么来着，把他放出来吧。"）。在这之后，安德里亚斯流亡到了瑞典和加拿大，并在那里筹划成立了后来成为"泛希腊社会主义运动"的组织，其希腊语缩写是 PASOK。1968年到1974年这六年的流亡生涯中，安德里亚斯在几张照片里都身穿黑色皮夹克，他共抚育了四个婚生子女，此外，还和某个瑞典女人有一个私生女，他的这一形象影响了90年代希腊的政治风云。

1978年，希腊裔美国出版商阿里斯蒂德·卡拉扎斯前往泛希腊社会主义运动的雅典大本营，跟安德里亚斯面谈。卡拉扎斯对这次经历记忆犹新："入口处站着些青年士兵，表情凶恶，身上的黑色皮夹克鼓鼓囊囊。我告诉他们，我此次前来是想见见帕潘德里欧先生，他们的回应极具挑衅意味：'这么说来，你和我们的 archegos[领袖]已经提前约好了？'他们尤其强调应该称呼帕潘德里欧为'领袖'，就好像直呼其名是冒犯他一样。这让我想到，在1922年意大利法西斯军事政变之前，墨索里尼军队的司令部一定也是这个样子。"

后军政府时期，希腊政治团体遍布，而 PASOK 自始创以来，就绝非一个政党（Komma）。PASOK 这几个字母本身已经明确表明自己是一场"运动"（kinesis）：泛希腊社会主义运动。换言之，这场运动应当是革命性的、动态的。帕潘德里欧在1977年阐释说："我们究竟是不是马克思主义者？……我们必须说是。也正因此，我们与乐观的自由主义思想是完全对立的。"

泛希腊社会主义运动无疑是非民主性的，既没有设立宪法，也没有相应的规章制度。数年来，甚至连做做样子的政党领袖选举都没有搞过一次。其实也的确没有必要。PASOK 指的就是帕潘德里欧——在希腊后军政府时期，这个名字指的是安德里亚斯，而非他的父亲乔治。老帕潘德里欧于1968年过世，享年80岁。希腊人对政治领袖的虔敬近乎于个人崇拜，这一现象在20世纪的希腊相当普遍。乔治·帕潘德里欧曾领导了一个名为"乔治·帕潘德里欧党"的政党。希腊的中间派和左派将泛希腊社会主义运动看作乔治·帕潘德里欧政治遗产的自然继承人，因此纷纷投入到这场运动之中。然而，安德里亚斯与父亲乔治不同，同样，泛希腊社会主义运动与乔治·帕潘德里欧的政党也大相径庭。

乔治·帕潘德里欧中间派的成分多于左派的成分。60年代中期，诱使他做出行动的原因是愚昧无知，而非意识形态问题或自尊心受损。当时希腊政治呈现出一派家长式作风和咖啡馆辩论的特点,因此,乔治·帕潘德里欧本人就是他领导的政党的象征。政治团体自然而然地聚拢在强势的领袖周围,而对团体中的细节和组织则多有忽略。乔治·帕潘德里欧的个性形成时期完全在希腊度过。因此,他的冲动尚属正常,并不难理解,这一点与他的政敌保守党领袖康斯坦丁·卡拉曼利斯如出一辙。但是,安德里亚斯·帕潘德里欧曾在美国海军服役两年半,且从不穿希腊制服,个性极其复杂。他书房的显眼处摆放着菲德尔·卡斯特罗和铁托元帅的照片。小帕潘德里欧(下文用于指代安德里亚斯)把共产主义中立国南斯拉夫看作希腊的理想典范。

据小帕潘德里欧在1975年的解释,"基于我们双方在思想政治方面的共同点",泛希腊社会主义运动很早就与叙利亚复兴党建立了联系。之后,从特拉维夫飞往乌干达恩德培市的一架法航客机发生了劫机事件,当时机上满载以色列人,此事件发生八个月后,即1977年2月,帕潘德里欧称赞乌干达领袖伊迪·阿敏:"他敢于和西方的大都会中心战斗,他们对他也虎视眈眈。这一点本身就把他置于该地区反帝国主义武装力量的全球性博弈之中。"[1] 1977年稍后一段时间,帕潘德里欧又到达了由穆阿迈尔·卡扎菲掌权的利比亚,并称卡扎菲政权"并不是军事独裁。相反,它的执政原则是以古雅典人的平民思想为典范的"。希腊官媒和外媒的报道前后一致,都断言在1981年泛希腊社会主义运动的一场成功的战役中,卡扎菲政府曾为其提供资金援助,帕潘德里欧因而当选总理。1984年,卡扎菲政权的副指挥官阿卜杜勒·萨拉姆·贾卢德在公开场合对帕潘德里欧说:"帕潘德里欧老兄,经过对你的严格审查和考验,我们认为你值得信赖。因此我们决定竭尽所能,巩固你在国内的地位,因为你掌权也符合我们的利益。"

泛希腊社会主义运动的内部运作方式呈现出一种极权主义风格,这在希腊是前所未有的,已经超出了共产主义游击运动的界限。在希腊生活了几年后,我认识到,泛希腊社会主义运动的支持者包括三种基本的类型。

第一类人温文尔雅,见多识广,思想开放——在文化层面上可以称作"名流",要不是因为梅利娜·迈尔库里的名气,他们也许不会和该运动扯上关系。1981年

---

[1] 《新闻报》,1977年2月28日,帕潘德里欧访谈录。

10月，帕潘德里欧当选为总理后，梅利娜·迈尔库里也被任命为文化科学部长。在帕潘德里欧八年任期内，十五人的内阁经历重组，迈尔库里是唯一一位重新被任命的部长。她对帕潘德里欧无疑是忠诚的，但却并未处于其政权的核心圈子。后来毁掉帕潘德里欧政权的丑闻和牢狱之灾，也没有败坏她的声誉。迈尔库里作为希腊文化象征的地位，由于她曾出演影片《绝不在星期天》，给帕潘德里欧政权蒙上了一层公正合法的面纱，这一点在海外尤其为人所接受。她很受国内共产主义者和泛希腊社会主义运动支持者的欢迎，但仍有40%左右赞同右翼势力的希腊人对她表示鄙夷。对迈尔库里的侮辱，我已经听厌的一种论调就是："梅利娜根本不必在《绝不在星期天》里饰演妓女一角，她的做派实实在在就是一名'妓女'的做派。你们这些老外在她身上能看到什么呀？"

第二类人是一些青年知识分子，他们在国外接受教育，随着军政府的垮台又回到了希腊。其中一些是高素质的技术官僚，他们在面临故步自封的右派和急躁冒进的左派这一艰难的抉择时，最终倒向了左派，因为右派已被军政府搞得声名狼藉。科斯塔斯·西米蒂斯曾在泛希腊社会主义运动中担任国民经济部长，后来遭到了帕潘德里欧的罢免和公开羞辱；曾担任泛希腊社会主义运动的首任环境部长的安多尼斯·退特西斯，同样经历了被罢职的命运。他们两人都属于这一类。退特西斯被定的罪名是：他在落实环保法时，没有区别对待对左、右两派商人。

然而，这些青年知识分子中的大部分人并非技术官僚。他们出身卑微，留学美国或其他西方国家，接受了一星半点的博雅教育（人文教育，liberal arts education）——但就是这一点浅薄的教育背景，足以使他们回国后摆出一副精明老练的派头，也使他们莫名其妙地傲慢狂妄起来。V.S. 奈保尔曾用一个词组指代这类"半成品"知识分子。统治加勒比海格林纳达岛的是一群接受过美式教育的马克思主义空想家，谈及这群人时（当时他们还未撕破脸皮自相残杀），奈保尔用了"鄙夫"（little men）这个词组，意在指明他们脑袋里塞满了模糊不清的"高"论，却不知如何落到实处。泛希腊社会主义运动中存在着许多这类"鄙夫"，他们仇恨满腹，好怨天尤人。他们在"绿色卫兵"中有不同等级的军衔：被帕潘德里欧分派到希腊海外大使馆，充当意识形态方面的"打手"，并监视职业外交官的一举一动。霍华德大学一位名叫尼古劳斯·斯塔夫罗的学者于1988年发表了一部批评帕潘德里欧的著作,《纽约时报》因此援引了希腊驻美国大使馆里一位"绿色卫兵"的话:"斯塔夫罗先生——他写不了书,只能在最一般的大学里教教黑鬼们罢了。"[2]

然而,我留意到,第三类人——也是泛希腊社会主义运动中最为重要的一类人——他们既没有出过国,也几乎不会说外语。这群人来自小村落,或是城市的工薪阶层社区,手捻安神念珠,嘴里说的都是些不干不净的话,比如 malaka ("蠢货")这类词,在别的情况下,他们可能会丝毫不假思索地反抗或拥护军政府。这类人崇敬帕潘德里欧到了极点。与泛希腊社会主义运动中其他有过海外教育背景的知识分子不同,帕潘德里欧在充斥着这些人的烟雾缭绕的咖啡馆里如鱼得水,而且是一个狡诈至极的人。帕潘德里欧有一种雄浑的、蛊惑性极强的讲话风格,那些城市贫民和希腊乡下居民对此痴迷不已。帕潘德里欧的执政风格让人联想到阿根廷的胡安·贝隆,亦或是以色列的梅纳赫姆·贝京:也是有西方教育背景且精力充沛的演说家,支持者主要来自最贫困却最具东方主义倾向的群众,他激励着这部分人,使他们压倒了具有欧洲传统倾向的另一半人。

因此,帕潘德里欧的周围尽是一些"罗马化的希腊人",而非"正宗古希腊人"。这些人构成了他的核心圈子,并替他管理泛希腊社会主义运动。他们对帕潘德里欧的忠心是部落式的,不受具体问题的影响。阿伽门农·库茨索奇奥加斯——整个 80 年代希腊第二有权势的人物就属于这一类人。1990 年他遭遇牢狱之灾,还与军政府领袖帕帕多普洛斯被关在比雷埃夫斯的同一个监牢里。

帕潘德里欧任命了这类人中的一个人,让他终身在外交部供职。事实上,此人身上既有樵夫那种吃苦耐劳的精神,也有成为知识分子的潜质。跟其他人不同,他能讲英语,曾口若悬河地发表演说以支持建立"新世界信息秩序"。在演讲中,他为非洲国家强制实行的审查制度大声疾呼,理由是帝国主义本身也是一种形式的审查制度。1987 年,我来到他的办公室,向他询问希腊在政治上是否与非洲和第三世界国家走得太近。他斜靠在办公桌上,用一种心照不宣的口气对我说:"跟美国比起来,希腊与非洲还相隔太远。美国人能在大街上和黑鬼手拉手,你见过希腊人这么干吗?但也别太担心,我们知道怎么应付非洲和第三世界国家……我们警告巴基

---

[2]　《评论希腊领导人的图书引起外交纷争》,爱德温·麦克道尔,《纽约时报》,1988 年 7 月 1 日。

斯坦人，要是他们敢承认塞浦路斯归土耳其所有，我们就把希腊船上那些该死的巴基斯坦水手扔到海里去。"[3]

帕潘德里欧与他的这类支持者们一向亲如手足，他在希腊女人之间享有无可置疑的魅力——尽管或许大腹便便，脑门光亮，两鬓斑白，或许也是他的领袖气质的核心因素。

这是一个从 1940 年到 1959 年在美国的大学校园里度过了二十年光阴的人。在年复一年的伯克利高雅的晚宴席上，安迪·帕潘德里欧叼着烟斗，身穿运动夹克衫和高翻领毛衣，比任何人都来得自在惬意。然而，他还可以化身为另一种形象：身穿皮夹克，与巴尔干蓝领阶层结下终生的深厚情谊，有时候这种情谊可能靠近了罪恶的边缘，但他能够将这些人的政治命运牢牢地操控在自己的手心。有多少大学教授，即便是那些爱穿登山鞋、喜欢标榜自己能与平民相处融洽的教授，能够做到这一点呢？在泛希腊社会主义运动中，帕潘德里欧刻意疏远的，其实正是那些像他自己那样出国镀过金的人。

帕潘德里欧要求得到别人的极力赞美，而且在一定意义上说，他也赢得了这种赞美，他凭借的是一种罕见的在不同社会阶层中穿行自如，并不计一切手段对其进行支配和操控的能力。

豪华的阿斯德皇宫酒店（Astir Palace Hotel）位于雅典沃立歌美尼近郊的海边，我与帕潘德里欧共见了三次，其中 1986 年夏天的那次会面就是在这家酒店里进行的。帕潘德里欧穿着泳裤，脖子上挂着一条毛巾，走进阳光沐浴下的泳池，一左一右陪同他的，一个是与他同名的儿子，另外还有两位保镖。保镖身穿黑色紧身喇叭裤和白色露脐衬衣。在我的印象中，其中一位保镖的肩上还悬吊着一把冲锋枪，他随后把枪放在一个折叠躺椅上。我那两岁大的儿子与帕潘德里欧不期而遇。帕潘德里欧态度温和，绕着小家伙走了两圈，我记得还在他头上轻轻拍了拍。我走上前去向帕潘德里欧做自我介绍。"你在哪里供职？"他问道。我回答说在《大西洋月刊》。他点点头，回应道："啊，那是波士顿一家很不错的杂志，历史也久。我在哈佛的时候常读。"尽管已经离开美国 27 年了，他说话时仍带有美国口音，睁大的眼睛里

---

[3] 历史上，在所有穆斯林国家中，巴基斯坦属于亲土耳其的一派。

蕴含的那种表情仍然几乎与美国人一样。随后,帕潘德里欧朝一位保镖瞥了一眼,同时以地中海东部人特有的干练方式挑了挑他那灰白色的浓眉。保镖拔腿就跑,忙活什么差事去了。由于当时希腊国内颇不太平,发生了一系列我马上就必须提到的事情,与帕潘德里欧打招呼的感觉很像是跟一位黑道老大在棒球场上握手。

1981年当选总理后,帕潘德里欧因以下事情获得了赞美:承认针对纳粹分子的抵抗运动;允许希腊内战中的共产主义老兵——他们曾流亡至东欧国家数十年——返回祖国;改革离婚法案,使之对妇女更为有利;让世俗婚礼得到法律认可。(我本人就在希腊成婚,采用了一种民间仪式:"安德里亚斯,谢谢你。")上述这些举措民众期待已久,早就该付诸实施了。但在希腊民主的至关重要的阶段,却开始出现了一些令人不安的事情。

1982年,帕潘德里欧几乎不再去参加议会会议。他罢免了几位持不同政见的内阁部长,并为其私人幕僚集团新增了八十名顾问。此举大大减弱了他对政府和泛希腊社会主义运动中基层民众的依赖性。现在,他可以挥舞铁拳,凭借小圈子进行统治了。

当选总理之前的几年间,帕潘德里欧就曾以"偏离方向"罪为由,对泛希腊社会主义运动中数百名成员进行了一次大清洗。任何人对他的任何政见,只要提出质疑,都会遭到抛弃。帕潘德里欧新上任时,不少泛希腊社会主义运动成员都相信,该组织将会逐渐演变为一个以民主的方式管理的政党。然而事实并非如此。议会议员阿里司提戴斯·布鲁克斯因为在选举改革法案的问题上与帕潘德里欧意见相左,就被驱逐出党。同样,内政部副部长斯塔西斯·帕纳古利斯因为批评帕潘德里欧未曾落实某些大选承诺,也被一脚踢开。随后,帕潘德里欧公然谴责帕纳古利斯,给他安上了"叛国"和"密谋"的罪名。希腊的电视广播也属国家管控,因此,电视和收音机里反复播放的都只是帕潘德里欧的指责,而帕纳古利斯反驳的声音却很难听到。

帕潘德里欧把来自社会主义运动成员对其个人政策的谴责声形容为"变节"——该词的希腊语词源是 apostassia,自拜占庭时代开始,该词就含有那种浓厚的神学寓意,指的是掌握着神授之权的皇帝是"一贯正确的",因而那些皇帝们的批评者就是"异教徒"或"叛教者"。

帕潘德里欧执政期间,清除异己的现象一直存在,其模式也大同小异。每当一位成员遭遇泛希腊社会主义运动纪律委员会的清洗,作为其喉舌的新闻媒体,总会发动攻击此人人格的战役。这种方法也被用来摆平一些个人的宿怨或掩饰国家对私人公司的劫掠。例如,在1982年末,谣传泛希腊社会主义运动密谋策划了一次活动,以打压某地一家国家控制的新闻通讯社的主管,指控此人为"异装癖者"。此人因此被迫辞职,暂时躲到希腊境外。[4] 在希腊国内,赫拉克勒斯水泥公司出口方面的业务名列前茅,乔治·查佐斯曾任该公司总经理,1983年,官方媒体给他定了"诈骗"和"违反货币政策"的罪名。以此为借口,政府接管了赫拉克勒斯水泥公司。但在随后三年中,公司亏损了5200万美元,而这场风波发生前的三年,该公司盈利2500万美元。对查佐斯的指控很快统统解除:在这之前,法院从未拿出过确凿的证据证实他的罪名。

到1982年,希腊的电视和电台已经成为其北边国家的控制媒体的翻版。希腊的电视与电台从来就不是自由的,但在保守党领袖卡拉曼利斯执政时期,其实际的控制也不过是让左翼反对的声音销声匿迹;广播里并没有咄咄逼人的或意识形态控制的腔调。当时,帕潘德里欧还呼吁"改变",包括承诺对传媒进行自由主义的改造。然而,到了他统治的时候,晚间电视新闻却是没完没了的帕潘德里欧讲话和参加剪彩仪式的画面。并没有什么所谓的"中立"。媒体提到的任何团体——巴勒斯坦游击队,或是尼加拉瓜反政府武装——要么被贴上"自由斗士"的标签,要么被扣上"法西斯主义者"的帽子,完全取决于泛希腊社会主义运动的世界观需要什么。一位美国海军军官曾在雅典遭遇恐怖分子的暗杀,泛希腊社会主义运动的报纸却称这次谋杀为"美国中央情报局的一个阴谋",并进一步解释说,中央情报局杀了自己人,"蓄意选择这样一个时机,妄图在美国国内激起反希腊情绪"。[5] 帕潘德里欧对参加集会的听众们强调,美国是"帝国主义的首府"。这位曾在美国海军服过役的老兵坚称,美国在希腊境内的军事基地是"死亡基地"。随后,帕潘德里欧频繁

---

[4] 一段时间后,他又官复原职。
[5] 小乔治·桑特斯上校于1983年11月15日遭遇暗杀。

出访东欧各国，其次数之多，超过其他任何北约国家领导人。波兰当时仍处在军事管制之中，帕潘德里欧访问该国时，嘲讽波兰团结工会"毫无益处，十分危险"。帕潘德里欧的妻儿都是美国公民，他们仍生活在一起。

1028 至 1034 年间，罗曼努斯三世执掌拜占庭帝国的权杖，写到这位皇帝时，普赛洛斯这样说："这位有点特别的君主渴求建立虔敬的名声……这引发了关于神性问题铺天盖地的讨论。"在帕潘德里欧眼中，虔敬包含"和平"的意思。尽管恰逢两伊战争爆发，非洲卢旺达和布隆迪的战事也处于胶着状态，希腊一些国有企业正向交战双方兜售军火，文化部长迈尔库里还是以帕潘德里欧的名义组织了环绕雅典卫城的"人类和平连环活动"。在我的印象中，那时的雅典总是在召开这样或那样的和平会议。帕潘德里欧与罗马尼亚总统尼古拉·齐奥塞斯库反复磋商，共同为达成欧洲和平计划而"奔忙"。

对于西方媒体的访谈请求，帕潘德里欧几乎一概置之不理，这一点很像东欧各国领导人的做派。雅典的外国记者协会通常都要精心策划，帕潘德里欧完全可以提前准备好回答哪一个记者的提问，然而，他却连每年象征性地露个面都不肯。我这类的记者如果想采访图尔古特·厄扎尔总理，随时飞去土耳其与其会面即可。但即便是住在希腊，我也无法见到帕潘德里欧本人。帕潘德里欧在八年的执政期间仅允准了屈指可数的几次采访，其中一次是接受曾担任哥伦比亚广播公司"60 分钟"栏目记者的黛安娜·索耶的采访。黛安娜就 40 年代美国将希腊从东欧集团国拉出来的事情向帕潘德里欧发问，想知道他对美国是否心存感激。帕潘德里欧回答道："就任何一件事来说，我都不会对任何什么人心存感激。"

这句口气很硬的话，正如他穿的皮夹克以及他与瑞典女人的风流韵事一样，是不祥预兆。

帕潘德里欧就职后，就解散了负责调查"11 月 17 日"恐怖组织的警察部门。"11 月 17 日"号称是最为神秘且难以捉摸的恐怖小组，因此也就成为 90 年代初欧洲和中东的梦魇。

1973 年 11 月 17 日，军政府发动坦克袭击，对雅典理工大学的抗议学生进行屠杀，而根据希腊左翼的神秘看法，美国人被认为应当对这次犯罪活动负责。1975 年的平安夜，理查德·韦尔奇（Richard Welch）遭遇暗杀，其身份随之曝光，原来韦尔奇是中情局在希腊的站长。"11 月 17 日"恐怖组织宣称对此次事件负责，并直截了当地指出，美国人一直以帝国主义的姿态凌驾于希腊之上，策划暗杀的目的就是要对他们进行惩罚。该恐怖组织后续的活动仍采用暗杀韦尔奇的模式。在早晚上下班的高峰时间段，两个嫌疑人驾驶摩托车，停在受害人汽车的旁边。摩托车后座上的那个人负责透过车窗玻璃朝受害人开枪，随后他们就会逃离，在缓慢行进的汽车流中间横冲直撞。如果一座城市经常遇到交通堵塞，同时又有一些不怕死的摩托车飞车党，那么这种袭击方法就再合适不过了。此外，发动袭击前的情报刺探工作——确认韦尔奇在美国大使馆的职务，他的座驾是哪一辆，以及他上班的路线——全都无懈可击。"11 月 17 日"恐怖组织再一次发动的大型袭击活动，则要数 1983 年 11 月对美国海军军官的谋杀，巧合的是，这次谋杀设定的时间，正好是雅典理工大学学生暴乱十周年的纪念日那天。

四个月后的 1984 年 3 月份，一名被确认为"阿拉伯人"的持枪歹徒，在光天化日之下在雅典的一条繁忙的大街上杀害了英国使馆官员肯尼思·惠蒂（Kenneth Whitty）和他的一位希腊助理。另有一个自称是利比亚"敢死队"的团伙，叫嚣他们的使命就是"对那些卖国贼和丧家之犬穷追不舍，务必将他们从肉体上统统干掉"。在希腊警察护卫队的保护下，这支"敢死队"穿过了雅典城区。随后，发生了一连串的针对反卡扎菲的利比亚异议人士的暗杀活动，希腊警方有时候会用"解决个人分歧"的字眼将暗杀行动一笔勾销。帕潘德里欧同意雅典的利比亚人民办事处的"外交官"人数可增加到五十人。自此，叙利亚人开始在希腊国土上定期发动针对巴勒斯坦解放组织成员的暗杀活动。另外，阿布·尼达尔恐怖组织（Abu Nidal）还在雅典索洛诺斯大街上创立了阿尔诺尔进出口公司作为组织公司运营的门面，并为整个地中海地区供应武器。[6]

这类事件的组织者均未被逮捕。1983 年，美英两国的情报人员控告一名住在雅典郊外工薪阶层社区的阿拉伯人犯有走私罪，指认他通过奥林匹克航空公司向以色

---

[6] 美国驻希腊大使罗伯特·基利曾给希腊外交部发送了一份机要文件，以抗议阿布·尼达尔恐怖组织。

列偷运液体炸药。调查该案件的那位美国情报员被驱逐出希腊，而涉嫌犯有恐怖主义罪行的阿拉伯人却未被逮捕。[7] 帕潘德里欧称，"民族解放行动"不应被看作恐怖主义。美国里根当局和国际航空运输协会（IATA）花了一年时间，采取秘密外交的方式，试图让这位希腊总理加强雅典机场的安检工作。帕潘德里欧的回应则是给航空公司施压，让其拆除了机场第二道电子显示检测程序。

希腊旅游的神话突然之间破灭：1985 年 6 月，环球航空公司一架从雅典机场飞往贝鲁特的喷气式客机遭到了两名什叶派恐怖分子的劫持。事发前一夜，二人在中转候机室里度过了整晚，据推测，当时他们身上有手枪和手榴弹。我此前一直在苏丹进行非洲饥荒的报道工作，劫机事件发生一天后，我由苏丹飞往雅典。雅典机场仍未配置监控设备。乘客从取走行李直到走出机场，自始至终看不到一个海关官员。几天后，里根当局发布了一项"旅行提示"，警告美国人不要去希腊。此后几个小时内，尽管泛希腊社会主义运动的媒体叫嚣着该公告是一种"挑衅"，但里根的布告发布数个小时之后，机场上就布满了安保警察，这是帕潘德里欧执政后的第一次。

然而，如今一切还是太迟了。成千上万人取消了赴希腊的旅游计划，希腊旅游业因此损失了数亿美元。1985 至 1986 年间，前往希腊的美国游客数量暴跌了 80%。影片《绝不在星期天》四分之一世纪之前开启的希腊旅游黄金时代，如今看来要终结了。

局面随之愈加失控。环球航空公司客机劫持事件发生四个月后，一伙阿拉伯持枪歹徒劫持了一架从雅典机场起飞的埃及航空公司喷气式客机，并改变航线，朝马尔他开去；埃及突击队员突袭了这架客机，六十人丧生。1986 年，雅典至少发生了二十次炸弹袭击，其中四次是由"11 月 17 日"恐怖组织发动的，该组织如今的行刺对象不仅仅包括美国人，希腊政客和商人也难逃厄运。美国军事人员的汽车，还有正在创建中的希腊私营企业办公楼也成为了被攻击的目标。如今，希腊其他一些恐怖组织也加入进来，"11 月 17 日"因此而日益猖獗，这些组织的名字风格独特，

---

[7]　福阿德·侯赛因·萨拉持有约旦护照，希腊当局不久之后要求他离开希腊，到"他想去的"国家去。

像"城市野鹅""反传统民粹派无政府主义者团体"和"反强权革命斗争团",等等。其中,"反强权革命斗争团"还声称组织策划了1987年对希腊一个陆军基地的爆炸活动。

1988年6月28日,威廉·诺迪恩住所外的一个汽车炸弹突然爆炸,这位美国防务官员因此丧生。13天后,在希腊一艘名为"波罗斯岛之城"的渡轮上,阿拉伯恐怖分子发动了袭击,造成游客9死80伤的后果。帕潘德里欧政府发言人索蒂里斯·科斯托普洛斯指责"波罗斯岛之城"渡轮袭击事件是美国搞的一个阴谋,其中一个目的就是想给希腊施加压力,逼迫其签署一份"软"协议,同意美国继续租借希腊土地以部署其军事基地。

同年,希腊政府释放了被判监禁的恐怖主义者奥萨马·阿尔·祖玛。意大利警方怀疑祖马与1982年发生的机枪和手榴弹袭击事件有牵连,那次袭击发生在一个犹太教堂中,导致一名两岁男孩死亡,另有37人受伤。帕潘德里欧政府的司法部长瓦西利斯·罗蒂斯为释放祖玛一事辩称,此次教堂袭击"属于他为祖国重获独立而进行的斗争,因此也暗含了为争取自由而发起的行动"。

"波罗斯岛之城"号渡轮。

至此，西方观察家们察觉到，在泛希腊社会主义运动的强硬左派和这些恐怖组织之间，存在着一种明显的"协同作用"。帕潘德里欧是一个有着无穷个人魅力的人，对希腊人来说，想要解释他的行为动机，政治或意识形态几乎是不被考虑的因素。他们仅仅使用那些最主观的心理学术语来谈论帕潘德里欧。

帕帕普利迪斯是一位保守派政客，在比雷埃夫斯的一次午宴上，他向我解释道："安德里亚斯就像是俄狄浦斯。小时候，他跟母亲的关系非常亲近，而与父亲的抗争则一直延续到成年。顶撞父亲也意味着全面对抗权威。在我看来，因为激进的解放斗争释放出了极大的能量，导致了无序的状态，所以安德里亚斯对此情有独钟，痴迷不已。"

1987年9月13日是希腊南部小镇卡拉马塔地震发生一周年的日子，那次地震共造成20人死亡，逾300人受伤。帕潘德里欧借口公务繁忙，说他没有时间出席纪念仪式。实际情况却是，这位68岁的总理和奥林匹克航空公司的女空乘迪米特拉·利亚尼刚刚开始为期三天的海上之旅。利亚尼头发呈深褐色，极具魅力，年龄还不及帕潘德里欧的一半，而且当时已经与希腊左派革命党的一位高官结婚。

在欧洲大陆，尤其是在希腊这样一个国家，政治领袖包养年轻情妇这样的事实通常不会溅起多大的水花。但帕潘德里欧犯了两桩不可饶恕的罪行。他被发现在希腊全国的一个哀悼日与利亚尼共浴共舞。此外，二人定期在公开场合抛头露面，让他妻子和家人蒙羞。帕潘德里欧还为利亚尼安排了专属于她的电视脱口秀。他公开斥责与他结婚37年、育有4个孩子的妻子玛格丽特，说她"甚至从没给我煮过一个鸡蛋"。他选择了与玛格丽特结婚纪念日那天向外界透露要娶利亚尼为妻的念头，而利亚尼本人也正在闹离婚风波。帕潘德里欧与新未婚妻旅居英国时经历了心脏三重搭桥手术，痊愈后，二人返回国内，泛希腊社会主义运动把"普通民众"组织起来，精心策划了一场声势浩大的"爱戴之情自然爆发"活动。根据希腊国家电视台的播报，泛希腊社会主义运动雇来的群众朝总理的座驾抛洒鲜花，花朵则被车轮碾了个粉碎。

此后，泛希腊社会主义运动的一些报纸逐渐把利亚尼称作"官方情妇"。随着这位前空姐逐渐成为总理的精神伴侣，还出现了对她的个人崇拜。有许多建议称，利亚尼可以仿效贝隆夫人，成为泛希腊社会主义运动下一任领袖。

除了阿根廷政坛，这样的事情也曾发生在 11 世纪的君士坦丁堡。当时，拜占庭皇帝君士坦丁九世迫使其妻子佐伊和元老院签署协议，正式授予情妇斯科拉瑞娜以权力。普塞洛斯这样写道："元老们尽管有些尴尬，但仍对这一协议交口称赞，仿佛这是上帝的旨意。"普塞洛斯所描述的，或许也正是泛希腊社会主义运动的情况。比如，帕潘德里欧的高级助理季米特里斯·马鲁扎斯就曾指出，对总理的婚外情进行任何抨击都是"缺乏虔敬之心"，是"亵渎神灵"的。马鲁扎斯对国民们说，帕潘德里欧的行为富有"男子汉气概"（levantia），作为希腊人应当以此为荣。不愿意受愚弄的希腊人称呼马鲁扎斯为"卧房部长"。

利亚尼事件过后，1988 年的夏末，又出现了"科斯科塔斯丑闻"。乔治·科斯科塔斯是一位银行家，声称曾帮助过帕潘德里欧从国有企业中挪用了两亿多美元的公款，以充实泛希腊社会主义运动的贿赂基金。据称，这些钱被用于收买国内那些对帕潘德里欧不利的报纸；买断帕潘德里欧的第一任妻子、希腊裔美国精神病学家克里斯蒂娜·拉西亚一部敏感书稿的全球版权；为帕潘德里欧提供资金处理他与第二任妻子玛格丽特的离婚事宜；向各类政府官员支付现金。这一丑闻事件还牵扯出了其他秘密。例如，有指控称，希腊情报部门曾窃听过帕潘德里欧政敌的电话；政府高级官员还曾以非法委托的形式收受了数亿美元的贿款，并存入瑞士银行账户，用来为希腊购买 40 架法国幻影战斗机和美国 F-16 战机。几位政府高官被判犯有刑事罪，帕潘德里欧本人也被判犯共谋罪。在一次审判上，帕潘德里欧的支持者举行了示威游行（都是泛希腊社会主义运动组织策划的），他本人也拒绝出庭作证，法庭最终宣告总理无罪。帕潘德里欧称此次对他的指控为一场阴谋，由"黑暗反动势力"和"国外集团"操控，妄图引发希腊政局动荡。

雅典开始流传开一个故事——我强烈怀疑事件的真实性，但不管怎么说，这个故事还是意味颇深的。据说，一位希腊将军带着满满一购物袋的德拉克马（旧时希腊货币）去拜见总理，总价值可达一万美元。这位将军说，送来这些钱是为了表明自己对于"领袖"的忠心。帕潘德里欧并没让该将军落座，只是命令他把钱袋子搁到自己办公桌的桌脚处。随后，这位将军遭到了罢免。这就是东方君主的手腕：这人竟然敢如此侮辱我，那些钱本就应该正正当当地归我所有。

"或许，安德里亚斯·帕潘德里欧领导了希腊唯一成功的法西斯主义政权，"希腊裔美国学者和出版商阿里斯蒂德·卡拉扎斯（Aristide Caratzas）在1990年这样解释说，"无论是约翰·梅塔克萨斯在1936年至1941期间建立的军事政权，还是1967至1974年间的军政府，都无法使民众广泛响应他们的号召，因为他们的政见看起来虚情假意，甚至是荒唐可笑的。相比较而言，帕潘德里欧的处事方式和习惯，让对西方心怀猜忌和欣羡的希腊人感到踏实，觉得自己的生活方式是正当合理的。与墨索里尼极为相似的是，帕潘德里欧成功地成为国家主义 – 民粹主义仇恨心态的化身。他是理想的希腊普通人。他威胁美国，并通过与美国的敌人——卡扎菲和恐怖主义者——称兄道弟而为自己壮胆。帕潘德里欧在公开场合跳传统的希腊舞。他把财富分给那些死心塌地的追随者，以犒赏他们的忠心。甚至就利亚尼事件而言，在希腊这样一个男权社会中，帕潘德里欧的做法也与大众心理有某种共鸣之处。帕潘德里欧展现了一种墨索里尼式的、国民第一情人的形象。他对玛格丽特·钱特的抛弃和羞辱，不仅仅进一步强化了他（也包括希腊）与美国之间的分裂，同时强化了他与希腊男人都极为恐惧的魔鬼般的存在物女权主义的分裂。"

民意调查者迪米特拉斯也赞同这种分析。他说，即使是在帕潘德里欧被控挪用公款、窃听电话后，仍有近40%的选民支持他，这一事实"表明希腊政治显现出一种第三世界风格的——也是拉丁美洲——民粹主义。他们拉帮结派，惧外仇外……"

80年代希腊出现抵制美国的运动也在意料之中。尽管美国曾把希腊从东欧的轨道上拉了回来，在50年代，美国纳税人还捐出了几十亿美元对希腊进行经济援助，用以帮助其摆脱东欧国家那样贫困的命运，然而，许多希腊人却把这一援助解读为美国控制欲的体现。60年代末70年代初，希腊人目睹尼克松当局为手段极其残忍的军政府提供关键性援助。1974年，时任美国国务卿的亨利·基辛格看起来有意鼓励土耳其野蛮入侵塞浦路斯。但是，帕潘德里欧毫无顾忌地操控了民众对美国的这种失望心理，其做法超出了合理的限度，因为无论如何，他都没有理由大肆渲染所谓邪恶的"密谋"或"阴谋"论调,也不应当支持国际恐怖主义。

尼古拉斯·盖奇(Nicholas Gage)曾担任过《纽约时报》的调查记者,还写过《光明之土:希腊印象》和一部关于希腊内战的畅销书《叶莱妮》。1981年帕潘德里欧当选后,盖奇讲述了这位新任总理青年时代的一个故事。

年轻的安德里亚斯和一帮阔气的朋友正在雅典城郊葛利法达一家享有盛名的海鲜饭店用餐。端上来一盘鱼,帕潘德里欧问都没问一句,就夹了最大的一条。这下朋友们不乐意了。于是帕潘德里欧把鱼放回盘中,但放下这条鱼之前,他在上面吐了一口吐沫。于是盖奇抛出了他的问题:如果帕潘德里欧也曾面临不得不放弃对于希腊的控制,他会心甘情愿地撒手,还是先朝希腊的脸上吐一口吐沫?

1989年全国大选前的几个星期,帕潘德里欧给出了他的回答。民调显示,尽管泛希腊社会主义运动仍然有影响力,但看起来却是新民主党正在朝着胜利迈进,而该党派正是由保守派对手康斯坦丁·米佐塔基斯领导的。于是,帕潘德里欧强行让议会通过了一项新选举法。在旧法案中,如果某个政党赢得了多数票,那么在其组建的议会中就能拥有额外席位,此举是为了增强政治稳定性;而新选举法仿照的却是以色列大选办法,纯粹按照得票比例分配席位,因此,任何政党独霸政坛的状况就几乎不可能出现了。跟以色列类似,希腊国内此刻也得至少存在一个角色重要的小党派:仍坚持斯大林主义的希腊共产党。

随后,希腊在一年中折腾出了三次大选。前两次大选中,保守党均胜选,其领先优势与四年前泛希腊社会主义运动获选时分毫不差。但根据新选举法,保守党却无法组建政府。随后,东欧发生剧变,共产主义遭受重创,在这种局面下,保守党领袖米佐塔基斯被迫与立场坚定的共产主义党派谋求缔结联盟以求互帮互助。帕潘德里欧幸灾乐祸地给各部部长下达命令,在政权交接时不许与别的党派合作。于是,公文、与别国签署的条约文件以及公务车统统不见了。1990年4月第三次大选中,保守党以在欧洲最大的多数票优势再次获胜,但在组建的政府中却仅多一席而已。而帕潘德里欧组织了一系列全国性的大罢工,试图推翻新政府。

恐怖主义不断蔓延,国内经济持续恶化。为了给国家官僚机构中泛希腊社会主义运动的坚定支持者提高补贴,创造工作机会,帕潘德里欧在80年代四处举债,这与 70 年代东欧国家领导人竭力举债如出一辙。1989 年，希腊的外债高达 215 亿美元，比匈牙利还多出 65 亿美元，而匈牙利人口总数比希腊略小一些。

我于 1990 年返回希腊时，雅典已经变成了一个城市灾区。希腊媒体把它比作开罗。电话通讯服务在整个西欧是最差的。80 年代中期，帕潘德里欧拒绝了几家西方企业想重建希腊电话网的投标。接连不断的、可信的报道表明，原来是帕潘德里欧把合同许给了一位朋友，此人使用从东德进口的设备，用零打碎敲的方式对系统进行了升级。

与此同时，国际奥委会很快就要进行投票，以选出 1996 年奥运会的主办城市。这一年，现代奥林匹克运动会将迎来它的百年诞辰。古希腊是奥林匹克运动的发源地，雅典又在 1896 年举办了第一届现代奥运会，因此，数年来，希腊赢得此次奥运会主办权的呼声最高。我于 80 年代旅居雅典时，人人都理所当然地认为，雅典将会赢得这次"黄金奥运会"的举办权。然而，恐怖主义横行，国内政权动荡，城市基础设施瘫痪，这一切都令来访的国际奥委会代表们震惊。希腊能否如愿以偿，此时很难下结论。

米佐塔基斯领导的保守党政府风雨飘摇，因此恳求泛希腊社会主义运动和共产党，能否在 1990 年 9 月 18 日，也就是国际奥委会在东京进行的投票日之前不要发动罢工。帕潘德里欧在奥委会投票日的前一天发表演说予以回应，他的话很快就传到了东京。这位希腊前总理冲着广场上的罢工工人们吼道："打倒米佐塔基斯政权！"

国际奥委会最终决定将此次奥运会的举办权交给亚特兰大，消息一出，帕潘德里欧称这一结果为"一次美国式盗窃"。泛希腊社会主义运动 1990 年雅典市长候选人梅利娜·迈尔库里，不满地牢骚："国际奥委会想知道 1996 年雅典的空气污染水平。六年后的事情谁又能预知呢？他们竟然胆敢提出这种问题。这样问的人一定是疯了！"她的这些牢骚话使我回想起《绝不在星期天》这部影片，片中朱尔斯·达辛饰演荷马一角，迈尔库里饰演伊利亚。荷马对伊利亚说的话仍萦绕在我的脑海中：我希望能在她的思想中注入"理智，而非幻想"。

"我们希腊人是最为糟糕的民族，这次奥委会的选择就是证据，上帝也想毁掉我们。"我以前的一位邻居大声对我说。即使帕潘德里欧的那些了解希腊在 80 年代所发生的种种事情的政敌们，也因国际奥委会的决定而伤心万分。第二次世界大战之后，饱受了内战和军事独裁厄运的希腊，终于有望通过"黄金奥运会"而承继其远古时代的辉煌，从而奠定其现代身份。这届奥运会将有望成为希腊历史上具有基准意义的历史性和神秘性时刻。像在古希腊一样，诗歌和音乐竞赛——后来由提奥多拉基斯和哈达吉达克斯这类作曲家推广并流行开来——将与体育赛事同时进行。如果奥运会能够回归希腊，希腊人原本希望恢复奥运会应有的友善、神奇和浪漫，因为数十年来，大企业巨头、商业化和高效能的兴奋剂已经使这一切被削弱。的确，雅典目前处在一种糟糕的状态，但我们都知道，希腊人拥有 philotimo（该词是不可译的，含有在乎自己的荣誉的意思），这种 philotimo 会确保这座城市为奥运会做好准备——哪怕一切都是在最后一刻才准备就绪。迈尔库里的牢骚正是当地民众苦涩情绪的集结。她称亚特兰大为美国的软饮料之都，并指出，国际奥委会"选择了可口可乐，却抛弃了帕提农神庙"。

但国际奥委会自身也并非不明白。由于深厚的历史情感因素，希腊一直是国际奥委会代表们的首选，直到一项调查表明，从安保工作和基础设施建设方面考虑，在所有参与竞争举办奥运会的城市中，雅典是最不合适的——甚至还不如受内战疑云威胁的南斯拉夫首都贝尔格莱德。亚特兰大其实并没有"赢得"举办权，是雅典明显辜负了奥运会的期望。

国际奥委会宣布结果后不到片刻，我就步行穿过雅典城中央的国家花园，来到奥林匹克体育场旧址。这座不大的白色大理石建筑是 1896 年奥运会的举办场所，此时看去，不免让人有些酸楚。我朝体育场内匆匆看了看，眼前几乎浮现出一小群运动员聚集在一起，头戴草帽的妇女和一些来自欧洲的富有的、气质高雅的希腊文化爱好者，一同在为运动员们鼓劲加油的画面，而正是那些希腊文化的爱好者担负着振兴奥运的重任。那时的雅典还是个美丽古雅的小村落，空气中弥漫着静谧的奥斯曼帝国情调。我看向体育场远端的那些急转弯道，参赛者必须得小心才能不扭伤脚踝。我的脑海中闯入了一句话：荣耀只是昙花一现。

我抽回思绪，转身回到现实之中。汽车喷吐着废气，空气中弥漫着浓烈的铅味。由于罢工，垃圾数日不曾得到清理，一只只黑色塑料垃圾袋在灰白的混凝土地面上堆积如山，看起来十分扎眼。对面的公寓楼里烛光闪烁，那是因为正在闹罢工的电力工人切断了电源。工人们的怨气完全合乎情理，但罢工仅仅构成了混乱和社会冲突这个大场景的一部分，这种混乱和冲突如今已经在希腊全面铺展开来，是人们对帕潘德里欧统治的拒绝。对于希腊来说，20世纪是一段不堪回首、裹足不前的历史：数不清的独裁统治、纳粹入侵、内战，紧接着又是一段独裁专政，而最终是帕潘德里欧八年的统治，他不仅摧毁了整个国家的经济，把中东的无政府搬到了家门口，而且喜怒无常地玩弄民主本身的原则。

1990年秋天的希腊，与19世纪早期处在奥斯曼帝国的直接掌控之下时一样，仍然是一个不折不扣的巴尔干国家。希腊简直就是另外一个东欧国家：希腊国民完全不知所措地迈入了一个冷漠的世界，在那里，过往的荣耀和philotimo已经褪色，讲求效率和拼命工作就是一切。

帕潘德里欧当属最与众不同的一位巴尔干幽灵，他虽然是我们同时代的人，却潜入了过去那最为黑暗的深渊：相比红衣主教斯蒂匹纳茨、戈泽·戴尔彻甫或者卡罗尔国王，帕潘德里欧更让人难以猜透。有一幕场景一直刻在我的记忆中：帕潘德里欧站在台上，台下的支持者异常激动，他笔直地伸出手臂，形象如耶稣一般，朝天空怒目而视，简直就是土耳其和美国迫害的永远受害者。正如阿尔巴尼亚极具威权的暴君恩维尔·霍查一样，帕潘德里欧也是一个出身富裕之家的浪子，早年被送往海外留学（霍查曾留学法国），回来之后却厌恶甚至恨不得脱去西方的那一套外衣。与大规模的谋杀者霍查不同，帕潘德里欧本人没有残暴的行为。他尽管公然无视宪法保障，却也没有变成一个独裁者。希腊最令人难以忍受的尖锐的棱角，已被地中海消磨殆尽；在这里，我可以近距离地探寻到某些历史进程的源头，而这些历史进程，在巴尔干半岛的其他地区以及中东国家已经发育成熟。

但是，在1992年，似乎是为了突出希腊货真价实的巴尔干灵魂，马其顿危机爆发。其实，这场危机已经酝酿数年。马其顿问题在希腊现代历史上出现得较晚，因此，它引发的牵动力非常强烈。正如希腊学者埃万耶洛斯·科孚斯所言，希腊曾一度对其东北边界状况十分满意，认为南斯拉夫国内都是斯拉夫人，而不是受压迫的希腊少数民族，而阿尔巴尼亚则有受压迫的希腊少数民族。因此，科孚斯的言下之意是，希腊（不像保加利亚）长期以来都认为已经解决了自身面临的马其顿困境。但当铁托煽动起来的"马其顿"民族主义——受到某种鼓励，要将斯拉夫所属马其顿地区从心理上从保加利亚分离出来——显现出相当大的力量时，希腊感觉受到了威胁。希腊并不介意边境上有"斯拉夫人"或"南塞尔维亚人"，但是"南斯拉夫马其顿人"就让他们感到不舒服，因为希腊自身有一个北部的、与亚历山大大帝相关的省份也叫马其顿。1991年末，南斯拉夫属马其顿脱离南联盟，宣布独立，国名为"马其顿共和国"，希腊举国疯狂。成千上万民众走上萨洛尼卡街头游行抗议，希腊军队被派往边境进行"军事演习"。由于米佐塔基斯的领导班子在议会中仅占微弱多数，且受到泛希腊社会主义运动的频繁攻击，因此，在马其顿问题上，米佐塔基斯也无法轻易打退堂鼓。

然而，希腊也并非无药可救。泛希腊社会主义运动正在经历一场期待已久的改革。在保守派的新民主党内，米佐塔基斯显然将会成为最后一位卡拉曼利斯式的"寡头政治家"。"老派政治"即将终结，希腊最终将迎来改革。民意调查者迪米特拉斯观察到一种"无心政治的，雅皮士式的商业心态"正在年轻人心中生根发芽。

摆在希腊人面前的并无别的选择。雅典、比雷埃夫斯和萨洛尼卡已经沦落为丑陋的、屡遭劫掠的城市，迫切需要现代化革命。比雷埃夫斯空荡的街道死气沉沉，人们推着手推车步履艰难地行进，这一景象仅留存在黑白影片《绝不在星期天》的胶片中。劳伦斯·德雷尔在罗德岛上所住过的小房子，旁边是一棵悬铃木和一个土耳其公墓，现在房子已处在街道旁边，淹没在如病毒般侵占了整条街道的迪斯科舞厅、快餐店的霓虹灯广告牌之中，这些牌子远比麦当劳那打头的"M"标志更难看。希腊群岛上原生态的海滩面积逐年缩小。如果在80年代，希腊政府能有足够的决心，正正经经做点事情，而非采取东方式的抢掠，那么希腊旅游的神话或许就能代代相传。"这个世纪即将谢幕，"利昂·夏基（Leon Sciaky）在写到百年前的萨洛尼卡时有这样一句话，"西方偷偷摸摸地溜了进来，试图用她的奇观来诱惑东方。"

我认为，这一次她或许会成功。

尾　声
通往阿德里安堡之路

"整个下午，我们驱车朝东南方向缓慢行驶，沿途经过了一片该死的陆地。沉闷、炎热的空气压得人喘不过气来，就好像充满了世世代代数不尽的幽灵。" 约翰·里德在穿越色雷斯平原途中如此感慨道。

1990年年底，我自雅典返回萨洛尼卡，随后朝东行进。我搭乘的公共汽车穿过一片了无生机的、烟草叶般棕色的田野，两边的杨树和几近枯萎的夹竹桃树在飞扬的尘埃中挣扎着。玫瑰色的罗多彼山脉位于左侧，砾石凸起，上面覆有斑驳的地衣，山脉的另一边就是保加利亚。爱琴海位于右侧，海水呈现浑浊的淡蓝色。数不尽的陆军部队发出的冲锋和撤退的击鼓声，曾响彻在中间狭长的平原地带。车上的希腊士兵的脖子上戴着硕大的金制拜占庭十字架。收音机里传来一阵小亚细亚风格的旋律，异常嘈杂。德拉马、腓立比、卡瓦拉、克桑西、科莫蒂尼，还有亚历山德鲁波利斯：混凝土广场和霓虹灯组成的抑郁、狂躁之地；似乎与其初衷相反，历史的伟大让其不堪重负，在这些地方，在20世纪最后十年，孩子们仍然要通过死记硬背的方法学习。

行至科莫蒂尼，黑纱覆面的土耳其妇女们飞快地掠过我的车窗。希腊东正教公墓草坪精致，两旁的苍柏犹如卫士一般，公墓对面则是一些破败的清真寺，三面都被高耸的公寓大楼所围困。"土耳其人滚出去！"一面煤渣砖墙上胡乱喷涂的希腊字母赫然在目。

到达亚历山德鲁波利斯后，公共汽车沿着希腊和土耳其国界线埃夫罗斯河朝北行进。我目睹了更多小城的现况，她们的名字曾是那么美丽，如今却满目疮痍：索弗里，还有俄瑞斯提阿斯。从希腊这侧的边界线望去，是一大片绵延数英里的成熟的向日葵，我看到了一连串尖顶的宣礼塔和泡泡状的穹顶：通往遥远印度之路便是

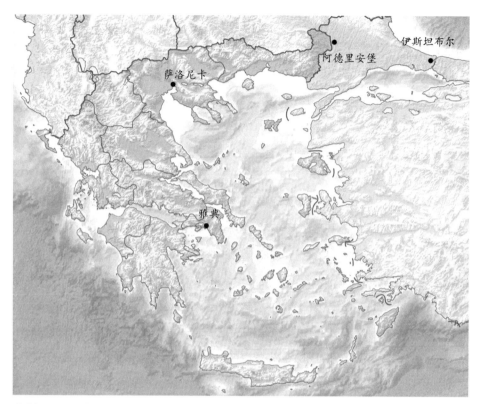

希腊与土耳其,欧洲与亚洲的交汇处。

由一个个灿烂的伊斯兰城市组成,其中第一个就是阿德里安堡(Adrianople,土耳其名称为 Edirne)。没错,我已经抵达了被人遗忘的欧洲大陆的后门。

这里的边防哨所,在鲜红的新月国旗下方悬挂着一幅"加齐"("领导者")褪色的照片,照片里的人是土耳其共和国的创立者、"土耳其之父"穆斯塔法·凯末尔,穿一件黑色晚礼服,浓密的眉毛下一双眼睛低垂,正凝神看向我,一头金发在额上留有发尖,表明他有部分马其顿血统。

"奥斯曼帝国已经湮没于历史长河中。一个崭新的土耳其现在已经诞生,"1922年,"土耳其之父"曾宣称,"国家或有改变,文明却代代传承……自从奥斯曼帝国征服西部并日益骄纵,切断了与欧洲其他部族的联系,它就开始逐渐走向衰落。我们决不会再重蹈其覆辙。""土耳其之父"向其国民保证,土耳其文明目前正"稳步前进……从东方走向西方"。然而,这一行程停滞得太久,至今仍有许多

1924年,"土耳其之父"穆斯塔法·凯末尔在向人群发表演说。

艰难的路要走。我渡过了一条宽宽的河,河水缓慢流淌,桥的正中间矗立着一座大理石砌成的土耳其凉亭,上面刻有阿拉伯语铭文,凉亭下面有一位全副武装、身穿卡其布军装的士兵,他头戴白色钢盔,一动不动。这位士兵的面部表情既自豪又恭顺:他看起来能够做出极其残暴的行为。

阿德里安堡的狭窄街巷在我眼前铺展开来,不论是夏季的酷热和灰尘飞扬,还是冬季的泥泞和瓢泼大雨,都会让来到这里的人们寸步难行。此时我已经深入腹地,便再难以感知爱琴海那柔和的风。我凝神思索着这些路标的含义:

保加利亚,18公里。

希腊,5公里。

伊斯坦布尔,235公里。

1923年,凯末尔和妻子。

阿德里安堡的梅里奇桥,正处于古代东西方贸易路线上。

公元 125 年，罗马皇帝哈德良建了阿德里安堡，这座地处欧亚战略要冲的小城，一直以来都占据着政治舞台的中心位置：它曾数次被十字军围困，之后又成为奥斯曼帝国的第一个国都。由此出发，征服者穆罕默德进军拜占庭帝国，攻陷君士坦丁堡，这个曾是希腊首府的城市自此开始被土耳其人所掌控。在 20 世纪头三十年，阿德里安堡对于新闻记者来说，几乎可称得上最理想的报道之地。1912 年第一次巴尔干战争中，阿德里安堡曾被保加利亚和塞尔维亚军队从奥斯曼土耳其人手中夺取，随后又在 1913 年第二次巴尔干战争中被土耳其人收复，但 1920 年又被入侵的希腊军队攻陷。1922 年，"土耳其之父"的军队重新夺回阿德里安堡之前，厄内斯特·海明威在这里熬过了生命中最为痛苦的一夜，他因身患疟疾而躺在阿德里安堡一张爬满了虱子的床上。关于希腊和土耳其这场冲突的全部痛苦，可以说全部浓缩在海明威描写希腊难民"失魂落魄地行走在雨里"这句话之中。

如今，噩梦重演，海明威作品中的难民形象再现眼前，只不过，这一次的难民换成了土耳其人。1989 年初夏，手段强硬的保加利亚政权，将边界线上逾十万名土耳其少数民族暴力驱逐回本国，这是其最近犯下的最大恶行。"这些混蛋朝我们开枪，还放狗咬我们。"一位难民如此形容，还给我看了她胳膊和腿上的咬痕。[1]

我还去了火车站的难民营。在这里，土耳其政府为难民们提供了预制活动板房、临时学校和新衣服。我举起照相机，三个男学童和一个小姑娘聚了过来。男孩子们打着黑领结，穿着白衬衫；小姑娘则穿着一条黑裙子，领子上还镶有白色蕾丝花边。他们的头发和眼睛都呈最深的褐色。几辆货车停在他们临时的家中间，构成了照片的背景。这些让我拍照的难民孩子就像雕像一般——如此地隐忍，如此地毫无表情，仿佛可以等到永远。

阿德里安堡已经不再处于战略要冲的位置。在世界地图上，该城以其土耳其语名称"埃迪尔内"存在，在讲英语的人听来，这个名字毫无魅力可言。由此可以说，"阿德里安堡"，这个历史上最动人的地名之一，实则已经消亡；遗弃在阁楼上的一张泛黄的照片；一汪微澜的死水。

然而，绝处也有逢生的可能。从建筑的角度上看，阿德里安堡侥幸逃过了现代

---

[1] 参见《土耳其：埃迪尔内默默无闻的死亡》，爱德华·麦克法登，《华尔街日报欧洲版》，1989 年 4 月 3 日。

塞利姆大清真寺穹顶。

发展的擦痕,相对纯粹的建筑风格因此得以留存:鹅卵石小径,室内集市,铺瓦的屋顶,还有若干土耳其最精美的清真寺,是一个如梦似幻的小城。天空映衬下,轮廓最为突出的要数塞利姆大清真寺(Selim's Mosque),该寺也叫塞利姆苏丹清真寺,是由建筑师斯南(Sinan)于1568年设计。在伊斯坦布尔,围绕着圣索菲亚大教堂,斯南曾建造了数个神殿。清真寺的宣礼塔直冲云霄,好似骄傲的将军,俯瞰着寂寞空荡的庭院。黄昏时分,人们涌进穹顶祷告殿虔诚祈祷,《古兰经》的颂歌响彻集市,让人如痴如醉。旅途中,我第一次真切地感受到了伊斯兰教的生命力。对塞尔维亚人、罗马尼亚人、保加利亚人和希腊人的怒火,在这里只是一种记忆。这里人人谦和有礼,怡然自得,气质不俗,我意识到,这是征服者才能享有的优势。土耳其人并不因过往而记仇,因为他们也曾做过压迫者。

"难道我的祖国不就是一个今日的奥斯曼帝国吗?"俄裔作家兼诺贝尔奖得主约瑟夫·布罗茨基问道。他想知道的是,俄国是否也会经历类似奥斯曼土耳其帝国一样的命运。对于布罗茨基来说,自第一次世界大战以来,从东方专制主义的权杖一路向北到达克里姆林宫之后,土耳其就成为一片被过去"洗劫一空"的土地,如今只能存在于"低劣的现在"之中。尽管布罗茨基未曾再做更进一步的对比,奥斯曼帝国和苏维埃帝国的衰亡之间的相似之处却是令人震惊的。1876 至 1909 年土耳其苏丹阿卜杜勒·哈密德在执政初期,像尼基塔·赫鲁晓夫一样,是一个谨慎的改革者。但跟列昂尼德·勃列日涅夫一样,他很快辞去职位,躲藏在旧的恐怖之墙壁之后,又坚持了二三十年(随后发生的事情证明,这一时段非常关键)的统治。如勃列日涅夫的核心圈子一样,阿卜杜勒·哈密德的精英分子密谋策划,使社会按照他们的意图过渡转变。像米哈伊尔·戈尔巴乔夫及其支持者一样,恩维尔帕夏和青年土耳其人发动了一场自上至下的改革,希望通过激进的自由化,以一种松散的形式保持帝国不变。但是,他们的这一计划,远远抵挡不住那些被土耳其奴役的人民要求完全独立的声音;也抵挡不住人们的恐惧,这些人要求遁回过去而不是走向未来。青年土耳其人革命终于使青年土耳其人自身变得无足轻重。因此,必须有一位新人走上前来,他就是:"土耳其之父"。

根据其传记作家金罗斯勋爵的描述,"土耳其之父"有一个远见,即"建设一个崭新(并现代化)的土耳其

塞利姆大清真寺。

国,需要把细枝末条上的溃烂之处用刀割掉,从而以一种敦实健壮的体魄,在先辈们打好的地基上浴血重生"。

不论何人,要想带领俄国走出混乱无序的现状,都必须成为"土耳其之父"这种类型的人:他是对这种混乱无序的一种回应,但是他也意识到,核心的民族已经把太多的资源用来维系帝国的统一与完整,因而不得不把整整一个时代或许是一个世纪的时间,用在追赶世界这个单调的任务上。

在1918年奥斯曼帝国瓦解之前,对外交家和记者们来说,土耳其语曾经是一门重要的外语。可令人诧异的是,在随后极其短暂的一段时间之内,它就变成了一门生僻的语言。随着世界迈入新时代,政治逐渐隐匿于经贸之争背后,俄语是否也会步土耳其语之后尘,成为生僻的语言?

东方专制主义及衰败的毒汁,自拜占庭始,后经土耳其苏丹至俄国,一直在渗漏,是否最终也会耗尽呢?

我有此预感。在这里,在这世界的一隅,它的崩塌为整个20世纪开启了恐怖的方向,我一路上遇到的人们至今仍然没有多少乐观的情绪;而在以后的日子里,这种乐观的情绪是非有不可的。目睹南斯拉夫的剧烈崩溃,并确信其他巴尔干国家必将会继续出现动荡,我想起了莎士比亚剧本《约翰王》中的一句话:"如此阴郁天气,必得有一场暴风雨才能晴朗起来。"冲突不已的民族历史,死而不僵的冷战传统又来火上浇油,使得巴尔干半岛的天空如此阴郁,所以,很不幸,此时需要有一场暴风雨来冲刷巴尔干上空的阴霾。

但愿暴风雨能够使天空晴朗起来。

我感到疲惫不堪:除了纯粹个人的和物质方面的基本追求,我不想再追逐什么所谓的梦想了。尽管人们始终都有为自己和子女创造更好生活的动力,然而,他们看起来却从未如此坚定地要去——而且,从政治上也有可能——实现这一目标,而且绝不肯退而求其次。终于,启蒙运动的浪潮开始攻破这些饱受蹂躏国家的大门。一个更好的时代必将到来。

作者报刊评论集萃

（这些评论本在正文之前，中译本调整到正文之后）

下面的评论文章发表在《华盛顿邮报》和《纽约时报》上。第一篇发表于《代顿和平协议》(Dayton Peace Accords)实施之后，第二篇发表于为针对塞尔维亚的科索沃战争而进行的外交舆论造势期间，第三篇发表于战争期间，其时局势对西方似乎不妙，第四篇发表于战争结束之时，本书也正遭受批评，第五篇发表于塞尔维亚独裁者斯洛博丹·米洛舍维奇被以自由选举的方式剥夺权力的当天。

"现在就抓住那些坏蛋"

《华盛顿邮报》，1996年7月10日

克林顿总统面临着这样的一个选择：要么他现在就命令北约军队逮捕波斯尼亚主要的战争罪犯，要么他就得在今年晚些时候由于羞愧而不得不这样做。这是一个典型的总统的决定，这类决定只有他，且仅有他本人才能做出：在我们力图实施的政策这个情势下，这个决定具有极大的象征意义，以至于其重要性超出了它的象征意义。

在人身安全遭到恐吓，缺少行动自由，难民无法回家的氛围中进行选举本身就是成问题的；但在主要的、几乎被宣判有罪的战争罪犯仍然保持有效的政治权力的时候进行选举，在实际上就等于把民主当作工具，意图使发动战争的罪恶与民族分裂合法化。如果让拉多万·卡拉季奇（Radovan Karadzic）、拉特科·姆拉迪奇（Ratko Mladic）及其同伙逍遥法外，那么，北约军队就不得不满足于充当民族分裂的警察，沿着一条民族问题的柏林墙进行巡逻。

这一次的无所作为实在是人们再熟悉不过的事情了。克林顿、国际社会和美国军队应对这一最新的挑战的方式，与他们应对1995年7月之前北约轰炸问题的方式简直如出一辙。克林顿喜欢逃避做出艰难的选择。国际社会这一次以卡尔·比尔德特（Carl Bildt）为代表，又在故伎重演，进行半真半假的恐吓，其结果也不过是几天后就偃旗息鼓而已。比尔德特扬言再度对塞尔维亚人进行制裁，却很快就撤回恐吓，神秘地令人想起联合国扬言对塞尔维亚人所做的采取严厉手段的虚假恐吓。至于美国军方，它并没有斟酌逮捕卡拉季奇和姆拉迪奇的可能遇到的危险，而只是巧妙地越出了顾问的角色，积极地为不采取行动而游说——一直以来，它对使用空中打击也是这样的态度。

即便在声称追捕坏蛋极为危险时，军方仍然告诉记者们说，它已经将"坏蛋们困在了笼子里"。然而，如果塞尔维亚人的势力被遏制，而事实这正是如此（否则军事行动就只能说是失败的），那么，关押人质以及塞尔维亚人因卡拉季奇和姆拉迪奇被捕而进行报复的危险，要小于1992年到1995年间塞尔维亚人各派享有更大的流动性时空中打击带来的危险。

军事专家与区域专家极为相似，与地面上千头万绪的事实的关系都过于密切，以至于胶着于事实而难以有所作为。与此同时，比尔德特之流的欧洲官员已经安于胆怯如鼠、小心翼翼的状态，习惯了让美国做出关键性的决策。如果我们的地面武装不对卡拉季奇和姆拉迪奇采取任何措施的话，我们就没有权力指责比尔德特的缺陷。

克林顿也无法做到两全其美。如果他想要因一场重要的选举而获得荣耀的话，那么，他至少应当逮捕那些军阀，他们即将通过投票选举制度而得到合法地位。总统要么取消选举，要么逮捕那些坏蛋。我曾撰文反对在巴尔干的这场选举。然而，既然总统致力于促成选举，他就必须采取行动。如果他现在就这样去做，他将因其在对外事务方面的果断而得到赞扬；如果他在此后的某个时间才这样做，并同时承担所有的后果，那么，他所获得的赞扬将会大打折扣。

巴尔干亟待做出的艰难决策太多，但比起1995年进行空中打击的命令，这个决策容易得多。与那时不同，我们现在是在巴尔干部署战力。另外，北约也不是联合国。现在我们面临的不是塞尔维亚人的军事突围，这是北约军队可以轻易粉碎的；闪电式逮捕一小撮人，会像空中打击一样，更有可能不仅震慑塞尔维亚人的武装，还会震慑其他群体。这一状况会使事态向更有利的方向发展。

1995年年中，一些邪恶的人利用历史条件限定，又因80年代南斯拉夫经济萎缩而恶化的不和谐的民族气候，趁美国对自己的责任认识混乱的时刻，蓄意发动了一场战争。但是现在我们的责任是清楚的：稳定波斯尼亚的局势与重新组织北约，这两项目标是密不可分的，因为波斯尼亚是北约部署作战力量的唯一地方。而且，追捕坏蛋或破坏性极强的恐怖分子，正是北约——如果它还想继续发挥作用的话——应当努力去做的一类事情，因为在21世纪，常规的威胁减少而非常规的威胁则不断增加。

在充满旧的、常见的威胁的世界和充满新的、不常见的威胁的世界之间，波斯尼亚构成了一座桥梁。因此，通过坚持选举，克林顿总统使得逮捕卡拉季奇和姆拉迪奇成为促使北约成功转型的一个重要环节。道德考虑与国家安全利益很少结合得如此之好。

"为什么对待巴尔干各国不能拘泥于道德说教？"

《华盛顿邮报》，1999年2月28日

几年以前，我曾参加过一个会议，知识分子们洋洋得意地谈论美国在巴尔干的道德责任。他们在讨论的过程中谈到了大屠杀和人本主义的哲学家。会上的一切都给人留下了深刻的印象。会后我乘坐出租车返回了机场，出租车司机问我，"要是这里没有石油，那么我们还会在乎这里的什么东西？"

这是一个那些知识分子从来没有回答的问题。克林顿当局尽管一直在尝试（迄今尚未成功）如何达成一份有关科索沃的协定，从而在前南斯拉夫地区派遣更多的美国地面部队，却也未能充分地回答这一问题。具有讽刺意味的是，关于我们为什么在巴尔干的原因，的确存在着一个很好的答案——一个尽管有些复杂却是合理的答案，而且该答案与大屠杀和道德都没有关系。

最近几年来，对于前南斯拉夫，存在着两种不同的看法：一种是陈义极高的理智性看法；一种是求真务实的看法，知道美国公众能够忍耐的限度所在。克林顿执掌的白宫由于其民主党想讨好知识分子的典型缺陷，一直在这两种观念之间摇摆不定。在科索沃问题上，其结果则是，充满道德说教气息的恫吓在先，犹疑不决和无所作为在后。

理智性看法的思路可能是这样的：

波斯尼亚的战争与其说是源于民族仇恨，不如说是源于邪恶的人，而且本应该随时可以被终止。事实上，萨拉热窝的穆斯林和基督徒已经拥有长久的和平共处的历史。既有为波斯尼亚而战的塞尔维亚人，也有为塞尔维亚而战的波斯尼亚人。各种矛盾和具有讽刺意味的情况层出不穷，因此，把发生在前南斯拉夫地区的战斗归结为部落战争，无异于贬低参战人员的人性。另外，考虑到大屠杀这一遗产的存在，西方社会尤其有责任阻止在欧洲再发生种族灭绝事件。如果不是这样，第二次世界大战和冷战的意义何在？

之所以会有这样的看法，部分原因是由于这一事实的存在：婴儿潮时期出生的很多人在成长的过程中接受了这样一种错误的观念，即第二次世界大战的目的是为了拯救犹太人——或者说，发动二战理当如此。但是，为拯救犹太人而牺牲美国大兵的性命，这个理由恐怕让决定参战的罗斯福当局连一个礼拜也支撑不下去。真实的情况是，日本人轰炸了珍珠港，纳粹也向我们宣战——只是到那时我们才决定参战。硬要把我们在巴尔干的任务说成是一种道义的任务，这种思路尽管从感情上说很让人陶醉，却部分地是错误的，因而是不着边际的。近几年来，关于我们在这个地区的道义上的利益，人们议论纷纷，连篇累牍地发表自己的高见，但这样的千言万语也抵不上关乎国家利益的一句话。

毫无疑问，如果你仔细考察波斯尼亚，或考察高加索、卢旺达和其他地方，你就会发现，除了民族的争端，还有许多因素在发生作用。但这并不意味着那些战争的民族性质就可以忽略不计。每一场战争都充满了令人难以想象的细节。尽管如此，概括归纳仍是必要的，否则讨论就无法开展。明确的政策只能源自于言简意赅的总结，而不是充满学究气的条分缕析。

事实是，在这个十年中，在前南斯拉夫地区发生了一场大规模的战争，而且，无可辩驳的是，这场战争是沿着民族的阵线展开的——这些阵线都有着漫长而丰富的历史。当然，如果美国行动更为果断一些，则战争可能结束得更快一些。美国为什么没有这样做，在科索沃也仍然没有这样做，其原因之一是，克林顿当局和知识分子阶层都没有能够很好地、以一种清晰透彻的方式表述国家利益，从而让众多的普通美国人马上就能够理解问题之所在——像我乘坐那辆出租车的司机那样的人，对于吹毛求疵的外交政策的讨论，是无动于衷的。

当时担任国务卿的詹姆斯·贝克说，海湾战争"关系到就业岗位"，媒体还曾经嘲弄过他。但是，贝克很好地表述了派遣美国军队踏上危险之地的理由，比克林顿当局在科索沃问题上的表现要漂亮得多。如果我们的军队在海湾战争中死亡更多一点的话，民众就会向布什当局进行抗议。如果明天在一场恐怖主义的爆炸中有二十名士兵死亡的话，克林顿当局就不得不，通常是无中生有地，编造出某种国家利益，充当派兵到那里的理由。

在这一点上，美国对外政策的历史是无可置疑的：道德的理由有时候足以使美国向外国派兵,但是,一旦美国军队开始出现人员的伤亡,就需要有一个不受道德原则约束的自身利益来充当驻军国外的理由。不妨看一下索马里的情况:美国民众大都赞成美国出兵干预,从而为遭受饥饿的人们提供食物,但是,一旦美国士兵开始出现伤亡,他们就希望军队返回美国,这是因为美国的国家利益并没有得到清晰的表述。

我们在波斯尼亚派驻地面部队迄今已有三年,而且,在未来的数年中,很可能我们还将在这一地区继续驻军,因此,假定美国军队在这一地区终将会出现伤亡,也是合乎情理的。美国民众必须能够容忍这些伤亡。否则,美国军队就会受到很大束缚,以至于丧失其所有的荣誉——这若不是发生在波斯尼亚,则必定发生在科索沃。如果不能充分地阐述不受道德原则约束的自我利益,从而很好地充当美国派兵踏足危险地带的理由,那么,现任当局就是在拿这样一种希望赌博:希望永远不会发生任何伤亡。

眼下,巴尔干面临两个选择:扩张主义或混乱无序。要制止暴力,我们基本上只能像该地区的大国一直所做的那样:充当平息各种势力的征服者。许多人渴求的那类道德解决方法,古罗马人和奥地利哈布斯堡王朝都擅长提供,其动力是领土的扩张,谋求的是自身经济的富裕、战略位置或荣耀。在西方联盟内部,我们可以说有大量的类似于劳工律师的人存在,调停各方之间的纠纷,从而使敏感地带的一切都相当清晰,没有任何人想杀死一个美国士兵。因为如果那样的事情发生的话,我们所谓的政策把戏就会暴露无遗。对巴尔干所要采取的道德的解决方法,与世界历史上大多数道德的方法一样,只能由不受道德约束的利益来提供。并且,我认为,这种利益是存在的。

第一次和第二次世界大战都有可能早一点结束,从而拯救无数的生命,节省数以百万计的金钱。波斯尼亚的情况也是这样,从而使我们省却往那里派驻地面部队的危险和开支。如果以金钱和我们的士兵的性命来计算,在科索沃发生的暴力可能导致更为昂贵的代价:你瞧,处在欧洲与中东交接处的科索沃,不偏不倚,恰好落在了一个极为动荡而又极为重要的地区的中间。事实上,欧洲正在沿着具有历史意义的和文化的阵线发生再度分化。像第一次世界大战之前一样,危险的新的联盟正在形成。阻止这些联盟的形成意味着平息科索沃的局势。

xxii

波兰、捷克共和国和匈牙利被吸纳入北约之后，现已出现了两个欧洲：西部天主教－基督教的欧洲和东正教的欧洲，后者较为贫穷，政治上更为动荡，充斥着更多的有组织的犯罪行为。东正教地区一直被排斥在北约之外，怨气日渐增大，强烈反对伊斯兰教。希腊和土耳其都通过导弹制导系统的孔眼来严密监视对方的行动，双方分别属于一个不断变动而危险的新的文化联盟。点燃巴尔干和中东仇恨的阵地战争，并非不可能发生。亲希腊、亲塞尔维亚的俄国，既多非理性，又充斥着管理松散的核武器。该国有可能卷入任何冲突之中。希腊仍然是北约的成员国，这没错，但是，如果巴尔干的安全局势恶化，那么，它就有可能进一步被拉进这个未得到承认——心理上却真实——的东正教的联盟之中。

当然，这类危险目前还是假定性的——就像两次世界大战前的许多危险一样。就让我们平息科索沃的流血事件，让这类危险停留在假定的状态吧。

如果这里的战火持续下去的话，相邻的马其顿就很有可能产生动荡，因为这里正是希腊东正教和土耳其伊斯兰教古老战场的废墟。科索沃之所以重要，还有更大的原因。要治愈欧洲正在出现的分裂——这种分裂要比冷战造成的分裂更为严重，因为它是建立在宗教与文化的基础上——就意味着至少又要把另外一个东正教的国家（如罗马尼亚或保加利亚）纳入到北约中来。但只要科索沃的暴力冲突没有停止，那就是不可能的事情。事实上，科索沃的战火从地理上阻碍了保加利亚，因为保加利亚的大部分贸易要经由陆路，穿越南斯拉夫南部地区。更为糟糕的是，罗马尼亚和保加利亚都要应对俄罗斯支持的犯罪团体的突然袭击。罗马尼亚和保加利亚的精英们正在思考应该与美国人还是俄罗斯人联手，就看哪一方在该地区具有更大的耐力。

由于中东局势越来越脆弱，为保护里海的石油，我们需要在巴尔干拥有基地和飞越权。但是，如果俄罗斯人通过违法的秘密行动再度控制了欧洲的东南部，那么，我们在未来就不会拥有这些基地。最后，如果我们告诉我们的欧洲同盟，让他们独自在科索沃行动，那么，我们就直接跟我们的西方盟友吻别好了。

还可以说，零星的小规模的战争和占领行为，对于我们是有益的。它们能够帮助我们的军队和北约获得经验，锻炼应对未来的任何重大事件所需要的技能（艾森豪威尔在20世纪30年代占领菲律宾期间，通过帮助其军队进行组织，锻炼了他的分析能力，正好在第二次世界大战中发挥了作用）。如果不是由于红军在欧洲的存在，北约各国各种分散的部队肯定已经获得了协同作战的共同记忆，或者这一联盟早已解散。北约仍然具有重要的作用，因为欧洲及其周边不如许多人所想的那么安全。另外，我们并没有独自承受波斯尼亚和科索沃的重负；我们是在与我们的盟友共同承担。后冷战时代的战争之所以要注重多边运作，恰恰是因为进行干预的理由虽然存在，但对任何一种势力来说，这些理由都不具备足够的说服力。

克林顿总统、玛德琳·奥尔布赖特国务卿和联合国候任代表理查德·霍尔布鲁克都是非常善于交流的人，因而我相信，他们能够对这些道理进行浓缩，并以一种通俗易懂而又简明扼要的方式表达出来。但是，仅仅对精英群体进行讲述和写作，是不够的。他们必须通过大众传媒对普通美国人一再地进行讲述。因为当军队开始遭受伤亡的时候，不仅仅是负责决策的精英阶层，举国上下都会参与进来。这比海湾战争的理由复杂得多。在外交问题上，道德的理由远不足以达成道德的目的。

"在巴尔干，没有战争是'地方性的'"

《纽约时报》，1997年4月7日

在科索沃发生的人道主义的噩梦，足以成为北约参与前南斯拉夫事务的理由，但对于美国来说，这还关系到重要的战略利益。这些利益为北约提供了足够的理由，可以采取任何措施去打败塞尔维亚，包括使用地面部队，因为这无异于欧洲的未来形貌正在被重新塑造。

1989年，伴随着柏林墙的倒塌，就在欧洲的东西裂缝被弥合的时候，新的裂缝立刻就开始形成：这便是中部欧洲与巴尔干之间的分裂。甚至在1991年南斯拉夫的战争爆发之前，就走向稳定的、民主的治理而言，中欧的波兰、匈牙利和捷克斯洛伐克等国，已经远远地超出了罗马尼亚、保加利亚等巴尔干国家。

属于前《华沙条约》的北部国家拥有几个优势：它们是哈布斯堡帝国传统的继承者，在第二次世界大战和共产主义统治之前，它们就有了数量相当可观的中产阶层。巴尔干诸国则背负着拜占庭和土耳其专制制度的重负，而且，即便是在共产主义接管之前，其中产阶级也不过是置身于农民之汪洋大海中的几个斑点而已。

波兰、捷克和匈牙利获准加入北约，使得欧洲这一危险的历史和宗教的再分裂呈现出正式化的倾向：罗马天主教的、新教的西部与东正教的、伊斯兰教的东部之间的对峙。

斯洛博丹·米洛舍维奇在科索沃发动的战役，送给了西部一个逆转这一过程的机会。北约如果能够获得一场实实在在的胜利，不仅能够给科索沃人以保护，并且一举击败作为该地区的军事威胁的塞尔维亚，将极大地推进欧洲的稳定。

这是因为目前战火的直接影响，远在属于前南斯拉夫的国家之外就能感受得到，而这不过才占半岛地区三分之一的面积。巴尔干三个重要的国家——罗马尼亚、保加利亚和希腊——尽管没有受到涌入阿尔巴尼亚和马其顿的难民潮的直接影响，却仍处在政治命运的关键点上。

罗马尼亚是巴尔干最大的、人口最多的国家，在这里，信仰东正教的多数人与占少数的匈牙利人维持着脆弱的和平，后者的信仰混杂着天主教和新教的成分，居住在特兰西瓦尼亚的西北地区。考虑到在本世纪的进程中每一方都曾占领过对方的地盘这个事实，这一相对的平静是一个极为重要的成就。

然而，由于农村缺少现代化，设在布加勒斯特的内阁混乱无序，经济改革缓慢，投资者信心逐渐受到侵蚀，罗马尼亚社会的和平受到了威胁。在罗马尼亚，只有军队得到了很好的管理。尽管罗马尼亚人是东正教教徒，但对于长达数十年的冷战岁月的可怕记忆，让他们对加入北约充满迫切的渴望，而这将使军队离开政治，阻止民族主义政客，为精英阶层迈向良好的政治管理注入能量。

保加利亚也是如此。在这里，民主选举出来的内阁在勇敢地进行经济改革，但不得不忍受与俄罗斯企业和黑帮有着种种联系的犯罪团体的困扰。这些团体就像是国中之国，控制着大部分的经济，包括银行、汽车保险和能源企业、旅游企业和农业出口。这些团体给政府施加了巨大的压力，有效地把该国推进了俄罗斯的势力范围之内。

保加利亚的精英阶层想予以回击，但又有足够的理由害怕，由于科索沃和马其顿的不稳定，保加利亚将被阻挡在巴尔干半岛的远端，遭到北约的拒绝，并从中欧分离出去。如果西方不能够使这一地区保持稳定，那么，保加利亚的精英阶层出于自保，就不得不与亲俄的犯罪分子进行交易。

希腊是在巴尔干被误解最严重的国家。西方要求希腊与联盟的其他成员国的行为完全一致，因为它是中产阶级的，而且是北约的成员国。但是，它做不到，因为它地处巴尔干，必须根据其地理位置来调整其对外政策。希腊人知道，北约部队撤走之后，他们还是要长久地和塞尔维亚人比邻而居。

另外，在长达几个世纪的土耳其人占据时期，希腊人得到了塞尔维亚和俄罗斯的东正教的支持——这是一个有着深远的效果的历史事实。而且，由于从未经历过苏联的占领和共产主义，希腊人对俄罗斯有着某种浪漫的依恋之情，而这种情感在罗马尼亚甚至保加利亚是不存在的。

如果考虑到希腊政府所遭受的左右派的政治压力，可以说它正在竭尽全力支持美国。但是，如果塞尔维亚人羞辱北约的话，希腊人将根据自身利益而采取行动：他们与北约的联系将降低到正式场合下装装样子的状态，尽管他们可能对这一事实本身进行否认，并悄悄地强化与他们在莫斯科和贝尔格莱德的东正教教友的联系。尽管希腊作为北约成员国的身份已经长达47年，我们仍然有可能失去希腊。

良心的叮求无助于保持希腊在北约的位置，无论是把它作为事实上的还是作为法律上的成员国，也同样无助于阻止罗马尼亚和保加利亚滑向俄罗斯的势力范围。现在最迫切需要的绝不是别的，而就是北约的一场完完全全的军事胜利。事实上，尽管希腊人和马其顿的斯拉夫人相互看不起，但作为东正教徒，他们却对信仰伊斯兰教的科索沃人同持蔑视的态度。很难指望这一地区有人对伊斯兰教难民持同情的态度，周边国家已经因政府不得力和失业率居高不下而被压得喘不过气来，难民的涌入进一步干扰了原本就极其脆弱的宗教和民族的平衡。

因此，如果轰炸战不能奏效，北约也放弃在谈判桌上的努力的话，欧洲就会被阻止在中世纪就已形成的阵线之外，结果是，新扩充的北约不过是古老的神圣罗马帝国——就是说，是基督教的西方——的一个变体而已，而在古老的奥斯曼土耳其帝国活动的区域则出现了近东（the Near East）地区，其范围大致是自塞尔维亚和克罗地亚的边界起，到作为少数民族的匈牙利人与罗马尼亚人在特兰西瓦尼亚的交接线为止的地带。

1834年，从哈布斯堡帝国进入塞尔维亚的英国游记作家亚历山大·金莱克（Alexander Kinglake）这样说："我仿佛来到了这个驱车便到的欧洲的尽头，此刻，我便可以亲眼目睹东方的辉煌与毁灭了。"东西方之间的这同一条分界线将重新出现，除非用空中和地面部队粉碎米洛舍维奇先生的统治，在科索沃和马其顿建立北约的摄政政体。只有西方的帝国主义——尽管很少有人愿意这样称呼它——才能够使欧洲统一起来，并且避免使巴尔干产生混乱。

"解读过度"

《纽约时报》，1999年6月13日 | 阿什哈巴德，土库曼斯坦

我凭个人的经验知道，一本书可以拥有巨大的威力，也可以非常危险。1989年和1990年，我写了一本名为《巴尔干两千年》的游记，记录了我80年代旅居希腊时游历巴尔干半岛的见闻。1993年，南斯拉夫的战争爆发之后，该书就被当作反对美国干预的借口。据说，克林顿总统阅读了这本书，并据此推断，这个地区的各族人民从未享受过长久的和平生活。

如果我像别人一样反对干预的话，这类报道是不会让我感觉烦恼的。但不幸的是——我和别人不一样。从1992年末直到现在（直到眼下我写下这些文字的时刻），我一直是一个毫不含糊的、敢于在公众面前亮明自己观点的干预主义者：关于这一点，任何人只要是询问我，或是注意我在《巴尔干两千年》出版之后在电视上所说的话，都会清楚地明白。

因为，读者也有其责任。目前，我不知道克林顿总统读了什么，没读什么，也不知道什么因素影响了他在巴尔干问题上的决定。但是，一般说来，一个总统必须透过国家利益这个过滤器，来分析他所阅读的关于世界上遥远的地方的任何东西。一个总统决定进行干预，不应当出于同情或厌恶，也不应当因为一个地区的历史有趣或令人厌恶。

他之所以进行干预，只是因为他的国家从中获益：不论是战略上，或是道义上，或是兼而有之。因而，如果一个人支持对一个有着苦难历史的地方进行干预，那么，他至少应当保持清醒，比如，对于塞尔维亚人将如何做出反应，他至少不应当有幻想。

书籍，尤其是游记类书籍，误读的可能性小于误用的可能性。这是因为游记作家被要求记录他对于游历之时当地实际存在的状况——人们对他说了些什么，说话的情景如何——的印象，而不是理想主义者坚持让他去发现的东西。

因为游记作家所写的可能令人感到沮丧，所以他的报道对于那些有孤立主义

倾向的人有益，这些人对于来自外国的挑战往往视而不见。而且，不可否认的是，1993年的克林顿总统，正关注美国社会，因而对美国在世界上的位置则较少着意。

当读者对语境缺少了解的时候，书籍就会被误用。读任何领域的第一本书，你都会感到难以招架；但若读到第十本，你就慢慢形成自己的观点，并能对它所有回应，摆正该书的位置。例如，在一个孤独的自修者或一个性格孤僻的人手里，尼采是一个危险的哲学家；但在一个博览群书、酷爱哲学的人手里，尼采就会令人受益颇多。马基雅维利和其他哲学家也是这样。

但是，因为很多读者都对语境缺少了解，所以，作者就有责任在书的开始部分向读者介绍语境——尤其是政策语境。这是我在《巴尔干两千年》中没有做到的，因为我从没有想象到，该书在几近销声匿迹的时刻，竟然被当作一本决策的小册子来读。

但还存在着另外一个问题——那便是把每一本书都当作政治读物的倾向，而说到这里，我们只好回头再谈读者的责任。像其他作家一样，我同时戴着几顶帽子——写这本书时，我就既是游记作家，又是外交事务分析师。我明白，旅游经历是一回事，数年后的军事决策则是另外一回事。太多的评论者在读了他人对某一个地方的描述之后，会情不自禁地认为这种描述是否"通达的""不开明的""宿命论的""人本主义的""干预主义的"或"非干预主义的"，而真正的问题却应当是：这些人物和描写生动吗？读者被强烈吸引以至于急切地想读下一页了吗？作者的描述吊起了读者的兴趣以至于想读其他同类的书了吗？以及诸如此类的问题。游记是讲故事的书，而不是政策指导书。

求真务实的人是颇谙此道的。他们不必因为要采取行动而把一个地区、民族或其历史理想化，因此他们没有必要透过他们的意愿这个过滤器去看一本书：不管是1993年的总统想从中寻求袖手旁观的借口，还是1999年的他想从中获得有所企图的灵感。

参考文献

Aksan, Akil. *Quotations from Mustafa Kemal Ataturk.* Ankara, Turkey: Ministry of Foreign Affairs, 1982.

Alexander, Stella. *The Triple Myth: A Life of Archbishop Alojzije Stepinac.* Boulder, Colorado, and New York: East European Monographs and Columbia University Press, 1987.

Ambler, Eric. *Judgement on Deltchev.* London: Hodder & Stoughton, 1951.

—. *The Mask of Dimitrios.* London: Hodder & Stoughton, 1939.

Andrews, Kevin. *The Flight of Ikaros: Travels in Greece During a Civil War.* Boston: Houghton Mifflin, 1959.

Antoljak, Stjepan. *Samuel and His State.* Skopje, Yugoslavia: Macedonian Review Editions, 1985.

Attwater, Donald. *The Penguin Dictionary of Saints.* Harmondsworth, England: Penguin Books, 1965.

Averoff-Tossizza, Evangelos. *By Fire and Axe: The Communist Party and the Civil War in Greece, 1944-49.* New Rochelle, New York: Caratzas Brothers, 1978.

Bassett, Richard. *The Austrians: Strange Tales from the Vienna Woods.* London: Faber & Faber, 1988.

—. *A Guide to Central Europe.* New York: Viking Penguin, 1987.

—. "Siebenburgen Besieged." *Spectator*, September 8, 1984.

Belgrade Cultural Centre. (Special edition to mark the fortieth anniversary of the city's liberation.) Belgrade, Yugoslavia, 1984.

Bellow, Saul. *The Deans December.* New York: Harper & Row, 1982.

Bischof, Henrik. *Wirtschafts—Und Systemknse in Rumanien.* Bonn: Friedrich Ebert Stifftung, 1987.

Brodsky, Joseph. "Flight from Byzantium." *New Yorker*, October 28, 1985.

Burchett, Wilfred. *At the Barricades.* New York: Times Books, 1981.

Byron, Robert. *The Byzantine Achievement.* London: Routledge & Sons, 1929.

—. *The Station: Athos, Treasures and Men.* New York: Alfred A. Knopf, 1949 (first published in 1926).

Canetti, Elias. *Crowds and Power.* (Translated from the German by Carol Stewart.) London: Victor Gollancz, 1962.

Cavarnos, Constantine. *Orthodox Iconography.* Belmont, Massachusetts: Institute for Byzantine and Modern Greek Studies, 1977.

Clogg, Richard. *A Short History of Modern Greece.* Cambridge, England: Cambridge University Press, 1979.

Conrad, Joseph. *Under Western Eyes.* New York: Harper & Brothers, 1911.

Corneanu, Nicolae. *The Romanian Church in Northwestern Romania Under the Horthy Scourge.* Bucharest: The Bible and Mission Institute of the Romanian Orthodox Church, 1986.

Craig, Gordon A. *Germany: 1866-1945.* Oxford, England: Oxford University Press, 1981.

Cullen, Robert. "Report from Romania: Down with the Tyrant." *New Yorker*, April 2, 1990.

Djilas, Milovan. *Conversations with Stalin.* New York: Harcourt, Brace & World, 1962.

—. *Rise and Fall.* New York: Harcourt Brace Jovanovich, 1985.

Doder, Dusko. "Albania Opens the Door." *National Geographic*, Washington, July 1992.

Dragut, Vasile. *La Peinture Murale de La Moldavie.* Bucharest: Editions Meridiane, 1983.

Dryansky, G. Y. "Goodbye Romania." *Conde Nast Traveler*, April 1989.

Dumitriu, Petru. *The Prodigals.* (Translated by Norman Denny.) London: Collins, 1962.

Dunford, Martin, and Holland, Jack, with McGhie, John. *The Rough Guide to Yugoslavia.* London: Harrap Columbus, 1989.

Durrell, Gerald. *My Family and Other Animals.* London: Rupert HartDavis, 1956.

Durrell, Lawrence. *The Alexandria Quartet: Justine; Balthazar; Mountolive; Clea.* London: Faber & Faber, 1957, 1958, and 1960.

—. *Prospero's Cell: A Guide to the Landscape and Manners of the Island of Corfu.* London: Faber & Faber, 1945.

—. *Reflections on a Marine Venus.* London: Faber & Faber, 1953.

—. *Spirit of Place.* (Edited by Alan G. Thomas.) New York: E. P. Dutton, 1971.

Eminescu, Mihai. *Poems.* (Translated by Corneliu M. Popescu.) Bucharest: Editura Cartea Romaneasca, 1989.

Feldner, Josef. *Grenzland Karnten.* Klagenfurt, Austria: Verlag Johannes Heyn, 1982.

Fermor, Patrick Leigh. *Between the Woods and the Water.* London: John Murray, 1986.

—. *Roumeli: Travels in Northern Greece.* London: John Murray, 1966.

Forbes, Nevill; Toynbee, Arnold J.; Mitrany, D.; and Hogarth, D. G. *The Balkans: A History of Bulgaria,*

Serbia, Greece, Rumania, Turkey. Oxford, England: Oxford University Press, 1915.

Fussell, Paul. *Abroad: British Literary Traveling Between the Wars.* New York: Oxford University Press, 1980.

Gage, Nicholas. *Eleni.* New York: Random House, 1983.

—. *Hellas: A Portrait of Greece.* Athens: P. Efstathiadis & Sons, 1987.

Glendinning, Victoria. *Rebecca West: A Life.* London: Weidenfeld & Nicolson, 1987.

Goltz, Thomas. "Anyone Who Resists Will Be Killed Like a Dog." *Reader's Digest,* 1987.

Grogan, Lady. *The Life of J. D. Bourchier.* London: Hurst & Blackett, 1932.

Hanak, Peter. *One Thousand Years: A Concise History of Hungary.* Budapest: Corvina, 1988.

Hemingway, Ernest. *The Snows of Kilimanjaro.* New York: Charles Scribner's Sons, 1961.

Hilberg, Raul. *The Destruction of the European Jews.* New York: Quadrangle Books, 1961.

Hitler, Adolf. *Mein Kampf* (Translated by Ralph Manheim.) Boston: Houghton Mifflin, 1943. (Originally published in 1927.)

Holden, David. *Greece Without Columns: The Making of the Modern Greeks.* London: Faber & Faber, 1972.

Holy Bible (Authorized King James Version). Philadelphia: National Bible Press, 1970.

Hoppe, E. O. *In Gipsy Camp and Royal Palace: Wanderings in Rumania* (with a preface by the Queen of Rumania). London: Methuen, 1924.

Ilievski, Done. *The Macedonian Orthodox Church.* Skopje, Yugoslavia: Macedonian Review Editions, 1973.

Internal Macedonian Revolutionary Organization. *The Memoar.* Sofia, Bulgaria: 1904.

Ivandija, Antun. *The Cathedral of Zagreb.* Zagreb, Yugoslavia: Glas Koncila, 1983.

Kampus, Ivan, and Karaman, Igor. *Zagreb Through a Thousand Years.* Zagreb, Yugoslavia: Skolska Knjiga, 1978.

Kann, Robert A. *A History of the Habsburg Empire 1526-1918.* Berkeley: University of California Press, 1974.

Kazantzakis, Nikos. *Report to Greco.* (Translated by P. A. Bien.) New York: Simon & Schuster, 1965.

—. *Zorba the Greek.* (Translated by Carl Wildman.) London: Faber & Faber, 1961.

Keeley, Edmund, and Sherrard, Philip. *C. P. Cavafy: Collected Poems.* Princeton, New Jersey: Princeton University Press, 1967.

—. *George Seferis: Collected Poems (1924-1955)*. Princeton, New Jersey: Princeton University Press, 1967.

Keresztes, Peter. "Reconsidering Transylvania's Fate." *Wall Street Journal* (European Edition), May 4, 1987.

Kinross, Lord. *Ataturk: the Rebirth of a Nation*. London: Weidenfeld & Nicolson, 1964.

—. *The Ottoman Centuries*. New York: William Morrow, 1977.

Kissinger, Henry A. *A World Restored: Metternich, Castlereagh and the Problems of Peace 1812-1822*. Boston: Houghton Mifflin (no date).

Koeva, Margarita. *Rila Monastery*. Sofia, Bulgaria: Sofia Press, 1989.

Kofos, Evangelos. "National Heritage and National Identity in Nineteenth- and Twentieth-Century Macedonia." In *Modern Greece: Nationalism and Nationality*. Athens: ELLIAMEP, 1990.

Kolaitis, Memas. *The Greek Poems of C. P. Cavafy. Volume I: The Canon*. New Rochelle, New York: Aristide D. Caratzas, 1989.

Koneski, Blazhe. *Blazhe Koneski: Poetry*. (Edited by Georgi Stardelov.) Skopje, Yugoslavia: Macedonian P.E.N. Centre, 1983.

Korobar, Pero, and Ivanoski, Orde. *The Historical Truth: The Progressive Social Circles in Bulgaria and Pirin Macedonia on the Macedonian National Question 1896-1956*. Skopje, Yugoslavia: Kultura, 1983.

Kostich, Dragos D. *The Land and Peoples of the Balkans*. Philadelphia: J. B. Lippincott, 1962, 1973.

Lawrence, T. E. *Seven Pillars of Wisdom*. New York: Doubleday, 1926.

Logoreci, Anton. *The Albanians: Europ"s Forgotten Survivors*. London: Victor Gollancz, 1977.

Lukacs, John. *Budapest 1900: A Historical Portrait of a City and Its Culture*. New York: Weidenfeld & Nicolson, 1988.

—. "In Darkest Transylvania." *New Republic*, February 3, 1982.

MacDermott, Mercia. *The Apostle of Freedom: A Portrait of Vasil Levsky Against a Background of Nineteenth Century Bulgaria*. Sofia, Bulgaria: Sofia Press, 1979.

—. *Freedom or Death: The Life of Gotse Delchev*. London and West Nyack, New York: Journeyman Press, 1978.

Macedonia: Documents and Material. Sofia, Bulgaria: Bulgarian Academy of Sciences, 1978.

Mahapatra, S., and Boskovski, J. T. *Longing for the South: Contemporary Macedonian Poetry*. New Delhi: Prachi Prakashan, 1981.

Mainstone, Rowland J. *Hagia Sophia: Architecture, Structure and Liturgy of Justinian's Great Church.* London: Thames & Hudson, 1988.

Mann, Golo. *The History of Germany Since 1789.* London: Chatto & Windus, 1968.

Manning, Olivia. *The Balkan Trilogy: The Great Fortune; The Spoilt City; Friends and Heroes.* London: William Heinemann, 1960, 1962, 1965.

Markov, Georgi. *The Truth That Killed.* (Translated by Liliana Brisby.) New York: Ticknor & Fields, 1984.

Matkovski, Alexandar. *A History of the Jews in Macedonia.* Skopje, Yugoslavia: Macedonian Review Editions, 1982.

McCarthy, Mary. *The Stones of Florence.* London: William Heinemann, 1959.

Miller, Henry. *The Colossus of Maroussi.* London: Secker & Warburg, 1942.

Milosevic, Desanka. *Gracanica Monastery.* Belgrade: Institute for the Protection of Cultural Monuments of the Socialist Republic of Serbia, 1989.

Mortimer, Edward. *Faith and Power: The Politics of Islam.* London: Faber & Faber, 1982.

Newby, Eric. *On the Shores of the Mediterranean.* London: Harvill Press and Pan Books, 1984, 1985.

Njegos, P. P. *The Mountain Wreath.* (Translated and edited by Vasa D. Mihailovich.) Irvine, California: Charles Schlacks, Jr., 1986.

Osers, Edward. *Mateja Matevski: Footprints of the Wind.* Boston and London: Forest Books, 1988.

Ostrogorsky, George. *History of Byzantine State.* (Translated from the German by Joan Hussey.) Oxford, England: Basil Blackwell, 1956.

Pacepa, Ion Mihai. *Red Horizons: Chronicles of a Communist Spy Chief.* Washington, D.C.: Regnery Gateway, 1987.

Pakula, Hannah. *The Last Romantic: A Biography of Queen Marie of Roumama.* New York: Simon & Schuster, 1984.

Petkovic, Sreten. *The Patriarchate of Pec.* Belgrade: Serbian Patriarchate, 1987.

Pfaff, William. "Beginning of the End for the Conducator." *International Herald Tribune,* December 21, 1989.

—. "The Fascists in Romania May Be the Men in Power." *International Herald Tribune,* June 21, 1990.

Poljanski, Hristo Andonov. *Goce Delcev: His Life and Times.* Skopje, Yugoslavia: Misla, 1973.

Procopius. *The Secret History.* (Translated by G. A. Williamson.) Harmondsworth, England: Penguin Books, 1966.

Psellus, Michael. *Fourteen Byzantine Rulers.* (Translated from the *Chronographia* by E. R. A. Sewter.) New Haven, Connecticut: Yale University Press, 1953.

Radice, Betty. *Who's Who in the Ancient World.* Harmondsworth, England: Penguin Books, 1973.

Ravitch, Norman. "The Armenian Catastrophe: Of History, Murder & Sin." *Encounter,* 1983.

Reed, John. *Ten Days That Shook the World.* New York: Boni & Liveright, 1919.

—. *The War in Eastern Europe.* New York: Charles Scribner's Sons, 1916.

Richardson, Dan, and Denton, Jill. *The Rough Guide to Eastern Europe: Hungary, Romania and Bulgaria.* London: Harrap-Columbus, 1988.

Roth, Joseph. *Hotel Savoy.* (Translated from the German by John Hoare.) London: Chatto & Windus, 1986. (First published in 1924.)

—. *The Radetzky March.* Berlin and Harmondsworth, England: Gustav Kiepenheuer Verlag and Penguin Books, 1932, 1974.

Sakellariou, M. B. *Macedonia: 4000 Years of Greek History and Civilization.* Athens: Ekdotike Athenon, 1982.

Schorske, Carl E. *Fin-de-Siècle Vienna: Politics and Culture.* New York: Alfred A. Knopf, 1980.

Sciaky, Leon. *Farewell to Salonica: Portrait of an Era.* London: W. H. Allen, 1946.

Seton-Watson, Hugh. *The "Sick Heart" of Modern Europe: The Problem of the Danubian Lands.* Seattle and London: University of Washington Press, 1975.

Sevastianos, Metropolitan of Dhriinoupolis. *Behind Albania's Iron Curtain.* Athens: Pan-Hellenic Association of Northern Epirots, 1990.

—. *Northern Epirus Crucified.* Athens: Pan-Hellenic Association of Northern Epirots, 1989.

Sherrard, Philip. *The Wound of Greece: Studies in Neo-Hellenism.* London: Rex Collings, 1978.

Shirer, William L. *Midcentury Journey: The Western World Through Its Years of Conflict.* New York: Farrar, Straus and Young, 1952.

Sitwell, Sacheverell. *Roumanian Journey.* London: Batsford, 1938.

Skilling, H. Gordon. *The Governments of Communist East Europe.* New York: Thomas Y. Crowell, 1966.

St. John, Robert. *Foreign Correspondent.* London: Hutchinson, 1960.

—. *From the Land of Silent People.* New York: Doubleday Doran, 1942.

Starkie, Walter. *Raggle-Taggle: Adventures with a Fiddle in Hungary and Roumania.* London: John Murray, 1933.

Stavroulakis, Nicholas. *The Jews of Greece: An Essay.* Athens: Talos Press, 1990.

Sterling, Claire. "The Plot to Kill the Pope." *Reade's Digest,* September 1982.

Stoicescu, Nicolae. *Vlad Tepes: Prince of Wallachia.* Bucharest: Editura Academiei, 1978.

Stoker, Bram. *Dracula.* Harmondsworth, England: Penguin Books, 1979 (first published in 1897).

Sulzberger, C. L. *A Long Row of Candles.* Toronto: Macmillan, 1969.

Thomas, Hugh. *Armed Truce: The Beginnings of the Cold War 1945- 1946.* New York: Atheneum,1987.

Thursby, J. M. "Cyril and Methodius: Bridging East and West." *The Athenian,* August 1985.

Tifft, Susan. "A Bitter Battle for Names." *Time,* March 4, 1985.

Tismaneanu, Vladimir. "Homage to Golania." *New Republic,* July 30 and August 6, 1990.

Todorovski, Gane. *Gane Todorovski: Poems.* (Translated by Graham W. Reid and Ljubica Tdorova-Janeslieva.) Bradford, England: University of Bradford, 1976.

Toynbee, Arnold J. *The Western Question in Greece and Turkey.* London: Constable, 1922.

Tsigakou, Fani-Maria. *The Rediscovery of Greece.* London: Thames & Hudson, 1987.

Vacalopoulos, Apostolos E. *A History of Thessalonika.* Salonika, Greece: Institute for Balkan Studies, 1963.

Waldeck, R. G. *Athene Palace Bucharest: Hitler's "New Order" Comes to Rumania.* London: Constable, 1943. (Originally published in 1942 in Garden City, New York, by Blue Ribbon Books, under the title *Athene Palace.*)

Ward, Philip. *Albania.* New York: Oleander Press, 1983.

Ware, Timothy. *The Orthodox Church.* Harmondsworth, England: Penguin Books, 1963.

Watson, Russell. "The Plot to Kill Pope John Paul II." *Newsweek,* January 3, 1983.

West, Rebecca. *Black Lamb and Grey Falcon.* New York: Viking Press, 1941.

West, Richard. "The Agincourt of Yugoslavia." *Spectator,* December 1926, 1987.

Weyr, Teddie. Unpublished papers on Austria's Slovene minority. Vienna 1988.

White, William. *By-Line: Ernest Hemingway.* New York: Charles Scribner's Sons, 1967.

索 引

（词条页码为本书边码）

A

阿布·尼达尔恐怖主义团伙 Abu Nidal terrorist group, 271

阿德里安堡（土耳其）Adrianople (Turkey), 283-85

阿尔巴尼亚 Albania xxvi, xxxiv, xxxv, xlvii, 36-39, 43-47

《阿尔巴尼亚人：被遗忘的欧洲幸存者》 Albanians: Europe's Forgotten Survivors, The （劳格瑞慈 Logoreci), 44

阿尔巴尼亚语 Albanian language, 43

阿甲 Agca, Mehmet Ali, 195, 208, 209, 210, 211

阿森二世（保加利亚）Assen II (of Bulgaria), 205

阿斯德皇宫酒店（雅典）Astir Palace Hotel (Athens), 267

阿斯帕鲁赫可汗 Asparuh, Khan, 204

阿图科维奇 Artukovic, Andrija, 10-11, 17

埃尔金大理石雕塑品（大不列颠博物馆）Elgin Marbles (British Museum), 240

艾米内斯库 Eminescu, Mihai, 88, 119-20, 122, 123

艾瓦佐夫 Ayvazov, Todor, 209

艾希曼 Eichmann, Adolf, 128, 237

爱琴海群岛 Aegean Islands, 241, 254

安布勒 Ambler, Eric, *xliv-xlv*, 210-11

安德罗波夫 Andropov, Yuri, 75, 211

安德罗尼卡二世帕里奥洛加斯（拜占庭）Andronicus II Paleologus (of Byzantium), 31

安东内斯库，"红狗" Antonescu, Ion "Red Dog," 96, 97, 98, 123, 126-29, 130

安东诺夫 Antonov, Sergei Ivanov, 208

安杰洛夫 Angelov, Margarita, 212

暗杀弗朗茨·费迪南大公 assassination of Archduke Franz Ferdinand, *l*, 26, 62

昂加尔 Ungar, Beatrice, 175

奥比利奇 Obilich, Milosh, 37

奥尔布莱特 Albright, Madeleine, *xxiii*, *xxxv*

奥赫里德（马其顿）Ochrid (Macedonia), 69

奥立克 Orlic, Ivan, 11

奥林匹亚皇宫酒店（萨洛尼卡）Olympos Palace Hotel (Salonika), 61

奥斯曼土耳其 Ottoman Empire, 20, 24, 32, 38, 56, 72, 92, 132, 140, 205, 207, 210, 235, 236, 238, 241, 245, 255, 284-285, *xxvi*

B

巴达克（保加利亚）Batak (Bulgaria), 227

《巴尔干三部曲》（曼宁）Balkan Trilogy, The (Manning), 82, 87, 92,100, 101, 154-55, l 83

巴尔托克 Bartok, Bela, 150

巴纳特 Banat (Romania), 88, 181-82

巴尼察（保加利亚）Banitsa (Bulgaria), 59

巴耶齐特（土耳其苏丹）Bayezit (Sultan of Turkey), 37, 215

巴萨拉布 Bessarab, Neagoe, 167

巴塞洛缪，希腊东正教教主 Bartholomew, Patriarch of the Greek Orthodox Church, 245

巴瑟尔二世（拜占庭）Basil II (of Byzantium), 69, 205

白塔 White Tower, 233

柏林会议 Berlin, Congress of, 26, 62, 92

柏林墙，倒塌 Berlin Wall, fall of, 48

柏林协议 Berlin, Treaty of, 55, 56, 207

拜伦勋爵 Byron, Lord, 243

拜占庭帝国 Byzantine Empire, xxv, 23, 31, 36, 72, 205,240, 244-45, 260, 274

包克尔 Pauker, Anna, 102

保加利亚 Bulgaria, 193-230

保加利亚大酒店（索非亚）Grand Hotel Bulg-aria (Sofia), 194, 222

保加利亚电讯社 Bulgarian Telegraphic Agency (BTA), 210,211, 216, 217, 218

保加利亚国家安全警察 Darzhavna Sigurnost (Bulgarian State Security Police), 195, 208, 223

保加利亚国家安全警察 Sigurnost, Darzhavna, 208, 209

保加利亚人压迫马其顿犹太人 Bulgarian oppression of Macedonian Jews, 66

保加利亚人走私 Bulgarian smuggling of, 208

保加利亚语 Bulgarian language, 204

鲍斑 Boban, Ljubo, 13-14

鲍彻 Bourchier,James David, 194-95, 224, 228-30,234

鲍尔弗 Balfour, Arthur James, 61

鲍尔（萨格勒布大主教）Bauer, Antun (Arch-bishop of Zagreb), 10

鲍里斯三世（保加利亚）Boris III (of Bulgaria), xlviii, 65, 196, 204, 228

鲍里斯一世（保加利亚）Boris I (of Bulgaria), 204

鲍鲁克斯 Bouloukos, Aristides, 268

鲍耶 Bolyai, Janos, 150

北大西洋公约组织（北约）North Atlantic Treaty Organization (NATO), 58, 208, 255, 257, 269, xv, xvi, xxi, xxii, xxv, xxvi

贝尔格莱德（塞尔维亚）Belgrade (Serbia), 71

贝简 Bejan, Petru, 123

贝克 Baker, James, xxi

贝藻神父 Bizau, Father Ion, 156-59

本尼迪克塔院长 Benedicta, Mother Tatu-lici Georgeta xlvi-xlvii, 143-44

比尔德特 Bildt, Karl, xvi-xvii

比雷埃夫斯（希腊）Piraeus (Greece), 242, 251, 253, 281

比萨拉比亚（罗马尼亚）Bessarabia (Romania), 55, 86, 87, 114-15, 120, 125, 127

彼得大帝 Peter the Great (of Russia), 109

《编年记事》(普塞路斯) *Chronographia* (Psellus), 69, 260

俾斯麦 Bismarck-Schonhausen, Prince Otto von, 54-55, 92

波波夫斯基 Popovski, Ante, 67

波兰 Poland, *xxii, xxv, xxvi, xxxv, lii*

波斯尼亚-黑塞哥维那 Bosnia-Hercegovia

伯彻特 Burchett, Wilfred, 194,195, 201-3, 224-25

勃朗宁 Browning, Robert, 170

博布 Bobu, Emil, 139

布加勒斯特(罗马尼亚) Bucharest (Romania), 79-82, 84, 98-99

布加勒斯特市屠宰场 municipal slaughterhouse, *xlvi*, 97, 184-85

《布加勒斯特雅典娜皇宫》(沃尔德克) *Athenee Palace Bucharest* (Waldeck), 81, 96, 183

布科维纳(摩尔达维亚) Bucovina (Moldavia)

布兰德特 Brandt, Willy, 14

布雷杰 Blajer, Zlotko, 70

布鲁坎 Brucan, Sylviu, 124,186

布鲁肯萨尔博物馆(西必乌) Brukenthal Museum (Sibiu), 174

布鲁肯瑟尔博物馆 Brukenthal Museum, 174

布鲁纳 Brunner, Alois, 237

布罗茨基 Brodsky, Joseph, 32, 285

C

《草叶集》(惠特曼) *Leaves of Grass* (Whitman), 206

查尔斯二世(奥地利) Charles II (of Austria), 26

查尔斯五世,神圣罗马帝国皇帝 Charles V, Holy Roman Emperor, 26

查士丁尼(拜占庭) Justinian (of Byzantium), 245, 260

查佐斯 Tsatsos, George, 268-69

察科夫 Chakov, Mihail, 59

柴尔诺乌达,电力与交通枢纽 Cernovoda, power and transport complex of,101-2,103

仇外 xenophobia of, 43, 44

"穿刺者"瓦拉德(吸血鬼)Vlad the Impaler (Dracula), 91, 149

D

达尔马提亚与奥匈 Dalmatia and Austria-Hungary, 24

达西亚(罗马殖民地) Dacia (Roman colony), 150

达辛 Dassin, Jules, 251, 252, 278

大保加利亚理念 Greater Bulgaria, idea of, 53-54

大德国理念 Greater Germany, idea of, *liii*

大都市教堂 Metropolitan Cathedral of, 122

戴尔彻甫 Delchev; Gotse, 51, 56-60

戴尔彻甫之墓 tomb of Delchev, 59

丹丘 Danciu, Sandra, 155-56

道德 morality of, 79-81, 82-83, 86,131, 166-67

德拉库拉 and Dracula, 74, 149

《德拉库拉》(斯托克) *Dracula* (Stoker), 94, 124, 134, 135, 149, 171

德拉丘丽兹 Draculic, Slavenka, 6-7

德雷尔 Durrell, Lawrence, 26, 249-51, 252, 281

德涅斯特河 Dniester River, 120, 127

德热拉斯 Djilas, Milovan, 23, 74-76

德意志人社群 German community of, 88, 91, 137, 150,169-80

狄斯雷利 Disraeli, Benjamin, 54, 227

迪米特拉斯 Dimitras, Panayote, 261, 281

地理与历史 geography and history of, 89-93, 104, 132-33

第二次巴尔干战争 Balkan War, Second (1913), *li*, 64, 93, 207,284

第一次巴尔干战争 Balkan War, First (1912), *ii*, 36, 44, 63-64,284

蒂米什瓦拉（巴纳特）Timisoara (Banat), 132, 182-83

东德难民 and East Germany refugees, 75

东德，难民 East Germany, refugees, 75

东方主义 Orientalism of, 261, 281

东欧崩溃 Eastern Europe, collapse of, 75, 85

《东欧的战争》（里德）*War in Eastern Europe, The* (Reed), *i*, 8, 52

都拉斯港口（阿尔巴尼亚）Durres, port city of (Albania), 45-47

毒品走私 and drug running, 131

杜米丘 Dumitriu, Petru, 86, 89, 102

《对戴尔彻甫的审判》（安布勒）*Judgement on Deltchev* (Ambler), xliv-xlv

对吉普赛人的偏见 prejudice against Gypsies, 171, 175-77

多瑙河 Danube River, 72, 73, 101-2, 106-11, 193

多瑙河 – 黑海运河 Danube-Black Sea Canal, 102-3

多瑙河三角洲内河船之旅 Riverboat travel, Danube delta, 106-11

多瑙三角洲 delta of, 104, 107-8, 113, 115

堕胎与罗马尼亚 Abortion and Romania, 109, 151

E

俄罗斯利波瓦人 Russian Lipovans, 108-9

俄－土战争 Russo-Turkish War (1877), 52-53

额达瑞诺 Urdareanu, Ernesto, 89

厄扎尔 Ozal, Turgui, 270

二元君主国 dual monarchy of, 150

F

法纳区 Phanar district, 91, 241

法西斯主义 as fascism, 4-5, 16, 21, 44, 76, 81-82, 84, 88-89, 94-95, 97, 110, 119-20, 151, 168, 172, 184, 202, 250, 269, 275

反共产主义 anti-Communism of, 17, 27

反塞尔维亚的种族主义 Anti-Serb racism, 10

反犹主义 Anti-Semitism, *lii*, 87, 88, 94, 96, 119, 120, 129, 236

泛希腊社会主义运动 PASOK (Pan-Hellenic Socialist Movement), 262-67, 268, 273-75, 277, 281

费迪南（保加利亚）Ferdinand (of Bulgaria), 56, 62, 65, 196, 228,230

费迪南德（罗马尼亚）Ferdinand (of Romania), 93, 167

芬德伯克 Funderburk, David B., 164-66

索 引 | 351

《愤怒的葡萄》（斯坦贝克）Grapes of Wrath, The (Steinbeck), 162

弗朗茨·费迪南大公，暗杀 Franz Ferdinand, Archduke, assassination of, l, 26, 62

弗朗茨·约瑟夫（奥地利）Franz Joseph (of Austria), 9

弗雷德里克一世，巴布洛萨 Frederick I Barbarossa, 31

弗莫尔 Fermor, Patrick Leigh, 153-54,170

福布斯 Forbes, Nevill, 25, 35, 205-6, 234

G

盖奇 Gage, Nicholas, 276

《高山花环》（尼格斯）Mountain Wreath, The (Njegos), xliii

戈尔巴乔夫 Gorbachev, Mikhail, 63, 75

《格列柯报告》（卡赞扎吉斯）Report to Greco (Kazantzakis), 231, 236

格伦迪宁 Glendinning, Victoria, 4

格罗根夫人 Grogan, Lady, 195, 229-30

葛德斯坦金 Goldstajn, Slavko, 15

葛兰察妮霞，修道院（塞尔维亚）Grachanitsa, monastery of (Serbia), 29-30,31-32, 35, 40

葛扎二世（马扎尔人的国王）Geza II (Magyar king), 171

个人崇拜 personality cult of, 139

根恰公墓（布加勒斯特）Ghensea cemetery (Bucharest), 84,186

《工人的任务》（保加利亚报纸）Rabotnichesko Delo (Bulgarian newspaper), 220

共产主义 Communism, 7, 17-19, 23, 27, 32, 35, 45, 66, 153, 162-64, 176, 178, 182, 186, 191, 196-97, 202, 206-07, 210, 220, 222, 224-26, 248, 257, 262-64, 267, 277, xxv-xxvi

古典遗产 classical heritage of, 241-42, 243-44, 254, 260, 261

古希腊人 vs 罗马人 Hellene versus Romios, 242-43, 258, 266

国会纵火案 Reichstag fire trial, 196, 225

国际酒店（布加勒斯特）Intercontinental Hotel (Bucharest), 131

国家考古博物馆 National Archaeological Museum, 241-42

H

哈布斯堡的鲁道夫 Rudolf of Habsburg, 26

哈达吉达克斯 Hadjidakis, Manos, 252, 279

哈米德二世 Hamid II, Sultan Abdul, 53, 56, 62-63, 285

哈默林花衣吹笛人 Hamelin, Pied Piper of, 170

《海边的房子》（塞菲里斯）"House Near the Sea, The" (Seferis), 246

海滨酒店(萨格勒布)Esplanade Hotel (Zagreb), 3, 6, 9

海伦，希腊公主 Helen, Princess of Greece, 85

海明威 Hemingway, Ernest, li, 247, 284

《赫尔曼斯塔特时报》（西必乌）Hermannstadter Zeitung newspaper (Sibiu), 175

赫尔姆斯 Helms, Jesse, 164-65

赫林 Herring, Elizabeth, 254

黑尔斯 Hales, A. G., 61

黑格尔 Hegel, Georg W, 75

黑鸟出没之地 Field of Black Birds, 35, 36-40

黑山 Montenegro, 33, 36

《黑羊与灰隼》（韦斯特）Black Lamb and Grey Falcon (West), xxxvii, xlii, 1, 3, 7-8

侯赛因 Husain, Iman, 38

华沙隔离区受难者纪念碑 Warsaw Ghetto monument, 14

环境问题与罗马尼亚 Environmental problems and Romania, 113,117-18

灰狼（土耳其新纳粹团伙）Gray Wolves (Turkish neo-Nazi group), 208

惠蒂 Whitty, Kenneth, 271

霍庇 Hoppe, E.O., 77, 108, 109, 174

霍查 Hoxha, Enver, 43, 45, 47-48, 280

霍拉维茨 Horowitz, Goldie. 见 R.G. 沃尔德克 Waldeck, R. G.

I

IMO 马其顿国内革命组织 (Internal Macedonian Revolutionary Organization), li, 56-57, 61, 65-66

J

《J. D. 鲍彻的一生》（格罗根）Life of J. D. Bourchier, The (Grogan), 229

基辛格 Kissinger, Henry, 202, 276

基尤峡谷（罗马尼亚）矿工 Jiu Valley (Romania), miners of, 111 , 162

吉本 Gibbon, Edward, 43

吉列尔莫·安杰洛夫 Angelov, Guillermo, 197-200, 204-5, 207,210-13, 214-19, 221-23, 224

《吉普赛露营地与王宫》（霍庇）Gipsy Camp and Royal Palace, In (Hoppe),77, 108

吉普赛音乐 Gypsy music, 109, 154, 171, 183

记者俱乐部 Journalists' club, 197-99, 210, 217, 221-22

记者与巴尔干 Journalists and the Balkans, l-li, 48, 60, 71-73,81-82, 98-99, 183, 194-95, 261

《季米特里奥斯的面具》（安布勒）Mask of Dimitrios, The (Ambler), 210-11

季米特洛夫 Dimitrov, Georgi, 196, 203, 220, 225

季米特洛夫陵墓 mausoleum of Dimitrov, 196, 203, 220

加拉茨钢铁厂 Glati, steelworks of, 110

加利波利桥头堡 Gallipoli, bridgehead at, 36

加缪 Camus, Albert, 157

贾卢德 Jalloud, Maj. Abdel Salam, 264

兼并比萨拉比亚 annexation of Bessarabia, 55, 86, 87,114-15, 120, 125, 127

《简易东欧指南》Rough Guide to Eastern Europe, The, 107,108

杰克·伦敦 London, Jack, 46-47

捷克共和国 Czech Republic, xxii, xxv, xxvi, xxxv

《今天》（克罗地亚杂志）Danas (Croatian magazine), 6, 13

金罗斯勋爵 Kinross, Lord, 52, 62

禁卫军士兵 Janissaries (solders), 241

九十年代的内战 civil war of the 1990s, 15, 76

九头蛇岛（爱琴群岛）Hydra (Aegean Islands), 241, 254

救国阵线（罗马尼亚）National Salvation Front (Romania), 99, 153,160, 161, 162, 163-64, 178, 184

《绝不在星期天》（达辛）Never on Sunday (Dassin), 251-52, 264, 278

军政府专制（希腊）dictatorship of the colonels, 255, 257-58, 270-71, 275-76

K

卡拉季奇 Karadzic, Radovan, xv, xvi, xvii, xxxiv

卡拉曼利斯 Karamanlis, Constantine, 248, 255, 258-59,263, 269

卡拉扎斯 Caratzas, Aristide D., 238, 262

卡莱梅格丹要塞（贝尔格莱德）Kalimegdan fortress (Belgrade), 72-73

卡罗尔二世（罗马尼亚）Carol II (of Romania), xlvi, 85-97, 89, 111

卡罗尔二世之墓 grave of Carol II, 84-85

卡罗尔一世（罗马尼亚）Carol I (of Romania), 92-93, 95-96,167

卡洛扬（保加利亚）Kaloyan (of Bulgaria), 205

卡马洛夫斯基（《日瓦戈医生》）Kamaro-vsky, Victor (Doctor Zhivago), 160

卡内蒂 Canetti, Elias, 15-16, 35,132

卡普兰，被杀的记者 Kaplan, David, killing of, xxxviii

卡普西斯 Kapsis, Ioannis, 240

卡乔克柳修道院院长 Cojocariu, Mother Superior Adriana, 145-46

卡斯特罗 Castro, Fidel, 263

卡特与齐奥塞斯库 Carter, Jimmy, and Ceausescu, 164

卡瓦菲 Cavafy, C. P., 244

卡赞扎吉斯 Kazantzakis, Nikos, 155, 231, 236, 243

卡扎菲 Qaddafi, Muammar, 263, 264, 271, 276

喀尔巴阡山 Carpathian Mountains, 94, 99, 124, 132, 181

凯尔特人与贝尔格莱德 Celts, and Belgrade, 72

康拉德 Conrad, Joseph, xliv, 108

康斯坦丁国王（希腊）Constantine, King (of Greece), 257

康斯坦丁九世（拜占庭）Constantine IX (of Byzantium), 274

康斯坦丁内斯库 Constantinescu, Emil, xxxv

康斯坦纳港口（罗马尼亚）Constanta, port of (Romania), 102

考克萨大人 Koksa, Msgr. Duro, 13-15, 20

柯福思 Kofos, Evangelos, 58, 68, 280-81

柯妮亚 Cornea, Doina, 158

柯斯托夫 Kostov, Traicho, 224

柯扬尼斯 Cacoyannis, Michael, 252

科德里亚努 Codreanu, Zelea, xlv, 94-97, 120

科恩 Cohen, Leonard, 254

科莫蒂尼（希腊）Komotini (Greece), 283

科尼斯基 Koneski, Blazhe, 69-70

科斯科塔斯 Koskotas, George, 274

科斯托普洛斯 Kostopoulos, Sotiris, 273

科索沃（旧塞尔维亚）Kossovo (Old Serbia), xiii, xxii-xxiii, xxv, xxvii, xxxiii, 35, 36, 38-39, 44-45, 75

克尔贾利（保加利亚）Kurdzhali (Bulgaria), 226-27

克格勃与保加利亚 KGB, the, and Bulgaria, 208-9, 211

克雷什米尔（克罗地亚）Kresmir (of Croatia), 24

克里曼特 Kliment, Sveti, 69

克鲁日大学 Cluj, University of, 151, 153, 154

克鲁日－纳珀卡 Cluj-Napoca. 见 克鲁日 Cluj

克鲁日（特兰西瓦尼亚）Cluj (Transylvania), 153-54, 155-56

克鲁守沃 Krushovo (Macedonia), 61

克罗地亚人屠杀东正教的塞尔维亚人 Croatian massacre of Orthodox Serbs, 5-6, 12, 13, 15, 18

恐怖主义 and terrorism, 56-58, 59, 61, 207, 230, 270-71, 272-73, 277

库茨索奇奥加斯 Koutsogiorgas, Agamemnon, 266

库尔迪亚阿杰什修道院 Curtea de Arges, mon-astery of, 167-68

库哈瑞奇（萨格勒布红衣主教）Kuharic, Franjo (cardinal of Zagreb), 13

库库什（基尔吉斯）Kukush (Kilkis), 58

库扎 Cuza, Alexandru Ion, 92, 116, 119

库扎大学（雅西）Cuza University (Jassy), 123

跨德涅斯特河的灭绝营 Transdniestran extermination camps, 128, 134-35

跨德涅斯特河共和国 Transdniestran Republic, 127-28

昆紫－西泽尔基 Kunz-Cizelj, Karla, 25-26

L

《拉德斯基进行曲》（罗斯）Radetzky March, The (Roth), 27

拉迪斯拉斯一世（匈牙利）Ladislas I (of Hungary), 24

拉菲尔制作的耶稣受难像（里拉修道院）Rafail crucifix (Rila monastery), xlvii-xlviii

拉瑞斯 Rares, Petru, 141

拉西亚 Rasia, Christina, 275

拉扎（塞尔维亚王子）Lazar, Knez (Serbian prince), 36-38

拉佐夫 Lazov, Petur, 55

莱普格拉瓦监狱（克罗地亚）Lepoglava prison (Croatia), 23

兰伯瑞诺 Lambrino, Jeanne "Zizi" 85

朗费罗 Longfellow, Henry Wadsworth, 44

《浪子》（杜米丘）Prodigals, The (Dumitriu), 86, 89

劳迪斯 Rotis, Vassilis, 275

劳格瑞慈 Logoreci, Anton, 44

老莫西亚 Mircea the Old (of Wallachia), 91

李斯特 Liszt, Franz, 153

李子白兰地 Plum brandy, 107-8, 199

里德 Reed, John, *l*, 8, 34, 35, 38, 52, 53, 63-64, 72-

73, 80, 82, 93, 136, 194, 195, 224, 234, 282

里拉修道院（保加利亚）Rila, monastery of (Bulgaria), xlvii-xlviii, 228-29

理工大学 Polytechnic University 270-71

里根，罗纳德 Reagan, Ronald, 90, 164

《丽贝卡·韦斯特的一生》（格伦迪宁）Rebecca West: A Life (Glendinning), 4

利比亚 Libya, 263-64, 271

利洛夫 Lilov, Aleksandar, 222

利亚尼 Liani, Dimitra, 273-74

列夫斯基 Levsky, Vasil, 204, 206, 215

领养与罗马尼亚儿童 Adoption and Romanian children, 184-85

卢古西 Lugosi, Bela, 149

卢卡科斯 Lukacs, John, 90, 149, 172

卢克 Loock, Lorenz and Catherine, 175-79

卢斯（保加利亚）Ruse (Bulgaria), 194

路派斯库 Lupescu, Elena (Magda), 85, 87, 88, 120

绿色卫兵 Green Guards, 265

罗马古董 Roman antiquities, 45-46, 50-51

罗马尼亚 Romania, xxxvi, xliv-xlv, xliv, 6, 46, 52, 55, 64, 68, 77, 79-96, 98-111, 113-76, 178-85, 187, 192-93, 198-200, 205, 207, 214, 225, 230, 238-39, 241, 271, 285

罗马尼亚安全部 Securitatae (Romanian secret police), 82-83, 99, 103, 124, 125, 131, 156, 160

"罗马尼亚壁炉"（罗马尼亚机构）Vatra Romaneasca (Romanian organization), 160, 161, 163

罗马尼亚帝国酒店（西必乌）Imperatul Romanilor (Sibiu), 169-70

罗马尼亚人屠杀犹太人 Romanian murder of Jews xlvi, 97, 126, 128-29, 184-85

《罗马尼亚游记》（西特维尔）Roumanian Journey (Sitwell), 104

罗马尼亚语 Romanian language, 83, 89-90, 151-52

罗曼 Roman, Petru, 124, 130, 186

罗曼努斯三世（拜占庭）Romanus III (of Byzantium), 269

罗斯 Roth, Joseph, 27

罗斯福与罗马尼亚 Roosevelt, Franklin D., and Romania, 114

《落在电线上的鸟》（科恩）"Bird on a Wire" (Cohen), 254

M

马基雅维利 Machiavelli, Niccolò xxx

马卡里奥斯，大主教（塞浦路斯）Makarios, Archbishop (of Cyprus), 255

马可夫 Markov, Georgi, 191, 196-97, 212, 223

马鲁扎斯 Maroudas, Dimitris, 274

《马洛西的大石像》（米勒）Colossus of Maroussi, The (Miller), 250, 252

马其顿的菲利普 Philip of Macedonia, 57

马其顿妇女，被土耳其人强奸 Macedonian women, Turkish rape of, 55

马其顿难民 Macedonian refugees, 64

马其顿（斯拉夫的）Macedonia (Slavic), ix, xi,

xlix, l, 1, 4, 7, 36, 49, 51-70, 149, 194, 198, 207, 230, 235-36, 238-41, 244-45, 253, 280-81, 283

《马其顿：文件与材料》Macedonia: Documents and Material, 59

马赛厄斯（匈牙利国王）Matthias Corvinus (king of Hungary), 153

玛丽王后（罗马尼亚王后）Marie (of Romania), 81, 85, 87, 93-94, 120,167-68

玛利亚·特里萨（奥地利）Maria Theresa (of Austria), 26

迈尔库里 Mercouri, Melina, 251, 253, 258, 264, 269-70, 278-79

迈克（罗马尼亚国王）Michael (of Romania), 96, 111, 130,158

迈斯特洛维奇 Mestrovic, Ivan, 11-12, 28, 73

迈塔克萨斯 Metaxas, John, 275

麦加恩 MacGahan, J. A., 227

麦克德莫特 MacDermott, Mercia, 51, 203-4

卖淫与布加勒斯特 Prostitution and Bucharest, 79-81, 82

曼宁 Manning, Olivia, 82, 87, 92, 100, 101, 154

芒玖 Mungiu, Alina, 125,130

芒玖 Mungiu, Cristian, 124-25,130-31

梅特涅 Metternich, Prince Clemens, l, lii, 54

《每日新闻》（伦敦）Daily News (of London), 61, 227

美多迪乌斯（使徒）Methodius (apostle), 9, 69, 204, 241

美国 United States, 12, 14, 17, 34, 42-43, 46, 57-58, 66, 74-75, 81, 90, 93, 105, 110, 114, 121, 124-25, 130, 137, 139, 140-41, 152, 161-62, 164-66, 180, 184-85, 197-03, 215, 222, 229, 238, 248, 251, 256-57, 259-63, 265, 266-67, 269-73, 275-76, 278-80

美国学院（索非亚）American College of Sofia, 201, 222, 229

米哈伊尔都主教 Mikhail, Metropolitan, 68-69

米哈依（在布科维纳的翻译）Mihai (translator in Bucovina), 137-47

米克诺斯（爱琴海群岛）Mykonos (Aegean Islands), 254

米勒 Miller, Henry, 250

米卢丁（塞尔维亚）Milutin (of Serbia), 31, 35

米洛舍维奇 Milosevic, Slobodan, xiii, xxvi, xxvii, xxxiii, xxxiv, xxxv 5-6, 39-40, 45, 75-76,

米佐塔基斯 Mitsotakis, Constantine, 277-78, 281

《秘史》（普罗科匹厄斯）Secret History, The (Procopius), 260

民主力量联盟（保加利亚政党）Union of Dem-ocratic Forces (Bulgarian political party), 221

民族构成 ethnic makeup, 4, 22, 52, 53, 70 88, 91, 108-9, 119, 122, 130-31, 137, 150, 151-52, 169-80, 235, 236, 241

摩尔达瓦河 Moldova River, 143

摩尔达维察修道院（布科维纳）Moldovitsa, monastery of (Bucovina), xlvi-xlvii, 143-44

摩尔达维亚（罗马尼亚）Moldavia (Romania), 88, 90,117-19,147

莫霍 Molho, Rena, 234, 235-37

莫霍 Molho, Saul, 238

莫斯科瓦酒店（贝尔格莱德）Moskva Hotel (Belgrade), 71-72

莫维拉 Movila, Iremia and Simeon, 144

莫西亚（圣乔治的医生）Mircea (doctor in Sfintu Gheorghe), 112-16

莫扎特 Mozart, Wolfgang Amadeus, *lii*, 153

莫兹达赫别墅 Villa Mozdah, 238

墨索里尼 Mussolini, Benito, 45, 66

《谋杀教皇》（斯特灵）"Plot to Kill the Pope, The"(Sterling), 208

姆拉迪奇 Mladic, Ratko, *xv*, *xvi*, *xvii*, *xxxiv*

穆拉德苏丹 Murad, Sultan, 37

穆雷萨姆 Muresamu, Andrei, 153

穆斯塔法帕夏清真寺 Mustapha Pasha, Mosque of, 50

N

纳粹入侵 Nazi invasion of, 247, 248, 267

纳粹洗劫 Nazi looting of, 236-37

纳粹占领 Nazi occupation of, 5, 12-13, 16, 17

纳粹主义的发源地 birthplace of Nazism, *li*

纳珀卡酒店 Napoca Hotel, 131

纳塔内尔，奥赫里德主教 Natanail, Bishop of Ochrid, 55

娜蒂亚（里拉修道院向导）Nadia (guide at Rila Monastery), 228

奈保尔 Naipaul, V. S., 265

南斯拉夫 Yugoslavia, *xxxvii*, *ix-x*, *xliv*, *l*, *liii*, *lv*, 3-4, 6-9, 13-16, 19, 21-22, 25, 27-28, 30, 32, 34, 38-39, 41-45, 47-48, 51, 53, 58-60, 66-68, 70-71, 73-76, 101-62, 172, 181-82, 240, 245, 263, 279-81, 286

尼采 Nietzsche, Friedrich, *xxx*

尼格斯 Njegos, Petar Petrovic, *xliii*, *xliv*, I

尼古拉二世，俄国沙皇 Nicholas II, Czar of Russia, 61, 81

尼克松与齐奥塞斯库 Nixon, Richard, and Ceausescu, 164

尼曼雅 Nemanja, Stefan, 31

涅夫斯基纪念教堂亚历山大，Aleksandar Nevski Memorial Church (Sofia),194, 203, 207, 213

《纽约时报》New York Times, The, *xlii*, *xxxix*, 4, 12, 66, 71, 80, 265, 276

诺迪恩 Nordeen, William, 272

O

《欧洲犹太人的灭顶之灾》（希尔伯格）Destruction of the European Jews, The (Hilberg),128

P

帕甫里奇 Pavelic, Ante, 18, 19, 23

帕库拉 Pakula, Hannah, 81,88, 93

帕纳古利斯 Panagoulis, Stathis, 268

帕帕波利蒂斯 Papapoulitis, Sotiris, 242

帕帕多普洛斯 Papadopoulos, George, 258

帕潘德里欧，安德里亚斯 Papandreou, Andreas, 256-57, 258, 262-71,273-77, 280

帕潘德里欧，玛格瑞特 Papandreou, Marg-aret, 256, 274, 275

帕潘德里欧，乔治 Papandreo, George, 255-56, 257, 262, 263

帕切帕 Pacepa, Ion Mihai, 173

帕斯迪奥 Pastior, Dorothea, 173-74

帕斯库 Pascu, Ion, 152

帕提农神庙 Parthenon, 240, 243, 244, 254

佩恩论特兰西瓦尼亚 Penn, William, and Transylvania, 150

皮克修道院（塞尔维亚）Pec, monastery of (Serbia), xliii, 30

皮洛士（伊皮鲁斯）Pyrrhus (of Epirus), xlviii

蒲特娜修道院（布科维纳）Putna, Monastery of (Bucovina) 147

普法夫 Pfaff, William, 92

普霍夫斯基 Puhovski, Zarko, 20

普拉修科 Poruciuc, Adrian, 90, 132

普林西普 Princip, Gavrilo, l, 26, 62

《普鲁斯佩罗的小屋》（德雷尔）*Prospero's Cell* (Durrell), 250, 252

普鲁特河 Prut River, 110, 120

普罗科匹厄斯 Procopius, 260

普里什蒂纳大酒店 Grand Hotel Prishtina, 41-42

普里什蒂纳大学 Prishtina University, 42, 45

普里什蒂纳（科索沃）Prishtina (Kossovo), 40

普塞路斯 Psellus, Michael, 69, 260, 269

Q

齐奥塞斯库 Ceausescu, Elena, 84, 87, 98-99,103

齐奥塞斯库 Ceausescu, Martin, 166

齐奥塞斯库夫妇被处决 Ceausescu, execution of, 98-99, 155-56

齐奥塞斯库，尼古拉 Ceausescu, Nicolae, 98-99, 102, 103, 107,109, 110,151-52,155-56, 163, 172-73, 270

乔治（克鲁日企业家）Gheorghe (entrepreneur in Cluj), 159-67

乔治乌－德治 Gheorghiu-Dej, Gheorghe, 102,138

切伦克 Celenk, Bekir, 208

青年土耳其人革命 Young Turk Revolution, 61-63, 283, 286

丘吉尔 Churchill, Winston, 45

群体符号（卡内蒂）Crowd symbols (Canetti), 15-16, 35, 132, 213,243

R

日夫科夫 Zhivkov, Todor, 196, 218, 219, 220, 221

S

萨格勒布大教堂 Zagreb, Cathedral of, 9, 11-12

萨格勒布大学 Zagreb, University of, 9

萨格勒布（克罗地亚）Zagreb (Croatia), 24, 28

萨克森人（在特兰西瓦尼亚的）Saxons (in Transylvania), 88, 91, 137,150,169-80

萨拉热窝（波斯尼亚－黑塞哥维那）Sarajevo (Bosnia-Hercegovia), xx, 22

萨洛尼卡（希腊马其顿）Salonika (Greek

Macedonia), 31, 36, 53, 57-58, 61-63, 68-69, 233-39, 241-42, 247, 281-82

萨洛尼卡犹太人灭绝 extermination of Salonikan Jews, 236-37

萨缪尔（保加利亚）Samuel (of Bulgaria), 69, 205

萨瓦河 Sava River, 72

塞本伯根（七个要塞）Siebenburgen (Seven Fortified Cities), 171-72

塞尔维亚国王酒店（贝尔格莱德）Srbski Kralj Hotel (Belgrade), 71-72, 73

塞尔维亚人谋杀伊斯兰教的皈依者 Serbian murder of Islamic converts, xliii-xliv, 25

塞尔维亚人压迫信仰伊斯兰教的阿尔巴尼亚人 Serbian oppression of Muslim Albanians, xlv

塞尔维亚语 Serbian language, 34

塞菲里斯 Seferis, George, 246

塞利姆大清真寺（阿德里安堡）Selimiye Cami, Mosque of (Adrianople), 285

塞利姆苏丹 Selim, Sultan, 285

塞浦路斯，希腊－土耳其争端 Cyprus, Greek/Turkish dispute, 255, 257, 266

《三重神话：安洛易杰·斯蒂匹纳茨大主教的一生》（亚历山大）Triple Myth: A Life of Archbishop Alojzije Stepinac, The (Alexander), 11, 17

色雷斯 Thrace (Greek), 207, 247, 282

《森林与河流之间》（弗莫尔）Between the Woods and the Water (Fermor), 153

《杀人的真相》（马可夫）Truth That Killed, The (Markov), 191

圣迪米特里欧教堂（斯科普里）St. Dimitrios, Church of (Skopje), 50

圣弗莱迪遗骨 Friday, Saint, relics of, 122

圣内厄姆 Naum, Sveti, 69

圣尼德亚教堂 St. Nedelya, Church of (Batak), 227-28

圣乔治（罗马尼亚）Sfintu Gheorghe (Romania), 106, 112-13

圣萨瓦（塞尔维亚的庇护者）Sava, Saint (patron of Serbia), xliv, 31

《圣斯特法诺条约》San Stefano, Treaty of, 53-55

圣索菲亚教堂（君士坦丁堡）Hagia Sophia, Church of (Constantinople), 244-46

圣徒保罗（塔索斯）Paul, Saint (of Tarsus), 235

圣像 Icons, 213, 220, 240

圣伊莱贾（伊利亚）Elijah (Iliya), Saint, 4-5, 33, 61

圣·约翰，罗伯特 St. John, Robert, 71, 73, 81-82, 96-97, 194

石提浦（马其顿）Shtip (Macedonia), 56

《时报》（伦敦）Times (of London), 224, 230

《时代》（罗马尼亚报纸）Timpul (Romanian newspaper), 123

市民中心（罗马尼亚）Civic Center, 184-85

丝薇蒂斯帕斯教堂（斯科普里）Sveti Spas, Church of (Skopje), 59

思达拉普拉尼娜（"古老的山"）Stara Planina (Old Mountain), 206

斯巴达克斯 Spartacus, 51

斯大林，约瑟夫，Stalin, Joseph, xliv-xlv, 45, 86, 102, 127,163-64, 196, 212, 225-26

斯蒂凡（拜占庭）Stephen (of Byzantium), 238

斯蒂凡大公（摩尔达维亚）Stefan Cel Marc (of Moldavia), 91, 141, 143,146-47

斯蒂凡大公墓地 tomb of Stefan Cel Mare, 146-47

斯蒂凡·都珊（塞尔维亚）Stefan Dushan (of Serbia), 35-36, 58, 69

斯蒂凡·尤洛斯 Stefan Uros (of Serbia), 35

斯蒂匹纳茨 Stepinac and, 17, 18-19

斯蒂匹纳茨（萨格勒布红衣主教）Stepinac, Alojzije (cardinal of Zagreb), 5-6,10-19, 21-23, 28

斯蒂匹纳茨之墓 tomb of Stepinac, 11-12

斯卡森次（马其顿）Skatsintsi (Macedonia), 55, 63

斯坎德贝格 Scanderbeg, George, 44

斯科拉瑞娜（君士坦丁的情妇）Sclerena (mistress of Constantine), 274

斯科普里（马其顿）Skopje (Macedonia), 49 51

斯拉夫马其顿的索要 Slavic Macedonian claim on, 67-68

斯拉夫人的皈依 Slavs, conversion of the, 9

斯密斯 Smith, R.D.. 154

斯南（土耳其建筑师）Sinan (Turkish archit-ect), 285

斯皮特赛岛（爱琴海）Spetsai (Aegean Islands), 241

斯塔基 Starkie, Walter, 101, 109, 118, 154, 169-70

斯坦贝克 Steinbeck, John, 25, 161, 162

斯特备 Stirbey, Barbo, 93

斯特布 Stirbu, Stefan, 105-6

斯特拉·亚历山大 Alexander, Stella, 11, 17, 18, 19-20

斯特劳斯梅耶雕像 statue of Strossmayer, 28

斯特劳斯梅耶（萨格勒布主教）Strossmayer, Josip (bishop of Zagreb), 9, 10, 24-25, 28

斯特灵 Sterling, Claire, 208-9, 211

斯通 Stone, Ellen, 57

斯托克 Stoker, Bram, 94, 124, 134, 135, 149

死亡营 death camps lii, 18, 66

苏彻维察修道院（布科维纳）Sucevitsa, monastery of (Bucovina), 144-45

苏里（希腊）Suli (Greece), 241

苏西瓦（布科维纳）Suceava (Bucovina), 137, 140

苏兹伯格 Sulzberger, C. L. xlii, 12, 23, 71-72, 80, 194, 195

索耶 Sawyer, Diane, 270

T

塔西娜院长（塞尔维亚修女）Tatiana, Mother (Serbian nun), 29-30, 32-35,47

汤森 Townson, Nigel, 154-55

《唐·乔万尼》（莫扎特）Don Giovanni (Mozart), 153

陶柯思牧师 Tokes, Rev. Laszlo, 152, 158-59

特古穆雷斯东正教大教堂 Tirgu Mures, Orthodox Cathedral of, 150

特古穆雷斯（特兰西瓦尼亚）Tirgu Mures (Transylvania), 137, 148-49

特莱科夫 Traikov, Boyan, 210-12, 222

特兰西瓦尼亚（罗马尼亚）Transylvania (Romania), 91, 92, 149-50

特里阿农条约 Trianon, treaty of, 150

特姆科夫 Temkov, Boris, 216-19, 222

特瑞安酒店（雅西）Traian Hotel (Jassy), 121, 131

提奥多拉基斯 Theodorakis, Mikis, 253, 258, 279

天使长迈克军团 Legion of Archangel Michael, *xlv-xlvi*, 87, 88, 94-97, 126, 160

天主教牧师，合作 Catholic priests, collaboration of, 21

《天主教要闻》（克罗地亚报纸）*Katolicki List* (Croatian newspaper), 17

铁托 Tito, Josip Broz, *xxxiii*, 5, 7, 21, 23, 39-40, 42, 45, 60, 74, 263

《统一犹太人百科全书》Jewish Encyclopedia, Universal, 97

图德曼 Tudjman, Franjo, *xxxiv*

图尔西（罗马尼亚）Tulcea (Romania), 104-5

图拉真（罗马皇帝）Trajan (Roman Emperor), 89-90

屠杀东正教塞尔维亚人 massacre of Orthodox Serbs, 5-6, 17

土耳其的劫掠 Turkish sacking of, 36, 245-46, 284

土耳其人民解放军 Turkish People's Liberation Army, 208

土耳其人强奸马其顿妇女 Turkish rape of Macedonian women, 55, 61

土耳其人屠杀亚美尼亚人 Turkish murder of Armenians, 63

土耳其人在保加利亚的残暴行为 Turkish atrocities in Bulgaria, 227

"土耳其之父" M. 凯末尔 Ataturk, Mustapha Kemal, 61-63, 236, 247, 283, 286

团结工会 Solidarity, 209, 211

退特西斯 Tritsis, Andonis, 264-65

托多洛夫 Todorov, Nikolai, 214-15

托多洛夫－贾鲁达亚 Todorov-Garudya, Ivan, 216-17, 219

托多洛夫斯基。Todorovski, Gane, 51, 58, 60

托米斯拉夫（克罗地亚）雕像 Tomislav (of Croatia), statue of, 24, 28

W

瓦尔达尔河（马其顿）Vardar River (Macedonia), 50, 51

瓦拉几亚（罗马尼亚）Wallachia (Romania), 90, 101

瓦文萨 Walesa, Lech, 74, 211

"歪头巾"（土耳其恐怖主义分子）Bashi-ba-zouks (Turkish terrorists), 227

《外国记者》（圣·约翰）*Foreign Correspon-dent* (St. John), 81-82

《晚报》（斯科普里）*Vecher* newspaper (Skopje), 70

威尔逊 Wilson, Woodrow, 53

威尼斯，拜占庭的盟友 Venice, as ally of Byzantine, 24

韦尔奇 Welch, Richard, 270-71

韦尼泽洛斯 Venizelos, Eleftherios, 230

韦斯特女爵士 West, Dame Rebecca, *xxxvii*, *xlii*, 1, 3-5, 7-10, 26-28, 32, 35, 38, 40, 52, 58, 71-73

围攻斯大林格勒 Stalingrad, siege of, 128

威图莎奥坦尼酒店（索非亚的）Vitosha Otani (hotel in Sofia), 195, 209

维瓦尔第 Vivaldi, Antonio, 44

维也纳（奥地利）Vienna (Austria), *l*, *li*, *liii*, 6, 25-26, 54, 122, 153, 166, 172, 195

维也纳会议 Vienna, Congress of, 54

沃尔德克 Waldeck, R.G., 80-82, 88, 95, 96, 98, 126

沃罗涅茨修道院（布科维纳）Voronets, monastery of (Bucovina), 143, 144

乌克兰，罗马尼亚的入侵 Ukraine, Romanian invasion of, 127

乌拉斯 Vlasi, Azen, 34, 47

乌斯塔沙 Croatian Ustashe, 8, 16, 17-20, 27, 65-66

"乌鸦"（传奇妓女）"Crow, the" (legendary prostitute), 86

污染与罗马尼亚 Pollution and Romania, 113, 117-18

X

西必乌（特兰西瓦尼亚）Sibiu (Transylvania), 169, 171, 174, 176-77, 180

西尔维娅 Svlva, Carmen. 见伊丽莎白，维德公主 Elizabeth, Princess of Wied 93, 167

西方启蒙运动在特兰西瓦尼亚 Western Enlightenment in Transylvania, 149-50, 155

西里尔（使徒）Cyril (apostle), 9, 69, 204, 241

西里尔字母表 Cyrillic alphabet, 69, 204, 241

西米蒂斯 Simitis, Costas, 264

西米昂（保加利亚）Simeon (of Bulgaria), 204, 224

西特维尔 Sitwell, Sacheverell, 104, 108, 119, 135, 142

希尔伯格 Hilberg, Raul, 128-29

希腊 Greece, *xxxix*, *xxxvii*, *xxxviii*, *xi*, *xliii*, *xlvii-xlviii*, *xlix*, l, 31, 33, 36, 43-45, 47, 50, 52-53, 55-59, 62-69, 85, 90-91, 149, 155, 198-0, 205, 207, 227, 230, 232-85

希腊独立战争 Greek War of Independence, 243

希腊法纳尔人 Greek Phanariots, 91

希腊内战 Greek Civil War (1946-49), 247-48, 276

《希腊人佐巴》（卡赞扎吉斯／柯扬尼斯）*Zorba the Greek* (Kazantzakis/Cacoyannis), 252-53, 155

希腊社群 Greek community in, 246

希腊－土耳其战争 Greek-Turkish War, 246-47

希腊裔阿尔巴尼亚人 Greek Albanians, *xlix*, 47, 241

希腊音乐 Greek music, 252, 253

《希腊印象》（盖奇）*Hellas: A Portrait of Greece* (Gage), 276

希腊语 Greek language, 234, 241, 242-43, 261

希腊重新索要领土 Greek reclaiming of, 63, 236, 247

希特勒 Hitler, Adolf, *li-lii*, 95, 97-98, 225-26

喜来登酒店（索非亚）Sheraton Hotel (Sofia), 222

夏基 Sciaky, Leon, 57, 235, 281

亵渎罗马尼亚人公墓 desecration of Romanian cemeteries, 84

谢拉德 Sherrard, Philip, 241

《新巴纳特报》*Neue Banater Zeitung* (Banat newspaper), 182

《新的阶级》（德热拉斯）*New Class, The* (Djilas), 74

新自由党 New Democracy Party (Greece), 242, 281

《醒来吧，罗马尼亚》（穆雷萨姆）"Awake Romania" (Muresamu), 153

匈牙利 Hungary, 7, 24, 27, 36, 73, 75, 87, 90-92, 96, 101, 109, 129, 136-39, 149-55, 157-59, 163, 165, 170-71, 173, 176, 181, 182, 207-8, 235, 239, 277

《匈牙利和罗马尼亚漫游记》（斯塔基）*Raggle-Tuggle* (Starkie), 101, 109, 136

匈牙利人社群 Hungarian community of, 137, 150-51, 153,155

匈雅迪 Hunyadi, Janos, 150

熊纳勒 Schonerer, Georg von

休莫修道院（布科维纳）Humor, monastery of (Bucovina), 141-42

酗酒与巴尔干 Alcoholism and the Balkans, 41, 107, 109, 110

《学生观点》（罗马尼亚报纸）*Opinia Studeneasca* (Romanian newspaper), 123-24

Y

压制少数民族匈牙利人 repression of ethnic Hungarians and, 152

雅典 Athens, *xxxvii*, l, 58-59, 71, 80-83, 86-87, 95-96, 98-99, 107, 126, 183, 230, 237, 241-45, 247-48, 251, 254-59, 261-62, 264, 267, 269, 270-72, 275-79, 281-82

雅典娜皇宫大酒店（布加勒斯特）Athenee Palace Hotel (Bucharest), 79 82, 98-99, 193

雅尔塔会议与巴尔干 Yalta Conference and the Balkans, 45

雅西（摩尔达维亚）Jassy (Moldavia), 85, 88, 94, 124-25

亚历山大大帝 Alexander (the Great), 51, 57, 234, 244

亚历山大二世（俄罗斯）Alexander II (of Russia), 52

《亚历山大四重奏》（德雷尔）*Alexandria Quartet, The* (Durrell), 251

亚历山大一世卡拉乔治维奇（南斯拉夫）Alexander I Karageorgevitch (of Yugoslavia), 暗杀 assassination of, 8, 27, 66

亚美尼亚人被土耳其人大规模屠杀 Armenians, mass murder of, 63

《叶莱妮》（盖奇）*Eleni* (Gage), 276

伊奥加 Iorga, Nicholae, 88, 96, 120

伊凡二世 Ivan Assen II (of Bulgaria), 57

伊格纳蒂耶夫伯爵 Ignatiev, Count, 53

伊丽莎白，维德公主 Elizabeth, Princess of Wied, 93, 167

伊利埃斯库 Iliescu, Ion, 99, 162, 178, 184, 186

伊利格尔甘尼教堂 Ilie Gorgani, Church, of xlv-xlvi, 185

伊斯坦布尔 Istanbul, 见 君士坦丁堡 Constan-tinople 32, 41, 53, 63, 67, 71, 245, 284

伊万诺夫斯基 Ivanovski, Orde, 60-61, 67

英国对外文化协会 British Council lecturers as spies, 154

勇敢者迈克（瓦拉几亚和摩尔达维亚）Michael the Brave (of Wallachia and Moldavia), 91, 156

尤洛斯（塞尔维亚）Uros (of Serbia), 36

由内瑞亚酒店 Unirea Hotel（雅西）(Jassy), 131

犹太人 Jews, xlv, li, 5, 14-20, 22, 27, 34, 53, 66, 70, 81, 84, 87-89, 95-98, 125-30, 132, 135, 137-38, 142-43, 151, 158, 166, 171, 173, 179-82, 185-88, 204, 234-39

犹太人公墓 Jewish cemetery of, 187-89

犹太人社群 Jewish community of, 84, 87, 88, 94, 96-98, 120, 126-28, 134-35, 166, 186, 187-89

游击队员（塞尔维亚游击队员）Chetniks (Serbian partisans) *xliv, xlvii,* 45, 53, 59, 61-62

有壁画的修道院 painted monasteries of, 137, 141-46

《与斯大林对话》（德热拉斯）*Conversations with Stalin* (Djilas), 74

约翰·保罗二世 John Paul II, 196, 208

《约翰王》（莎士比亚）*King John* (Shakespeare), 287

约翰逊 Johnson, Lyndon B., 与希腊 and Greece, 262

Z

《再见，萨洛尼卡：时代的画像》（夏基）*Farewell to Salonica: Portrait of an Era* (Sciaky), 57, 235

《在教堂里》（卡瓦菲）"In Church" (Cavafy), 244

在罗马尼亚的匈牙利少数民族，压迫 Hungarian minority in Romania, repression of, 151-52

在罗马尼亚坐火车旅行 Train travel in Romania, 100-1, 117-19

《在西方的目光下》（康拉德）*Under Western Eyes* (Conrad), xliv

詹森诺瓦集中营 Jesenovac concentration camp, 5-6, 12, 13, 15, 21

占领索非亚 occupation of Sofia, 53

《震撼世界的十天》（里德）*Ten Days That Shook the World* (Reed), xlix

洲际酒店（克鲁日）Continental Hotel (Cluj), 153-54

朱尔朱（罗马尼亚）Giurgiu (Romania), 193-94

《烛光摇曳》（苏兹伯格）*Long Row of Candles, A* (Sulzberger), *xlii*, 12, 72

自由党（卡林西亚州）Freedom Party (Carinthia), *liii, liv*

《自由的使徒》（麦克德莫特）*Apostle of Freedom, The* (MacDermott), 203-4

自由广场 Liberty Square, 156

《自由或死亡：戈泽·戴尔彻甫的一生》（麦克德莫特）Freedom or Death: The Life of Goise Delchev (MacDermott), 51

"自由欧洲"电台 Radio Free Europe, 125

足球骚乱 soccer riots, 43, 47-48

足球骚乱（阿尔巴尼亚）Soccer riots, Albania, 43, 47-48

祖国服务局（卡林西亚）Heimatdienst organi-zation (Carinthia), *lii-liii, liv*

祖玛 Zomar, Ozama Al, 273

《最后一个浪漫的人》（帕库拉）Last Ro-ma-ntic, The (Pakula), 93

佐伊 Zoe (of Byzantium), 274

作为政治符号 as a political symbol, *xlv*, 157, 158

作为宗教符号 as a religious symbol, 144, 145

"11月17日" November 17, 270-71, 272

12月革命（罗马尼亚）December revolution (Romania), 83-84

译后记

我翻译这本书，首先要感谢北京大学出版社王立刚先生的信任。自2009年在北大出版社出版我的第一本译著开始，我们就一直保持着友好的学术往来。本书作者罗伯特·D. 卡普兰是美国著名的新闻记者、地缘政治学家，所关注的问题皆为具有国际意义的重大问题，从学术研究的角度上说，这对我是很大的挑战。所以，当立刚初步征求我的意向时，我犹豫了相当长一段时间。另外，本书包含了太多涉及人名、地名的专有名词，翻译起来也比较麻烦。

然而，本书充满了丰富深刻的历史洞见，对困扰巴尔干半岛诸国的种种问题进行了深入的观察和思考，善于小中见大，见微知著，是我比较欣赏的那一类著作。若是耐住性子，反复仔细阅读，并不难发现作者生动的文字背后所隐含的深邃的思想。因此，经过一番思量之后，我愉快地接受了立刚的委托。

本书翻译开始时，正好赶上我结束哈佛访学一年而返回学校工作的关键时刻，真的是非常忙碌。我平时的教学任务原本就比较重，还要补上因访学而耽误的课程，只能充分利用不上课和节假日的时间。好在我别的事情不多，基本上做到了心无旁骛，整个翻译过程还算顺利。

本书虽然专有名词很多，作者在行文过程中使用的注释却并不多，这是因为作者已在上下文中提供了必要的相关信息。另外，在谈论巴尔干地区的重大历史和政治事件时，所涉及到的人名和地名都不难在报纸和网络上查到。因此，译者在遇到这类情况时，为阅读方便，既没有刻意加以注释，也没有过多保留相关名称的外文写法。

我指导的美国文学方向的硕士研究生嵇昊同学觉察到了我的忙碌，主动问我是否可以帮忙做些什么。我知道她对翻译有兴趣，并且获得了翻译资格证书，也乐意让她尝试一下，于是就请她翻译了第 16、17 章和"尾声"部分。她翻译得非常认真，我也做了很仔细的修改。我指导的翻译硕士宋瑞雪同学帮忙查找相关人名和地名，并录入了英文"参考书目"和"索引"部分。在这里我向她们表示诚挚的感谢。

限于能力和水平，本书的理解和表述肯定还有不少值得改进的地方，欢迎大家批评指正。

赵秀福

2017 年 5 月 19 日于山东大学

著作权合同登记号 图字：01-2016-5717

图书在版编目（CIP）数据

巴尔干两千年 /（美）罗伯特·D. 卡普兰著；赵秀福译. —北京：北京大学出版社，2018.10
ISBN 978-7-301-29764-3

Ⅰ.①巴… Ⅱ.①罗… ②赵… Ⅲ.①巴尔干半岛 – 历史 Ⅳ.①K54

中国版本图书馆CIP数据核字（2018）第177954号

BALKAN GHOSTS: A Journey Through History
Text Copyright © 1993, 1996, 2005 by Robert D. Kaplan
Published by arrangement with St. Martin's Press, LLC. All rights reserved.

书　　名	巴尔干两千年 BAERGAN LIANGQIAN NIAN
著作责任者	〔美〕罗伯特·D. 卡普兰 著　赵秀福 译
责任编辑	王立刚
标准书号	ISBN 978-7-301-29764-3
出版发行	北京大学出版社
地　　址	北京市海淀区成府路 205 号　100871
网　　址	http://www.pup.cn　　新浪微博：@北京大学出版社
电子邮箱	zpup@pup.cn
电　　话	邮购部 010-62752015　发行部 010-62750672　编辑部 010-62755217
印 刷 者	北京中科印刷有限公司
经 销 者	新华书店 880 毫米 × 1230 毫米　16 开本　23.75 印张　302 千字 2018 年 10 月第 1 版　2023 年 10 月第 6 次印刷
定　　价	98.00 元

未经许可，不得以任何方式复制或抄袭本书之部分或全部内容。
版权所有，侵权必究
举报电话：010-62752024　电子邮箱：fd@pup.cn
图书如有印装质量问题，请与出版部联系，电话：010-62756370